新移民子女
教育的實證

張芳全　著

五南圖書出版公司 印行

自　序

　　筆者在出版任何一本書之前，都會反省上一次出版作品的內容，也會了解這次出版書的差異性。2017年3月出版《高等教育：理論與實證》，以科學化觀點及實證角度探討各國高等教育發展為主軸，打破傳統以文獻評閱，沒有運用實證觀點的社會科學方法探究高等教育。然而教育研究領域不僅高等教育需要科學實證分析，新移民子女教育也相同的需要，透過學理與實徵研究結果深入對話是社會科學重要的特性。筆者長期對於新移民及其子女教育議題實證研究，現在將這些實證分析統整組織改寫，讓新移民子女教育研究更有系統性。

　　筆者於2002年在大學擔任教職之後，對於新移民子女教育研究投入長時間鑽研。會對於新移民及其子女投入研究，在於他們是一個很值得關懷的族群，尤其他們遠離故鄉來臺嚐盡各種辛酸，個中滋味只有他們最了解。筆者能幫他們的很有限，但總期待他們可以來臺灣之後，來日會有「日久他鄉變故鄉」的情懷。這也是筆者特別與這族群了解他們，幫忙他們，做一點棉薄之力，建立深厚的情誼。

　　由於筆者不斷地努力學習新統計分析技術，並長期蒐集資料，在研究取向以實證論為導向，因而新移民教育研究也是以實證科學化取向為主，期待可以透過證據導向的分析，找出問題的解決策略，作為改善參考。這些年來在新移民科學化研究獲得不少實貴經驗與學理的啟發。任教幾年間，曾邀請中小學教學現場的老師、主任與校長撰寫有關新移民子女的教育。例如，2007年出版《新移民子女教育》，2009年的《新移民的家庭、親職教育與教學》、《新移民新教育》，都深入探討新移民子女的教育。

　　時隔多年，臺灣人口結構變化，新移民子女不斷增加，使得他

們在教育內涵也有所改變。在擔任教職之後，指導不少研究生撰寫新移民教育的論文，並不斷運用新的研究方法對這方面議題研究。個人戰戰兢兢抓住可以學術發表的機會，每每都以科學化觀點深入探究新移民的重要議題。從任教至2017年已有二十餘篇有關新移民子女教育的學術論文，分散在各學術期刊與研討會。為了讓這些學術論文有系統性與組織性，發揮更大效益，重新彙整發表的論文，有系統地整理成專業書籍。筆者發現，這幾年來在大學、碩士與博士班教授新移民子女教育課程，坊間卻看不到科學化導向論證之專業用書提供課程使用，同時新移民子女教育之議題及問題愈來愈重要，更是政策規劃者所需要，促動撰寫本書。

本書有別於坊間書籍僅對新移民子女教育概念論述，沒有實際資料透過科學化實證分析與學理深入對話。本書兼顧理論與實證、縱貫與橫斷，透過科學化分析，來詮釋臺灣的新移民子女教育，學理交錯對話提供學理參考與實務應用更是本書特色。本書很容易閱讀，更容易理解其中的發現。各章的寫作，巧妙以學術論文的章節規範安排，易於理解，讓讀者從各章獲得學習論文撰寫方式，提供讀者撰寫論文參考。

本書共十四章24萬餘字，各章議題都是重要首選。更重要的是科學化實證取向的新移民子女教育為國內外所欠缺。本書不僅是碩博士生或大學老師在研究教育議題的參考指南，更是政策規劃者最佳專書。它是一本大學生、碩士、博士生，甚至大學老師可以應用於教學、研究及學習的專業書籍，也可以帶給政策規劃者重要啟發。

本書要感謝行政院科技部研究計畫專題補助（編號：NSC 99-2511-S-152-008-MY3），使得本書第三章、第四章、第六及第十三章得以完成；更感謝基隆市政府教育處在資料庫建立的大力協助，沒有教育處的大力幫忙，難以完成資料庫建置，尤其十五所參與長期追蹤研究的學校師生熱情幫忙，才能完成資料庫建立，在此

一併感謝。

　　本書許多章與專家學者合力完成，他們是張秀穗教授、趙珮晴博士、陳光安校長、王平坤老師、夏麗鳳老師、陳星孜老師、王瀚先生等，在此要感謝他們。本書順利出版要感謝爸媽給我最好的教育、家人的愛與包容才可以完成。謝謝啓蒙我的林文達教授、馬信行教授與謝文全教授，在我就讀大學、碩士班與博士班專業知識的啓發，才會讓我在後來的學術有所發揮。謝謝馬信行教授及余民寧教授引導統計方法。謝謝五南圖書出版公司協助，讓書本排版精美，可讀性更高。寫作過程感謝自己，可以在大學任教多年煩忙，仍可以抓住時間持續的發表。尤其在沒有任何經費補助下仍不放棄研究。佩服自己的努力與傻勁，一點一滴撰寫，當別人在休息，仍努力閱讀外文期刊，不斷跑統計與撰寫論文。這都憑著一股傻執著衝勁，才能完成作品。在不斷地知識累積，永不放棄精神，謝謝自己。懇請讀者若對本書有任何意見，不吝指正，不勝感激。

張芳全　謹識

2017年2月春節

於鹿港

目　錄

第一章

新移民教育導論

壹 臺灣的跨國婚姻及發展

一、跨國婚姻的形成與發展

　　隨著國際地球村來臨，臺灣男性迎娶外籍配偶增加，新移民子女也不斷增加。然而臺灣的跨國婚姻是如何形成的呢？它受到以下幾項重要因素影響所形成：㈠婚姻坡度的影響：臺灣社會不少男性婚配不易，尤其是隨國民政府從中國大陸來臺的榮民與臺灣許多弱勢家庭的男性擇偶困難，部分原因是婚姻坡度的影響，見下一節說明。㈡受到全球化的影響，高度競爭，臺灣的產業轉型，促使產業外移，尤其1993年政府分三期的南向政策，推動臺商海外投資於東南亞國家，使得不少臺商與當地女子結婚。㈢臺灣女性教育程度不斷地提高，自主性強，對於婚姻觀念改變，加上經濟獨立，對婚姻依賴降低。㈣在政府開放兩岸探親之後，臺灣許多企業轉向中國大陸投資，使得臺商及工作人員在當地成家。㈤新移民女性在原鄉生活困頓，想要透過婚姻脫貧，而有社會階層流動，所以婚嫁移民臺灣。㈥東南亞國家與臺灣的距離不遠，許多國家的華語文與臺灣語文相近，所以婚配來臺灣。㈦婚姻仲介獲得利潤，婚姻市場蓬勃發展，使得新移民移女性嫁入臺灣增加。雖然臺灣跨國婚姻受到上述這些因素影響，但是其發展有脈絡性。夏曉鵑（2000）、鍾重發（2004）把臺灣的跨國婚姻分為1960至1980年萌芽期、1980至1990年形成期與1990年以後發展期。這樣分期無法涵蓋近年發展，本書對於臺灣跨國婚姻發展的分期說明如下：

㈠ 1960至1970年的萌芽期

　　1960至1970年代，臺灣在經濟上屬農業結構，低廉勞工，但逐漸以工業取代農業方向發展。政府持續執行《第三期、四期與五期臺灣經濟建設四年計畫》促進農業現代化，維持物價穩定、擴大對外的輸出、擴建基本設施、改善工業結構等，使得臺灣的經濟持續發展。當時的政治環境仍處於極權統治，反共意識型態相當濃厚。1968年義務教育延長為九年重要變

革，劃分學區，國民學校畢業生一律通知免試分發入學。此時，有很多隨國民政府來臺的榮民，無法回中國大陸，又想有完整的家庭，在面臨擇偶困難，因而有不少人迎娶外籍女性的情形。尤其當跨國婚姻業者將臺灣女性婚介到歐美與日本的同時，也同樣將經濟發展與教育程度低於臺灣的泰國與印尼女性，媒介引進於臺灣比較勞力密集的農漁村之中。當時有部分退伍老兵正面臨擇偶困難，少數透過媒介和印尼、菲律賓、泰國和馬來西亞的女性結婚，這是臺灣跨國婚姻的萌芽期。

(二) 1970至1980年的形成期

1970年代臺灣仍處於農業社會，然而1973年政府投入十大建設，許多榮民參與其中。70年代中期，世界石油危機，臺灣的擴大公共建設安然度過危機，經濟持續成長。許多榮民多數隨政府來臺之後，沒有成家，又無法返回中國大陸，伴隨年齡增長，因而有不少榮民陸續轉到東南亞娶親。隨著十大建設完成，1970年代末國內產業在成本考量下，許多企業遷移至東南亞各國設廠。此時我國派駐東南亞國家人員的地利關係，而與當地女性通婚，為此時期跨國婚姻發展主軸。部分臺商及外派人員發現，臺灣與東南亞國家有廣大的婚姻市場，加入成為新一波的婚姻仲介者，東南亞國家女性與臺灣男性通婚之跨國婚姻現象於焉形成。

(三) 1980至1990年的發展期

1980年代臺灣各項重要建設陸續完成，也從農業社會逐漸進入工業社會，經濟起飛，教育日漸普及，國民素質提高。1987年臺灣解嚴與開放兩岸探親，1988年1月1日起開放報禁。1980年代末期，臺灣的資金大量外移及外籍勞工的引進，造成我國勞工失業或就業困難，讓低技術性的勞工在我國婚姻市場價值滑落。尤其1987年《管理外匯條例》修正通過，停止第6條之1（新臺幣50萬元以上之等值外匯收支或交易，應依規定申報）、第7條、第13條及第17條條文之適用，讓外匯更為方便，某種程度也讓不少臺灣農人和勞動工人到東南亞尋找新娘（王宏仁，2001；王明鳳，2004；黃森泉、張雯雁，2003）。這時期也隨著國內女性教育水平及工作能力提升，國內男性擇偶更加困難，加上婚姻仲介業鼓吹，無法順利在國內找到

對象的男性，轉而與外籍女性通婚，因而也直接衝擊與改變臺灣的婚姻結構。

㈣ 1990至2000年的穩定期

1990年代之後，臺灣的跨國婚姻呈現穩定狀態。1990年底中印雙方簽署投資保證協定。1991年5月1日廢止《動員戡亂時期臨時條款》，終結動員戡亂時期。1994年與1998年政府第一、二波向東南亞國家經濟投資的南向政策。1992年立法施行《臺灣地區與大陸地區人民關係條例》，簡稱《兩岸人民關係條例》，以及《兩岸人民條例》與《兩岸關係條例》，這對兩岸通婚有相當大影響。在這期間跨國婚姻穩定發展有多項原因：1.政府對於新移民提出多項政策，保障他們的權利。例如，內政部於1999年訂定（2008年修訂）《外籍新娘生活輔導實施計畫》、2003年起推動《外籍與大陸配偶照顧輔導措施》；2.先前移民進入臺灣的人數愈來愈多，他們的生活經驗，給予想要婚配來臺灣的女性參考；同時新移民人數愈來愈多，臺灣社會展現出一股很重要的社會支持力量。這時期受到臺灣各界努力，經濟持續的成長，1993年臺灣人均國民收入達10,302美元（行政院主計總處，2017）。此時期的東南亞國家及中國大陸女性嫁入臺灣人數逐年增加，其主因包括：臺灣經濟發展比這些國家好、臺灣的生活環境較佳、可以減少新移民女性的原生家庭負擔、朋友或親戚介紹來臺灣，當然還有假婚姻真賣淫、政治目的（如中國大陸的政治情蒐）或其他目的來臺灣者。

㈤ 2000年之後的蓬勃發展

2000年之後，臺灣民主化提高，國民所得持續增加。2000年第二次總統直選由民主進步黨的陳水扁勝出，這是我國首次政黨輪替。民進黨政府對於新移民女性通婚並沒有設限，但是對於與中國大陸通婚趨於保守。民進黨政府對於中國大陸政策採取緊縮政策，然而在各界壓力之下，2001年兩岸實施小型三通模式，來往廈門與金門的客船開辦。2008年第四次總統直選由國民黨的馬英九勝出，是我國第二次政黨輪替。2007至2012年爆發全球金融危機，政府於2009年春節前夕發行振興經濟消費券，每人新臺幣3,600元。2008年實施大三通，兩岸直接通郵、通商、通航。2009年政府

強調開放兩岸政策、擴大建設方式達到經濟成長率6%目標。雖然經濟發展目標沒有達成，但是社會持續的多元化，新移民人數逐年增加。2003年舉辦第一屆同志遊行，2016年已舉辦第十四屆。2016年第六次總統直選由民進黨的蔡英文勝出，採取新南向政策，對於中國大陸則採取緊縮政策，影響了兩岸政治氛圍。上述臺灣社會的多元化發展，使得跨國婚姻更多元化，全臺各縣市都有新移民形成的聚落，展現出蓬勃發展。

　　在政策方面，政府提供更多經費支持新移民的生活及輔導。行政院於2005年成立《外籍配偶照顧輔導基金》，分10年籌措30億元，以附屬單位基金之方式設立於內政部，來強化新移民體系、推動整體照顧輔導服務。行政院新住民事務協調會報於2015年8月4日修正為《新住民發展基金》，基金規模維持10億元。2012年內政部為全面照護新住民及其子女，增進其生活適應與關懷服務，提出《全國新住民火炬計畫》（2012至2015年）。行政院（2014）的《國家發展計畫》對於族群和諧政策方針指出：為促進族群和諧，政府將致力於保障新住民族基本權利，促進族群文化發展，落實對多元文化之尊重；持續扶植族群特色產業，提升族群產業競爭力，厚植族群經濟力量；賡續強化對各族群弱勢人口相關照顧與權益保障措施，以創造多元族群和諧共榮社會；其中在族群和諧政策第六項政策目標明確指出：全方位推動新住民輔導工作，保障新移民權利與福利。可見政府對於新移民的重視。

　　教育部的《教育優先區計畫》於2003年將外籍配偶子女列為補助指標，凡符合一定人數或比例之學校均可申請補助。2004年8月教育部訂定《教育部推動外籍及大陸配偶子女教育輔導計畫》，目的在增進家長親職教育、落實外籍及中國大陸配偶子女學習生活輔導，以及強化第一線教師多元知能之培養，並補助各縣市及學校人力及經費，該計畫自93至99年度共補助2億7,442萬5,513元（教育部，2016b）。2010年6月教育部召開第八次全國教育會議，其中心議題「陸：多元文化、弱勢關懷與特殊教育」之「子議題二：擘劃新移民的新教育」，對新移民教育的重視。

　　教育部（2004）訂定發布《教育部補助執行「弱勢跨國家庭子女教育輔導計畫」經費原則》全文9項要點，補助各直轄市、縣（市）政府辦

理新移民子女之教育輔導措施。2013年修正發布《教育部國民及學前教育署補助執行外籍及大陸配偶子女教育輔導計畫作業原則》。2017年1月又修正為《教育部國民及學前教育署補助新住民子女教育輔導計畫作業原則》。教育部（2016b）據該作業原則補助各直轄市、縣（市）政府辦理9項國中、小階段新住民子女教育輔導措施包含：實施諮詢輔導方案、辦理親職教育研習、舉辦多元文化或國際日活動、辦理教育方式研討會、辦理教師多元文化研習、實施華語補救課程、編印或購買多元文化教材、手冊或其他教學材料、辦理全國性多元文化教育優良教案甄選、辦理母語傳承課程；至2014年累計補助各直轄市、縣（市）政府約4.2億元，104年度參與相關輔導措施人數逾57萬人。地方政府的新移民政策也相當用心，例如，2008年新北市政府教育局成立「新住民文教輔導科」，編輯七國語文繪本、開辦國際服務櫃檯（多語翻譯服務）、東南亞語言課程等嶄新措施。從上述來看，這時期政府對於新移民及其子女的重視比起先前幾個時期還關注，投入經費也比較多。

二、臺灣的跨國婚配人數

　　臺灣男性迎娶外籍及中國大陸配偶逐年增加。本書多數章對新移民定義是臺灣男性與東南亞國家、中國大陸或其他外籍女性結婚，並沒有包括臺灣女性與外籍人士結婚定居於臺灣。江亮演（2008）指出，臺灣與東南亞國家及中國大陸的新移民在婚姻上具有女性多於男性、老夫少妻、學歷偏低、衍生教育與養育子女問題。他們甚至沒有至親好友，缺乏社會脈絡支持，孤立無援。內政部（2016a）統計指出，2001年外國籍女性嫁給臺灣男性有15,846人，中國大陸與港澳地區有26,338人，至2015年中國大陸與港澳人士10,254人占52.03%，外國人者占47.96%（集中於東南亞地區達6,120人，占外籍配偶之64.13%。表1-1看出幾個現象：㈠新移民不僅有女性，還包括男性，外國籍女性嫁給臺灣男性逐年下降，而外國籍男性與臺灣女性結婚則增加。㈡外國籍、中國大陸、港澳地區與東南亞國家女性都在2004年下降，而外國籍男性與臺灣女性結婚則增加。㈢2001年外國籍女性嫁入比率占全部女性的25.23%，至2015年下降為9.72%。㈣2006年起

表1-1　1998至2015年臺灣的結婚人數

單位：人

年度	男性								女性						
	總計	本國籍	大陸 總計	大陸	港澳	外國籍 總計	外國籍 東南亞	外國籍 其他	本國籍	大陸 總計	大陸	港澳	外國籍 總計	外國籍 東南亞	外國籍 其他
1998	140,010	137,795	490	366	124	1,725			120,256	11,452	11,303	149	8,302		
1999	175,905	173,065	857	708	149	1,983			145,981	17,005	16,849	156	12,919		
2000	183,028	179,883	852	691	161	2,293			140,865	22,956	22,784	172	19,207		
2001	167,157	163,892	1,004	848	156	2,261	760	1,501	124,973	26,338	26,198	140	15,846	15,570	276
2002	173,343	168,886	1,778	1,609	169	2,679	977	1,702	128,500	27,767	27,626	141	17,076	16,746	330
2003	173,065	167,160	3,073	2,926	147	2,832	1,081	1,751	124,665	31,353	31,183	170	17,047	16,600	447
2004	129,274	126,171	356	215	141	2,747	939	1,808	99,846	11,840	11,671	169	17,588	17,198	390
2005	142,082	138,947	448	281	167	2,687	727	1,960	117,486	13,963	13,767	196	10,633	10,227	406
2006	142,799	139,625	514	323	191	2,660	537	2,123	122,365	13,871	13,604	267	6,563	6,111	452
2007	131,851	128,666	583	392	191	2,602	448	2,154	110,563	14,003	13,775	228	7,285	6,817	468
2008	148,425	144,921	626	383	243	2,878	473	2,405	130,429	12,149	11,887	262	5,847	5,315	532
2009	116,392	112,729	690	467	223	2,973	482	2,491	98,331	12,519	12,270	249	5,542	5,101	441
2010	133,822	130,014	840	588	252	2,968	554	2,414	116,308	12,333	12,065	268	5,181	4,666	515
2011	165,305	161,133	1,046	714	332	3,126	551	2,575	147,886	12,483	12,117	366	4,936	4,336	600
2012	142,846	138,558	1,093	755	338	3,195	649	2,546	127,019	11,215	10,896	319	4,612	4,069	543
2013	147,527	143,284	1,083	735	348	3,160	616	2,544	132,331	10,295	9,902	393	4,901	4,282	619
2014	149,513	144,957	1,202	740	462	3,354	735	2,619	134,123	9,702	9,204	498	5,688	5,065	623
2015	154,024	149,286	1,310	795	515	3,428	743	2,685	139,055	8,944	8,322	622	6,025	5,377	648

資料來源：內政部戶政司（2016a）。結婚人數按原屬國國籍按登記及發生。http://www.ris.gov.tw/zh_TW/346

東南亞國家女性嫁給臺灣男性在7,000人以下,不像2004年有17,198人那樣多。就國別來說也有不同,內政部(2010)統計,至2009年底止臺灣外籍配偶人數約達42萬9,495人,其中外籍配偶(原屬國籍為越南、印尼、泰國、菲律賓、柬埔寨、日本、韓國等有14萬3,702人,中國大陸及港澳地區配偶有28萬5,793人。

三、新移民子女人數成長

　　臺灣的跨國婚姻在新移民組成家庭之後,生育子女總人數不斷變化。本書的新移民子女係指內政部於2007年10月1日內授移字第0960946753號函對外籍子女的定義:「子女出生時,其父或母一方為居住臺灣地區設有戶籍國民,另一方為非居住臺灣地區設有戶籍國民。」內政部(2016b)統計如表1-2看出,2004年外籍或中國大陸配偶生育人數為28,717名,占總出生人數的13.19%,逐年下降,至2015年下降為13,074人,占總出生人數的6.14%。

　　上述這些子女陸續進入國小、國中就讀,在學校的人數不少。教育部(2016a)指出,103學年新移民子女就讀國中小達21萬1千人,較102學年成長0.55%,幅度明顯趨緩如表1-3,其主因是2005年之後國人與東南亞國家婚配人數轉少,反映至國小新移民子女人數減少。近年來,新移民子女就讀國民中小學人數如下:

㈠93至102學年新移民子女學生數由4萬6千人成長至21萬餘人

　　從93至102學年,新移民子女學生數遽增16萬5千人,而全部的國中小學生數自284萬人降為205萬6千人;它使得93學年新移民子女學生數占國中小學生數比率由1.6%,102學年快速增加為10.3%;其中國小一年級新生數1萬7千人,平均約每11位國小新生即有1人為新移民子女。若以有新移民子女就讀之國中小學,新移民子女學生數以20至39人為最多。103學年新移民子女就讀國中小學校有3,474所(含附設國小部、國中部),占全體國中小學校之96.50%,顯示國中小新移民子女學生分布極廣,其中以20至39位新移民子女學生的學校最多。

表1-2　2004至2015年臺灣出生的嬰兒數

單位：人

年度	出生數			生母原屬國籍								
				合計	本國籍	外籍或中國大陸配偶國籍						
						合計	中國大陸、港澳地區			外國籍		
	總計	男	女				合計	大陸	港澳	合計	東南亞	其他
2004	217,685	113,639	102,780	188,968	28,717	11,258	11,196	62	17,459	17,276	183
2005	206,465	107,378	98,476	179,852	26,613	10,099	10,030	69	16,514	16,337	177
2006	205,720	106,936	97,523	181,839	23,881	10,471	10,371	100	13,410	13,241	169
2007	203,711	106,898	97,516	182,922	20,789	10,097	10,010	87	10,692	10,477	215
2008	196,486	103,937	94,796	177,567	18,919	9,751	9,652	99	9,168	8,946	222
2009	192,133	99,492	91,818	175,503	16,630	8,906	8,776	130	7,724	7,535	189
2010	166,473	86,804	79,669	151,968	14,505	8,185	8,060	125	6,320	6,092	228
2011	198,348	102,948	95,400	182,900	15,448	8,975	8,825	150	6,473	6,228	245
2012	234,599	121,485	113,114	217,331	17,268	10,107	9,886	221	7,161	6,866	295
2013	194,939	101,132	93,807	181,853	13,086	7,546	7,396	150	5,540	5,281	259
2014	211,399	109,268	102,131	198,263	13,136	7,825	7,642	183	5,311	4,997	314
2015	213,093	110,800	102,293	200,019	13,074	7,260	7,039	221	5,814	5,497	317

資料來源：內政部戶政司（2016b）。出生按生母及生父原屬國籍（按登記及發生）。http://www.ris.gov.tw/zh_TW/346

表1-3 94至105學年度國中小新移民子女人數

單位：人

學年	總計	國中				國小						
		總計	7年級	8年級	9年級	總計	1年級	2年級	3年級	4年級	5年級	6年級
94	60,258	6,924	2,741	2,318	1,865	53,334	12,878	11,989	9,562	8,008	6,164	4,676
97	129,917	16,735	6,890	5,660	4,185	113,182	27,138	25,445	19,914	15,866	13,581	11,238
100	193,062	33,881	12,938	11,443	9,500	159,181	24,827	27,971	29,174	29,618	26,565	21,026
101	203,663	41,693	16,723	13,352	11,618	161,970	22,123	25,813	28,301	29,417	29,599	26,717
102	210,278	52,631	21,791	17,297	13,543	157,647	19,175	23,355	26,394	28,809	29,848	30,066
103	212,057	65,044	24,852	22,491	17,701	147,013	17,227	20,083	23,827	26,783	29,019	30,074
104	207,955	73,473	25,189	25,484	22,800	134,482	15,080	18,182	20,622	24,189	27,079	29,330
105	196,175	75,891	24,317	25,799	25,775	120,284	13,385	15,995	18,485	20,892	24,245	27,282
臺灣	194,646	75,377	24,138	25,612	25,627	119,269	13,251	15,849	18,317	20,710	24,067	27,075
新北市	33,074	11,800	3,865	3,954	3,981	21,274	2,325	2,895	3,284	3,783	4,277	4,710
臺北市	13,232	4,892	1,583	1,689	1,620	8,340	1,031	1,125	1,407	1,451	1,589	1,737
桃園市	22,940	8,789	2,755	3,078	2,956	14,151	1,669	1,950	2,238	2,494	2,748	3,052
臺中市	20,671	7,785	2,459	2,648	2,678	12,886	1,509	1,734	1,962	2,260	2,588	2,833
臺南市	13,538	5,342	1,744	1,760	1,838	8,196	863	1,070	1,248	1,371	1,695	1,949
高雄市	20,971	8,261	2,730	2,757	2,774	12,710	1,318	1,702	1,971	2,154	2,713	2,852
宜蘭縣	3,696	1,393	457	462	474	2,303	241	298	353	394	453	564
新竹縣	6,080	2,284	677	787	820	3,796	466	522	559	655	764	830
苗栗縣	6,918	2,735	851	919	965	4,183	485	555	631	767	801	944

彰化縣	11,827	4,778	1,479	1,670	1,629	7,049	742	916	1,115	1,141	1,446	1,689
南投縣	5,228	2,283	677	742	864	2,945	308	342	397	533	634	731
雲林縣	8,344	3,506	1,115	1,221	1,170	4,838	533	613	719	813	1,006	1,154
嘉義縣	6,314	2,626	784	904	938	3,688	380	437	551	621	762	937
屏東縣	7,818	3,267	1,105	1,106	1,056	4,551	444	534	626	839	937	1,171
臺東縣	1,724	703	253	220	230	1,021	96	134	142	189	222	238
花蓮縣	2,185	847	285	289	273	1,338	135	162	215	211	293	322
澎湖縣	1,034	420	162	124	134	614	44	76	95	101	124	174
基隆市	3,505	1,448	456	479	513	2,057	216	304	275	364	420	478
新竹市	3,493	1,228	389	435	404	2,265	307	332	378	394	381	473
嘉義市	2,054	990	312	368	310	1,064	139	148	151	175	214	237
金馬	1,529	514	179	187	148	1,015	134	146	168	182	178	207
金門縣	1,323	444	160	155	129	879	116	120	145	163	151	184
連江縣	206	70	19	32	19	136	18	26	23	19	27	23

資料來源：教育部（2016a）。新移民國中小人數分布概況統計。臺北市：作者。

㈡ 逾89%國中小新移民子女之父或母來自越南、中國大陸及印尼

　　新移民子女就讀國中與國小人數依序為新北市、桃園市、高雄市、臺中市、臺南市、臺北市等6個市占60%。整體來說，國中小新移民子女主要集中在都會區縣市，若以新移民子女占該縣市學生數比率觀察，以連江縣、金門縣及嘉義縣等離島偏鄉縣市分居前3名。逾89%國中小新移民子女之父或母來自越南、中國大陸及印尼；中國大陸與越南婚嫁來臺後，以都會區及鄰近都會區為主；印尼則集中在桃園市、新北市、新竹縣、臺中市及苗栗縣。

㈢ 全國新移民子女人數最多前10個鄉鎮市區有2萬2,987人約占15.7%

　　國小新移民子女人數多寡排序前10名依序為中壢市（3,083人）、新莊區（3,049人）、板橋區（3,030人）、三重區（2,567人）、桃園市（2,394人）、中和區（2,132人）、鳳山區（1,899人）、平鎮市（1,824人）、新店區（1,509人）及土城區（1,500人）。全國368個鄉鎮市區，僅剩屏東縣春日、霧臺及高雄市茂林區等3個山地鄉，及金門縣烏坵鄉尚未有國小新移民子女學生。國中分散於344個鄉鎮市區，前10個鄉鎮市區占新移民子女人數之15.6%，除新店區、土城區、楊梅市與蘆竹市4個行政區外，其餘與國小相同。新移民子女國小新生人數自99學年呈現高峰後減少，國小全體新移民子女學生人數在101學年度達高峰，102學年開始下降，國中則在105學年度達到高峰。若國中小併計，103學年新移民子女學生人數21.1萬人，達到最高點，在104學年下降許多。

貳　跨國組成家庭的理論

　　臺灣跨國婚姻的新移民女性教育程度偏低、結婚年齡偏低、男女老少配不少、結婚成立的家庭傾向較為弱勢、生育子女數較本國籍多。跨國婚姻移民在短時間內就結婚，兩性沒有深厚的感情基礎。進入臺灣之後，語言有隔閡，母國的文化與臺灣有極大差異，兩國風俗習慣不同。在婚姻感情基礎薄弱之下，新移民女性組成的家庭常成為經濟弱勢、社會支持網路

不足與家庭社經地位偏低。詮釋臺灣跨國組成家庭的理論，可以從跨國婚姻的理論及新移民與子女生活發展的理論來說明，如下：

一、跨國婚姻形成的理論

有許多學理可以解釋臺灣的跨國婚姻形成。以下從依賴理論、世界體系理論、社會交換理論、社會階層理論、推拉理論、後現代主義與佛法中的《廣論》來說明：

(一) 依賴理論

依賴理論（dependence theory）為1960年代興起的理論，強調核心國家與邊陲國家之依賴關係，權力掌握於核心國家（core country），而邊陲國家（periphery country），核心國家多為工業化國家，在國際貿易上具有主導的地位，國家國民所得高，在國際上也有高度的掌控權力。而邊陲國家多為第三世界國家，他們向核心國家輸出原料、人力，並從事勞力密集產業的代工。邊陲國家對於核心國家的經濟與政治的依賴，形成核心與邊陲國家的不平等關係（Frank, 1978）。這種跨國的經濟依賴，衍生政治發展依賴，也衍生了教育與文化依賴，甚至可以解釋跨國婚姻的依賴。以臺灣的跨國婚姻來說，臺灣男性迎娶的多以東南亞國家女性為主，尤其來自於經濟發展國家或地區較低的越南、印尼、泰國、中國大陸等。相對於臺灣發展落後的東南亞國家，臺灣像是依賴理論的核心（或半邊陲）國家一樣，擁有較好的經濟發展，被迎娶的女性則來自邊陲或非核心國家。臺灣男性從這些女性獲得無償家務的勞動力，以及生物性傳宗接代的命脈。而對於來自低度或開發中國家的女性來說，透過婚姻移民卻是脫離貧困的方式之一。這種跨國婚姻就像是一種雙方互賴，卻又處於不平等關係。

(二) 世界體系理論

世界體系理論（world system theory）為美國社會學家華勒斯坦（I. Wallerstein, 1930-）所提出，認為現代資本主義起源於十六世紀的英、法、荷等先進國家，與落後國家存有一種依賴關係，也就是核心與邊陲的交換關係。它與依賴理論觀點相近，然而Wallerstein（1974）除了核心

與邊陲國家之外，更增加了半邊陲國家（semi-periphery country）概念：
Wallerstein指出，半邊陲國家是介於核心與邊陲國家之間的樞扭，在歐洲
國家海外殖民，其他地區淪為勞力與原料輸出的邊陲與被掠奪地帶。在經
濟剝削的結果，核心國家強大，邊陲國家雖然被殖民之後獨立，但是在歷
史、文化及教育與經濟上仍存有一種剪不斷的臍帶，持續依賴核心國家的
經濟，形成不平等與不對等的國際現象。世界體系理論主張，全球資本主
義會出現不同國家或地域向上或向下流動現象，原先邊陲國家可能晉升為
半邊陲（semi-periphery），半邊陲成為核心國家。在全球資本主義不斷擴
張，需要強國霸權（hegemony）加以維繫。與臺灣男性婚配的女性來自
於東南亞國家及中國大陸居多，雖然臺灣沒有在東南亞國家殖民，但從世
界體系來看，落後地區的人民往臺灣移動是很自然的現象，就如同在世界
體系中，由邊陲向半邊陲或中心移動的發展。從現代化理論（moderniza-
tion theory）來看，臺灣的現代化生活水準，經濟發展與生活環境改善，
也是吸引東南亞國家女性婚姻移民的條件之一。

(三)社會交換理論

　　社會交換理論（social exchange theory）係指不同的雙方所擁有的物質
及金錢，對於某一項雙方所期待獲得的標的進行交換的過程。它透過人類
互動過程中互惠交易，使得雙方的關係可以維持。在交換過程中會分為內
在性報酬和外在性報酬，前者是在交換過程中取得報酬，如過程中獲得歡
樂、支持、感恩、信任或愛等，而後者是在兩者互動關係之外所得到的報
酬，例如金錢、物質、職位、商品與權力等。Blau（1964）指出，信任是
型塑關係品質的重要因素。人際交往體系的運作過程奠基於相互回報的默
契（Gouldner, 1960），施者只能期望受者能履行回報的義務。在父權社
會下的女性較為卑微，傳統上有以身體來換取應有的地位與角色。若從資
源理論來看，資源較多的一方，擁有婚姻較大權力與決定權較多。在跨國
婚姻中，社會交換理論把婚姻視為一個市場的交換過程，男女雙方透過自
身所擁有的資源進行交換，期待在婚姻過程中，讓自己所得到的利益最大
化。

㈣ 社會階層理論

社會階層理論（theories of social stratification）也可以解釋臺灣的跨國婚姻，它包括了功能論（structural-functionalism）與衝突論（conflict theories）的階層化論點，前者關注社會階層可否穩定社會秩序，讓社會穩定及和諧的發展；後者則認為，社會階層是造成社會階級對立（如統治者與被統治者、勞方與資方、有產與無產、藍領與白領等）的重要原因，持此派認為，擁有經濟及權力主導權者代表社會階層較高，反之則是社會階層較低。衡量社會階層高低不僅從家庭的經濟資源面向，還包括個人職業聲望及教育程度。它可以解釋跨國婚姻及婚配來臺的新移民女性，來臺灣之後的社經地位狀況。臺灣的跨國婚姻存在一個重要因素就是婚姻坡度（marriage gradient）。從女性的角度來看，有上嫁婚配（hypergamy）及下嫁婚配（hypogamy），前者女性嫁給比自己高社會階層者，後者則嫁給比自己社會階層低者。近年來臺灣女性教育程度提高，自主性強，對於婚姻持較保留態度，而來自東南亞國家女性會跨國婚嫁的主因之一是他們來自於發展比臺灣落後的國家，經濟所得與教育發展較低，想透過婚姻上嫁給較高社會階層者，以改善他們原有的社會階層。臺灣的婚配多數依循傳統婚配的男高女低的婚配模式（楊靜利等，2006）。Qian（1999）指出，個體選擇跨國婚姻主要想打破階級障礙，可以從較低的社會階級往上流動。雖然這種社會階級可以產生流動，但卻是一種非自身改變條件的流動，不是個人接受教育或增加一技之長，豐富知識所產生的社會階級流動。

㈤ 推拉理論

推拉理論（push-pull theory）是人口遷移的重要理論之一。Lee（1966）指出，人口遷移的重點在於推力、拉力與中間阻礙的因素使得個體選擇移動。此理論也可以解釋跨國婚姻形成。跨國婚姻的雙方也是一種推力（push force）與拉力（pull force）的組合。就女性婚配至他國，以推力來說，個體所居住的環境中有許多因素，推個體往另一個目的地，例如，原居住地的生活環境條件不好，沒有工作機會、賺不到錢、沒有接受

教育機會、沒有充足生活設施、都市化程度不高、生活便利不高、政治不穩定、戰亂或暴動等，讓個體想脫離那一個環境，因而把他們推往另一個目的地。就女性婚配至他國的男性，有拉力存在，此拉力則是個體所要前往的目的地，有許多吸引他們的條件及因素。例如，有較好的生活環境、生活更幸福美滿、就業機會多、生活水準高、政治民主化高、教育普及、社會福利完善、醫療制度健全等，因而吸引人口移入。在推力因素與拉力因素之間還有一些阻礙因素，例如距離、遷移成本、心理適應（如語言、溝通、文化及價值觀或認同感等）等會影響移民與否。換句話說，個人移民與否是需要經過一番思考、判斷及比較，才決定是否遷移。

㈥ 後現代主義

　　後現代主義（postmodernism）可以解釋臺灣新移民的跨國婚姻及他們所組成的家庭。臺灣的新移民女性以東南亞國家及中國大陸為主，他們來自的國家之發展程度比臺灣還落後，而所組成的家庭傾向於弱勢居多，所以在身分上常被認定為弱勢族群。弱勢團體是後現代主義所關注的重點之一。後現代主義強調以個人獨特性為主體，重視心靈內在；更強調要傾聽弱勢者的聲音與尊重弱勢者的權力，反對專權、強調複雜、渾沌、有限、反理性、反對後設敘述、反對統一及反對至尊無上的絕對論點。後設敘述（metanarrative）源自於Jean-Francois Lyotard對於後現代的說明，他認為「現代」這個術語，是任何透過後設論述（metadiscourse）將自身合法化的科學；現代之所以成為現代的背後權力組織有一套「後設的」大理論、大敘述來支持它，成為這個組織活動依據所在；透過這些後設的大理論，也就是「後設敘述」，來對外宣布他們宣稱的合理性。因此後現代是「對後設敘述不肯輕易的相信」，對於任何後設敘述抱持懷疑的態度（周佩儀，2002）。在後現代中沒有所謂的主宰敘述，也沒有一種典範可以主導。臺灣的新移民雖然相較於本國籍的人數比率不高，且組成的家庭弱勢居多，但在後現代主義強調關懷弱勢、關注少數族群，尊重少數者聲音及意見，就是最好詮釋。

㈦ 佛法中的《廣論》

解釋跨國婚姻形成還可以從佛法中的學理來詮釋。其中很具人生哲理與教育意義及生命價值的一部經典——《菩提道次第廣論》，簡稱為《廣論》，為宗克巴大師所作（年代不詳）。它雖然稱為論，但是其內涵不是僅限在一個學派的理論，而是詮釋一個個體生命的起源，以及獲得暇滿人身之後，修行的完整次第。

《廣論》包括的法類有：〈道前基礎〉、〈下士道〉、〈中士道〉與〈上士道〉。〈道前基礎〉又包括造者殊勝、教授殊勝、聽聞軌理、說法軌理、親近善士、修習軌理、暇滿人身、道次引導等法類。〈下士道〉包括念死無常、三惡趣苦、皈依三寶與深信業果。〈中士道〉包括希求解脫、思維苦諦、思維集諦、十二緣起與解脫正道等法類。〈上士道〉則包括入大乘門、菩提心次第、儀軌受法、學菩薩行、布施、忍辱、持戒、精進、靜慮、般若（智慧）、四攝法、奢摩他、毘缽舍那等法類。這是修行修心的次第，直至成就無上菩提的路徑。

跨國婚姻的男女雙方結合是一種因緣和合。男女雙方的跨國結合組成家庭，不管是為了傳宗接代或精神層面的滿足，都是在無限生命中的一個流轉而已（讀者有興趣可以欣賞《靈魂轉世》https://youtu.be/mSRdpyR-7nAg、《前世記憶》https://youtu.be/RGSXQu4jEog），也就是說，個人在無量劫所造作的業，在這世所感到的果。男女婚配是一種不生不滅、緣起性空的現象。這在〈中士道〉十二緣起中有深入的詮釋，也就是個體從無明、行、識、名色、六入、觸、受、愛、取、有、生、老死等循環相續的結果。個體受到貪、瞋、癡三毒的影響，因而陷在無明之中，唯有依著《廣論》的道次第，如法如理的修行修心，才可免除個人的煩惱、解脫正道，發大悲心與慈心，以一切眾生蒼生發大菩提心，行六度（布施、忍辱、持戒、精進、靜慮、般若）等，可以讓生命價值及層次提升。而事實上，在下一節的新移民及其子女生活發展的理論，也可以運用《廣論》的法類及類涵來詮釋，在此則不多贅述。

二、新移民及其子女生活發展的理論

　　移民者進入一個新的環境需要生存，更需要生活發展與適應，在這過程中面臨許多問題，而可以解釋跨國婚姻移民者及其子女的生活發展理論不少，本書在各章有特定的議題運用相關的理論來說明。本節從生態系統理論、文化認同理論、文化相對論、生活適應理論及需求層次論。說明如下：

㈠ 生態系統理論

　　生態系統理論（ecological systems theory）可以解釋移民到新環境對於環境及社會文化會有適應現象及問題。就生態系統觀點來說，移民的個體對於環境生態的了解相當重要。Bronfenbrenner（1979）提出生態系統理論說明個體從小受生活環境的直接與間接影響，進而發展個人習性，它由四層系統所形成。第一層是微系統（microsystem），與個人最直接、有切身關係、最頻繁接觸生活環境。就臺灣的新移民女性來說，家庭、友伴及社區就是他們的微系統。如果是新移民子女還包括學校。第二層為中間系統（mesosystem），兩個以上的微系統聯結與互動關係，個體透過中間系統接觸社會環境。對新移民女性來說，家庭、友伴與社區環境之間的接觸、聯繫與互動關係，例如，多位新移民好友之相處與互動關係，或新移民女性參與子女在學校活動等。第三層是外系統（exosystem），為外在環境脈絡對微系統或中間系統的影響，個體雖然不一定完全直接接觸這系統，但卻受到這系統的影響。以新移民女性來說，臺灣社會環境就是外系統，如傳播媒體對於新移民女性的物化、標籤化或偏見。第四層是大系統（macrosystem），影響外系統、中間系統與微系統的社會文化意識、價值觀及制度。對新移民女性來說，這是臺灣的整體社會、經濟、教育、文化環境與國際社會所發生的事件可能對於他們的影響。這四個系統環環相扣，個體發展受四層系統的影響。Bronfenbrenner將環境與人的空間及社會距離分成幾個系統，這種多重環境對人類行為與發展的影響。生態系統理論強調促進個體發展，必須先研究個體生活環境所有系統及對個體的影響，統整協調，以利個體發展，否則容易因思考層面不完整，導致問題產

生。對新移民來說，生態系統理論強調每個層次的系統皆會影響個人的生活及學習，小至家庭大至國家及國際社會，因此，研究新移民及其子女教育必須了解各層次對他們的影響。

㈡ 文化認同理論

文化認同理論（cultural identity theory）也可以解釋移民者在新環境的認同及其生活適應情形。江宜樺（1998）認為，文化認同指一群人分享共同的歷史傳統、習俗規範以及無數的集體記憶，從而形成對某一共體的歸屬感。移民者進入新的環境，在文化、社會及政治勢必會產生認同問題，包括身份認同、族群認同、社會認同、文化認同、政治體制認同及國家認同等。Hutnik（1991）在文化認同以四個觀點來說明：1.涵化者，它是雙向認同，也就是移民者對自己原有及所移入環境的文化及社會主流文化都接受，並且加以整合調適。2.分離者，它是移民者對自己的文化強烈的認同，排斥並抗拒所移入環境的族群文化。3.邊緣人，它是雙向疏離，也就是移民者不接受移入的文化，也喪失自己的文化傳承。4.同化者，它是對移入地文化的認同，拋棄自己的傳統文化，接受他族群或國家的文化規範。臺灣的跨國婚姻移民者對於臺灣文化認同情形，可能隨個人價值觀而有不同，雖然無法完全解釋，但是文化認同理論卻是解釋跨國婚姻移民的重要學理之一。臺灣新移民文化認同研究可參考陳燕禎（2008）。

㈢ 文化相對論

移民所帶來的不是一個個體，還包括了鑲嵌在個體中的語言、生活習慣、個人價值，甚至是一個家庭及國家的文化價值系統。來自相同地區及國家的人愈多，所形成的價值體系就具有相對的影響力，也會對當地文化及價值體系產生衝擊。不同文化及價值體系的相互尊重及學習就格外重要。文化相對論（cultural relativism）是一種對於不同文化的了解、觀察，並看待不同文化立場的學理，它相對於我族中心主義（ethnocentrism）強調，吾人常以自我中心、自我觀點、從我方、我的角度來看待他人、他族、他國的歷史文化與環境及其價值體系。因為陷於自我中心與自我價值體系之中，所以會有個人或我族優於他族與他國文化的偏執，自認為自身

所處的文化及價值最優越。在我族中心偏執，對他族與他國文化產生一系列的偏見與扭曲的態度。文化相對論強調不能用他人的觀點與角度論斷其他文化，相對的，應由自身文化的價值與標準來論斷自身的文化與價值體系。在同一個社會有不同的文化，在不同社會更有不同的文化體系。文化相對論強調在不同文化之間應平等對待，更應有相互尊重、關懷與理解，欣賞他人文化及價值體系，而不要陷入自我優越的意識及價值體系之中。關於我族中心主義與文化相對論的深入介紹，可以參考林冠群（2008）。

㈣ 文化霸權理論

移民者移入新環境，對於新的環境熟悉度不高，加上有文化適應與認同的問題，需要更多時間磨合。以跨國婚姻移入臺灣者大都來自東南亞國家女性，因而他們所組成的家庭傾向於弱勢。文化霸權理論（cultural hegemony theory）所強調的是對於弱勢者權益的關注。文化霸權理論為義大利新馬克斯主義追隨者，葛藍西（A. Gramsci, 1891-1937）提出的霸權（hegemony）概念而來，其意涵是指，一個較高的社會階層可以透過操縱整個社會文化，來支配或統治整個多元文化的社會。這理論協助吾人在分析國家權力是如何形成，了解如何在社會中鞏固不平等的社會關係，以及思考反抗社會對人民宰制的可能策略。跨國婚姻所生的子女常屬於弱勢，在教育體系中屬於弱勢學生居多，他們需要接受主流文化的教材內容。有權者在教育過程中，透過其主流文化及價值體系宰制學習內容，讓弱勢學生學習，並忽略弱勢者的文化及價值觀，形成了不對等的關係（林瑞榮、劉健慧，2009）。在這過程中讓人思考，弱勢者或學生的受教權問題及其相關權益是否受到損害。

㈤ 生活適應理論

移民進入另一個環境之後，需要面臨適應問題。生活適應理論（theory of life adjustment）強調個人在環境中透過個人的身心狀況，來因應外在環境變化的過程，朝向一個平穩的狀態就是適應。Piaget（1972）在《認識發生論原理》（*The Principles of Genetic Epistemology*）指出，每一個認知結構都是心理發生的結果，個體的心理發生就是從一個較初級結構轉化

為較複雜結構。這種初級結構轉移過程就是一種個體適應的歷程。個體在這過程中會透過基模（schema, scheme），也就是個體要認識環境所需要的機制，它不是先天存在，也不是後天經驗，而是透過個人建構所獲得。個體在此建構過程透過同化（assimilation）與調適（accommodation）才能取得平衡（equilibration）與適應（adaptation）。同化是個體將外在刺激予以改造，讓此刺激可以成為個體的一部分，而調適則是個體改變自己內部認知結構來適應外在環境（Piaget & Inhelder, 1969）。就移民者來說，他們移入臺灣或新環境之後，婚配於臺灣男性後的生活，需要對定居環境及人需不斷地適應，在此過程個人身心狀態要因應外在環境，更重要的是透過同化與調適讓個人的心理適應。在此過程不僅個人要同化與調適外在環境，而且需要更多人員的關懷、家庭資源、社會資源及社會支持，移民者的身心才可以適應。江亮演、陳燕禎、黃雅純（2004）探討中國大陸與外籍配偶生活的調適過程，面臨了適應不良及生活需求無法獲得滿足的困境及調適過程，正說明了移民者生活適應的困難。

㈥ 需求層次理論

　　移民者到新環境面臨許多生活、就業及教養子女，甚至婚姻維持的需求。Maslow（1954）的需求階層理論（hierarchy theory of needs）可以來解釋移民者的需求。因為個體較低層次的生理需求與安全需求獲得滿足之後，才會自然轉向追求更高層次的社會需求、美的需求及自我實現需求之滿足。在追求滿足過程中，若遇到阻礙，無法實現的認知需求，此時將導致挫折產生，限制了個體的需求，衍生出無法滿足學習、生活或高層次的需求滿足。張芳全（2008）指出，新移民女性的需求是一種自我與環境之互動關係，當新移民女性與環境的互動取得和諧，能滿足新移民女性的需求，達到平衡與適應狀態。當移民者的期望之需求，個體無法獲得滿足時，將導致生活挫折與困擾，此時她們會運用基模透過同化與調適來適應生活。適應良好之移民者，在生活免於恐懼、焦慮與威脅，較不易受外在事物影響，他們會喜歡接受接納他人觀點與他國文化，也能和環境中的人和諧相處。當移民者與周遭環境（如家庭）無法取得良好互動關係時，就

更容易使他們產生適應不良。

(七) 社會資本理論

社會資本理論（social capital theory）強調個人的人際網絡建立，可以形成資本，個人如果有良好的人際關係，可以獲得更多的生活價值及目的。以跨國婚姻來說，移民者通常對於所移入的環境及當地的人員較為生疏，較難融入當地的人群關係，所以社會資本較少。移民者可以透過建立良好的人際關係，有益於當地的生活及適應。此理論認為家庭與社區網絡是影響個體想要移民的重要決策因素。然而，它卻忽略跨國移民除了受家庭與社區的影響之外，還包含很多個人的因素、社會結構及國際化內外因素的影響，不是個人的社會資本可以獨力完成。葉蕭科（2004）針對新移民家庭的社會資本分析發現，新移民女性透過社會資本增加了社會凝聚力。王秀燕（2007）研究指出，社會支持網路是新移民社會資本的重要來源，也有助於他們的生活適應。關於社會資本（social capital）的概念、源起及現況可參考王中天（2003）。

參 本書架構

一、撰寫緣起

筆者2002年在大學任教之後，發表新移民及其子女教育的論文超過20篇，指導新移民及其子女教育相關議題的碩士論文有60餘篇。筆者長期關注新移民及其子女教育有幾項主因，也是撰寫本書動機：

(一) 來自偏鄉弱勢家庭感受到新移民弱勢家庭的需求

筆者來自於偏鄉，並沒有很多的教育資源及文化刺激，也屬於弱勢家庭，從小沒有人引導課業，學校課業學習需要靠自己，可以理解新移民子女的學習狀況。因而在臺灣跨國婚姻，新移民女性婚配逐漸增加的同時，經常看到臺灣的新移民及其子女教育問題浮現。對比自己所成長的偏鄉環境，更可以體會到新移民家庭子女的問題及心情。因而對於新移民及其子

女教育深表關心，期待可以深入研究與鑽研。

㈡ 大學擔任教職對於新移民及其子女特別的關注

筆者在大學任教所面對的對象為大學生與研究生，有不少新移民子女，常與他們聊學習狀況。而所教學生有很多是中小學老師、主任及校長在第一線感受新移民教育，常以實務教學經驗（教學經驗）與作者分享教學心得。因而促使在大學任教期間，除了發表新移民及其子女教育論文之外，也指導很多學生進行這方面研究。在學術信念為實證分析下，撰寫實證科學取向的新移民子女教育專著。

㈢ 新移民子女教育心理、社會文化認同問題多元

近年來新移民子女就學人數不少，然而國內對於新移民子女長期追蹤研究卻是缺乏。2010年筆者榮幸獲得行政院科技部三年期（2010至2012年）新移民子女教育研究，長期追蹤新移民子女的學習表現。筆者以證據為研究導向，期待有嚴謹的結論，因而長期進行實證分析來找到正確的研究結果，以提供政策規劃參考。本書彙整筆者近年來的一些研究，加以改寫而成。

㈣ 期待新移民子女更好發展不再是社會弱勢者

近年來新移民子女已有上大學及研究所，筆者腦海一直想著臺灣的新移民及其子女教育何去何從？尤其這些進入大學及研究所的新移民子女，學習表現是否更能適應，甚至在大學畢業之後，進入社會是否有社會階層流動的機會呢？若能給新移民及其子女更多關懷與教育，他們會成為臺灣很好的人力資產，成為臺灣發展另一項助力。

㈤ 透過科際整合觀點了解新移民子女教育發展

移民者的研究需要科際整合的來分析，也就是需要社會學、心理學、政治學、教育學、文化學、人類學、醫學、統計學，甚至國際關係與外交等，透過不同學門的觀點對於移民者及其子女的深入分析，由不同學理及觀點來詮釋移民者的問題，更能對於移民者相關問題，提出宏觀的解決處方。也就是說，新移民及其子女的研究應搭配不同學門的學理進行深入探

究，更能掌握全貌。

　　總之，作者強烈的動機陸續發表新移民及其子女教育的文章彙整成本書。各章分析資料包括問卷調查、次級資料（大型資料庫資料），分析議題相當多元。研究資料兼採縱貫與橫斷，就如第十三章為新移民子女教育縱貫分析以跨時間的追蹤，而許多章為橫斷面分析，這些都是成為本書科學化實證素材之一。

二、撰寫旨趣

　　本書運用許多調查資料及資料庫進行實證分析，而撰寫目的如下：

㈠ 以科學化觀點研究新移民子女教育建立理論

　　社會科學研究法相當多元，例如，問卷調查法、實驗研究法、準實驗研究法、德懷術、訪談法、個案研究法、比較研究法、人種誌法、觀察研究法、生命史法、行動研究法等都可以探究新移民及其子女的問題。然而許多研究新移民子女教育多以概念、現象及理論介紹，沒有以科學實證觀點進行探究，就欠缺了以證據為導向的科學依據。換句話說，這方面概念性介紹很多，卻少有以科學化實證分析，因此筆者多年來蒐集資料，搭配學術觀點，以科學化作為論證依據。本書以科學分析實證觀點撰寫，有別於坊間的書籍。

㈡ 拋磚引玉更多實證研究新移民子女教育論著

　　筆者自2002年在大學擔任教職以來，陸續發表新移民子女教育議題的學術論文。若將這些文章有系統整理，透過大學開授外籍配偶子女教育課程，搭配學理與實務來分析新移民子女教育的重要議題，整理成專業書籍，讓這些文章發揮更大功能。研究的目的在於描述、解釋及預測社會現象，甚至改善社會生活。因此，若能將這些研究整合為有系統的知識，就可以達成研究的功能，這也是本書寫作的目的。

㈢ 期待實證分析移民教育累積學理與實務啟發

　　新移民子女教育研究議題相當多元，不同的社會環境與國家，會有

不同程度問題；在不同的時代及社會變遷，更有不同的問題。筆者針對重要的新移民子女教育議題，透過中外文的文獻深入辯證，提出合宜的研究假設，蒐集資料，再以統計分析，來找出可能答案。這種科學化分析新移民子女教育議題為本書特色之一。尤其在講求大數據分析的資訊社會下，將過去運用客觀數據發表的實證論文統整改寫，在文獻上增添新作品，並加上一些新議題研究，讓本書更豐富與多元，期待提供學理及實務上的啟示。

三、各章安排

本書探討新移民子女教育議題運用不同的理論觀點深入論證，再透過實際資料分析。以統計資料分析及證據為導向的新移民子女教育探究是本書最大特色。本書探討新移民子女教育議題相當多元，各章除了理論論證之外，配合該章議題都有相對應理論論證，再進行實證分析。除了第一章導論指出跨國婚姻的學理及本書的寫作方向、第二章的新移民教育政策準備好了嗎？是從2010年教育部召開全國教育會議，官方第一次將新移民教育納入議程，筆者撰寫的「擘劃新移民的新教育」一文改寫，在會前及會議當天受到很多團體重視。這二章是歸納與評論式文章，後續各章都會先回顧相關研究及學理，蒐集資料，再透過統計分析、討論，而獲得結論。第三章為新移民語有助於學習表現嗎？第四章為新移民親子共讀與學習表現，新移民子女較為薄弱的一環是親職教育，尤其在親子共讀，分析它與學習表現並提出策略。第五章及第六章關注國中階段的新移民之數學成就與英語成就；第七章關注新移民子女的自我概念與學習適應，第八章分析離島新移民的人際關係與幸福感；第九章分析新移民子女的家長教育期望與成就動機、第十章則分析國中階段的新移民子女生活適應的困擾及因應。第十一章探討本國籍與新移民管教方式與親子關係；第十二章以多群組分析新移民子女的閱讀行為；第十三章則縱貫分析新移民子女的家庭社經地位、文化資本及家庭氣氛。最後一章為結論、省思與展望。本書各章安排如下：

　　㈠ 新移民教育導論（1章）

（二）新移民教育政策準備好了嗎？（2章）

（三）新移民語有助於學習表現嗎？（3章）

（四）新移民親子共讀與學習表現（4章）

（五）從TIMSS看新移民子女數學表現（5章）

（六）新移民子女英語學習欠缺什麼呢？（6章）

（七）新移民子女自我概念影響適應嗎？（7章）

（八）離島新移民子女幸福感與影響因素（8章）

（九）新移民子女的教育期望與成就動機（9章）

（十）新移民子女生活的困擾與因應方式（10章）

（十一）兩群子女的母親管教與親子關係（11章）

（十二）多群組分析新移民子女的閱讀行為（12章）

（十三）新移民與非新移民子女的縱貫分析（13章）

（十四）新移民教育的結論、省思與展望（14章）

四、研究方法與資料處理

本書以科學實證分析，以客觀資料來掌握新移民子女教育的重要議題。每章說明該章分析動機與分析目的，再以相關研究與理論論證，接續運用客觀資料及統計方法來檢定問題，獲得結果與理論深入對話。本書實證分析多數章採用問卷調查法及次級資料法為分析依據。

在資料處理方面，各章回答問題不同，分析方法就不一樣。第三、四、五、六、八與十章運用多元迴歸分析；第七、九、十一、十二與十三章透過結構方程式（Structural Equation Modeling, SEM）分析，其中第十一章運用多群組比較新移民與本國籍子女表現，第十三章以潛在成長曲線模式（Latent Growth Curve Modeling, LGM）分析追蹤資料，透過LGM來了解新移民與本國籍子女學習表現的成長軌跡，更能了解他們的學習狀況。若以多元迴歸分析資料處理，都會先提出迴歸方程式；接著對於所估計的迴歸參數檢定；再針對整體迴歸方程式及個別迴歸係數檢定與迴歸模式校正，並對資料極端值處理；最後對各變項之意義詮釋。在多元迴歸分析會檢定自變項之間的多元共線性，以變異數波動因素（variance inflation factor, VIF）為指標，VIF = 1 /(1 − R_j^2)，VIF在10以下表示自變項之間的重疊性不高；如大於10以上，自變項重疊問題高。

若以SEM檢定要確認其模式的適配情形，其模式適配標準如下（Jöreskog & Sörbom, 1993）：絕對適配指標（absolute fit measure）以卡方值（χ^2）未達顯著水準、標準化殘差均方根（SRMR）與殘差均方根（RMSEA）小於.05，而RMSEA低於或等於.05表示良好適配；.05至.08可視為「不錯的適配」；.08至.10之間可視為「中度適配」；大於.10以上代表「不良的適配」；適配度指標（GFI）、調整後的適配度指標（AGFI）在.90以上。相對適配指標（relative fit measure）以正規化適配指標（NFI）、非規範適配度指標（NNFI）、比較適配指標（CFI）、增值適配（IFI）、相對適配指標（RFI）等值在.90以上。簡效適配指標（parsimony fit measure）以規範適配度指標（PNFI）與簡效適配度指標（PGFI）大於.05以上、臨界樣本數（CN）大於200為標準、χ^2 / df小於2.0為標準。潛在變項組合信度與平均抽取量在.60以上。模式的殘差指標包括模式Q圖的殘差分布線應高於45度、標準化殘差值小於1.96、修正指標小於3.84等。

總之，本書為新移民子女教育的科學化實證取向，各章透過學理論證，再設定模式進行檢定與結果的詮釋。本書兼備反省與對話，雖然為實證取向，但各章都充滿新移民子女教育的反省，透過學理論證，運用實徵資料驗證其可靠性及準確度，每章對結果都有學理深入對話，加深該議題的重要。

參考文獻

一、中文部分

內政部（2003）。**外籍與大陸配偶生活狀況調查報告**。臺北市：作者。

內政部戶政司（2016a）。**結婚人數按原屬國籍（按登記及發生）**。http:// www.ris.gov.tw/zh_TW/346

內政部戶政司（2016b）。**出生按生母及生父原屬國籍（按登記及發生）**。http://www.ris.gov.tw/zh_TW/346

內政部統計通報（2010）。**國人結婚之外籍與大陸港澳地區配偶**。取自 http://www.moi.gov.tw/stat/

王中天（2003）。社會資本（social capital）：概念、源起、及現況。**問題與研究**，**42**(5)，139-163。

王宏仁（2001）。社會階層化下的婚姻移民與國內勞動市場：以越南新娘為例。**臺灣社會研究**，**41**，99-127。

王秀燕（2007）。由社會支持網絡的形成累積外籍配偶社會資本。**社區發展季刊**，**119**，84-102。

王明鳳（2004）。對東南亞外籍新娘婚姻組成及運作方式之探討。**社區發展季刊**，**105**，197-208。

江宜樺（1998）。**自由主義、民族主義與國家認同**。臺北市：揚智文化。

江亮演（2008）。**新移民及其子女的問題與照顧輔導福利**。載於陳榮傳主編新移民新未來（159-191）。臺北市：新臺灣人文教基金會。

江亮演、陳燕禎、黃雅純（2004）。大陸與外籍配偶生活調適之探討。**社區發展季刊**，**105**，66-89。

行政院（2014）。**國家發展計畫**。臺北市：作者。

行政院主計總處（2017）。**國民所得統計摘要**。臺北市：作者。

宗克巴大師（年度不詳）。**菩提道次第廣論**。臺北市：福智文教基金會（翻

印）。

周珮儀（2002）。後現代課程理論的萬花筒。**教育研究月刊，102**，40-53。

林冠群（2008）。「我族中心主義」與「文化相對論」──現代大學生應有的素養。止善，**6**，3-21。

林瑞榮、劉健慧（2009）。新移民子女教育相關議題──理論與反思。**教育研究學報，43**(1)，1-21。

夏曉鵑（2000）。資本國際化下的國際婚姻──以臺灣的外籍新娘現象為例。**臺灣社會研究，39**，45-92。

張芳全（2008）。**新移民女性之教育需求與策略**。載於陳榮傳主編，新移民新未來（129-158頁）。臺北市：新臺灣人文教基金會。

教育部（2016a）。**新移民國中小人數分布概況統計**。臺北市：作者。

教育部（2016b）。**新住民子女教育發展五年中程計畫第一期五年計畫（2016至2020年）**。臺北市：作者。

陳燕禎（2008）。臺灣新移民的文化認同、社會適應與社會網路。**國家與社會，4**，43-99。

黃森泉、張雯雁（2003）。外籍新娘婚姻適應與子女教養問題之探討。**社會科教育研究，8**，135-169。

楊靜利、李大正、陳寬政（2006）。臺灣傳統婚配空間的變化與婚姻行為之變遷。人口學刊，**33**，1-32。

葉肅科（2004）。外籍配偶家庭──社會資本與社會凝聚力初探。**社區發展季刊，105**，133-149。

鍾重發（2004）。**臺灣男性擇娶外籍配偶之生活經驗研究**（未出版之碩士論文）。國立嘉義大學，嘉義縣。

二、外文部分

Blau, P. (1964). *Exchange and power in social life*. New York, NY: Wiley.

Bronfenbrenner, U. (1979). *The ecology of human development: Experiments by nature and design*. Cambridge, MA: Harvard University Press.

Bronfenbrenner, U. (1986). Ecology of the family as a context of human randevelopment: Research perspectives. *Developmental Psychology, 22*, 723-742.

Frank, A. G. (1978). *Dependent accumulation and underdevelopment.* London, UK: Macmillan.

Gouldner, A. W. (1960). The norm of reciprocity: A preliminary statement. *American Sociological Review, 25*, 161-178.

Hutnik, N. (1991). *Ethnic minority identity: A social psychological perspective.* New York, NY: Oxford University Press.

Jöreskog, K. G., & Sörbom, D. (1993). *LISREL VI: User guide* (3 rd). Chicago, IL: Scientific Software International, Inc.

Lee, E. S. (1966). A theory of migration. *Demography, 3*(1), 47-57.

Maslow, A. H. (1954). *Motivation and personality.* New York, NY: Harper and Row Publishers.

Piaget, J. (1972). *The principles of genetic epistemology.* London, UK: Routledge & Kegan Paul.

Qian, Z. (1999). Who intermarries? Education, nativity, region, and interracial marriage, 1980 and 1990. *Journal of Comparative Family Studies, 30*(4), 579-597.

Wallerstein, I. (1974). *The modern world-system.* New York, NY: Academic Press.

第二章

新移民教育政策
準備好了嗎？

壹 新移民的教育政策理論

　　臺灣的新移民及其子女增加，政府對新移民的教育政策足以因應嗎？為了解新移民教育政策，從新移民的教育政策理論掌握。這方面學理不少，若就政策循環的觀點來看，政策問題、政策規劃、政策分析、政策執行與政策評估等，都有相關的學理及模式可以詮釋教育政策的內涵，這方面可見張芳全（2006）。然而，本節從教育機會均等理論與多元文化教育理論來說明。

一、教育機會均等理論

　　移民進入居住地區或國家之後，衍生出資源分配問題，在教育上就是教育資源分配及教育機會均等問題。移民者對於新環境陌生及語言隔閡，所接受教育機會受到限制。移民者進入新環境之後的教育機會取得及所接受的教育品質都值得關注。教育機會均等理論（equality of educational opportunity theory）可說明這現象。王家通（1998）認為，教育機會均等包含三方面：㈠就學機會均等：進入學校受教育的機會均等。㈡教育過程均等：學生受教環境必須一致，如師資及設備均等。㈢教育結果均等：先天資質相同的小孩，其學習結果應該相同。莊勝義（2007）指出：「教育機會均等，主要是對教育與平等兩項價值的追求，是爭取公平教育權的運動，其實踐策略常因社會情境之異而有別，大致可分為求有、求平、求好、求尊嚴等情況。」我國《憲法》第159條指出「國民受教育之機會，一律平等。」《教育基本法》（2000）第4條在教育機會均等規範了「人民無分性別、年齡、能力、地域、族群、宗教信仰、政治理念、社經地位及其他條件，接受教育之機會一律平等。對於原住民、身心障礙者及其他弱勢族群之教育，應考慮其自主性及特殊性，依法令予以特別保障，並扶助其發展。」教育機會均等不可能完全達成，只有相對程度的差別，政府介入也無法完全達成，僅能盡力做到最好狀況。

　　教育機會涉及對弱勢家庭子女的教育，而弱勢衡量標準不一，衡量

也有多種方式。周仁尹、曾春榮（2006）據我國社會、經濟、文化現況及國內外研究分析，將弱勢族群區分為十類：依貧窮線產生的弱勢族群、依學齡階段產生的弱勢族群、依少數種族產生的弱勢族群、依文化差異產生的弱勢族群、依居住地區產生的弱勢族群、依社會排斥產生的弱勢族群、依數位落差產生的弱勢族群、依身心障礙產生的弱勢族群、依教學歷程產生的弱勢族群、依財政經費產生的弱勢族群。我國新移民屬於因文化差異產生的弱勢，他們傾向處於文化不利（culturally disadvantaged）的社會地位。尤其東南亞婚配到臺灣主因包括經濟誘因、生活環境較佳、減少原生家庭負擔、朋友或親戚介紹等，來臺灣之後，面臨就業、生活適應、養育子女及地位弱勢，形成弱勢家庭居多。新移民女性嫁入的家庭，其社會階層、經濟所得、教育程度，生活環境等現實生活情形大都與新移民想像的差距甚大，間接造成來臺灣之後生活與教養子女的困難。教育是社會階層流動的重要媒介，新移民子女透過教育，不僅讓他們適應臺灣社會，更讓他們有社會階層流動機會，不再成為社會弱勢，這是政府在教育機會均等政策應考量的。

臺灣的新移民來自不同國家，因婚姻關係歸化於我國，所生育子女都是我國人民，新移民子女在教育機會與本地生都一樣。在入學的教育機會、就學過程一切待遇，以及就學後的結果都應該一樣。教育部（1996）實施《教育優先區計畫》強調以積極差別待遇，對於弱勢地區提供更多教育資源，就是對發展處境不利地區教育及許多新移民子女發揮積極作用。臺灣的新移民大都居住在偏鄉、農漁村及離島地區，而其家庭也以弱勢居多，在這些條件之下，如何讓新移民與本國籍子女教育機會均等，是政府的重要課題。

二、多元文化教育理論

移民者帶來不同的文化及價值觀，對於當地或國家注入新的文化刺激，形成了多元文化的體系。在此體系中的個體有多元的價值觀及生活元素都應尊重及理解。與文化相對論相近的是多元文化教育理論，它的興起在於弱勢族群意識的覺醒、文化多元主義對同化主義的質疑、後現代主

義對現代教育的反思。多元文化理論（multicultural education theory）的多元文化概念強調人與人之間的平等、尊重、了解、關懷、自由、正義，並建立他人文化與我們文化之間的平等與和諧的關係，讓文化在異中求同、同中求異。不僅要讓自己了解自己的文化，也要尊重、接納及欣賞他國的文化。莊勝義（2007）指出：「多元文化教育旨在回應多元文化的人類處境，透過文化詮釋或批判，以理解、檢視、或導引教育實踐，重建社會規範與秩序，實質上是訴求象徵意義或文化權的運動」。Gollnick（1980）指出，多元文化教育應具備五項目標：㈠提升不同文化強度與價值；㈡尊重人權並尊重異於自己的他人；㈢增加人類對於生活的自由選擇；㈣主張社會正義與全民機會均等；㈤促進各群體均等的權力分配。Banks（1996, pp.335-348）認為，多元文化教育具有內容統整（content integration）、知識建構（knowledge construction）、減低偏見（prejudice reduction）、平等教育（equity pedagogy）、增能的學校文化（empowering school culture）五大面向，這些面向之間互有重疊處且關係密切。

在臺灣的跨國婚姻發展，新移民及其子女為臺灣的重要族群，尤其其子女接受教育及其學習過程要以多元文化學理來支持，政府的教育政策規劃與執行更應該以多元文化理論的觀點為基礎。這方面包括：教育經費應公平合理分配給新移民與非新移民子女、對於新移民語文應保存與尊重、新移民與非新移民子女在入學教育機會應均等，但也包括新移民課程內容及校園環境都要均等。

貳　政府的新移民教育政策

近年來政府在新移民及其子女提供之教育與輔導政策不少，說明如下：

一、制定與執行重要政策以保障新移民及其子女

政府對於新移民及其子女教育與輔導相當重視。內政部（1999）訂定《外籍新娘生活適應輔導實施計畫》（2003年修訂為《外籍配偶生活適應

輔導實施計畫》）、2003年起推動《外籍與大陸配偶照顧輔導措施》，依生活適應輔導、保障就業權益及提升教育文化等工作重點，訂定各項措施，由中央部會及各地方政府共同推動，其具體措施包括：提供嬰幼兒健康保障、加強辦理兒童發展篩檢工作、辦理發展遲緩兒童早期療育、加強輔導外籍與大陸配偶子女之語言及社會文化學習、結合民間團體，辦理弱勢兒童外展服務及親職教育研習、編印多國語言之親職教養手冊、加強宣導親職教育等措施。後來內政部（2016）將《外籍與大陸配偶照顧輔導措施》，更名為《新住民照顧輔導措施》，將原來40項之具體措施修正為39項。它執行了多年，對新移民提供不少協助。

　　內政部（2012a）提出《全國新住民火炬計畫》，其中引入《新住民及其子女培力與獎助學金計畫》激勵全國清寒及優秀之新住民及新移民子女，使其努力向學並減輕家庭生活負擔。內政部（2012b）為整合資源，提供更多新移民的關懷，甚至政策發布《新住民政策白皮書》。近年來又提出新移民培力相關計畫包括新移民子女培育研習營、2016年的《新住民子女海外培力計畫》（強化新移民以語言及文化聯結婆家與娘家聯繫，透過新移民二代培力試辦計畫，鼓勵新移民子女利用暑假回到（外）祖父母家的家庭生活、語言學習與文化交流體驗及企業觀摩體驗）、2014年的《新住民及其子女築夢計畫》（藉由築夢獎助金協助新移民及其子女完成夢想，藉築夢過程的成長與分享，展現對生命擁有熱情，以及對家庭的用心付出）。此外，行政院經濟建設委員會（2004）提出《現階段外籍與大陸配偶移入因應方案》。

　　教育部（2003）制定《教育部補助辦理成人基本教育實施原則》、2004年在全國教育發展會議的討論題綱六：「加強外籍配偶及其子女教育，調整文化及學習落差」有兩項目標：一是協助新移民的社會適應學習，建立完整社會支持網絡；二是確保新移民子女之教育照顧，建立充分之學習支援體系。教育部（2004a）訂定《發展新移民文化計畫》（2004至2007年）的目標在建立國人對新移民的同理認識、建立外籍配偶終身學習體系、促進新臺灣之子雙邊文化認同。教育部（2004b）為了讓新移民子女教育相關政策計畫法制化，當年8月訂定《教育部推動外籍及大陸配

偶子女教育輔導計畫》，目的在增進家長親職教育、落實外籍及中國大陸配偶子女學習生活輔導。教育部（2009）通過《新移民子女教育改進方案》。教育部（2010）又核定24個縣市政府辦理《教育部執行外籍及大陸配偶子女教育輔導計畫》。此外，教育部協助辦理內政部（2012）的《全國新住民火炬計畫》。為打造和諧共榮多元社會，教育部（2015）提出《新住民教育揚才計畫》，將培力學生能發揮語言與多元文化優勢，以適性揚才，協助新住民適應環境以發展潛能，讓一般民眾了解多元文化意涵，以共創友善融合社會；2016年修正，它自2016年起推動（2016年1月1日至2019年12月31日，共4年），該計畫總經費為新臺幣4億9,402萬5,000元；其中2016年為9,870萬元、2017年為1億7,632萬5,000元、2018年為1億775萬元、2019年為1億1,125萬元。教育部（2016）提出《新住民子女教育發展五年中程計畫第一期五年計畫（2016至2020年）》在新移民子女教育政策更為完整。

　　各縣市政府對新移民及子女的教育與輔導也制定相關辦法與政策來照顧新移民，例如，新北市於2003年公布之《臺北縣新住民教育中程計畫》、2004年《臺北縣新住民教輔計畫》整合縣府各局處資源、2006年《臺北縣新住民子女教育輔導深耕計畫》加入新住民子女教育與輔導、2007年執行《臺北縣政府多元族群幸福關懷計畫》、2008年3月於教育局成立「新住民文教輔導科」；2008年11月完成《新住民教育白皮書》，規劃一系列新住民文教輔導計畫，設置新住民事務委員會針對新北市府執行新移民政策檢討：白皮書揭示五大基本理念：安居樂業、文化融合、教育公義、積極支持、和諧進步及三大政策主軸：邁向成功學習、培育社會公民、經營幸福家庭等推動新住民相關施政措施（連峰鳴，2014）。又如2004年《新竹市外籍配偶生活扶助自治條例》。上述都顯示，政府制定相關規定保障新移民及其子女的學習。

二、提供經費執行新移民及其子女的教育活動

　　政府投入不少經費支持新移民及其子女的教育政策。內政部（1999）推動《外籍新娘生活適應輔導實施計畫》，每年編列公務預算補助各地

方政府辦理《外籍配偶生活適應輔導課程》（本計畫於2003年修訂為《外籍配偶生活適應輔導實施計畫》）。行政院於2005年成立《外籍配偶照顧輔導基金》，分10年籌措30億元，強化新移民體系、推動整體照顧輔導服務。行政院2015年修正為《新住民發展基金》，基金規模維持10億元，照顧與輔導新移民及其子女的生活與教育。

　　教育部在2005年之前於年度預算內勻支部分經費辦理新移民女性教育輔導，2006年後編列專款辦理，1995、1996及1997年度均編列6,410萬元，2009年、2010年增列為7,000萬元，使日益增加之新移民接受適切之教育服務。教育部在推動新移民子女教育上，93至99年度補助各直轄市、縣（市）政府執行《外籍及大陸配偶子女教育輔導計畫》經費約2.7億元，各縣市政府獲得經費補助，新移民子女參與多元文化及課後照顧活動人數逐年增加。2010年教育部補助新移民子女教育及輔導措施分為輔導活動、親職教育、多元文化週、國際日活動、教師多元文化研習、教育方式研討會、實施華語補救課程、編印或購買多元文化教材、辦理全國性多元文化教育優良教案甄選及辦理母語傳承課程。此外，教育部於95至96學年（向內政部外配基金申請補助）用於外籍配偶（沒有排除中國大陸配偶）子女參加課後照顧之經費，95學年度補助2,821萬4,048元，96學年度補助4,700萬元，累計參加人數21,106人。

　　此外，政府在各縣市設置新移民學習中心及家庭中心。目前各縣市政府中，僅新北市政府於2008年在教育局設立「新住民教育科」提供專責單位服務。教育部自2006至2009年專案補助21個縣市利用國中小學校閒置空間設置27所「新移民學習中心」。目前除了金門縣與連江縣之外，其餘縣市均有教育部補助或縣市自籌經費設置之新移民學習中心或類似機構。內政部也補助各縣市成立「外籍配偶家庭服務中心」推動新移民的家庭服務。為建構多元照顧及輔導措施，協助新移民順利適應社會，臺北市政府於2005年2月26日成立全臺首座「臺北市新移民會館」照顧新移民，提供全方位的服務。臺中市於2014年7月19日建置「臺中市新住民藝文中心」，作為新住民相關藝文展演、研習或輔導之成果發表、多元文化交流之聯誼場所。

三、設計新移民教材與鼓勵新移民參與學習

　　政府對於新移民的識字及成人教育政策不遺餘力。教育部自2003年起持續補助地方政府辦理新移民成人基本教育研習專班，辦理家庭教育活動。為普及新移民多元學習管道，教育部補助社區大學、社教機構及圖書館辦理新移民多元學習終身學習活動。這方面努力如下：㈠持續辦理新移民在補校學習、成人教育班、家庭教育中心的活動等；㈡補助社區大學課程計畫，辦理不同族群及其文化之活動，含族群平等、多元文化及語言班課程；㈢補助社教館所屬社教工作站、社區大學辦理終身學習活動，包含兩性教育、家庭教育及鄉土語言等。

　　教育部完成多樣的新移民學習手冊，以協助她們學習，如《外籍配偶成人基本教育教材及教師手冊》（基礎及進階教材）、《外籍配偶家庭教育推展手冊》、《新移民家庭親職教育推展手冊》、《新移民家庭教育生活寶典》、《新移民親職教育教材手冊》。為促進文化交流融合，教育部於2008年製作越南、印尼、泰國、菲律賓及柬埔寨5國生活教學影片DVD，函送各縣市政府教育局（處）及各相關單位推廣運用，建立國人對新移民之同理認識、多元文化素養及世界觀。為強化第一線教育服務人員多元文化敏感度，也進行各縣市新移民教育志工之培訓，使其更能掌握新移民學習中心的發展營運特色。

四、實施多項輔導新移民子女的政策方案

　　為積極落實對新移民子女之協助，教育部（2004）訂定《外籍與大陸配偶子女教育輔導實施計畫》，行政院（2004）在第2900次會議專案報告《弱勢跨國家庭子女教育處境與改進策略》提供新移民子女優先進入公立國小附設幼稚園就讀；辦理學習輔導，提供包含語文、數學及社會學習領域，並曾在《教育優先區計畫》下提供新移民子女補助。近年來《攜手計畫課後扶助計畫》針對新移民子女納入學習補助的對象，建立接納、關懷及尊重不同族群人士的態度，積極營造良好的學習環境。為落實新移民子女教學，教育部補助縣市政府經費編印或購買多元文化教材、手冊或其他

教學材料給學校，使學生了解多元文化，縣市建置多元文化教材教具流通網站，提供教師借用與諮詢。補助縣市政府辦理，提供優良教案甄選獎金以鼓勵教師研發多元文化教育教案。藉由開辦新移民女性的母語之傳承課程，讓新移民子女認同並樂於學習、運用其父（母）之母語，形成另一語言資產。

參　新移民教育政策問題分析

政府在新移民及其子女教育投入不少資源，但也有不少問題，分析說明如下：

一、新移民、新住民、外籍配偶、大陸（含港澳）配偶的名稱混淆

目前各界對於「新移民女性」名稱混淆。雖然行政院婦女權益促進委員會2003年7月29日第17次委員會決議建議將「外籍新娘」文字修正為「外籍配偶與大陸配偶」。內政部也於2003年8月6日臺內戶字第09200654號函請相關機關及地方政府將「外籍與大陸新娘」用語統一修正為「外籍配偶與大陸配偶」。行政院更於2004年6月28日院臺內字第0930023146函轉中央各部會統一用語為「外籍配偶」。對於臺灣男性與外籍女性結婚者，內政部稱為「外籍配偶」或「外籍配偶與大陸配偶」，而《臺北縣政府教育局組織規程》第3條則稱為「新住民」，而《新竹市外籍配偶生活扶助自治條例》（2004）則稱為「外籍配偶」。婦女新知基金會曾於2004年舉辦徵文正名活動，以「新移民女性」獲得最高票。上述看出，名稱有多種版本，顯示在稱謂尚未有共識，易造成混淆。現行教育法規沒有統一名稱，其內涵與性質不清，容易造成「新移民」權益問題產生。例如，《教育部補助推動新移民之原生社會文化公民與人權健康醫療教學發展計畫要點》指出，外籍配偶係指外國人或無國籍人，為中華民國國民之配偶，尚未歸化取得中華民國國籍者，而已經在臺灣停留、居留或定居者而言；如果「外籍配偶」歸化我國，則外籍配偶的名稱顯然不當。

二、新移民教育政策的執行成效沒有嚴謹的評估

　　政府已執行許多新移民及其子女的教育政策，然而對於這些政策、計畫、方案，或是經費的執行管考，並沒有嚴謹的進行政策評估。內政部（1999）推動《外籍新娘生活適應輔導實施計畫》，每年編列公務預算補助實施此計畫，也補助各地方政府辦理許多方案，並沒有進行評估成效。後續的外籍配偶輔導計畫，也沒有評估。內政部（2012）提出《全國新住民火炬計畫》好像在放煙火一樣，雨露均霑給各個中小學校細部計畫，然而在執行之後的成效，僅有委託研究案的評估（黃富順，2015），政府本身並沒有了解其政策執行的問題及成效。不僅內政部如此，行政院於2005年成立《外籍配偶照顧輔導基金》也沒有評估其績效。

　　除了內政部之外，教育部對於近年來的新移民及其子女教育政策也沒有評估成效。例如教育部（2004a）訂定《發展新移民文化計畫》（2004至2007年）、教育部（2004b）訂定《教育部推動外籍及大陸配偶子女教育輔導計畫》、教育部（2009）通過《新移民子女教育改進方案》、教育部（2010）核定24個縣市政府辦理《教育部執行外籍及大陸配偶子女教育輔導計畫》。乃至於教育部協助辦理內政部（2012）的《全國新住民火炬計畫》，以及新移民學習中心與家庭教育中心的設立等，政府都沒有深入評估成效。

三、新移民教育政策的延續及各單位的合作不足

　　政府的新移民政策，中央由教育部、內政部、勞動部、文化部、外交部、衛生福利部（衛生署）與交通部等配合推動，並由內政部擔任中央辦理新移民業務之統整機關，1999年制定《外籍新娘生活適應輔導實施計畫》旨在落實新移民女性生活適應輔導，增進語言及生活適應能力，使能順利融入臺灣生活環境，與國人組成美滿家庭，避免因適應不良所衍生家庭與社會問題，辦理項目以語文訓練、居留與定居輔導、生活適應輔導、生育及優生保健及地方風俗民情為主。內政部（2003）推動《外籍與大陸配偶照顧輔導措施》，依生活適應輔導、保障就業權益及提升教育文化等

8項工作重點，訂定56項措施，由11個中央部會及各地方政府共同推動。教育部負責「提升教育文化」及「協助子女教養」，自2004年起每年均有補助縣市政府辦理，教育部於2009年7月30日的部務會報通過《新移民子女教育改進方案》，因應逐年增加之新移民子女人數新增補助項目。

　　教育部自2004至2009年，雖然有零星補助經費推動新移民及其子女的教育活動。2003年起各縣市設立新移民學習中心，鼓勵新移民學習，但近年來新移民及其子女的教育政策經費仍相當不足，有點滴式雨露均霑分配之現象，同時在相關計畫執行之後，沒有績效評估，作為整體政策延續推動計畫參考。此外，教育部與內政部的相關計畫，以及各縣市的新移民學習中心及外籍配偶家庭服務中心沒有跨局（處）或跨單位合作，如內政部以社會關懷服務（個案式）為主，如果個案面臨學習問題，並非外籍配偶家庭服務中心可以解決，而新移民學習中心雖然為教育文化推廣業務，也有個案的生活適應問題，並非新移民學習中心可以解決，兩者沒有轉介服務機制。

四、新移民的教育與學習系統尚待強化內涵

　　雖然教育部鼓勵新移民進入國中小補校就讀，以取得正式學歷，於2002年1月11日臺（90）社㈠字第90188125號函各縣市政府，同意取得「臺灣地區（或外僑）居留證」、「中華民國護照」者（即採廣義之國民定義）進入補習學校就讀，取得正式學籍（歷）。然而忽視新移民女性來臺灣後的教育與學習支持系統。

㈠ 在新移民整體的學習系統尚待努力改善

　　新移民學習系統有待強化的主因是內政部認為，婚配來臺後的72小時課程時數不影響部分新移民持續學習，而無意修改《國籍法》對72小時內涵規範。教育部雖竭力開設多元學習管道及課程。新移民進入成人基本教育研習班、國小補校或其他新移民學習中心所辦學習活動與課程就讀，多為取得72小時上課時數證明以申請身分證，一旦取得上課總時數證明，多數新移民女性為了經濟因素不再繼續上課，造成無法有系統學習。目前

教育部雖規劃訂定《成人基本教育研習班各級之課程標準》，惟未來仍需《國籍法》等相關法規配合，方可解決新移民學習問題。

㈡ 各教育階段的課程及學習銜接應再調整

新移民如持有原生國國中小學歷至本國國中小補校就讀，是否可無須修習數學、社會、自然與生活科技等課程（如於原生國已修習）部分，只需修習語文及本國文化等相關課程即可參加自學進修學力鑑定考試取得同等學歷者，及新移民持有國外學歷就讀高中（補校）、大學等，是否可協助其就學之銜接課程（華語加強課程、口譯等）尚需檢討《高級中學法》、《補習及進修教育法》及《自學進修學力鑑定考試辦法》相關規定。

㈢ 成人基本教育教材內容充滿了偏差論點

新移民的成人基本教育教材充滿偏差論點。方德隆、何青蓉、丘愛鈴（2007）針對2004至2005年編印完成《外籍配偶成人基本教育教材》六冊（教育部版）進行多元文化觀點之內容分析發現：1.課程與教材設計僅採用「添加式」模式，添加「對話時間」和「分享時間」。2.識字重點在於以字、詞為單位的「國語」的語文學習。3.多元文化教育主題內涵狹隘且膚淺：(1)主題狹隘，侷限於「生活適應」；(2)將新移民女性人際關係網絡侷限於家人和社區長者；(3)主題膚淺，流於主流文化櫥窗式導覽。4.教材內蘊含偏差文化觀點：包括教材存在明顯的性別刻板印象、教材以跨國婚姻幸福美滿為故事腳本、教材中新移民族群內容貧乏，臺灣四大族群的內容侷限於慶典儀式、教材反映出新移民家庭皆為勞工階級者，子女多為學習成就表現低下者。上述是不當的教材內容。

新移民女性的教育需求可以銜接其母語與華語文之學習方式，以及需要教育與學習支持系統。政府應投入更多資源、適切學習內容及社會支持（social support），讓他們的生活更融入臺灣社會。

五、新移民學習中心與家庭中心未能整合

教育部於2003年補助各縣市設置27所新移民學習中心，提供貼近新移

民在地化之學習服務場域，其課程內容也多元化，中心均設於學校內，雖然空間使用沒有問題，但是教育部不補助人事費用，致學校教師需額外「兼顧」中心營運事宜。重要的是，學校教師似無法掌握中心之服務定位，以致規劃課程或活動內容，常會有駕照班、技能執照班等非教育業務之課程；教育部於2009年委請國立嘉義大學就新移民學習中心之服務定位及營運困境提供諮詢與輔導。

　　內政部補助各縣市成立「外籍配偶家庭服務中心」，民間團體亦有類似的服務組織，但是內政部所設之中心多數營運績效似待加強，政府應進行評估其績效。而新移民學習中心提供「教育學習」為服務導向，彌補成人基本教育研習班或家庭教育活動所無法提供之學習需求，例如，手工藝課程、學習鄉土語言，並將空間布置仿東南亞國家特色，使新移民有如「回娘家」的親切感，進而在此享受學習，然而，以長遠來看，新移民學習中心限於目前的空間、人力、財力（經費目前均由教育部全額補助），未來應如何發展值得思考。

六、新移民子女欠缺適性的跨文化課程與教學環境

　　臺灣目前的國民中小學現行教材內容，少以考量新移民的文化，大都採「同化」觀點處理新移民的問題，缺乏納入新移民原生文化背景，未能符應「多元文化」理念，沒有以新移民子女觀點而設計課程，無法滿足新移民子女對於學習母親文化需求。這些顯示須從設計新移民多元文化課程著手，展現新移民之原生文化，強調理解與尊重。臺灣的新移民多元文化課程所設計教材仍以主流族群為課程設計中心。課程設計若為教導全體學生必須平等對待及尊重少數族群，尤其學生年紀較小對於多元文化不清，造成不正確想法，造成歧視，讓新移民子女不想成為弱者，不想跟別人不一樣，不敢承認自己身分，甚至排斥母親文化，這種課程對新移民子女自我認同沒有幫助，甚至形成誤解。此外，課程設計若讓少數族群學生融入主流族群之中屬於同化，而不是多元，仍然無法擺脫我族為中心的文化霸權，讓新移民子女在經過學習後，完全與其他同學一樣，看不出族群之分，似乎符合公平正義，不會造成歧視，但卻讓他們失去了同時擁有兩種

文化的優勢地位，阻斷了不同文化融合機會，對新移民子女不是適切的多元文化課程。

七、教師在新移民子女的多元文化教育觀念有待提升

近年來，新移民教育廣被討論，政府、學校與教育單位不斷提供相關研習，使得教師不再像過去窄化多元文化教育概念，或有錯誤認知，教師能澄清多元文化觀念，但大部分教師對推動多元文化教育不普遍。這些教師雖然贊同族群之間能相互學習，不排斥他族，但仍然缺乏多元文化教育觀。例如，在族群面向認知，多以單一主流文化觀點教導。多元文化教育是一種教與學的取向，它企圖教導兒童免於受種族中心、男性中心、主流文化等單一文化限制，使其學習過程中，了解其他文化、社會、生活與思考方式，希望兒童能免除偏見與歧視，而能以寬廣的心胸，去認識、接受、欣賞與尊重其他異文化的族群。

八、較少關注移民男性與先進國家移民臺灣的問題

內政部統計通報（2010）指出，如依性別區分，外籍新娘有1萬8,241人占83.24%，而外籍新郎有3,673人占16.76%；新娘以中國大陸與港澳地區的1萬2,603人最多，越南的3,614人次之，印尼的739人居第三；新郎則以日本的726人最多，美國的698人次之，中國大陸與港澳地區的691人居第三；從這數字來看，新移民男性不少，2010年新北市的8萬2千名新移民之中，就有近7千名是男性。然而臺灣對新移民的關注以女性居多，在教育現場也是，常看到國民小學所舉辦的新移民識字班或成人教育班，多以東南亞或中國大陸女性學習者居多，少有男性；同時臺灣對於美、英、日等先進國家之移民的教育關注也較少。在研究臺灣的新移民常以東南亞及中國大陸的婚姻移民為主，常忽略了美、英、德、法、加拿大、日本等先進國家的移民及其子女的教育問題。

九、新移民子女的學習成效與生活適應尚待提升

　　新移民子女的教育與輔導也有不少問題，例如，新移民女性或其先生較少親師互動、新移民女性對華語文了解程度不高，無法協助子女學習，容易產生新移民子女學習困擾，甚至學習興趣低落、自卑及文化認同的困難。尤其新移民子女教育常落在媽媽身上，更容易產生問題。教育部（2005）調查發現：近四成學童平均每天溫習功課時間不到一小時，主因為喜歡看電視36.3%；其次為缺乏人指導占33.8%。在新移民子女學習成就上，國小階段以國語、數學、英文較本國籍略低，但是隨著年級增加，國語文差距縮小，但是數學及英文仍較本籍表現略低；國中階段數學較本國籍有些落差。謝進昌（2008）以2007年「臺灣學生學習成就評量資料庫」（Taiwan assessment of student achievement, TASA）資料分析新移民子女就讀小四及小六生學習成就顯示，本國籍小四生數學成就表現高於新移民，而小六則沒有顯著差異。新移民子女於各學習階段別學習成就表現，因接受教育階段時間增長而相對進步，即其學習成就與本籍子女差異縮小，但仍代表新移民學習表現有改進空間。相關問題說明如下：

㈠新移民家庭在語文刺激紛雜，子女華語言學習表現較弱

　　跨國婚姻家庭，語言常混雜使用，不免影響子女語言學習（吳清山，2004）。母親說國語，常帶外國口音，子女習得母親口音，入學後可能產生適應及學習問題；母親受限中文能力，無法帶領孩子認字、閱讀及輔導孩子學校課業，使得子女學習資源較少，學習落後同儕（莫藜藜、賴珮玲，2004）。教育部（2005）調查指出，新移民來臺最需要協助的是語言學習及識字。新移民的語言溝通能力與子女語言發展有關。鐘鳳嬌、王國川與陳永朗（2006）的研究發現，新移民子女語文及文化刺激較本國籍子女少，他們語言不佳，學習會受到影響。所以，跨國婚姻家庭語言使用，影響子女語言學習表現。

㈡新移民家庭社經地位傾向弱勢，子女課業學習表現落後

　　迎娶新移民女性的臺灣男性大都是家庭社經地位低、年齡大、身心障

礙等，他們期望透過婚姻仲介花錢「買」老婆，婚姻動機建立在「買賣」上（何青蓉，2003）。內政部（2003）的《外籍與大陸配偶生活狀況調查報告》指出，在受訪外籍配偶教育程度以國中與初職最多占34.6%，其次為自修或小學31.9%，而受訪中國大陸配偶以國中與初職最多占40.6%，其次為高中與高職占27.5%。新移民子女的父母教育程度相對較低，多屬經濟弱勢，無法替子女安排額外學習活動；多數新移民女性有語言溝通問題，無法指導孩子課業，孩子學習落後同儕，衍生適應問題（吳清山，2004；莫藜藜、賴珮玲，2004；黃富順，2006）。夏曉鵑（2005）指出，臺灣的外在環境對於新移民不友善，其子女承受更多壓力，自我概念受到更多挑戰。黃綺君（2006）的研究發現，母親中文能力、教育程度及家庭資源，與新移民子女國語及數學成就具正相關。何美瑤（2007）研究指出，家庭文化資本影響學業成就，然而子女的母親來自東南亞國家的家庭文化資本最少，本國籍家庭提供最優渥。柯淑慧（2005）分析指出，本籍母親家庭在父母教育程度、家庭經濟收入、父母年歲差異、課業指導時數、課業指導者、共同閱讀次數、家中電腦數量、兒童圖書量明顯高於新移民子女。張芳全（2005）調查基隆市本國籍與新移民子女各項差異如表2-1，表中看出本國籍子女的雙親教育程度、家庭經濟收入、家長指導學生時間、家中電腦及圖書數（屬於家庭文化資本）都明顯高於新移民子女。新移民子女的家庭傾向沒有較多的家庭文化資本。

上述可知，新移民女性的中文表達、教育程度與家庭環境是影響子女學業成就的重要因素，而新移民家庭環境及家庭教育資源與學習支持系統影響學生學習。

㈢ 新移民華語文溝通能力較弱影響子女的生活適應

新移民子女的母親為外國籍歸化我國國籍，對於華語文的了解與熟悉度不高，中文表達不熟悉，難免常帶特殊口音。因而對子女的影響會有不同的口音，這些子女在教學現場易遭同儕取笑，尤其是低年級生心智不成熟，會有取笑行徑，影響新移民子女的學習及人際適應。新移民女性肩負照顧子女責任，以自己原生國家文化教導子女，然有些生活習慣不適用臺

表2-1　基隆市本國籍與新移民女性子女背景的差異　　*n*=660

變項／項目	族群	平均數	差異	標準差	*t*值
父親教育程度	1	3.04	0.41**	.83	3.548
	2	2.63		.78	
母親教育程度	1	2.96	0.84**	.73	7.98
	2	2.13		.92	
家庭經濟收入	1	4.15	0.65**	1.53	2.87
	2	3.50		2.24	
家長指導時間	1	2.32	0.23*	.75	2.12
	2	2.09		.88	
與孩童閱讀時間	1	2.19	0.28*	.87	2.25
	2	1.91		1.01	
家中電腦數	1	1.95	0.41**	.64	4.60
	2	1.54		.66	
家中圖書數	1	2.84	0.68**	1.22	4.03
	2	2.16		.99	

註：1代表本國籍、2代表新移民。

* $p < .05.$ ** $p < .01.$

灣，當子女表現出這些習慣，可能被同儕譏笑，甚至被排擠（莫藜藜、賴珮玲，2004）。新移民女性有語言隔閡，社交圈亦受到限制，鮮有機會接觸新知（吳清山，2004），較難充分提供子女人際關係的相處知能。新移民子女受到標籤化壓力，自我認同較為困難，生活適應較低。新移民子女母親屬外國籍，子女說話帶異國腔調常被同學取笑，被標籤化壓力讓他們無法認同自我（張淵智，2008）。新移民家庭教育資源缺乏，子女學習落後同儕，進而自信缺乏，甚感自卑，產生疏離。簡言之，新移民子女的語言、課業問題與自我認同關係密切。

㈣ **新移民與本國籍子女學業成就表現略有差異**

新移民與本國籍子女學業成就表現差異也是關注的問題。實務上來

看，國小低年級的新移民子女的學習成就比起本國籍學生低，然而隨著年級增加，差異性就慢慢縮小。柯淑慧（2005）以基隆市小學低年級生為樣本分析發現，本籍母親之子女學業成就高於新移民子女，尤其在數學成就。王世英等（2006）調查分析顯示，國中階段新移民子女在學習成就以母親為中國大陸籍的國中學生表現優於其他國籍，東南亞地區的新移民子女的學業成就相對較低。筆者以TIMSS 2007比較新移民與本國籍發現，2007年就讀國二的新移民子女在數學及科學都比本國籍明顯低，如表2-2。上述資料在2005、2006、2007年，目前或許沒有如此差異。

表2-2　新移民與本國籍子女的學習成就差異　$n_{新移民} = 88$，$n_{本國籍} = 3,933$

變項	國籍	平均數	標準差	本籍與新移民差異	Levene F值	顯著性
數學成就	2	572.73	119.88	-27.53*	4.04	.04
	1	600.27	103.21			
科學成就	2	537.12	105.19	-26.80**	3.42	.06
	1	563.92	88.69			
化學成就	2	538.83	116.34	-37.59**	3.18	.07
	1	576.42	102.87			
地科成就	2	529.79	89.34	-16.34*	3.78	.05
	1	546.13	76.09			
生物成就	2	531.00	96.46	-19.96*	2.80	.09
	1	550.96	84.20			
物理成就	2	538.18	91.52	-18.45*	1.34	.25
	1	556.63	84.87			

註：新移民子女的選取標準係以母親為外國籍和父親為本國籍作為挑選。1代表本國籍、2代表新移民。

$* p < .05. ** p < .01.$

㈤ 新移民子女學習因素多元缺乏科學化嚴謹分析

　　除了上述之外，新移民女性面臨子女課業大都力不從心，尤其在國民中學階段，自然科學及數學內容較困難，想要指導子女卻不得其門，因此

新移民子女的父親在課業指導就扮演重要角色。然而多數新移民子女的父親礙於經濟因素需要工作，對教養持被動態度，無法陪伴子女指導。所以新移民子女學習常得不到家庭良好協助，尤其低年級學習表現明顯不如一般家庭子女。因而他們漸漸對學習感到無力感，造成缺乏興趣與學習主動性，學習表現自然低落。劉惠琴（2009）的研究發現，國小高年級的新移民子女在學業的自我概念，女生較男生表現好，而男生在身體自我概念表現優於女生；意味著女生個性文靜，能花更多時間在課業學習；反之，男生較為活潑好動，使得課業學習較不利。Bronfenbrenner（1986）指出，來自不同文化組合的家庭，其子女可能承受比單一文化家庭的孩子多更多負面壓力，產生了自我認同的困難，受社會成員排斥造成適應困難與低自尊心。對跨國婚姻族群的成員來說，價值、角色、道德與行為都是身心的主要壓力來源；跨國婚姻由兩個不同文化背景的個體組合，在提供子女教育的協助與一般同文化背景的家庭有其差異。由於新移民子女學習問題因素多元化，然而國內在這方面缺乏更多科學化的分析，未來應朝這方面努力。

十、新移民及其子女的教育政策缺乏科學化政策分析

政府在規劃及執行新移民及其子女教育政策少有科學及嚴謹的政策分析。新移民的政策容易受行政首長、政黨意識型態及行政機關作為，執意執行某項政策。例如，教育部在十二年國民基本教育要實施「新住民語文」課程，訂定《十二年國民基本教育語文領域——新住民語文課程綱要》主要目標在拓展學生國際視野，運用多重文化思維與判斷及跨國行動的能力。然而這項政策並沒有嚴謹的科學化政策分析，也沒有在國內進行適當的政策辯論，在108學年就要實施（教育部原先規劃於107學年實施，但在2017年5月宣布延緩至108學年實施），強迫小學生每週一小時的新移民語文學習。現階段在中小學，尤其是小學要開設越南、印尼、泰國、緬甸、柬埔寨、菲律賓、馬來西亞等七國語文，會有在教材編選、師資不足、師資素質不一、學生學習意願低、沒有語文練習環境、家長意見反對、學校沒有設置新移民語文教室等問題，未來如何因應是重要課題。這

就是教育部沒有做好政策規劃與分析的例子。

總之，臺灣新移民子女人數增加，學校應對於新移民子女有更多關懷，提供更多學習資源，讓這些學生充分獲得學習。更重要的是讓他們適應社會及學校，日後會是臺灣的重要人力資產，而不是臺灣社會的負擔。

肆　理想的新移民教育政策

一、建構一個尊重、理解、關懷與公義的教育與社會環境

臺灣是一個民主與多元文化的社會，新移民來臺的國籍數與人數逐年增加，未來臺灣宜建構為全體國民相互尊重、相互認同、尊重多元、理解差異、創新關懷的多元文化教育與社會環境是每位國民的責任，國民宜建立「全球視野，我們是一家人」的環境。讓他們的內心真正可以反映出「日久他鄉變故鄉」情懷。在教育上，在教育制度宜彈性考量新移民的需求；在學制上，宜考量新移民及其子女在上下銜接與橫向統合的需求，例如，有完整的新移民語言政策，在不同教育學習階段加入不同母語學習目標。在各級各類教育的課程設計宜考量新移民者及其子女的差異，尤其在中小學階段，配合多元文化議題融入課綱，對新移民的理解、尊重與關懷之作法，宜融入各領域教材。在社會上，新移民工作權及就業權宜受到保障。在家庭上，一方面探討新移民處於何種位置與處境，提出因應，另一方面嚴防新移民家庭各種問題產生，同時宜透過媒體傳播東南亞國家或其他國家文化及優良節目，透過多語（含原生國語）的傳達，更了解他國文化，建議強化新移民廣電頻道，透過傳播宣導文化。

二、建立宏觀、統整與延續性的新移民及其子女之教育政策

未來在新移民及其子女的政策方面期待有以下的發展：㈠宜對「新移民」名稱確認，避免內涵與性質不清，容易造成「新移民」的權益問題產生。㈡評估訂定《新移民教育法》，或將新移民教育重要項目融入相關教育法規，以保障新移民及其子女的教育，同時未來在新移民宜有宏觀

及長遠與永續的政策，才不會有政策延續不足問題。㈢未來中央及地方有關新移民的教育與社福政策規劃，在相關法規中設置「新移民教育委員會」或相關委員會有一定人數比例，讓具關心新移民政策、來臺一段時間的新移民或民間的新移民組織參與決策，提高政策認同度及執行力。㈣政府站在銜接和服務的觀點幫助建立起雙方溝通管道，打造一個平臺，藉由國人為移民的經驗與對新移民傾聽，了解與幫助他們。㈤建議配合新移民及其子女的人數增加，新移民及其子女的教育政策經費逐年提高（雖然教育部社教司自98年起預算已由64,100千元增編為70,000千元，但仍人數及其依需求逐年增加）。㈥考量資源的整合有效運用，教育部與內政部，以及各縣市政府在新移民及其子女有關的活動經費宜有整合運用，並透過績效考核，以獲得更多效益。㈦各縣市在新移民及其子女的教育亦能提出跨縣市的策略聯盟方案來輔導新移民及其子女的學習。㈧建構一個完善與對等的新移民之語言政策，在平等、尊重、關懷及互惠的角度建構新移民的語言政策，保存弱勢語言，將新移民的母語落實到不同階段的教育之中。

三、評估新移民及其子女教育政策提供延續政策參考

　　政府對於新移民政策缺乏嚴謹及科學與客觀的進行評估。因而會有僅規劃政策，投入教育經費，執行政策，卻缺乏管制與考核其成效的問題。近年來政府投入於新移民及其子女的教育資源不少，然而卻沒有評估。行政計畫、執行與考核是一體的，若僅有計畫與執行，沒有評估與考核，很難了解其成效與問題所在。因此未來內政部及教育部，尤其內政部的新住民基金及相關輔導計畫，以及教育部（2016）提出《新住民子女教育發展五年中程計畫第一期五年計畫（2016至2020年）》、方案、法規及經費執行更應有嚴謹的管考。從政策評估中可以了解政策目標是否已經達成、政策是否繼續執行、或是需要修正，或是需要終止等。同時在政策評估更可以了解政策的成本效益之關係，對於資源的運用會更有效益與效率。

四、強化新移民學習中心功能及加強和家庭服務中心合作

　　各縣市的新移民學習中心，提供貼近新移民在地化之學習服務場域，新移民有多元教育學習機會，然而新移民學習中心宜強化其功能（如新移民的語言教育及識字教育），讓新移民學習中心之服務功能發揮。因此，重新規劃新移民學習中心權責（評鑑與檢討27個新移民學習中心）以北、中、南、東區域範圍，進用專任人力或採取策略聯盟營運模式，結合鄰近學校或民間團體共同辦理各項課程，促進推展成效。而各縣市成立「外籍配偶家庭服務中心」提供新移民在社會及生活的服務。上述兩個機構雖然在功能、規模、組織目標有差異，但宜強化其合作，讓其組織效益提高。例如，成人識字教育與語言教育除了以新移民之外，應擴及「家庭識字教育與語言教育」，在成人教育體系中對於新移民及其子女一起參與，強化家庭中心對於新移民在職業、家庭、輔導、諮詢、教育等的服務，尤其邀請具有相同身分的新移民給予輔導中心的工作機會，以感同身受，願意視各縣市「外籍配偶家庭服務中心」為依靠站。再如家庭中心如有個案的學習問題可以轉介進入新移民學習中心，新移民學習中心的個案如有生活適應、就業等問題亦可以轉介給家庭中心。

五、滿足新移民學習需求與完備新移民的學習法制化

　　新移民女性已逾國民義務教育階段，無法適用《國民教育法》第6條之規定直接進入本國國中小學就讀，其得依《補習及進修教育法施行細則》第3條規定：「國民中學補習學校：須年滿十五歲，並具有國民小學畢業或經自學進修學力鑑定考試及格或同等學力資格。」簡言之，政府宜提供誘因讓新移民接受各種教育，以符應教育部的終身學習政策。雖然新移民女性的學歷認證制度，在大學階段可依《大學辦理國外學歷採認辦法》，但是新移民持有國外學歷就讀高中（補校），是否可協助其就學之銜接課程尚需檢討《高級中學法》、《補習及進修教育法》及《自學進修學力鑑定考試辦法》相關規定，應更為儘速建立，以保障他們的學習及就業權益。

六、提供新移民子女適性之跨文化課程與教學環境

新移民子女適性之跨文化的課程建議：㈠國民中小學教材內容應呈現多元文化精神，如社會領域納入新移民原生國的文化內容，以符應多元文化理念，滿足新移民子女對於學習母親文化需求，展現對新移民之原生文化，強調理解、尊重與關懷。㈡學校教材設計應趣味化、與新移民的原生國結合，並具有啟發性與統整性（可以涵蓋七大學習領域）及主體性，尤其配合多元文化議題已納入現行社會學習領域課程綱要，學校宜依不同教科書版本教授新移民原生國母語，以加強推動國際母語教育，並開設親子及教師多語生活研習。㈢在學校課程及實務運作上，強化新移民的典範建立與文化差異尊重。㈣107課綱中的七個東南亞國家語言在中小學實施，在教材、師資及設備仍需要充實。在教學環境建議：第一，教師宜有多元文化的教育信念，依據學生的年級（成熟度），設計新移民多元文化教材。第二，學校除提供新移民子女學習資源外，學校更應有補救教學，活用知識管理輔導策略，提升在輔導人員素質與知能，將能建構符合學校本位的輔導措施，發展出適應校園內多元文化族群的輔導行動策略。

七、強化教師在多元文化的教育觀念與實踐多元文化的知能

培養教師具有多元文化教育的信念與實踐力，是推動多元文化師資培育起點，也是新移民子女教育的重點。建議：㈠提升教師多元文化教學的正確價值觀及課程設計能力，透過教師之自我意識的探索與反省，將多元文化教育納入師資培育及在職進修課程，養成老師兼具尊重共同價值與不同生活方式的態度。㈡鼓勵中小學教師及行政人員學習新移民女性原生國的語言，尤其東南亞的移民占臺灣人口比率不少，政府應注重培養東南亞語言的師資課程。㈢學校透過專業對話、工作坊、研討會、教學觀摩等形式，培養種子教師，積極推展多元文化教育活動，肯定多元文化教育的價值，增進老師創新教學與課程設計的專業與反省批判能力。最後，教師多元文化教育能力，強調積極性差別待遇，聚焦認同面向和建立學生自信心面對身分認同，在補救和輔導諮商（如學業成就）宜雙向進行，讓

實際的教學活動與生活行為，落實於班級經營及教學現場，讓不同文化背景的孩子彼此分享尊重。

八、健全新移民家庭功能與建構社區教育支持系統

新移民社會網絡薄弱主因之一是語言溝通問題，他們來臺首先要面對家庭及生活適應。對新移民家庭建議：(一)提供誘因給新移民家庭包括新婚夫婦、公婆的語言溝通技巧課程、如何扮演夫妻、與公婆如何相處等，再如《家庭教育法》（2014）第14條雖明定直轄市、縣（市）主管教育行政機關應針對適婚男女提供至少4小時婚前家庭教育課程，惟難以落實，未來應訂定罰則。(二)針對新移民女性之措施應考量對於新移民女性的先生的輔導措施，避免家庭問題產生。(三)提高識字教育層次與就業聯結。政府辦理識字教育不能僅為了拓展新移民女性生活視野，更應該協助她們與社會、世界之間互動，不應將其孤立於社會文化的脈絡之外，參與識字與生活教育的過程當中，除了學習實用生活技能與知識，亦應導引如何與就業能力有關的教育。(四)補助新移民的幼兒教育經費，例如，新移民女性所生子女較多區域，可以優先補助增設或補助幼兒園，減輕家庭經濟負擔；同時鼓勵各直轄市、縣（市）政府依其公立幼兒園供應量，規劃新移民學前幼兒在公立幼兒園的優先入學方案。社區教育支持系統方面，在理念上，以新移民為核心起點，家庭為半徑主軸，從尊重的態度開始，建立多元文化的社區主體意識，營造多元的社區文化，在尊重、關懷、多元理解，建立社區意識，提供新移民學習及輔導的活動。在作法上，普設識字班與生活輔導班，或設置媽媽教室以協助他們家庭管理知能，並與內政部推動「社區關懷據點」的合作來落實。

九、提高新移民子女的學習成就及生活適應與幸福感

雖然新移民子女的認輔教學在《攜手計畫課後扶助計畫》獲得積極性補助，使弱勢現況透過此方案獲得改進。建議：(一)宜繼續推動《攜手計畫課後扶助計畫》、《新移民子女教育改進方案》持續對新移民子女更多經費補助，讓學生獲得更多的教育資源，提高學習成就，改善其生活適應

問題。㈡為了長期了解新移民子女的學習成就與生活適應，目前教育部已規劃建置資料庫，但是在長期追蹤的資料庫宜包括新移民家庭資料、新移民女性適應、子女的學習表現與生活適應等，以做後續的追蹤研究，來了解他們的學習情形。㈢加強探討臺灣地區文化差異顯示的新移民子女和其家庭問題，尤其應思考的是新移民子女的學習成就，是否與其「族群身分」有絕對關聯性，和課程教學、認同文化、家庭教育背景、生活適應和城鄉差距為改善面向，因為如上述，所需要挹注資源和關注仍有不同，宜試圖找出可以協助新移民子女的環節。

十、設計完整配套措施落實107課綱的新移民語文政策

政府為呼應《憲法增修條文》第10條第9項「國家肯定多元文化」宣誓，促進多元文化理解及臺灣社會內部凝聚和諧，教育部在十二年國民基本教育要實施「新住民語文」課程，訂定《十二年國民基本教育語文領域──新住民語文課程綱要》來落實新移民的語文政策。其課程目標有以下幾項：㈠啟發學生學習新住民語言與文化的興趣；㈡培養學生具備新住民語言基本的聽說讀寫能力；㈢增進學生對新住民及其文化的認識與尊重；㈣培養學生以新住民語言的日常生活溝通能力；㈤拓展學生國際視野，運用多重文化思維與判斷；㈥培養學生跨文化溝通與跨國行動的能力。

此政策，在國小為部定課程，國中為校訂選修課程。學習節數，國小屬領域學習課程，每週上課時數為一節，每節為40分鐘。在國中實施方面，學校應調查學生選修意願，經課程發展委員會審議後，於彈性學習課程規劃新移民語文學習。為了讓此課程政策落實，各校課程發展應依據《十二年國民基本教育課程綱要》規範，在新移民語文課程開設東南亞新移民語文為主，除了中國大陸、港澳籍之外，以越南、印尼、泰國、緬甸、柬埔寨、菲律賓、馬來西亞等規劃，換句話說，課綱以七個國家的語文為主。這項政策應該有嚴謹的科學化分析再規劃執行，因而有以下建議：

在師資供給方面，107課綱所列的新移民語文政策落實的困難點之一

在於七個國家的語文師資來源及其專業認證的問題，未來如何因應是重要課題。

在教材編選方面，教育部應快速協調相關單位共同出版或委託專家學者、民間單位編輯國民中小學新移民語文教材。同時教材應依不同語文之特性個別研發，也要以學習程度及學習節數研發，並著重生活情境的語文應用與文化理解。

在教學實施方面，學校應依照學生學習程度進行混齡式能力編班，在修習人數過低可進行混齡式編班，採取差異化教學。課程安排以多元活動或任務（例如，卡片書寫、節慶體驗、訪問新移民、東南亞旅遊規劃等），引導學生學習新移民語文；並安排學生和其他新移民子女討論，共同解決學習問題。

在學生及家長方面，應了解學生的學習需求及語言習得的困難，以及在平時是否可以應用的場所，同時對於非新移民子女的家長之態度及配合程度，也應該要深入分析及了解。

最後，在教學資源方面，學校宜設置新移民語文教室，展示新移民文化特色，作為新移民語文教學場所。教育主管單位提供各級學校實施新移民語文學習所需之輔助教材、數位網站、影音圖書等資源。在學習評量建議採多元評量：口語表達、生活應用、實作表現等，紙筆評量占學業總成績比例不宜過高。評量結果宜列為下個階段學習分組之參考。

參考文獻

一、中文部分

方德隆、何青蓉、丘愛鈴（2007）。新移民成人基本教育教材內容分析：多元文化教育觀點。**成人及終身教育學刊，9**，1-28。

王世英、溫明麗、謝雅惠、黃乃熒、黃嘉莉、陳玉娟、陳烘玉、曾尹彥、廖翊君（2006）。我國新移民子女學習成就現況之研究。**教育資料與研究，68**，137-170。

王家通（1998）。論教育機會的均等與公平──以概念分析為中心。**教育政策論壇，1**(2)，118-132。

行政院經濟建設委員會（2004）。**現階段外籍與大陸配偶移入因應方案**。臺北市：作者。

內政部（1999）。**外籍新娘生活適應輔導實施計畫**。臺北市：作者。

內政部（2008）。**外籍配偶生活適應輔導實施計畫**。臺北市：作者。

內政部（2012a）。**全國新住民火炬計畫**。臺北市：作者。

內政部（2012b）。**新住民政策白皮書**。臺北市：作者。

內政部（2016）。**外籍與大陸配偶照顧輔導措施**。臺北市：作者。

內政部統計通報（2010）。**國人結婚之外籍與大陸港澳地區配偶**。取自 http://www.moi.gov.tw/stat/

江坤鋕（2006）。「新臺灣之子」面對的教育問題與學校輔導策略。**研習資訊，23**(3)，101-105。

何青蓉（2003）。從多元與差異到相互的理解與認同。**兩性平等教育季刊，24**，60-92。

何美瑤（2007）。**外籍配偶子女學業成就之研究──以文化資本的觀點探析**（未出版之博士論文）。高雄師範大學，高雄市。

吳清山（2004）。外籍新娘子女教育問題及其因應策略。**師友，441**，6-12。

周仁尹、曾春榮（2006）。從弱勢族群的類型談教育選擇權及教育財政革新。**教育研究與發展期刊，2**(3)，93-122。

柯淑慧（2004）。**外籍母親與本籍母親之子女學業成就之比較研究──以基隆市國小一年級學生爲例**（未出版之碩士論文）。臺北師範學院，臺北市。

連峰鳴（2014）。新住民子女教育輔導。**新北市教育電子報，143**。

莊勝義（2007）。機會均等與多元文化兩種教育運動的對比。**高雄師大學報：教育與社會科學類，22**，21-42。

夏曉鵑（2005）。解開面對新移民的焦慮。**學生輔導技刊，97**，6-27。

張芳全（2005）。外籍配偶子女的教育問題及其政策規劃。**國民教育，45**(4)，32-37。

張芳全（2006）。**教育政策導論**。臺北市：五南。

張淵智（2008）。淺析外籍配偶子女教育問題與因應策略。**樹德科技大學學報，10**(1)，222-229。

教育部（1996）。**教育優先區計畫**。臺北市：作者。

教育部（2004a）。**發展新移民文化計畫**。臺北市：作者。

教育部（2004b）。**教育部推動外籍及大陸配偶子女教育輔導計畫**。臺北市：作者。

教育部（2009）。**新移民子女教育改進方案**。臺北市：作者。

教育部（2010）。**教育部執行外籍及大陸配偶子女教育輔導計畫**。臺北市：作者。

教育部（2015）。**新住民教育揚才計畫**。臺北市：作者。

教育部（2016）。**新住民子女教育發展五年中程計畫第一期五年計畫（2016至2020年）**。臺北市：作者。

教育部電子報（2010，3月30日）。**教育部99年度新移民子女教育輔導計畫執行情形**。取自http://epaper.edu.tw/news.aspx?news_sn=2973〔Ministry of Education, E-paper（2010, March 30）. *The annual report of the educational coaching for the new Immigrant children in 2010 by the Ministry of Education.* Retrieved from http:// epaper.edu.tw/news.aspx?news_sn=2973〕

莫藜藜、賴珮玲（2004）。臺灣社會「少子化」與外籍配偶子女的問題初探。社區發展季刊，**105**，55-65。

黃富順（2006）。新住民及其子女的教育問題與輔導。**成人及終身教育**，**13**，29-35。

黃富順（2015）。**全國新住民火炬計畫成效評估研究**（內政部入出國及移民署委託研究報告）。臺北市：移民署。

謝進昌（2008）。臺灣學生學習成就評量資料庫之新移民子女分析研究。**國立政治大學**（未出版之博士論文），臺北市。

劉惠琴（2009）。**南投縣及彰化縣國小高年級新移民子女自我概念與幸福感之相關研究**（未出版之碩士論文）。南華大學，嘉義縣。

鐘鳳嬌、王國川、陳永朗（2006）。屏東地區外籍與本國籍配偶子女在語文、心智能力發展與學習行為之比較研究——探析家庭背景的影響。**教育心理學報**，**37**(4)，411-429。

二、外文部分

Banks, J. A. (1996). Transformative knowledge, curriculum reform, and action. In J.A. Banks (Ed.), *Multicultural education, transformative knowledge, and action: Historical and contemporary perspectives* (pp. 335-348). New York, NY: Teachers College Press.

Gollnick, D. M. (1980). Multicultural education. *Viewpoints in Teaching and Learning, 56,* 1-17.

本文取自：2010年6月教育部第八次全國教育會議——中心議題「陸：多元文化、弱勢關懷與特殊教育」之「子議題二：擘劃新移民的新教育」。本文大幅修改。

新移民語有助於
學習表現嗎？

壹 緒論

一、分析動機

究竟中小學實施新移民語文教育對於學生的學習表現有沒有正面影響呢?這是一個很值得思考及探究的問題。本章將深入探討此問題。

108學年的《十二年國民教育課綱》實施在即,其中中小學要實施越南、印尼、泰國、緬甸、柬埔寨、菲律賓、馬來西亞的語文教育。國小從七個東南亞國家之語文中,依規定任選一種必修,每週一節;國中或高級中學將新移民語文列為選修,依學生需求於彈性課程開設。政府明確宣示此政策,代表108學年起不得不執行。政府的政策目標期待在中小學教育的語文教育多元化,讓學生可以學習東南亞國家的語言及文化,並尊重這些國家的語言。然而在小學階段要學國語、英語、閩南語、客家語或原住民語,若加上新移民語文,實在太多語言課程。何況在國小又是必修課程。這不僅會分散學生學習時間,而且也會讓中小學生在學習語言受到負面效應。假若學生對自己母語(如閩南語、客家語或原住民語)沒有辦法自然表達,就很難建立良好基礎學習其他語言,反而會有更多反效果。張芳全、張秀穗(2016)的研究指出,國語學習成就對英語學習成就有重要的效應,就說明了先學好國語才可以學好英語,若把國語文學好,可以提高英語學習成就。

新移民語文學習對於學生的學習成就能否有提升效果呢?如果多學習一種語言是否對於學習成效表現(國語、英語、數學、自然、藝術與人文、健康與體育、綜合活動的學習成就)有比較好呢?這是值得思考的問題。本章將了解國中生在家經常說的語言類型對學習成就是否具有提升呢?本章重要性在於對學生學習成就不僅限定於國語、英語及數學或自然等主要學科學習成就,它還包括藝術與人文、健康與體育,以及綜合活動領域。換句話說,本章要探討學生在家常說的語言(國語、客家語、英語、原住民語、新移民語、閩南語)是否可以提高主要學科的學習表現

呢？或者還可以提高非主要學科的學習表現呢？

學生在家裡經常使用的語文代表了他們熟悉了該種語言，並且可以自然的融入於日常生活之中，這不僅讓其生活與溝通更為便利，對學生來說可能影響他們的學習成就、認知思考與生活適應。為了對比學習表現，本章除了分析學生在家常用語言類型與學習表現之關係外，更要分析在家常使用語言類型是否影響學生幸福感。有別於上述學習成就表現，幸福感是一種生活滿意度。幸福感引領人們向上的動力，一般人未能察覺家庭語言的重要，它很可能成為影響幸福感的因素。學生在家常使用的語言類型是否會影響學生的幸福感，也是本章要分析的問題。

對於學生學習成就表現及幸福感的預測因素，不僅是以學生在家常用語言類型而已，還包括學生的自律學習，也就是學生是否會自我要求。此外，許多研究指出，學生學習表現與幸福感受到家庭社經地位（socioeconomic status, SES）（張芳全，2017）、自我教育期望及性別的影響（林慧敏、黃毅志，2009；陳順利，2001；張芳全，2006）。上述這些因素都是本章要納入分析的變項。

二、分析目的

本章的目的如下：了解國中生在家常用語言在學習表現差異，以及學習成就有關因素對學習成就及幸福感的影響情形。

貳 文獻探討

一、新移民語文實施的論證

㈠ 中小學實施新移民語文的正面價值

新移民語文教育實施具有正反面價值。實施後的正面意義包括：1.可以尊重及保存新移民語的語言，讓學生從新移民語的學習過程中，了解更多的國家語言及文化。不過尊重不是靠學語言就能解決，更重要的是在於轉變社會上普遍的偏見。2.臺灣的語文教育及教育的多元性，讓語文教育

可以更多元化。3.學生從不同語言中獲得更多文化觀念,培養關懷他國他族的特點。學生可以更尊重他人、關懷他國文化,對於多元文化教育有其價值。4.語文教育可以更活潑,不再限定於一種或少數語言的學習,讓學生從小多培養多一種語言,對於日後思考及生活應用更多元性及適應性。5.可以潛在發揮國際教育價值,關注他國的社會文化發展。6.不論新移民子女或本地學生都接觸到多元語言學習機會,這對於臺灣要與東協國家接軌有所助益。7.新移民語文學習也是後現代主義表徵,代表了臺灣的教育重視弱勢族群語言、尊重他者聲音,不會再以主流為主的教育體制。

(二) 中小學實施新移民語文的負面效應

然而實施新移民語文教育,尤其國小強制為必修課將會有以下幾項問題產生:1.它減少數學、英語、國語、科學等學習時間,將會剝奪其他語言課程的學習時間,影響其他語言學習的穩定性及專業性。簡言之,新移民語文會與其他語言科目產生競合的關係。2.目前臺灣的中小學之彈性課程已有客家語、原住民語、閩南語、國語、英語的課程,在這些語文學習課程,雖然國語及英語必修課,其他語言為選修,就讓學校準備這些語文教材疲於奔命,若再加上東南亞七個國家的語言學習,勢必會讓學校的教材及師資有困難。3.更重要的是會讓原本就學不好國語文或英語的學習者,有更多的學習壓力,並產生語言學習的惡性競爭。4.東南亞國家的語言仍是弱勢語言,對於學生日後無法在社會主流語言獲得更多協助,例如,不僅臺灣,甚至全球仍以英語、法語、日語較具有競爭優勢。與其要學習這些弱勢語言,不如學習日語、法語、德語、西班牙語、拉丁文,或韓語。因為弱勢語文對於學生在學之後,日後在學習、升學與就業助益不大。5.學生仍期待在有限時間與資源學習主流語言,這對於他們日後的生涯發展或與國際接軌幫助更大。若政府提供主流語言,也就是先進國家的語言學習,更能讓學生提早認識先進國家的文化與社會,更可能可以海外留學,吸取先進國家的經驗。6.學生學習到高中階段之後,就沒有在這方面語言的學習銜接,對於日後的學習及了解更為困難。學習語言最重生活練習,也就是在學習階段缺乏語境的語言,譬如在臺灣學英語的情境一

樣，因而學習新移民語的學生，不僅無對話練習環境，生活上亦無使用的
必要，很容易就忘記學習內容。這些都是問題。

二、第二語言學習理論

　　對臺灣的學生來說，新移民語的學習屬於第二語言習得或外語習得
（原文是second language acquisition）。解釋第二語言學習的理論不少。例
如，在社會學有文化認同理論、地緣政治學的殖民理論；心理學的行為學
派的古典制約理論與操作制約理論、認知學派的皮亞傑認知發生論、記憶
理論（memory theory）、有意義學習理論、學習階層（hierarchy of learn-
ing）論；社會學習論；人本心理學派的羅傑斯（C. Roger）的人文心理
學理論；語言學的Krashen（1985）語言輸入假設（input hypothesis）理論
等。以下說明文化認同論、殖民理論、語言輸入假設、行為學派與認知學
派的論點。

㈠ 文化認同理論

　　就學習者來說，如果學習者對於一個特定文化及族群的認同度高，
相對的對於該族群或國家的語言習得就更為容易。因為認同了該族群的文
化、國家，就能夠較能親近他們這些國家的文物及環境，更可以在認同的
語言下進行溝通，更能習得該語言。由於對某一族群與文化的認同，接受
他們的價值觀，因而對該語言的學習更為容易。此一認同是個體發自內心
對一種文化、語言及族群的認可狀態。因為認同了該族群與文化，所以在
語言的學習更能投入與習得。相對的，如果個體對於某一族群或國家的心
理認知處於敵對、不認同的狀態，勢必很難接觸他們的文化、價值觀，更
不用說是語言。Schumann（1987）就提出了文化模式（acculturation mod-
el），認為語言習得受到外在因素的影響居多，更強調語言學習好壞取決
於個體與所學語言的文化之間的社會及心理距離。

㈡ 殖民理論

　　殖民理論或稱殖民主義（colonialism）為1960年代受到二次世界戰
後，許多先前被殖民的國家擺脫了殖民統治和剝削的一種運動。它強調統

治國家或政體對所管轄下的領土之人所進行的統治、管理、剝削及壓榨受殖民國的過程。在此過程為了讓被殖民者容易順從殖民者的文化價值及政治意志，因而透過語言的教育，甚至對於被殖民者洗腦，迫使被殖民者接受殖民國的語言。這種語言學習過程是強迫式、被動、灌輸及消極，尤其是透過識字教育來對統治國的順從。在此過程中，統治者先要打破或鬆開被殖民者的學習心態及意志，接著再透過攏絡、灌輸、訓練、教育或各種獎懲方式對被殖民者進行殖民統治國的語文教育，被殖民者習得統治國家的語言，甚至貶抑被殖民國家的語言文化和歷史傳統，要求放棄母國語言及文字。

　　二次大戰之後，被殖民國家紛紛從殖民者獨立，雖然在殖民國離開殖民地，被殖民國獨立，但是仍遺留統治國家的語言、文字，根深蒂固的殖民文化及思維遺留在殖民地之中，甚至有些殖民統治國的人民沒有隨之撤離，仍留在當地，使用母國語言。換言之，雖然實體的統治國家離開殖民地，但是其文化、語言及思想仍為先前殖民者所束縛，因而形成了後殖民主義（postcolonialism）（謝明珊譯，2011）。對這些獨立後的國家會形成了多元文化中的多語言學習特色，然而也會造成母語、官方語，與先前殖民國家語言之間的結構和文化不平等關係（structural and cultural inequalities）。不管是多元語言或語言間不平等關係，這些殖民經驗及殖民之後對於語言文化的影響，也是語言文字留傳與學習的一種方式。

(三) **Krashen的語言輸入假設**

　　新移民語文教育對學生來說，是一種第二外語的習得。第二語言學習理論（theory of second language acquisition）對於語言習得有先天說、環境說、社會學習說、認知發展理論。先天說以Krashen（1985）的語言輸入假設（input hypothesis）為代表，它包含五個假設：一為「習得與學習假設」，將習得與學習明確區分，他認為語言習得或獲得（acquisition）是一種下意識過程，而學習（learning）為意識過程，在有意識情形下學習；二為「自然順序假設」，指語言學習有其順序，有些語法的學習可以較早學習到，有些則學習較慢；三為「監控假設」，是指在語言學習的

過程中，個體扮演著監控角色，個人在學習語言不斷地糾正自己的說話錯誤或增強正確表達，個人從反省監控中了解自己說錯哪些？應該如何調整等；四為「輸入假設」，是指學習語言過程是透過外在語言輸入，就如同聽不同語言情境所輸入的聲音，透過相關的情境線索，個人再輸入可以理解的方式來學習；五為「情感及心理假設」，指學習者情感與心理發展狀態，也就是學習者對於該語言的認知及情意的了解、依附或是可能的阻力。

㈣ 行為學派

行為學派（behaviourism）強調環境的重要，也就是在語言學習過程中，環境的相關因素對於學習者具有決定性的效用。它強調學習者透過刺激與反應的過程的語言增強（reinforcement）和懲罰（punishment），學習者可以獲得語言學習。例如，強調學習者如果在語言學習過程中獲得正確的表現，若透過鼓勵、獎勵等增強方式可以讓語言學習的保留更為長久，相對的，在學習過程中若習得效果不佳，透過不給予學習者好處的滿足之處罰原理，也可以讓他們在不正確的語言學習有所改善。

㈤ 社會學習論

Bandura（1977）的社會學習論（social learning theory）強調，個體在觀察學習的重要，強調行為、個人與環境是互相影響；在觀察學習過程中，學習者的行為會從觀察所見所聞，不受外在物質的強化會自我增強，也可能由觀察而有所抑制（disinhibition）。觀察過程包括了注意歷程（attentional processes）、保留歷程（retention processes）、動作重作歷程（motor reproduction pocesses）及動機歷程（motivational processes）。運用在語言學習過程，則是透過人與人互動過程來習得，學習者透過觀察、模仿、內化，最後讓語言成為生活中的一環。社會學習理論還強調示範的重要及個人自我調適功能，前者在於指導學習者的作用，助長學習者的學習表現，而後者是學習者在學習之後會自我反省與檢討。學校的老師教授語言，透過語言聽說讀寫的示範，學生從過程中的學習及演練與修正，就是語言習得的最好例子。

㈥ 認知學派

認知學派詮釋語言學習有不同觀點。皮亞傑（J. Piaget）的認知發展論是語言學習的一個模式，學習者透過個體認知發展歷程學習，提出了個體在學習及認知過程會透過基模（schema）、適應（adaptation）、平衡（equilibration）、同化（assimilation）與調適（accommodation）來完成（張春興，2008）。以語言學習來說，學習者從自己的基模對外在環境的刺激（如聽到或寫到相關的語言文字），接著進行個人的同化、調適及取得會使用語言的平衡過程。

歐素貝（D. Ausebel）對學習強調學習材料及內容的有意義性，因而提出了有意義的學習理論（meaningful learning theory）。余民寧（1997）指出，有意義學習是指學習者能了解學習內容和原有認知結構的舊知識有關，能將新舊知識聯結，在學習之後，內化為認知結構；相對於機械式學習（rote learning）是學習者無法將學習內容與舊經驗取得關聯，偏重機械式練習、從事零碎知識記憶。就如第二語言習得過程，學習者若對學習材料感到沒有意義或者雜亂無章，無法引起個人的學習，更無法引發後續的記憶及學習遷移。因此在語言學習，宜對於學習材料有系統的整理與組織，讓其有意義性，而不會雜亂與機械式的記憶，更有意義及效能。

Gagné（1968）提出學習階層（hierarchy of learning），他認為在語言習得過程，除了強調行為學派的刺激反應聯結，也重視刺激和反應之間的中介心智活動，他將人類學習分八類，表示經由練習或經驗產生的學習，八類學習有層次之分與先後之別，居於低層的學習簡單，卻是構成複雜學習的基礎。由簡至繁學習如下：1.訊號學習（signal learning）：反射性反應引發學習。2.刺激反應聯結學習（stimulus-response learning）：對特定刺激產生自主性反應。3.反應連鎖學習（chaining）：多重反應連鎖的動作技能學習。4.語文聯結學習（verbal association）：用一連串語言文字來學習知識。5.辨別學習（discrimination learning）：多重刺激對不同刺激給予不同反應。6.概念學習（concept learning）：將共同屬性事物，用概括性文字或符號表示。7.原則學習（rule learning）：兩個概念以上的連鎖學習。8.解決問題（problem solving），透過情境來學習。

　　語言學習是一種自我要求及自律狀態的學習。學習者如果可以自我要求與規範，將會有更多的語言習得。Zimmerman（1989）分析指出，自律學習對於學習成效有所幫助，不管是在課業或語言的學習，然而它是個人、環境和行為因素交互影響所決定。

三、影響語言習得的因素

　　第二語言學習是一個相當複雜及多面向的歷程。Ellis（1994）指出，它是一個多學科的研究，包括了語言學、認知心理學、心理語言學、社會語言學及教育學。Zeliha、Binnur與Philip（2009）指出，第一語言的能力影響了第二語言的學習；他們研究發現，以母語進行的幼兒園（nursery education in the mother tongue）可以提高第二語言的能力水準，以及可以增加更多的教育機會，同時也會對於相互尊重、社會凝聚力與社會和諧有幫助；不過，他們進一步指出，母語發展、學童自尊、教育機會和第二語言的學習是一種複雜的關係。Brown（2007）指出，與第二語言習得因素相當多，如學習者因素，包括年齡，在不同階段（孩童、青少年及成年人）的語言學習都有關鍵期，受到社會及學校因素的影響，例如，家長、學校同儕及語言學習環境的影響；學習者的認知（如對於語言的態度與學習策略、智商）、對本土語轉換；學習者的投入，又可以分為主動及被動的學習狀態因素；在人格因素方面（學習者本身是否想要溝通）就包括了自尊、心理障礙、冒險性、焦慮感、同理心、個人的內外向等；同時語言習得也與學習動機有關，它又分為工具性與融合性動機（integrative motivation）。這些因素難以確定，也難以測量；社會文化因素與語言學習有關，例如，個人對於本土文化的態度、學習者對於第二語言文化的態度、學習者對於本國人的態度、學習者對於使用第二語言者的態度等都會影響第二外語的學習。

　　曹逢甫（1995）指出，國語在臺灣的教育體制扮演相當重要的角色，它被用來所有兒童（不管其母語為何）識字啟蒙工具，它同時也是一個很重要科目，從國小到高中每個星期有5個小時以上課程，甚至到大學仍有4個小時課程。重要的是在臺灣教育體系中，它是教學的媒介語，學習國

語成效深深影響其他科目的教學，相對的，其他語言在我們的教育體系中扮演角色極為有限。從這可以看出，臺灣的中小學生要學習新移民語更困難。尤其以國語為母語要識字教育較為簡單，如果學習新移民語就顯得困難很多。這更說明了影響第二語言學習的複雜性。

四、影響學習成就與幸福感的相關研究

影響學生學習成就因素相當多元。個人因素包括性別、智商、自我教育期望、學習興趣、學習動機、自律學習、常使用的語言等；就家庭因素來說，包括SES（包含家庭經濟收入、教育程度、職業）、家庭結構（單親或雙親家庭）、家庭文化資本、財務資本、社會資本、家中子女數等；學校因素，包括教育經費投資多寡、學習資源多寡、生師比、教學時間等；課後因素，包括學生寫回家作業時間、在家的語言使用情形、校外補習多寡等。

㈠ 性別與學習成就

張酒雄、張玉茹（1998）研究指出，國中女生的英語成績明顯高於男學生；張芳全（2006）分析臺灣參與TIMSS發現，八年級女生數學成就比男生好。張芳全、張秀穗（2016）也研究發現，新移民子女的女生英語學習成就明顯高於男生。

㈡ SES與學習成就

許多研究證實，SES愈高，學習成就愈好（林慧敏、黃毅志，2009；陳順利，2001）。李敦仁、余民寧（2005）研究發現，SES愈高，子女數愈少，SES除了會直接影響子女教育成就外，亦會間接透過手足數目和家庭教育資源兩條路徑間接影響子女教育成就。

㈢ 自律學習與學習成就

趙珮晴、余民寧（2012）研究發現，自律學習策略，在自我效能和學業成就之間，具有部分的中介效果。翁雅芸、余民寧（2016）以國小四年級下學期追蹤至國小六年級下學期的長期縱貫性追蹤調查進行潛在成長曲

線模型分析發現：性別對於自律學習與數學學業成就之起始水準的影響達顯著，其中，女生的自律學習起始水準高於男生，男生數學學業成就起始水準則高於女生；自律學習起始水準與自律學習成長速率呈現負向影響，且自律學習起始水準對數學學業成就起始水準則達顯著正向影響。Sansone與Thoman（2005）認為，自律學習策略會因為學習興趣而影響目標決定與學業成就。

㈣ 自我教育期望與學習成就

陳嘉成（2007）研究指出，影響臺灣學生數學學習成就來自於學生學習動機、學習興趣、自我期望、自我效能等情意特質。House（2000）以TIMSS 1995資料研究發現，學生的自我期望愈高，其在科學、工程及數學的學習成就表現愈好。

㈤ 語言使用類型與學習成就

個體在日常生活中常用某一種語言代表對於該語言的了解與熟悉。透過常用的語言作為生活中的溝通是最自然，且能最有效溝通。常用該語言溝通的背後意義代表了認同該語言及文化，才可以把它成為日常生活中最常使用的語言。官方或教學者所使用的語言，學習者常能使用它，對於學習成就表現應該有提升效果。再加上，如果學生在家常使用教學語言或官方語言，對於學習表現應有加分效果。相對的，假如學生在學校使用語言與在家常使用語言不同，很可能對於學習表現會有兩種效果，一個是干擾效果，一個是多元編碼增加學習效果；前者是兩者語言差異大，干擾另一種語言學習，因而對於學習表現有負面影響，後者則是學習者多學多使用一種語言，也就是學習者母語對學習第二外語有學習遷移效果，讓學習者在認知學習中有多樣編碼，因而提高學習表現。Cummins（1979）的「語言相互依賴假說」（language interdependence hypothesis）就強調不同語文學習是相互助益。張芳全、張秀穗（2016）的研究發現，國語學習成就對英語學習成就有24%的解釋力。

五、幸福感的意義與相關研究

幸福感是一種個人對於生活、工作、身體狀態的一種主觀感受。余民寧（2015）認為，幸福感包括情緒幸福感、心理幸福感及社會幸福感。Diener（1994）認為，個人幸福感包括較長愉悅水準（longer-term levels of pleasant affect）、少有不快樂情緒（lack of unpleasant affect）及生活滿意度（life satisfaction）等要素，在情意（affect）包括表情、心理、動機、行為及認知成分。簡言之，個人幸福感是一種生活滿意度及快樂感受程度。測量上相當紛歧（Diener, 1994），張芳全、夏麗鳳（2012）將幸福感分為情緒感受、生活滿意、自我滿意和心理健康。本章採用張芳全、夏麗鳳的分法。

影響學生的幸福感因素也相當多元。究竟男生，還是女生較容易感到幸福呢？張芳全、夏麗鳳（2012）研究指出，幸福感不會因性別而有差異；然而他們僅以澎湖縣的小學生為樣本，並無法涵蓋所有樣本。張芳全（2017）研究發現，國中生的家庭SES高，幸福感會較高，同時國中生的家庭SES會透過幸福感正向影響英語學習成就。雖然SES與幸福感有正向關係，但是SES一部分由家庭收入而來，經濟收入高，不一定會有幸福感。因此本章分析SES與幸福感之關係。此外，自我教育期望也與幸福感有關，自我教育期望愈高，代表對未來教育及期待更為正面，在學習與工作會更積極，幸福感會提高。至於自律學習愈強者，愈能掌握自己的學習方向及掌握任務的內容，在學習效能更高，因而對自己表現會更趨於滿意，所以在幸福感會愈高。個人可以使用第二種語言，代表多一種語言的溝通能力，可以認識更多不同族群人及文化，這也會增加良好的人際互動關係，提高個人的幸福感。

參 研究設計與實施

一、分析架構

基於文獻探討，本章在了解國一生在家常用語言（語言別）、性別、

SES、自我教育期望與自律學習對學習成就及幸福感的預測力，建立分析架構如圖3-1。

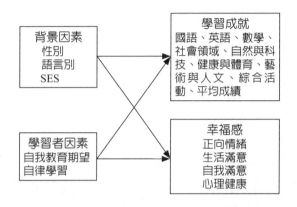

圖3-1　分析架構

二、變項的測量

各變項測量如表3-1。投入變項包括性別、在家常說語言類型、SES、自我教育期望與自律學習，依變項為七大學習領域學習成就與幸福感。

三、研究工具

本章在研究工具的效度採因素分析主成分分析萃取，以最大變異法進行直交轉軸，以特徵值大於1.0參考標準，SES、自律學習與幸福感各有3、10及28題，這些的Kaiser-Meyer-Olkin（KMO）取樣適切量數各為.62、.92、.97，代表這些研究構面與題項適合進行因素分析（Kaiser, 1974）。SES透過因素分析將學生的父親收入、父親教育程度及父親職業抽取一個因素，特徵值1.61、解釋量為53.45%；自律學習從十個題目中抽取出一個因素，特徵值5.1、解釋量為50.14%，命名為自律學習，如表3-2。研究工具信度採用Cronbach's α係數，SES及自律學習的α係數各為.70與.88。

表3-1　各測量變項的測量

變項	意義	記分
性別	學生的性別	男生為1，女生為0
在家常說語言	它詢問學生在家裡常說的語文類別，國語、臺語（閩南語）、客家語、原住民語、英語、新移民語。	它分別以1、2、3、4、5、6為代碼。
家庭社經地位	它詢問學生的家庭收入、父親教育程度及父親職業。父親接受教育程度，以沒有上過學、國小畢業、國中畢業、高中職畢業、五專畢業、二技畢業、大學畢業、碩士以上畢業分類。父親每個月收入大約多少元？沒有收入、2萬元以下、2至4萬元、4至6萬元、6至8萬元、8萬元以上。父親職業調查選項區分為：1.中小學、特教、幼稚園教師；2.一般技術人員；3.高層專業人員；4.行政主管、企業主管、經理人員及民意代表；5.技術員及半專業人員；6.事務工作人員；7.服務及買賣工作人員；8.農、林、漁、牧工作人員；9.技術工、操作工及裝配工；10.非技術工；11.職業軍人；12.警察、消防隊員；13.家管；14.其他（刪除不納入）。	在教育程度照臺灣現行學制，各階段均以畢業時修業年數為依據，上述各階段教育分別以3、6、9、12、14、16與18年轉換作為接受教育程度之計算，若填答我不知道列為0，不列入。父親收入依序分別給予1至6分，分數愈高，代表父親收入愈高。為了將職業轉換，參考黃毅志（2008）「改良版臺灣地區新職業聲望與社經地位量表」將職業等級分成五級，依序為第一級為非技術工、體力工（選項8及10）；第二級為技術工作者（選項9及13）；第三級為半專業人員及普通公務人員（選項6、7、11及12）；第四級為專業人員及中級行政人員（選項2及5）；第五級為高級專業人員及行政人員（選項1、3及4）。
自我教育期望	詢問學生未來接受教育程度，以高中職畢業、五專畢業、二技畢業、大學畢業、碩士以上畢業分類。	以臺灣在左邊所列各教育階段畢業年數，分別以12、14、16、19年計算。
自律學習	它詢問學生在自我要求程度，共有10題，其分數愈高，代表自律學習愈高。	以從不如此、偶爾如此、經常如此、總是如此，分別以1-4分為計分。
學習成就	它包括學生在國語、英語、數學、自然與科技、健體、藝文、綜合活動的學習表現、平均成績。各學習成就以國中老師對學生期末分數評分，分析時將各校及班級進行標準化Z分數轉換，再換算為T分數。分數愈高代表學習表現愈好。	這些學習領域的分數愈高，代表成就愈好。其中平均成績是七個領域相加後之平均。
幸福感	它詢問學生感受到幸福程度，它區分正向情緒、生活滿意、自我滿意與心理健康，每個向度由七個題目所組成，分數愈高代表幸福感愈高。	以非常不同意、不同意、同意、非常同意，分別以1-4分為計分。

表3-2　自律學習及SES的因素分析

題目	共同性	因素負荷量
我會溫習課業內容	.54	.73
我會盡力背誦重要的上課內容	.53	.73
我會按時完成回家作業	.50	.71
遇到課業困難，我會找人協助（例如，老師、同學或家人等）	.48	.69
遇到課業上問題，我會自己找尋答案（例如，圖書館或網路等）	.38	.62
我會事先預習課程內容	.39	.62
我會找方法解決問題	.50	.71
我會要求自己學習	.60	.77
我會確實訂正作業	.51	.72
我會安排適合自己的學習環境	.51	.71
家庭社經地位		
父親職業	.58	.76
父親教育程度	.59	.77
父親經濟收入	.44	.66

　　幸福感經過因素分析獲得的因素結構如表3-3，看出抽出四個因素，第一個因素稱為心理健康、第二因素為正向情緒、第三個因素為自我滿意、第四個因素為生活滿意，整體解釋量為67.67%。幸福感分量表信度都在$\alpha = .89$以上。

四、資料來源與限制

　　本章以張芳全（2013）建置的「國民中學學習狀況之追蹤調查」資料庫第一波資料（國一學生）係對基隆市15所公立國中普查，2010年七年級生共4,260名，學生在填答有遺漏者，研究上採取整列剔除法（listwise deletion）刪除，獲得2,750筆有效樣本，有效樣本率為64.5%。而在家常說國語、閩南語、客家語、原住民語、新移民語與英語各為3,509名、315名、9名、17名、38名及3名，其中說英語人數太少不納入分析。資料庫中的自律學習參考Zimmerman（1989, 1998）的自律學習策略，即自我評估、組

表3-3　幸福感的因素分析摘要

題目	共同性	心理健康	正向情緒	自我滿意	生活滿意
我能好好控制自己的情緒	.36	.30	**.48**	.19	.07
我覺得大家都喜歡和我在一起	.70	.36	**.73**	.16	.12
我不會覺得孤單	.67	.34	**.69**	.15	.23
我覺得我受到別人的尊重	.69	.28	**.71**	.19	.26
當我心情不好時，會有人主動關心我	.69	.17	**.73**	.24	.25
我大部分時間覺得很愉快	.72	.20	**.68**	.29	.36
我喜歡和別人分享我的快樂	.59	.06	**.59**	.35	.33
我覺得生活中充滿了有趣的事	.68	.13	.56	.38	**.45**
我有時間可以做我想做的事	.50	.20	.37	.25	**.51**
我有足夠的零用錢	.54	.21	.08	.08	**.70**
我有一個舒適的生活環境	.72	.13	.33	.25	**.73**
我對我目前的整體生活感到滿意	.78	.24	.33	.23	**.75**
我覺得生活過得很充實	.71	.28	.31	.31	**.66**
我覺得自己的生活過得比一般人好	.68	.28	.19	.22	**.72**
我喜歡現在的自己	.65	**.56**	.32	.26	.40
我對自己的外表感到滿意	.65	**.70**	.23	.17	.28
我覺得自己是一個很棒的人	.81	**.79**	.24	.28	.23
我是一個有能力的人	.77	**.76**	.24	.31	.20
我總是可以把事情做好	.77	**.76**	.25	.30	.19
我覺得自己有不少優點	.77	**.77**	.24	.30	.17
我對自己的整體表現感到滿意	.79	**.76**	.24	.30	.25
我總是充滿活力	.56	.34	.35	**.49**	.28
我若遭遇失敗，不會氣餒	.66	.37	.25	**.66**	.15
我有迎接挑戰的勇氣	.75	.34	.25	**.74**	.15
我總是朝著我的目標努力	.73	.28	.23	**.75**	.21
我對自己的未來充滿希望	.76	.31	.21	**.75**	.24
我覺得這個世界是美好的	.61	.34	.25	**.59**	.29
我有很多期待實現的夢想	.66	.16	.23	**.72**	.24
特徵值		5.28	4.79	4.61	4.28
解釋量（%）		18.84	17.09	16.45	15.29
信度係數		.94	.89	.91	.89

織與轉化、目標設定與計畫等設計題目。而幸福感則參考Diener（1994）的論點編製。在取得資料庫資料之後，先剔除不完整資料，找出有效樣本。本章以基隆市十五所國中的國一生資料為分析依據，調查變項無法完全周延，例如，僅以在家常使用語言，無法有更完整測量內容。

五、資料處理

本章採用次級資料分析法，以SPSS V21.0 for Windows為分析工具，並運用單因子變異數分析與迴歸分析對資料分析。前者在了解國中生在家常說四種語言類型對七大學習領域成就表現之差異。後者在了解性別、在家常說語言類型、SES、自我教育期望、自律學習對學習成就的預測力，其標準化迴歸方程式如下：

$$Y = \beta_1(X_1) + \beta_2(X_2) + \beta_3(X_3) + \beta_4(X_4) + \beta_5(X_5)$$

式中依變項（Y）代表國一生的七項學習領域成就及幸福感，自變項為性別（X_1）、在家常說語言類型（X_2）、SES（X_3）、自我教育期望（X_4）、自律學習（X_5）。其中性別以女生為參照組，而在家常說語言類型，以新移民語為參照組。多元迴歸分析掌握多元共線性，以變異數波動因素（VIF）為標準，該數值大於10代表有嚴重多元共線性。多元迴歸分析中各自變項的ß值可了解單一自變項對依變項預測力，整個方程式以R^2來了解自變項對依變項解釋力。

肆　結果與討論

一、國一生的七大學習領域成就表現

經過單因子變異數分析，如表3-4，在家常說語言類型對於國一生的七大學習領域成就表現（平均數與標準差各以M及SD表示）都有明顯差異。經過雪費（Scheffé）法的事後比較看出，在家常說國語的學生的學習

成就表現比起閩南語、原住民語及新移民語的學生還要好。就以數學成就來說，在家常說國語的學生比在家常用閩南語、原住民語及新移民語的學生數學成就明顯高。

表3-4　國一生的七大學習領域成就表現之差異

學習領域	國語		英語		數學		社會	
常用語	M	SD	M	SD	M	SD	M	SD
國語	74.43	15.02	73.56	21.22	67.79	20.68	77.67	13.81
閩南語	70.06	14.59	62.91	23.09	59.22	21.38	71.17	14.79
客家語	64.85	16.47	61.32	28.38	50.00	21.86	59.60	18.59
原移民語	58.07	17.21	50.51	22.58	48.16	22.14	61.41	18.58
新移民語	68.04	15.39	61.60	21.36	53.79	19.48	70.82	12.80
F值	13.25**		25.53**		21.19**		26.57**	
事後比較	國＞閩** 閩＞原** 國＞原**		國＞閩** 國＞新** 國＞原**		國＞閩** 國＞新** 國＞原**		國＞閩** 國＞原** 國＞客**	

學習領域	藝文		自然		健體		綜合	
常用語	M	SD	M	SD	M	SD	M	SD
國語	82.21	9.83	75.62	14.97	85.67	16.20	86.67	8.02
閩南語	78.89	12.26	68.46	15.19	82.89	8.65	84.28	8.48
客家語	71.34	13.24	65.31	15.73	79.75	9.90	77.14	12.17
原住民語	74.00	9.14	59.65	18.87	82.47	8.35	82.97	7.20
新移民語	76.57	10.78	71.29	14.20	81.47	7.06	84.24	9.01
F值	15.62**		22.40**		3.32**		10.82**	
事後比較	國＞閩** 國＞新** 國＞閩** 國＞原** 國＞客** 國＞原**				無		國＞閩** 國＞客**	

註：國是在家常說國語，閩是在家常說閩南語、原是在家常說原住民語、客是在家常說客家語、新是在家常說新移民語。

$** p < .01.$

經過單因子變異數分析，如表3-5看出，學生在家常說語言類型對於幸福感都沒有明顯差異。它代說明了國中生在家不管常說哪一種語言對幸福感都沒有明顯差異。

表3-5　國一生的幸福感之差異

幸福感	正向	情緒	生活	滿意	自我	滿意	心理	健康	幸福感	
常用語	M	SD	M	SD	M	SD	M	SD	M	SD
國語	3.07	0.51	3.10	0.55	2.89	0.65	3.04	0.57	3.03	0.50
閩南語	3.10	0.57	3.13	0.61	2.94	0.66	3.07	0.62	3.07	0.55
客家語	2.68	0.87	2.61	0.95	2.66	0.70	2.66	0.68	2.65	0.76
原移民語	3.00	0.75	2.92	0.93	2.95	0.86	3.05	0.81	2.98	0.73
新移民語	2.98	0.54	3.07	0.56	2.78	0.68	2.98	0.70	2.96	0.52
F值	1.60		2.14		0.96		1.12		1.64	

二、國一生在家常說的語言對學習成就預測結果

經過多元迴歸分析之後如表3-6發現，國一生的國語、英語、數學、社會、藝術與人文的學習成就預測因素中，達到統計顯著水準變項為SES、自我教育期望及自律學習。國中生的SES、自我教育期望及自律學習都是預測國語、英語、數學、社會、藝術與人文的學習成就的重要因素。值得說明的是，國一生在自我教育期望預測力最大，可見國一生的國語、英語、數學、社會、藝術與人文的學習成就受到自我期望之影響很大。除了男女在數學成就沒有明顯差異之外，國語、英語、社會、藝術與人文學習成就都是女生明顯高於男生。學生在家庭中常說的語言類型對於國語、英語、數學、社會、藝術與人文的學習成就的預測可以看出，在家裡常說國語的學生比起說新移民語學生在英語、數學、藝術與人文的學習成就明顯較高。而學生在家常說閩南語及客家語則與說新移民語的學生沒有明顯差異。值得一提的是，在家常說新移民語的學生比說原住民語的學生在國語及社會學習成就明顯高。自變項對依變項的解釋力大致在25至33%。在多元共線性檢定，雖然VIF值均小於10，但是其數值不低，主因是語言類型在虛擬重新編碼之後，國語與閩南語仍會重疊（因為都是語言類型），不過自變項沒有嚴重重疊現象。

表3-6 國一學生的國語、英語與數學學習成就之迴歸分析摘要 *n*=2,750

項目	國語	英語	數學	社會	藝文
變項／參數	$b(\beta)$	$b(\beta)$	$b(\beta)$	$b(\beta)$	$b(\beta)$
常數	26.09**	-7.25**	-16.33**	26.21**	53.79**
男生	-4.59(-.16**)	-4.65(-.12**)	-0.29(-.01)	-1.41(-.05**)	-4.49(-.25**)
新移民語（參照）					
國語	2.98(.06)	8.08(.11*)	7.87(.11*)	2.79(.06)	4.42(.14*)
閩南語	1.50(.03)	3.19(.04)	5.06(.07)	-0.38(-.01)	3.60(.10*)
客家語	4.54(.01)	-0.21(.01)	-2.28(-.01)	-1.15(.01)	4.02(.02)
原住民語	-11.82(-.04*)	-9.18(-.02)	-3.30(-.01)	-10.92(-.04*)	-1.21(-.01)
家庭社經地位	1.21(.09**)	3.29(.16**)	2.46(.12**)	1.42(.11**)	0.34(.04*)
自我教育期望	1.95(.25**)	3.52(.32**)	3.49(.32**)	2.33(.33**)	1.11(.23**)
自律學習	6.89(.29**)	8.13(.24**)	8.67(.26**)	5.40(.25**)	3.64(.24**)
adj-R²	.28	.33	.29	.31	.25
*F*值	118.10**	144.52**	121.82**	130.71**	99.37**
VIF	9.0	9.0	9.1	8.5	8.7

* $p < .05$. ** $p < .01$.

在自然、健體（健康與體育）、綜合活動與平均成就經過多元迴歸分析之後如表3-7看出達到顯著水準變項也是SES、自我教育期望及自律學習。可見SES對健體沒有顯著影響之外，國中生的SES對自然與綜合活動，以及自我教育期望及自律學習也是預測自然、健體、綜合活動與平均成就是重要因素。值得說明的是，國一生在自我教育期望的預測力最大，可見國一生的自然、健體、綜合活動與平均成就受到自我期望之影響很大。女生在自然、綜合活動與平均成就明顯高於男生。學生在家庭中常說的語言類型，對於自然、健體、綜合活動與平均成就的預測力差異沒有明顯差異，換句話說，學生在家常說哪一種語文，對於自然、健體、綜合活動與平均成就沒有明顯較好。除了健體的學習成就預測力僅3%之外，其他模式的自變項對依變項的解釋力大致在26至35%，VIF值均小於10。

表3-7　國一生的自然、健體、綜合活動與平均成就之迴歸分析摘要　　$n=2,750$

項目	自然	健體	綜合	平均成績
變項／參數	$b(\beta)$	$b(\beta)$	$b(\beta)$	$b(\beta)$
常數	25.57**	61.41**	64.80**	28.90**
男生	-1.32(-.05**)	-0.68(-.02)	-3.28(-.22**)	-2.78(-.12**)
新移民語（參照）				
國語	0.33(.01)	2.48(.04)	0.33(.01)	3.54(.09)
閩南語	-3.99(-.07)	0.68(.01)	-1.00(-.04)	1.05(.02)
客家語	-1.09(.01)	3.14(.01)	-0.75(.01)	0.88(.01)
原住民語	-10.25(-.03)	-0.21(.01)	1.26(-.01)	-7.99(-.03)
家庭社經地位	1.52(.11**)	0.32(.02)	0.42(.06**)	1.47(.13**)
自我教育期望	2.26(.29**)	1.00(.10**)	1.06(.27**)	2.08(.33**)
自律學習	6.16(.26**)	2.63(.08**)	2.70(.22**)	5.45(.28**)
$adj\text{-}R^2$	.27	.03	.26	.35
F值	111.85**	8.27**	103.36**	158.41**
VIF	8.7	8.5	8.4	8.5

* $p < .05$. ** $p < .01$.

三、國一生在家常說語言對幸福感預測結果

　　學生的幸福感經過多元迴歸分析之後如表3-8，看出僅有自律學習達到顯著水準。可見國中生的自律學習是預測學生正向情緒、生活滿意、自我滿意、心理健康及幸福感的重要因素，其他變項則沒有明顯預測效果。學生在家庭中常說的語言類型，對於正向情緒、生活滿意、自我滿意、心理健康及幸福感沒有明顯預測力。換句話說，家裡常說哪一種語文，對於正向情緒、生活滿意、自我滿意、心理健康及幸福感並沒有明顯較好。模式的自變項對依變項的解釋力大致在5至7%，VIF值均小於10。

表3-8 國一生的幸福感之迴歸分析摘要 *n*=2,750

項目	正向情緒	生活滿意	自我滿意	心理健康	幸福感
變項／參數	$b(\beta)$	$b(\beta)$	$b(\beta)$	$b(\beta)$	$b(\beta)$
常數	2.59**	2.72**	2.27**	2.50**	2.53**
男生	0.03(.02)	0.01(.01)	0.17(.13)	0.09(.08)	0.07(.07)
新移民語（參照）					
國語	-0.04(-.02)	-0.12(-.06)	-0.14(-.06)	-0.11(-.05)	-0.10(-.06)
閩南語	0.00(.01)	-0.06(-.03)	-0.08(-.03)	-0.06(-.03)	-0.05(-.03)
客家語	0.05(.01)	-0.15(-.01)	-0.11(-.01)	-0.20(-.01)	-0.10(-.01)
原住民語	0.06(.01)	-0.08(-.01)	-0.01(.01)	0.11(.01)	0.02(.01)
家庭社經地位	0.01(.02)	0.00(.01)	0.00(.01)	-0.01(-.02)	0.00(.01)
自我教育期望	0.00(-.02)	0.00(-.01)	0.01(.01)	0.00(.01)	-0.01(-.01)
自律學習	0.22(.26**)	0.22(.23**)	0.24(.22**)	0.24(.25**)	0.23(.27**)
adj-R²	.06	.05	.06	.06	.07
*F*值	19.16**	15.20**	18.14**	18.05**	21.28**
VIF	9.1	8.5	8.4	8.3	8.1

** $p < .01$.

四、綜合討論

從上面分析，本章的貢獻及討論如下：

㈠ 透過「國民中學學習狀況之追蹤調查」資料庫來了解國中生在家常用的語言類型對於學習成就表現及幸福感的預測力，這對於107學年度政府將實施新移民語文有其參考價值。本章分析發現，學生在家常用國語比起新移民語的學生在英語、數學、藝術與人文的學習成就明顯較高，而在家常說閩南語及客家語則與常用新移民語的學生沒有明顯差異。而在家常說新移民語的學生比說原住民語的學生，在國語及社會學習成就明顯高。在主要科目的學習領域上，學生在家說國語對於學習成就比較有助益。這與曹逢甫（1995）指出，國語在臺灣的教育體制扮演相當重要角色，被用來讓所有兒童（不管其母語為何）作為識字教育的媒介，以及教

師教學的媒介語，這對於語言學習有影響的論點一致。換言之，本章發現的學生在家常說國語對於國語成就、英語成就有提升效益，也支持Cummins（1979）的「語言相互依賴假說」（language interdependence hypothesis），然而在家常說新移民語無法提升國語學習成就及英語學習成就。

㈡ 學生在家庭常說的語言類型對於自然、健體、綜合活動與平均成就的預測力差異沒有明顯差異，也就是說，不管學生在家常說新移民語、國語、閩南話或客家語在學習成就表現都沒有明顯差異。

㈢ 學生在家庭常說的語言類型對於正向情緒、生活滿意、自我滿意、心理健康與幸福感都沒有明顯不同。

上述三項結果，說明了在家常使用國語對於主要學科的學習成就比較占優勢，至於在家常說國語、閩南語、新移民語與客家語在非主要科目的學習成就沒有明顯不同。這很可能會讓學生及家長認為，還是要加強國語文或英語的學習，對於新移民語的學習無法發揮學習效用的心態。當然，對多數國中生來說，在家中不常使用新移民語是正常現象，很可能僅在新移民之子家（族）中，只和有新移民媽媽才會使用這語言。此外，在家常說語言對學生幸福感沒有明顯差異。

㈣ 本章也發現，學生的自我教育期望與SES對七項學習領域學習成就有提升效果。前者與陳嘉成（2007）、House（2000）的研究發現相近，而後者與林慧敏、黃毅志（2009）、陳順利（2001）、李敦仁、余民寧（2005）的研究發現一致。

㈤ 本章納入了自律學習對於學習成就的影響發現，它對國語、英語、數學、社會、藝術與人文、自然、健體、綜合活動與平均成就有正面助益。這再次證實國中生的SES與自我教育期望都是預測國語、英語、數學、社會、藝術與人文、自然、健體、綜合活動與平均成就的重要因素。這與趙珮晴、余民寧（2012）、Sansone與Thoman（2005）的研究發現一樣。

㈥ 國中生的自律學習對於學生正向情緒、生活滿意、自我滿意、心理健康及幸福感是重要預測因素。而學生在家庭中常說的語言類型對於正向情緒、生活滿意、自我滿意、心理健康及幸福感沒有明顯差異。

㈦ 女生在數學、語文或自然科學等七個學習領域的成就大致上都比男生高。這與張芳全（2006）、張芳全、張秀穗（2016）、張酒雄、張玉茹（1998）的研究發現一樣。

伍 結論與建議

一、結論

㈠ 學生在家常用國語溝通比起新移民語溝通的學生在英語、數學、藝術與人文的學習成就明顯較高，而在家常說閩南語及客家語與說新移民語沒有明顯差異。在家常說新移民語學生比說原住民語學生的國語及社會學習成就明顯高。主要科目學習領域，學生在家說國語對於學習成就比較有幫助。

㈡ 學生在家不管常說新移民語、國語、閩南話或客家語對於自然、健體、綜合活動、平均成就與幸福感的預測力差異沒有明顯差異。

㈢ 學生自律學習、SES與自我教育期望對國語、英語、數學、社會、藝術與人文、自然、健體、綜合活動與平均成就有正面助益，也就是學習領域成就的重要因素。

㈣ 國中生的自律學習對於學生正向情緒、生活滿意、自我滿意、心理健康及幸福感是重要的預測因素。學生在家常說語言類型對正向情緒、生活滿意、自我滿意、心理健康及幸福感沒有明顯差異。

㈤ 國中女生在七個學習領域成就，大致上比男生明顯高。

二、建議

㈠ 加強學生的自律學習與自我教育期望。從日常生活中讓學生習得自我要求及自律的習慣，並了解學生的自我教育期望，引導適切的學習方向。本章發現，學生的自律學習是預測七個學習領域的重要因素，學生、老師及家長應深入了解此一現象，加強學生自己本身的自律學習。

㈡ 學校應注意低社經地位學生的學習表現。本章發現，SES顯著預測

了七個學習領域，代表SES愈高者，學習成就表現愈好，學校及教師應注意弱勢學生或低SES學生學習狀況。

㈢ 老師對於男女生因材施教。教師教學應留意男生學習成就比起女生較低的情形，老師個別差異化教學，適性引導男學生學習。

㈣ 政府對於新移民語文政策的實施應審慎。本章發現，雖然學生在家常用國語與常用新移民語的學生在幸福感沒有明顯差異，然而在家常用國語的學生比常用新移民語的學生在英語、數學、藝術與人文的學習成就明顯較高。這代表了，學生仍以使用國語為主要，且在家常使用國語對於他們的學習成就表現有幫助。雖然這僅是國中生在家中常用語言的一種現象，並無法類推於整體語言學習及語言教育，但是學生在家常使用語言也代表了對於該語言的重視。

政府實施新移民語文教育有助於語言教育多樣性，然而政府更應注意，未來在師資及教材尚未完備，同時本土語、國語及英語的學習時數受到擠壓，學生樣樣學，卻是樣樣不精。換言之，新移民語文學習應以選修為宜，應該讓學生從他國文化的初步理解與認識，再學習他國語言較為可行。同時對於政府所要實施的東南亞七個國家的新移民語文屬於弱勢語言，對許多學生及家長不一定可以接受，是否改以選修方式或先從文化課程學習更為適切。

㈤ 對於未來的研究方面，本章在107課綱尚未實施新移民語文教育政策所進行的分析。在張芳全（2013）建立的資料庫有此題目設計，然而這僅是詢問學生在家裡常使用語言類型，無法完整說明國中小學生真正接受新移民語文教育之後的情形。未來在實施新移民語文政策之後，應針對新移民語文教育實施情形，透過學生學習的七國語言，來對學習表現或幸福感分析，更能了解確實情形。此外，新移民語文教育對於學習成就表現的影響，還可以納入學習者特性，如對於各種語言的學習動機、東南亞國家的認同感、課外學習時間，以及學習資源等因素，這些都是未來很值得探究的問題。

參考文獻

一、中文部分

余民寧（1997）。有意義的學習：概念構圖之研究。臺北市：商鼎。

余民寧（2015）。幸福心理學——從幽谷邁向巔峰之路。新北市：心理。

李敦仁、余民寧（2005）。社經地位、手足數目、家庭教育資源與教育成就結構關係模式之驗證：以TEPS資料庫資料為例。臺灣教育社會學研究，**5**(2)，1-47。

林慧敏、黃毅志（2009）。原漢族群、補習教育與學業成績關聯之研究以臺東地區國中二年級生為例。當代教育研究，**17**(3)，41-81。

曹逢甫（1995）。從社會語言學的觀點談臺灣的語文教育。教改通訊，**11**，38-40。

張芳全（2006）。影響數學成就因素探討：以臺灣在TIMSS 2003年的樣本為例。課程與教學季刊，**9**，139-167。

張芳全（2013）。**新移民族群學生科學與數學學習的教育長期追蹤資料庫之建置：國民中學階段新移民族群學生科學與數學學習的長期追蹤調查**（行政院科技部補助編號：NSC99-2511-S-152-008-MY3）。臺北市：臺北教育大學教育經營與管理學系。

張芳全（2017）。家庭社經地位對英語學習成就之影響——以幸福感為中介。學校行政，**108**，204-221。

張芳全、夏麗鳳（2012）。新移民子女的人際關係與幸福感之研究。彰化師大教育學報，**20**，73-101。

張芳全、張秀穗（2016）。基隆市新移民子女就讀國中之英語學習成就因素探究。教育與多元文化研究，**14**，123-155。

張春興（2008）。教育心理學——三化取向的理論與實踐（重修二版）。臺北市：東華。

張酒雄、張玉茹（1998）。國民中學學生英語學習策略與英語學習成就相關之研究。**教育學刊，14**，115-154。

黃毅志（2008）。如何精確測量職業地位？「改良版臺灣地區新職業聲望與社經地位量表」之建構。**臺東大學教育學報，19**，151-160。

趙珮晴、余民寧（2012）。自律學習策略與自我效能、學習興趣、學業成就的相關研究。**教育研究集刊，58**(3)，1-32。

翁雅芸、余民寧（2016）。國小中高年級學生自律學習與數學學業成就關係之縱貫性分析。**教育與心理研究，39**(4)，87-111。

謝明珊（譯）（2011）。**後殖民的挑戰**。Couze Venn原著。臺北市：韋伯。

二、外文部分

Bandura, A. (1977). *Social learning theory.* Englewood Cliffs, NJ: Prentice Hall.

Brown, H. D. (2007). *Principles of language learning and teaching.* New York, NY: Pearson Education Inc.

Cummins, J. (1979). Linguistic interdependence and educational development of bilingual children. *Review of Educational Research, 49*, 222-251.

Diener, E. (1994). Assessing subjective well-being: Progress and opportunities. *Social Indicators Research, 31*, 103-157.

Ellis, R. (1994). *The study of second language acquisition* (1st ed.). New York, NY: Oxford University press.

Gagné, R. M. (1968). Learning hierarchies. *Educational Psychologist, 6*, 1-9.

Kaiser, H. F. (1974). An index of factorial simplicity. *Psychometrika, 39*(1), 31-36.

Krashen, S. D. (1981). *Second language acquisition and second language learning*. Oxford: Pergamon Press.

Sansone, C., & Thoman, D. B. (2005). Interest as the missing motivator in self-regulation. *European Psychologist, 10*(3), 175-186.

Schumann, J. (1978). The pidginization process: A model for second language acquisition. Rowley, MA: Newbury House.

Zeliha, Y., Binnur, G. I., & Philip, G. (2009). How bilingual is bilingual? Mother-tongue proficiency and learning through a second language. *International Journal of Early Years Education, 8*, 259-268.

Zimmerman, B. J. (1989). A social cognitive view of self-regulated academic learning. *Journal of Educational Psychology, 81*, 329-339.

Zimmerman, B. J. (1998). Developing self-fulfilling cycles of academic regulation: An analysis of exemplary instructional models. In D. H. Schunk & B. J. Zimmerman (Eds.), *Selfregulated learning: From teaching to self-reflective practice* (pp. 1-19). New York, NY: Guilford.

本文取自：張芳全（2017）。新移民語有助於學習表現嗎？**學校行政，109**期。

第四章

新移民親子
共讀與學習表現

壹 緒論

一、分析動機

本章分析新移民親子共讀與學習成就及幸福感之關係。分析動機如下：

㈠ 新移民子女的親子共讀的實證研究相當缺乏

新移民（包括臺灣男性與東南亞國籍、中國大陸或其他外籍女性結婚者，以及臺灣女性與外籍人士結婚定居臺灣）子女人數逐漸增加，新移民親子共讀及其學習情形值得重視。張鑑如、劉惠美（2011）對於國內的親子共讀的18篇研究文獻回顧並沒有看到新移民親子共讀的研究。可見新移民親子共讀研究相當缺乏。新移民子女持續增加，其家長的語言隔閡與文化差異，因而親子互動受到限制，影響子女學習發展，其中之一是較難建立良好的親子共讀。為了提高新移民子女的學習，親子共讀很值得關注。

㈡ 新移民親子共讀情形有待深入分析

本國籍學生的家長參與子女學習不足是普遍現象，新移民子女的家長親子共讀如何呢？劉雅惠（2006）在《天下雜誌》2002年的「全民閱讀大調查」看到父母每週陪小孩閱讀時間平均只有2.6小時，每天父母陪小孩閱讀時間不到三十分鐘，也是影響親子共讀因素。換言之，新移民子女的家長意願不高是影響因素。究竟國中階段的新移民親子共讀情形如何呢？是本章探討重點。

㈢ 新移民親子共讀對子女學習表現及幸福感之預測力值得探究

親子共讀範圍相當廣泛，然而它對子女學習表現的影響，以及對子女幸福感為何呢？孩子從出生開始就開始對多樣刺激的環境感到好奇，生活上與家庭緊密聯結。孩子在成長過程中，父母扮演很重要的引導示範角色。以學生閱讀為例，當孩子接觸外在事物時，是一種新的學習。父母閱讀態度潛移默化的影響子女接近書籍與閱讀的態度，更可能在父母閱讀習

慣中發展孩子的閱讀行為，影響孩子學習、閱讀習慣，甚至影響他們的幸福感。親子共讀提供父母協助孩子閱讀機會，給予學生正向閱讀示範楷模，在孩童早期發展階段就可以奠定良好閱讀基礎。袁美敏（2001）指出，親子共讀是親子以閱讀素材為媒介，經由親子間互動學習過程來達到閱讀目的。然而親子共讀不一定限定在家庭中的閱讀，親子共同到戶外欣賞、參觀與學習也包括在其中，例如，看書展、參觀美術館或欣賞天文設施等，陪同子女參觀學習也是親子共讀的方式之一。然而究竟親子共讀對子女學習表現及幸福感之影響為何呢？

二、分析目的

本章的目的如下：了解新移民子女就讀國中一年級的親子共讀情形，以及親子共讀情形對學習成就及幸福感的預測力。

貳　文獻探討

一、親子共讀的意涵

親子共讀就是家庭的雙親、監護人或長輩陪同子女一起學習的歷程。在學習過程中培養子女的學習態度與閱讀能力。閱讀是學習之鑰，孩子有了這把鑰匙，可以幫助他們進入知識的殿堂，經驗到豐富的文字世界，而孩子閱讀興趣和閱讀習慣的養成是從嬰幼兒期之親子共讀開始（張鑑如，2002）。為了建立親子關係，型塑孩子閱讀習慣，親子共讀可藉由與家庭活動，父母陪伴孩童閱讀書籍故事書，從中享受閱讀的樂趣，獲得快樂與學習滿足，可提升孩童閱讀的專注力與閱讀品味。孩童學習能力有其關鍵期，此時期的學習吸收能力具有良好可塑性。談麗梅（2002）認為，親子共讀是一種家庭閱讀，也是學習型家庭的雛形，在孩子閱讀童書過程中，父母能保留一份童心，透過與孩子的對話、討論、分享彼此的感動與思維。鄭碧招（2004）認為，親子共讀是親子間透過閱讀材料為媒介，經由親子間互動過程，親子形成一個學習共同體，互相學習和影響，進而

養成溝通分享的習慣，而能彼此了解、緊密結合的一種活動方式。王元仲（2008）認為，親子共讀是陪同小孩一起閱讀，閱讀是一種興趣，家長不應將它視為學習負擔，而是藉由共同討論與親身示範，來培養兒童閱讀、主動學習的習慣。

親子共讀強調父母和子女共同閱讀與共同分享及共同成長。兒童是天生說故事者，因此說故事者不一定是父母，孩子同樣可以從聽故事轉換成主動說故事者；有時爸爸講故事、有時媽媽講故事、有時孩子講故事、有時孩子自己看、全家一起聽故事、錄故事、編故事、分享故事，甚至同住的祖父母也可以參與親子共讀，讓家中每一分子都有傾聽、述說、溝通、討論、分享與學習的機會，讓親子共讀自然地融入日常生活，成為遊戲般愉快的事，這才是親子共讀的真正意義（吳幸玲，2004）。

本章認為，親子共讀是一種親子互動方式，廣義的共讀不僅藉由閱讀共同的書籍材料，父母從說故事到與孩子討論故事的寓意啟示，由父母主導到孩子主動分享故事，增進孩子閱讀詞彙量，而且也可以透過親子的戶外學習活動，如逛書店、欣賞藝文活動及相關的科學展覽，增加親子共讀機會，進而與孩子建立緊密融洽的親子關係，作為未來人際互動的基礎。

二、新移民親子共讀的重要

閱讀是學習的關鍵，新移民親子共學對學習的重要性與日俱增。尤其新移民女性在華語文相對弱勢，更需要透過更多的華語學習，了解華語文，可以與子女良好互動，因此新移民的親子共讀就是親子教育的重要一環。學童閱讀可以培養實際能力，也是學童學習基礎，有閱讀能力者，才有自己的學習能力（柯華葳，2006）。邁入資訊時代，資訊與知識取得更便利，閱讀能力是學習型社會的指標之一，也是現代公民不可或缺的素養。孩子擁有閱讀能力，可以幫助他們進入知識殿堂，經驗豐富的文字世界（張鑑如，2002）。研究顯示，幼兒早期閱讀經驗可以提升孩子日後的語文能力（Snow & Ninio, 1986）。學生閱讀學習過程中，親子共讀形成學生閱讀基礎，家長不只扮演陪伴角色，也是引導與激發子女閱讀的興趣與能力的關鍵人物。若與子女共讀可以使子女從小進入書香氛圍，發展閱

讀習慣，從閱讀中不斷探索新知與自我學習。

　　教育部（2001）自90至92年度推動3年期的《全國兒童閱讀計畫》，2012年又推動《「悅讀101」國民中小學提升閱讀計畫》強調親子共讀的重要，親子共讀的焦點不在教會孩子「如何閱讀？」，而是教會孩子「想要閱讀！」。也就是，讓孩子有了閱讀慾望與動機，孩子會主動去接近圖書與找出來閱讀，如此不但可以讓閱讀能力精進，而且可以培養一個終生喜歡閱讀的個體（李坤山、郭恩惠，2001）。親子共讀影響子女的閱讀能力、技巧、表達能力、學習信心、認知發展及親子親密關係（林筱晴，2005；林燕宗，2004）。王雅慧（2009）指出，親子共讀有增進親子親密關係、培養孩子閱讀習慣、豐富聽覺字彙及理解能力、及早建立對書及閱讀的認識、提升想像力、提升孩子的勇氣和信心。

　　因此，新移民親子共讀的重要性有幾項：㈠改善與子女不良的互動情形，增加親子關係；㈡了解子女的學習問題，包括課業、閱讀或休閒的課外讀物的學習問題；㈢提高子女的自主學習，讓子女有較高的學習表現；㈣透過共讀來了解子女的學習問題，擬定閱讀計畫，建立子女的閱讀習慣，融入到生活中，培養出學習樂趣；㈤透過親子共讀來建立良好的親子關係與家庭氣氛，增加家庭向心力與和諧；㈥透過親子共讀，讓家庭和樂，提高良好的家庭學習風氣以及增加子女的幸福感受；㈦透過親子共讀可以提高學生在閱讀的學習表現。

　　總之，家庭、教師與學生因素都可能影響新移民親子共讀。親子共讀是親子互動的學習方式，藉由閱讀共同書籍材料（包括繪本、書籍、有聲書），以及戶外的一起體驗學習經驗，來改善親子關係。父母從說故事到與孩子討論故事的寓意啟示，由父母主導到孩子主動分享故事，增進孩子閱讀詞彙量，培養兒童閱讀、主動學習的習慣，另一方面也可以從戶外的學習，來與孩子建立緊密融洽的親子關係，作為未來人際互動基礎。

三、新移民的親子共讀理論

　　詮釋親子共讀有不同理論觀點，以下就鷹架理論、社會學習論與早期閱讀發展理論來說明親子共讀內涵：

㈠鷹架理論

在認知發展理論中，Vygotsky（1978）提出可能發展區（zone of proximal development, ZPD）的概念，或稱為近側發展區，認為兒童兼具既有能力與潛在能力。既有能力是指兒童所具備能夠解決問題的能力，潛在能力則需藉由成人或有能力的同儕協助下，所誘發出來的能力。認知發展分為實際的發展水平（real level of development）及潛在的發展水平（potential level of development），後者介於兒童自己實力水平與經他人協助後達到的水平，在兩水平間的一段差距即為可能發展區。以教育觀點來看，以可能發展區說明兒童的可塑性與可教育性。

兒童在受到成人或有能力同儕協助情形稱為鷹架作用（scaffolding）。Wood、Bruner與Ross（1976）曾提出與Vygotsky之理論相呼應的「鷹架支持」隱喻。兒童就像正在搭建的建築物，社會文化環境是兒童在搭建過程中，最需要鷹架。因為社會文化環境支持，兒童發展能繼續建構出新的能力，不斷提升自己原有的能力水平，協助兒童發展具有促進的作用。然而一旦孩子發展到一定時候，鷹架應予拆除，否則可能反而限制兒童的發展。

在兒童發展閱讀與學習能力時，家長扮演很重要的角色，因為兒童實際擁有的認知水平必須憑藉著家長的協助，搭起輔助閱讀與學習的鷹架，讓兒童能依循鷹架的支持不斷的發展，在其可能發展區中達到最高的潛在水平，開發孩子的潛能，透過親子共讀能提升子女的發展水平。父母可運用既有的能力加以引導，使兒童在聆聽或閱讀書籍的同時，可以學習家長的閱讀方式，在閱讀次數的累積下，不但養成兒童閱讀的習慣，進而提升閱讀能力。新移民子女發展需要父母關注，父母的文化與認知能力影響兒童學習。家長若能了解兒童的實際發展水準，考量其可能發展水平，協助並帶動兒童認知發展，才能產生最佳的引導效果。

從鷹架理論來看，學童的在家學習需要有雙親的支持，也就是爸媽作為鷹架，給予子女鼓勵，並在子女學習困難時給予指引與糾正，所以親子共讀對子女的生活及學習有其重要的影響力。林燕宗（2004）的研究顯示，參與親子共讀團體的新移民幼兒表達能力、學習信心、認知發展及親

子親密關係都獲得明顯改善。父母若對兒童閱讀指導能增進兒童閱讀能力與技巧。實務上，父母說故事給孩子聽的次數愈多，愈能與孩子接近，了解子女的想法及學習或閱讀的困難所在，所以共讀次數與孩子閱讀成就有關。然而新移民對華語文不熟識，對兒童閱讀協助有所障礙。此外新移民家庭社經地位傾向較低，家庭閱讀資源顯得匱乏，父母對兒童閱讀的鷹架作用較為薄弱，使得孩子無法提升閱讀水平。新移民若能親子共讀，可貼近子女閱讀發展歷程及其困境，改善閱讀能力。

　　總之，在親子的閱讀互動中，希冀從父母與家人的輔助以及協助，搭起學生閱讀的鷹架，為孩子建立良好的閱讀習慣與態度。

㈡社會學習理論

　　親子共讀與社會學習論有關。社會學習論（social learning theory）以Bandura為代表人物，認為人類的學習是個人與社會環境持續交互作用的歷程。社會學習論認為，影響學習因素由個人、行為與環境所造成，又稱三元學習論。個人、行為與環境的交互作用產生複雜的相互影響。人類從出生開始，就和生活中的環境有著緊密聯結，透過觀察與模仿學習新經驗，發展自我的認知與融入社會文化。而環境刺激包含重要他人與接觸事物對兒童學習及發展帶來重大影響。

　　Bandura（1977）的社會學習理論，認為學習者以旁觀者身分，經由觀察、模仿他人的行為表現而改變個體行為。觀察學習不限於個體經由觀察別人行為表現方式，而學到別人的行為。在某些情境之下，只憑見到別人直接經驗的後果，亦可在間接學到某種行為，透過注意、保留、行動與動機歷程完成觀察學習；模仿是個體在觀察學習時，對社會情境中某個人或團體行為學習的歷程。模仿對象稱為楷模（model）（張春興，1994）。社會學習理論強調觀察、自我調節、榜樣的重要性。兒童喜歡模仿他心目中最重要的人與同性別者，家庭的父母是影響兒童生活最大的人，對於父母的態度與行為表現，兒童會藉由觀察而模仿習得，因此應重視父母以身作則的概念。子女透過與雙親到戶外學習活動，參觀與欣賞藝文作品及天文設施，也是一種自然的觀察與體會。雖然學童的觀察不一定

立竿見影，但是潛移默化的長期觀察，還是具有社會學習的效果。

　　兒童的閱讀能透過自己閱讀經驗累積閱讀能力，也可能經由觀察父母的閱讀態度及閱讀行為，產生潛移默化的影響，在觀察父母閱讀後進行模仿，對閱讀態度、認知與行為造成改變。換句話說，子女有樣學樣，看到雙親閱讀，或感受到雙親對他們的引導會感到溫馨，並可能透過他們的觀察，把陪讀的雙親視為榜樣，慢慢地將陪讀榜樣所做的行為內化在孩童心中，這就是社會學習理論觀點。簡言之，父母閱讀行為愈積極，閱讀態度愈正向，愈能激發兒童對閱讀的喜愛。父母若是能夠與孩子一起閱讀，兒童不但能夠直接向父母學習閱讀技巧，而且親子共讀時兒童更可以藉由觀察父母一同閱讀的行為，效仿父母強化自己持續閱讀的動機，逐漸養成兒童閱讀的習慣。美國國家研究委員會所編著《踏出閱讀的第一步》（*Starting Out Right: A Guide to Promoting Children's Reading Success*）（柯華葳、游婷雅譯，2001）指出，親子共讀未必是建立正式閱讀教學，也非嚴格要求閱讀進展，親子共讀提供愉悅閱讀環境，父母藉著這日常生活機會和孩子學習，分享故事書或欣賞繪本，孩子在耳濡目染下，增進學習的興趣，產生對學習的正向態度。

　　在新移民子女家庭，父母是引導兒童學習的關鍵。然而新移民家庭社經地位傾向較低，父母必須花多數時間維持家計，而且父母本身未能養成閱讀習慣，新移民子女在閱讀較無正向觀察學習對象，恐有語文或其他發展遲緩現象。透過親子共讀可以有效提升家庭閱讀，更能夠帶動孩子閱讀成長。

㈢ **早期閱讀發展理論**

　　舊經驗會影響新的學習是心理學的重要觀點之一。兒童在早期的讀寫經驗、學習和發展的讀寫過程，甚至良好親子互動都會影響後來的學習。兒童閱讀能力奠基於早期生活中的閱讀經驗，也就是兒童早期閱讀經驗對未來閱讀發展的重要性，它必須從基本能力中發展其閱讀能力。換句話說，如果兒童愈早接觸閱讀的相關材料及經驗，對於日後的閱讀有重要的影響。相關研究（林佩蓉，1992，蔡雯萍，2010；Teale & Sulzby, 1986）

指出，兒童閱讀包含幾個特性：1.閱讀有其基本條件，兒童必須有健全的眼耳發展與閱讀動機。2.讀寫有一定的次序性，先學會閱讀再練習書寫。3.閱讀學習由簡單而複雜，由部分到整體，有其次序性。4.不斷提供孩子反覆練習機會，藉以熟悉學習材料。早期閱讀發展不在於提供過量或不適切的學習壓力，揠苗助長學童的閱讀，而是透過自然的閱讀方式，在沒有壓力及自在的方式下閱讀。在兒童閱讀時，父母必須關注孩子閱讀的基本態度，依循著認知發展順序，循序漸近引導孩子閱讀，使孩子從閱讀中啟發閱讀學習樂趣，擁有基本的閱讀知能，使兒童的閱讀行為發芽。

　　就兒童閱讀概念來說，蔡雯萍（2010）說明兒童在生活中即開始學習閱讀，這是自然發展過程，隨著兒童年齡不斷增長，所見所聞的事物逐漸增加，而生活中環境的刺激，導引兒童閱讀歷程發展。兒童就像一張白紙，他們的學習閱讀是一種社會學習的歷程，兒童的讀寫發展受環境和社會影響，是一種複雜的「社會心理語言活動」，是兒童對所經驗的文字和社會環境之反應（李連珠，1995）。兒童是學習閱讀的主動者與建構者，在閱讀過程中，不在於他們學習量有多少，以及犯錯的程度，而是透過親子共讀帶來父母與兒童雙方的閱讀成長，並強調提升孩子閱讀素養觀點，應尊重兒童的思維與想像，給予寬闊的包容、關懷、尊重與學習，這才是有助於兒童建構自我閱讀內涵。在兒童閱讀和書寫相互關聯發展，兒童閱讀可引導其運用繪圖或書寫方式表達自我的想法，在投入與產出雙向激盪下，兒童閱讀與書寫能力相互提升。

　　就早期閱讀理論來說，強調親子共讀愈早做愈好。雙親在孩童時就建立良好的閱讀及學習環境，讓子女在可以學習年齡之後，慢慢地引導他們閱讀與一起戶外學習。從看看不同的童話書籍，增加視野，給他們未來學習成長過程有良好的學習經驗基礎。在新移民親子共讀上，父母是兒童早期閱讀能力發展的重要力量，透過親子閱讀互動，有助於兒童累積生活閱讀經驗，有別於零散的生活圖文刺激，在親子共讀時間，不僅能夠增進親子互動的關係。更重要的是，共讀過程中，父母提供給兒童有系統與啟發性的文本，慢慢引導子女思考及問題解決能力。在經常接觸這些有意義書籍之後，更能發展出有利於兒童閱讀發展因素。兒童培養早期閱讀能力對

身處的社會文化做反映。兒童對所接觸文化較為熟悉，所使用的言詞與閱讀的理解較為偏好的內容，說明兒童在幼年時接觸的文化環境，使其閱讀學習產生變化，不同的環境影響兒童日後的閱讀發展狀況。

總之，在發展閱讀能力之初，父母必須重視孩子從小的生活與學習環境，理解孩子的閱讀發展歷程，透過親子共讀給予閱讀學習多樣刺激，促使學生從生活中不斷轉化其閱讀內涵，奠定閱讀發展基礎。親子共讀可以透過戶外的體驗及學習，搭起親子間的深厚橋梁，藉由父母陪伴孩童閱讀圖書故事過程及戶外一起參與學習活動，不僅培養孩童主動閱讀的好習慣，也刺激孩童語文表達能力，促進親子間心靈溝通溫暖互動的建立。

四、新移民親子共讀的問題與研究

教師提供家長親子共讀輔導，會影響家長對於子女陪讀及共讀的態度。家庭社經地位、閱讀資源、語言差異、親子互動時間、家長閱讀能力影響親子共讀（張芳全等人，2007）。親師溝通與學校對家長的輔導也是影響親子共讀的可能因素。新移民子女自我閱讀動機與態度影響親子共讀，若子女學習動機弱，沒有意願學習，家長努力陪讀也無法提高學習成效。《天下雜誌》2002年「全民閱讀大調查」顯示，目前家庭遇到困難包括：多數父母抽不出時間陪讀、不知如何選擇書籍，沒有教導閱讀的技巧、孩子沒有興趣、書籍資源與經費不足等，無法發揮親子共讀。劉雅惠（2007）指出，親子共讀問題包括：㈠在環境問題方面，住家附近的圖書館未設置兒童圖書室，無法提供孩童所需要的閱讀書籍。㈡在時間問題方面，父母多為雙薪家庭，白天工作已很勞心勞力，下班回家就覺得自己身心俱疲，無法抽空陪孩子閱讀。㈢在閱讀技巧方面，孩子對共讀圖畫書興趣缺缺，不知道適合親子共讀的圖畫書。㈣在資源方面，家中幼兒圖畫書太少，無法提供多樣化的閱讀素材。㈤家庭社經地位的關係，沒有多餘經費花在購買圖書，尤其是新移民家庭。新移民親子共讀問題有類似上述，但成因不少。張芳全等（2009）指出，阻礙新移民家庭親子共讀的因素如下：㈠個人方面，新移民女性礙於時間不足，中文與母語能力消長的兩難問題，中文語言能力不足與欠缺親子共讀的先備知識與技巧；

㈡家庭方面，經濟弱勢、婚姻和諧與家人支持態度；㈢學校社會方面，新移民子女的父母可能受限於文化隔閡，社交範圍限縮，且學校的親師溝通不良等造成新移民子女在閱讀發展困難。基於上述，新移民親子共讀問題歸納如下：

㈠ 新移民子女的家庭社經地位傾向較低

　　陳湘淇（2004）以國小一年級新移民子女在智力、語文能力及學業成就表現發現，新移民子女身心發展不佳之觀感與社經地位明顯偏低，造成文化刺激不足有關。鐘重發（2003）指出，家庭收入是影響子女發展最普遍因素，家庭沒有足夠經濟資源提供子女購買閱讀的相關書籍及資源，使得子女的發展受影響，讓經濟因素壓縮親子互動時間。王光宗（2003）指出，家庭經濟使得新移民都還得外出工作貼補家用，反而占用與孩子相處時間。邱方晞（2003）指出，新移民之原生家庭大都為貧窮狀態，期望以婚姻換取生活條件，為了改善家庭生活，新移民女性參與有薪資工作，拚命辛苦工作影響了家庭子女的照顧。王光宗更指出，新移民心理的文化隔閡，產生孤立感與疏離感，初為人母，加上欠缺語文能力，若無先生與家人共同來照顧孩子，常使得新移民女性面臨子女教育問題，處於孤立無援。

㈡ 新移民子女在低年級的學習及語言文字限制

　　新移民子女的家長對於華語文的了解有限，無法給予孩子閱讀的輔助是最直接影響親子共讀的因素。張芳全等（2007）指出，新移民家庭具有教育程度低、經濟能力偏低、文化不利特性。新移民的生活適應較差、人際關係與社會支持系統缺乏，影響新移民家庭親子共讀（國立臺中教育大學教育學系暨課程與教學研究所，2007）。張曉棋（2011）歸納指出，新移民親子共讀問題包含共讀技巧、中文語文能力限制、表達辭彙有限，不容易將故事內容做更多敘述給孩子聽、無法在親子共讀過程使用適當引導方式與孩子互動等皆會影響親子共讀。黃詩杏（2005）提到新移民親子共讀困境指出，新移民指導子女多半是閱讀本國文字的圖書及對孩童說故事顯得有困難。李珮琪（2004）研究發現，親子共讀圖畫書過程以母親為主

的伴讀約70%，父親為主要伴讀者約26%，新移民母親高度伴讀，但在表達又可能會有困難，造成親子共讀困境之一。

　　新移民親子共讀主要困境源自語言隔閡。鍾鳳嬌與王國川（2004）調查發現，東南亞籍配偶子女可能受母親國籍影響，語言發展遲緩比例隨著年級升高而降低，可見教育有助新移民子女語言學習與發展；新移民子女語言發展除了與年齡有關之外，也與外籍母親語言溝通能力有關。王瑞壎（2004）研究發現，新移民幼兒子女適應與學習的共通問題來自語言學習，並且語文的問題還會影響口語表達能力、閱讀習慣及教師與孩子間的溝通教導。這說明了新移民原生國與我國的文字差異阻礙了親子共讀。陳秋月（2007）研究發現，新移民對於臺灣注音符號不熟悉、中文繁體字較複雜不容易讀寫、孩子參與共讀專注力不易持久也是共讀困難的原因。就現況來說，有些新移民學歷不低，也了解親子共讀重要性，但礙於中文識字問題，也顯得心有餘而力不足。

(三) 新移民子女的雙親忙於家計，陪讀時間不足

　　新移民子女的家長，多半忙碌，上班帶來疲憊感，下班回家幾乎抽不出時間與孩子共讀與戶外活動。劉漢玲（2004）指出，親子共讀圖畫書頻率影響幼兒閱讀習慣的重要因素。洪玉來（2007）對於新移民家庭進行親子共讀輔導調查發現，家長會因時間與地點影響參與親子共讀成長輔導的意願，其中家長態度影響親子共讀的關鍵。尤其親子共讀的重要特色在於陪伴與互動，不一定是在於閱讀技巧，家長以沒有時間、不會閱讀就打消了與孩子共讀時間。因此提高家長參與親子共讀有待努力。

(四) 新移民及其子女的學習技巧不良與態度不佳

　　新移民及其子女學習不良的原因很多。張家齊（2006）提及外籍配偶參與親子共讀的困境，除了語言能力的限制與干擾，外籍配偶缺乏親子共讀技巧也是影響因素之一。蘭美杏（2005）研究指出，親子共讀圖書選擇多半以家庭為主，而新移民母親缺乏親子共讀的技巧與孩子討論能力，使親子共讀發揮成效有限。陳秋月（2007）研究發現，新移民親子共讀的問題在於共讀技巧、時間、能力，以及家長親子共讀的圖書選擇。當然新移

民子女的態度消極也是影響因素。新移民子女的態度消極會影響親子共讀。林筱晴（2005）以臺中市五年級新移民學生為研究對象發現，新移民子女的閱讀態度不積極，且缺乏家人給予鼓勵支持。尤其在家人沒有支持之下，更容易荒廢。

　　總之，新移民在語言與文字的障礙的確對子女的學習產生影響，而家庭收入與家庭社經地位是造成家庭閱讀相關資源不足的重要因素之一。由於家庭經濟狀況進一步影響親子共處的互動時間縮減，而家庭缺乏文化刺激與閱讀氣氛環境對孩子產生潛移默化之影響，重視外籍配偶的共讀引導技巧與心理感受也是因素之一。此外，在共讀陪伴者方面，大多數新移民家庭，子女的父親多因忙於工作，無法抽出時間與孩子共讀。因此，新移民家庭子女在親子共讀可能遭遇困境包括家庭環境、共讀陪伴者、時間問題、共讀技巧、子女的態度及家長態度等。

參　研究設計與實施

一、分析架構

　　本章在了解新移民親子共讀對學習成就及幸福感的預測力，架構如圖4-1。

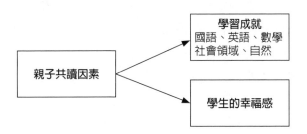

圖4-1　分析架構

二、變項的測量

本章各變項測量如表4-1。投入變項包括親子共讀、學習領域成就與幸福感。

表4-1　各測量變項的測量

變項	意義	記分
親子共讀	它是指新移民的家長一起參與子女學習情形。本章包括了戶外共學及戶內共讀，各有4題及6題，分數愈高，代表共讀情形愈高。	戶內共讀題目選項為從不如此、偶爾如此、經常如此、總是如此。戶外共讀則以沒有、一個月1次、一個月2次、一個月3次以上，上述分別以1-4計分。
學習成就	它包括學生在國語、英語、數學、自然的學習表現。分數愈高代表學習表現愈好。	這些學習領域的分數愈高，代表成就愈好。
幸福感	它詢問學生感受到幸福程度，它區分正向情緒、生活滿意、自我滿意與心理健康，每個向度由七個題目組成，分數愈高代表幸福感愈高。	以非常不同意、不同意、同意、非常同意，分別以1-4分為計分。

三、研究工具

本章運用張芳全（2013）建置的「國民中學學習狀況之追蹤調查」資料庫第一波資料係對基隆市15所公立國中普查，2010年七年級生共4,260名，均具有要分析變項完整資料者2,750名，有效樣本率為64.5%。以基隆市國一生為研究對象，本章在取得資料庫後，先剔除不完整資料，成為有效樣本。新移民子女共208名，其中其母親來自中國大陸、越南、印尼、泰國、菲律賓、馬來西亞及緬甸各有137人、33人、10人、8人、8人、5人、7人。

在研究工具效度採因素分析主成分分析萃取，以最大變異法進行直交轉軸，以特徵值大於1.0參考標準，親子共讀9題，其Kaiser-Meyer-Olkin（KMO）取樣適切量數為.79，代表這些題項適合進行因素分析。透過因素分析抽取兩個因素，從題目內容來看，第一組題目與戶內共讀有關，所以命名為戶內共讀，而第二組題目與戶外有關，所以命名為戶外共讀，整

體解釋量為53.76%，如表4-2。信度採用Cronbach's α係數，戶內及戶外共讀之分量表α係數各為.74與.76。幸福感問卷之信效度見第三章說明。各學習成就以基隆市國中老師對學生期末分數，分析時將各校及班級進行標準化Z分數轉換，再換算為T分數。

表4-2　親子共讀的因素分析

	題目	共同性	戶內共讀	戶外共讀
X_1	逛圖書館、書店，看書展	.45	.39	.54
X_2	聽音樂會、觀賞表演	.77	.05	.88
X_3	參觀美術展、文藝展覽	.78	.07	.88
X_4	參觀博物館、天文館、科學展覽	.73	.07	.85
X_5	我會和家人談論學校發生的事	.40	.62	.11
X_6	家人會陪我唸書或指導功課	.52	.71	.12
X_7	家人會看我的考卷，了解學習情況	.32	.57	.00
X_8	家人會看我的家庭聯絡簿	.27	.52	-.01
X_9	家人會陪我閱讀課外讀物	.59	.74	.21
X_{10}	家人會鼓勵與指導我閱讀課外讀物	.55	.73	.15
	特徵值		2.73	2.65
	解釋量（%）		27.24	26.53
	信度係數		.74	.76

四、資料處理

　　資料處理以SPSS V21.0 for Windows分析，包括描述統計及迴歸分析。前者對新移民親子共讀情形統計，後者則是把新移民親子共讀對學習成就及幸福感分析，其標準化迴歸方程式如下：

$$Y = \beta_1(X_1) + \beta_2(X_2) + \beta_3(X_3) + \beta_4(X_4) + \cdots + \beta_{10}(X_{10})$$

　　式中Y分別代表國一生的國語、英語、數學、自然、社會領域成就及

幸福感，自變項如表4-2，例如X_1為新移民子女的雙親帶子女逛圖書館、書店，看書展，依此類推。多元迴歸分析掌握多元共線性，以變異數波動因素（VIF）為標準。

肆 結果與討論

一、新移民子女親子共讀表現情形

經過描述統計如表4-3看出，新移民與子女一起：1.逛圖書館、書店、看書展；2.聽音樂會、觀賞表演；3.參觀美術展、文藝展覽；4.參觀博物館、天文館、科學展覽。在題目選項選「沒有的」各有72.95%、86.41%、91.30%、88.89%，可見新移民親子的戶外共學時間與次數相當少。

表4-3　新移民親子戶外共讀情形

題目	X_1		X_2		X_3		X_4	
選項	次數	%	次數	%	次數	%	次數	%
沒有	151	72.95	178	86.41	189	91.30	184	88.89
一月一次	21	10.14	20	9.71	12	5.80	13	6.28
一月兩次	18	8.70	3	1.46	3	1.45	5	2.42
一月三次	17	8.21	5	2.43	3	1.45	5	2.42
總計	207	100	206	100	207	100	207	100

表4-4看出新移民親子戶內共讀題目：我會和家長談論學校發生的事，從不如此及偶爾如此的比率有65.8%。家長會陪我唸書或指導功課有高達48.08%，近一半的人數反應從不如此。家長會看我的考卷，了解學習情況，從不如此及偶爾如此的比率有54.81%。家長會看我的家庭聯絡簿則比較高，總是如此的有66.83%；家長會陪我閱讀課外讀物在從不如此有高達64.42%，可見新移民子女共讀時間很少。而家長會鼓勵與指導我閱讀課外讀物，在從不如此及偶爾如此的比率有65.86%。

表4-4　新移民親子戶內共讀情形

題目	X_5		X_6		X_7		X_8		X_9		X_{10}	
選項	次數	%	次數	%	次數	%	次數	%	次數	%	次數	%
從不	26	12.50	100	48.08	37	17.79	9	4.33	134	64.42	68	32.69
偶爾	111	53.37	82	39.42	77	37.02	30	14.42	58	27.88	69	33.17
經常	37	17.79	14	6.73	52	25.00	30	14.42	3	1.44	33	15.87
總是	34	16.35	12	5.77	42	20.19	139	66.83	13	6.25	38	18.27
總計	208	100	208	100	208	100	208	100	208	100	208	100

二、新移民親子共讀對學習成就及幸福感預測結果

多元迴歸分析如表4-5發現，就讀國一的新移民子女在國語、英語、數學、社會、自然學習成就預測因素中，達到統計顯著水準變項大致為我會和家長談論學校發生的事（X_5）、家長會陪我唸書或指導功課（X_6）、家長會陪我閱讀課外讀物（X_9）。在這三項親子共讀，尤其是戶內共讀對國中生國語、英語、數學、社會、自然學習成就為重要因素。值得說明的是，家長會陪我閱讀課外讀物對學習成就都是負向顯著，若從描述統計來看，新移民家庭對於親子共讀過少，所以對於學習成就形成一種放任，因而有負面影響。而新移民子女和家長談論學校發生的事（X_5）對於幸福感有正向顯著影響。自變項對依變項解釋力大致在1至11%，VIF值均小於10。

三、綜合討論

本章分析新移民親子共讀情形及對學習表現預測力，這是先前少有實證研究者。在新移民親子共讀區分為戶外及戶內，並以這兩者對學習成就與幸福感分析是現有研究的欠缺。從分析中發現，新移民親子戶外共讀狀況相當不理想，在逛圖書館、書店與看書展、聽音樂會、觀賞表演、參觀美術展、文藝展覽、參觀博物館、天文館與科學展覽的選項選沒有者在73%以上，可見新移民親子的戶外共學次數相當少。這是很值得重視的問題。

表4-5　新移民親子共讀對學習成就及幸福感之迴歸分析摘要　*n*=208

項目	國語	英語	數學	社會	自然	幸福感
變項	$b(\beta)$	$b(\beta)$	$b(\beta)$	$b(\beta)$	$b(\beta)$	$b(\beta)$
常數	69.29**	59.57**	61.94**	69.65**	68.99**	2.71**
X_1	0.54(.03)	1.35(.06)	1.53(.07)	0.81(.06)	0.09(.01)	-0.00(-.01)
X_2	-0.49(-.02)	-4.19(-.11)	-2.12(-.06)	-2.23(-.09)	-2.83(-.12)	0.02(.02)
X_3	-2.17(-.07)	-0.66(-.01)	0.06(.01)	-0.78(-.03)	0.73(.03)	0.04(.04)
X_4	-0.23(-.01)	-0.20(-.01)	-3.55(-.10)	-1.03(-.04)	-1.71(-.07)	0.00(.00)
X_5	3.89(.23**)	3.45(.14+)	4.01(.18*)	4.02(.26**)	4.79(.32**)	0.10(.21*)
X_6	2.66(.15+)	3.98(.15+)	4.27(.17*)	3.01(.18*)	2.81(.17*)	0.01(.02)
X_7	0.57(.04)	0.73(.03)	1.36(.07)	0.95(.07)	0.28(.02)	-0.04(-.09)
X_8	-0.56(-.03)	1.67(.07)	-0.59(-.03)	0.23(.01)	0.24(.02)	0.03(.06)
X_9	-4.48(-.24**)	-7.62(-.28**)	-5.91(-.23**)	-4.98(-.29**)	-3.83(-.23*)	0.03(.05)
X_{10}	0.63(.05)	2.13(.11)	0.22(.01)	0.43(.03)	-0.20(-.02)	-0.02(-.05)
adj-R²	.04	.05	.04	.10	.11	.01
*F*值	1.91*	2.00*	1.92*	3.21**	3.54**	1.93*
VIF	2.4	2.5	2.4	2.1	2.2	2.2

$+ p < .10.* p < .05. ** p < .01.$

　　在新移民親子戶內共讀中，新移民子女有近66%學生不太會和家人談論學校發生的事；新移民子女的家人會陪伴唸書或指導功課，有近一半人數反應從不如此。新移民子女的家人會看子女的考卷，了解學習情況，也有半數以上從不如此及偶爾如此。讓人不可思議的是，新移民子女的家長不會陪子女閱讀課外讀物高達64.42%；而家長沒有或少有鼓勵與指導我閱讀課外讀物比率也有65.86%。可見新移民子女共讀時間很少。這是一個令人警惕的問題。不過，新移民子女的家長會看子女家庭聯絡簿比較高。

　　本章分析發現，新移民子女會和家長談論學校發生的事、新移民家長會陪子女唸書與指導功課對於他們的國語、英語、數學、社會與自然學習成就是重要預測因素。可見新移民戶內親子共讀對國中生國語、英語、數學、社會、自然學習成就有明顯提升效果。這支持了Vygotsky（1978）的

可能發展區（ZPD）理論。然而新移民家長會陪子女閱讀課外讀物對學習成就都是負向顯著，有可能是新移民家庭在這方面親子戶內共讀時間及次數太少，讓子女學習放任，家長更沒時間陪讀，致使為負面影響。不過，新移民子女和家長談論學校發生的事對幸福感有正向顯著影響，更可以說明親子戶內共讀對子女幸福感受有正面效益。這說明了，子女回家會主動與家長分享學校的事，更可以抒發他們的心情，帶來了快樂及幸福的感受。

伍　結論與建議

一、結論

　　㈠ 新移民親子戶外共讀狀況相當不理想。在親子戶外逛圖書館、書店與看書展、聽音樂會、觀賞表演、參觀美術展、文藝展覽、參觀博物館、天文館與科學展覽高度的缺乏，可見新移民親子戶外共學相當少。

　　㈡ 新移民親子戶內共讀狀況不佳。有一半以上新移民子女不太會和家長談論學校發生的事、家長不會陪子女唸書或指導功課、了解子女學習情況；家人不會陪子女閱讀課外讀物高達64%。不過，新移民子女家長看家庭聯絡簿比較高。

　　㈢ 新移民戶內親子共讀對學習表現很重要。本章發現，子女會和家長談論學校發生的事、家人陪伴唸書與指導功課對學習成就是重要因素。至於陪子女閱讀課外讀物對學習成就為負向顯著。

　　㈣ 新移民親子戶內共讀對幸福感有提升效果。本章發現，學生常和家長談論學校發生的事對幸福感有正面效益。

二、建議──新移民親子共讀的策略

㈠ 在家庭方面

　　家庭建立良好親子共讀的閱讀習慣及提出可行的共讀學習方式、內容及計畫是家長重要的課題。從第一、二項結論可以看出，新移民家長與

子女共讀很少。雖然家長每天忙碌，但若可以有時間與子女陪讀與分享或共讀的習慣最好。新移民子女的家長忙於生計，在建立良好親子共讀習慣的困難度增加。親子共讀需要長期時間投入與養成，重要的需要家長有時間及意願，才可以有良好的分享陪讀與共讀習慣。當然平時看子女的聯絡本、了解回家作業的完成情形、說故事、聽有聲書籍、廣播或是分享一天在校的學習狀況等，透過短時間親子互動都是很好方式。同時家長不宜擔心共讀會帶給子女壓力與負擔，相對的，以很自然把共讀成為家庭閱讀的習慣及生活方式。子女從雙親的共讀、共學互動中找到閱讀與戶外學習的樂趣及方向。新移民女性平時參與小孩在校的學習活動，或到校參加親職教育，觀摩他人的親子共讀經驗，甚至平時可以到戶外參觀藝文活動、到圖書館及科學館都可能影響親子共讀經驗。

㈡ 在學校方面

學校教師平時應留意新移民共讀對於學習表現的影響，了解他們和家長共讀情形。第三及第四項結論證實新移民親子共學對學習成就表現與幸福感有提升效果。新移民子女在低年級，語言發展遲緩、閱讀能力較本國籍子女低，更需要時時關心。新移民受到語言及文字差異，無法理解文本意義，在親子共讀會產生退縮。教師應鼓勵與了解這些學生的親子共讀困難，多與新移民家長溝通與協助，提供簡單的共讀策略，化解新移民子女在語言發展遲緩，或在親子共讀問題。教師可以透過週三進修，邀請親子共讀成功案例到校分享，提供新移民家庭參考。教師也可運用班級圖書共讀，推動班級讀書會與新移民親子共讀，邀請新移民女性來校與學生說故事，強化閱讀情境。或不定時電訪或家訪新移民家庭，鼓勵新移民家長與子女戶內戶外的親子共學，以提高子女的學習表現。

㈢ 在學校行政方面

學校行政提供充足的新移民親子共讀的學習支持系統。本章發現親子共讀對於幸福感有提升效果。新移民子女傾向為弱勢者較多，學校對於家庭社經地位較低的新移民子女提供學習資源系統，例如圖書資源、師資及輔導人力，給予最大協助，甚至學校輔導老師應做適時的家庭關懷，固定

時間與新移民家長聯繫，了解他們在親子共讀的問題與需求，提供適時親子共讀的輔導與服務。新移民女性在華語文不一定熟悉，所以來自語言的隔閡，以及溝通表達能力偏低，學校應多舉辦親子日或課後閱讀班，配合圖書共讀活動，規劃主題探索等閱讀延伸活動，讓新移民女性可以接觸與獲得更多學習機會，以增加親子共讀的機會。

㈣ 在教育行政機關方面

教育行政機關宜有持續推動中長期的新移民親子共讀計畫，並評估其執行成效，改善新移民親子共讀問題。近年來，中央與地方政府陸續執行中小學生閱讀計畫、親子閱讀計畫，其中包括新移民親子共讀。然而在政府投入資源之後，其成效應有明確評估，以了解親子戶內及戶外共讀問題及經費執行成效，作為未來持續推動改善依據。例如，近年來各縣市政府常在學生寒暑假籌辦新移民親子共讀計畫，針對小一新生開設親子正音班，鼓勵外籍媽媽與孩子一起上學。政府提供相關的學習教材及內容，除了讓新移民及其子女認識國語文的ㄅㄆㄇ與拼音之外，更應深入了解他們的學習需求及親子共讀的問題。此外，地方政府可以辦理的課業輔導班鼓勵語言或數學領域成績偏低的小二至國二生參加，增加閱讀動機。當然國中生除了語言科與數學領域之外，自然與生活科技領域也可以納入親子共讀範圍，並適時評估才可以了解其執行成效。

㈤ 未來研究建議

本章分析的新移民親子共讀集中於戶外及戶內共讀，而戶內共讀主要是陪讀、閱讀課外讀物，以及討論學校發生的事，戶外共讀在於參觀藝文場館。未來研究對於戶外共讀可以將親子一起學習與閱讀納入分析。同時在人口變項可以區分為不同國家的新移民者之子女，以及母親的國語能力，如此更能了解來自不同國家的新移民子女之親子共讀情形。在研究方法上可以運用長期追蹤方式進行探究，更能有完整的發現。

總之，隨著全球化來臨，臺灣跨國婚姻是常態，臺灣男性迎娶外籍配偶已是趨勢，因而新移民子女人數不少。新移民子女與雙親共讀是一個

值得關注議題。新移民親子共讀讓家長透過與子女互動學習,了解學習問題,透過親子共讀增加良好互動關係,提高子女學習興趣與培養閱讀習慣。親子共讀包括親子的互動行為、共讀時間、學習技巧、互動技巧、回家作業指導、聽聽說故事、戶外參觀與欣賞藝文活動等,其中陪子女完成回家作業、閱讀、聽子女說學校事、以及戶外學習都是重要方式。學生閱讀興趣和閱讀習慣養成多由幼兒期之親子共讀開始,家庭塑造閱讀風氣與親子共讀會影響孩子閱讀與學習。本章分析新移民親子共讀與學習表現,提出解決策略,供家長、教師、學校與行政機關參考。

參考文獻

一、中文部分

王元仲（2008）。第七屆海峽兩岸兒童圖書館與中小學圖書館學術研討會紀實。中華民國圖書館學會會訊，**16**，29-31。

王光宗（2003）。我是外籍新娘，我也是一個母親──臺南縣東南亞外籍新娘在孩子入學後初探。**南縣國教，9**，29-31。

王雅慧（2009）。淺談親子共讀對親子關係的影響。**家庭教育雙月刊，20**，67-73。

王瑞壎（2004）。大陸和外籍新娘婚生子女適應與學習能力之探究。**臺灣教育，626**，25-31。

吳幸玲（2004）。讀了千遍也不厭倦。**學前教育，27**(4)，62-63。

李坤山、郭恩惠（2001）。**親子閱讀指導手冊**。臺北市：教育部。

李珮琪（2004）。**幼稚園親子共讀圖畫書研究**（未出版之碩士論文）。臺東大學，臺東縣。

李連珠（1995）。臺灣幼兒之讀寫概念發展。**幼教天地，11**，37-68

林筱晴（2005）。**新住民女性子女的閱讀能力分析──閱讀差異分析個案研究**（未出版之碩士論文）。臺中教育大學，臺中市。

林佩蓉（1992）。幼兒與語文㈠。**幼教天地，10**，19-35。

邱方晞（2003）。東南亞外籍新娘家庭問題與協助需求之探討。**社區發展季刊，101**，176-181。

柯華葳（2006）。**教出閱讀力**。臺北市：天下雜誌。

柯華葳、游婷雅（譯）（2001）。**踏出閱讀的第一步**。臺北市：信誼。

洪玉來（2007）。**臺北市立托兒所實施外籍配偶與弱勢家庭兒童學前啓蒙服務方案之研究**（未出版之碩士論文）。輔仁大學，新北市。

袁美敏（2001）。親子一起來閱讀──讓公共圖書館成爲親子共讀的補給

站。書苑季刊，**50**，1-9。

國立臺中教育大學教育學系暨課程與教學研究所（主編）（2007）。**新移民子女教育**。新北市：冠學。

張芳全（2013）。**新移民族群學生科學與數學學習的教育長期追蹤資料庫之建置：國民中學階段新移民族群學生科學與數學學習的長期追蹤調查**（行政院科技部補助編號：NSC99-2511-S-152-008-MY3）。臺北市：臺北教育大學教育經營與管理學系。

張芳全（主編）（2007）。**新移民子女的教育**。臺北市：心理。

張芳全（主編）（2009）。**新移民的家庭、親職教育與教學**。臺北市：心理。

張春興（1994）。**教育心理學**。臺北市：東華書局。

張家齊（2006）。**愛、分享與堅持——新移民女性參與親子共讀之研究**（未出版之碩士論文）。新竹教育大學，新竹市。

張曉棋（2011）。**新住民家庭親子共讀方案之研究**（未出版之碩士論文）。臺北教育大學，臺北市。

張鑑如（2002）。推動親子共讀研究。**國民教育**，**42**(5)，43-49。

張鑑如、劉惠美（2011）。親子共讀研究文獻回顧與展望。**教育心理學報**，**43**，315-336。

教育部（2001）。**全國兒童閱讀計畫**。臺北市：作者。

教育部（2012）。**「悅讀101」國民中小學提升閱讀計畫**（未出版），臺北市。

教育部（2016）。**104學年外籍配偶子女就讀國中小人數分布概況統計分析**。臺北市：作者。

陳秋月（2007）。**外籍配偶親子共讀之行動研究**（未出版之碩士論文）。臺南大學，臺南市。

陳湘淇（2004）。**國小一年級外籍配偶子女在智力、語文能力及學業成就表現之研究**（未出版之碩士論文）。臺南師範學院，臺南市。

黃詩杏（2005）。**以無字圖畫書為橋樑——教導外籍配偶親子共讀之行動研究**（未出版之碩士論文）。嘉義大學，嘉義縣。

劉雅惠（2006）。新竹市立托兒所親子共讀現況調查（未出版之碩士論文）。新竹教育大學，新竹市。

劉漢玲（2004）。推動親子共讀活動與幼兒閱讀行為之研究（未出版之碩士論文）。臺灣師範大學，臺北市。

蔡雯萍（2010）。國小低年級兒童學前共讀與其閱讀理解能力之關係（未出版之碩士論文）。屏東教育大學，屏東市。

談麗梅（2002）。兒童閱讀運動中教師推行信念、學校策略與兒童閱讀態度之研究（未出版之碩士論文）。臺北市立師範學院，臺北市。

鄭碧招（2004）。親子共讀對親子關係影響之研究——以臺南縣國小高年級學生與家長為例（未出版之碩士論文）。嘉義大學，嘉義市。

鍾鳳嬌、王國川（2004）。外籍配偶子女的語文、心智能力發展與學習狀況調查研究。教育學刊，**23**，231-258。

鐘重發（2004）。臺灣男性擇娶外籍配偶之生活經驗研究（未出版之碩士論文）。嘉義大學，嘉義縣。

蘭美杏（2005）。外籍配偶的親子共讀在親職教育上之應用——以繪本為例（未出版之碩士論文）。臺東大學，臺東縣。

二、外文部分

Bandura, A. (1977). *Social learning theory.* Englewood Cliffs, NJ: Prentice Hall.

Snow, C. E., & Ninio, A. (1986). The contracts of literacy: What children learn from learning to read books. In W. H. Teale & E. Sulzby (Eds.), *Emergent literacy: Writing and reading* (pp.116-138). Norwood, NJ: Ablex.

Teale, W. H., & Sulzby, E. (1986). *Emergent literacy: Writing and reading.* Norwook, NJ: Ablex .

Vygotsky, L. S. (1978). *Mind in society.* Cambridge, MA: Harvard University Press.

Wood, P. J., Bruner, J. S., & Ross, G. (1976). The role of tutoring in problem solving. *Journal of Child Psychology, 17*, 89-100.

本文取自：張芳全（2016）。新移民親子共讀的問題與策略。**教師天地**，**1**(2)，1-8。電子期刊。網址：https://tiec.wordpress.com/。本文在統計及研究設計與分析結果都是新納入內容，文獻亦有大幅修改。

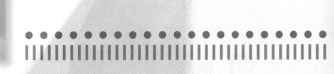

第五章

從TIMSS看新移民
子女數學表現

壹 緒論

一、分析動機

國際教育成就調查委員會（The International Association for the Educa-tion Achievement, IEA）執行的國際數學成就與科學調查（Trend Interna-tional Mathematics and Science Study, TIMSS）資料，臺灣國中生在2007年的TIMSS表現優異。臺灣的調查資料也有新移民子女的數學學習情形。究竟影響新移民子女之數學成就的因素，如果與本國籍子女相比有何不同呢？相較於現有研究探討學習成就以本國籍子女居多，未能以新移民子女分析。本章區分新移民與本國籍子女，找出影響這兩群學生在數學成就的影響因素。分析動機如下：

㈠ 過去以TIMSS比較影響新移民及本國籍子女學習成就因素研究相當少

過去研究以TIMSS 2007分析新移民子女的數學成就缺乏。柯淑慧（2005）以基隆市小學生調查發現，本國籍子女的學業成就高於新移民子女，尤其數學領域成就。王世英等（2006）透過學習成績調查表顯示，國中階段新移民子女在學習成就，以學生的媽媽來自中國大陸籍的表現明顯優於其他國籍，東南亞地區的新移民子女學業成就相對較低，同時其研究在學業成績處理沒有透過統一測驗工具，僅以讓學生反映在班的學習表現，可能會有學生自我感覺良好，填上比較好的成績感受。換言之，王世英等的研究在學習表現處理沒有合理方式，不一定能代表臺灣的新移民與本國籍子女學習表現。本章運用TIMSS 2007分析臺灣新移民與本國籍子女的數學成就表現因素，它是以標準化測驗，透過試題反應理論（item response theory, IRT）來標準化學習成就，以TIMSS 2007之學習成就題本設計來說，每個題本由四個試題區塊組合而成。例如，在數學成就包括M01至M14，科學包括Q01至Q14，這兩個學習成就又各兩個試題區塊，為了聯結不同題本，每個試題區塊在題本出現2次（Graham, Christine, Alka, &

Ebru, 2008）。余民寧（1992）指出，IRT建立在兩個基本概念上：1受試者在某一試題表現可由一個（或一組）因素加以預測或解釋，該組因素即稱作潛在特質（latent traits）或能力（abilities）；2.受試者的作答表現情形與該組潛在特質之關係，可以透過一條連續性遞增的數學函數表示，這數學函數稱作試題特徵曲線（item characteristic curve, ICC）。IRT對學生學習成就分析更具有代表性。

㈡ 新移民子女納入自我教育期望、學習動機與學習自信對數學成就的分析不多

現有研究大都以家庭文化資本、家長教育程度及學校因素對學習成就的探討。雖然家庭文化資本影響子女學業成就，但是學生自我教育期望、學習動機、數學自信、回家作業、校園安全、對數學認知的重要性也影響數學成就。尤其是學生自我教育期望及學習動機對於學習效果更重要。自我教育期望與學習動機是學習者內在動力，其學習動力大小決定了學習效果（Lee, 1987）。本章納入這些變項來了解臺灣國二生數學成就影響程度。本章與現有研究不同在於，本章以新移民與本國籍子女為樣本，來了解他們在影響因素之差異。過去研究指出，新移民子女的學習成就略低於本國籍（王世英等，2006）。究竟他們的母親國籍、性別、家長教育程度、自我教育期望、學習動機、數學自信、回家作業、校園安全、對於數學認知的重要性是否影響數學成就呢？本章以家庭文化資本、自我教育期望、學習動機、數學自信、回家作業、校園安全、對數學認知的重要性為自變項，數學成就為依變項。現有研究在資料處理以迴歸分析探究可能影響因素，並沒有區分為本籍與新移民子女（余民寧、趙珮晴、許嘉家，2009；House, 1993），本章了解這兩群樣本在數學成就的影響因素是否不同。

㈢ 透過大型資料庫分析新移民子女的數學知識、數學應用與推理的成就不多

1997年臺灣加入TIMSS調查，後來臺灣這方面研究不少（余民寧、趙珮晴、許嘉家，2009；吳琪玉，2004；張芳全，2006b，2009；羅珮華，

2004）。究竟哪些因素可以預測臺灣新移民子女就讀國二的數學知識、數學應用、數學推理成就呢？學生的性別、家長教育程度、家庭文化資本，還是自我教育期望、回家作業、校園安全、學習動機或學習自信呢？學生學業成就若以自行編製學業成就測驗，蒐集資料再進行分析會受限於經費及樣本，不一定能準確預測。目前對新移民子女學習表現透過大型資料庫做分析不多，TIMSS的學生問卷詢問學生的家長原屬國籍，從中篩選出新移民子女，在數學成就區分為數學知識、數學應用、數學推理成就，若透過TIMSS 2007分析更能了解臺灣新移民及本國籍學生在這方面表現。

二、分析目的

本章目的如下：了解本國籍與新移民子女的數學成就差異、分析本國籍（新移民子女）數學成就的預測因素，以及了解本國籍與新移民子女的數學成就影響因素的差異。

貳 文獻探討

一、家庭文化資本意涵及理論

家庭文化資本理論為Bourdieu（1977）所提出。Bourdieu（1977, 1984）認為，文化資本（cultural capital）包括了非物質與物質層面，前者如談吐、儀態舉止、藝術品味與知識，後者如藝術品、餐飲、服飾與家具展現的品味。Bourdieu（1986）指出，文化資本包括形體化（embodied）的文化資本，例如行為談吐、儀態舉止；客觀化（objectified）的文化資本，如個體擁有的藝術品、服飾，或要以經濟資源取得，可以累積的物品；制度化的文化資本，如文憑、學歷、資格或證照。Bourdieu（1977）認為，來自於高社會階層的學童不僅有較多經濟資源，同時也有較豐富的文化資本。De Graaf（1986）以文化資源（cultural resource）的概念擴大Bourdieu的文化資本概念，其文化資源包括Bourdieu的文化資本、家庭的讀書風氣，以及子女所擁有的一般性技能習慣及風格。Bourdieu（1977）

主張，習性是一組感知、思維及行動的基模，這組基模從家庭的社會化過程中習得，讓個體適應不同場域的外在結構。家庭文化透過內化為個人習性，並不斷對生存的客觀條件進行調適（邱天助，1998：114）。家庭文化資本提供學術或認知成就的資源，以及家長閱讀嗜好或素養偏好影響學習態度及教育成就（De Graaf, 1986）。

　　許多研究運用文化資本、社會資本、財務資本來分析家庭社經地位（包括父母教育程度、父親職業及家庭收入）對學習成就表現或教育成就的影響。在很多的研究都證實了，子女的雙親教育程度愈高、父親職業地位愈高、賺取經濟所得愈多，家庭文化資本愈豐富；家庭文化資本多，子女學業成就或教育成就取得愈好（巫有鎰，1999；李文益、黃毅志，2004；李敦仁、余民寧，2005；孫清山、黃毅志，1996；陳怡靖、鄭耀男，2000；黃毅志，1996；黃毅志、陳怡靖，2005；Dumais, 2002; Katsillis & Rubinsion, 1990; Khattab, 2002; Lareau, 2002; Roscigno Ainsworth-Darnell, 1999; van de Werfhorst & Kraaykamp, 2001）。Gillian與Pong（2005）指出，當家長運用較多時間來關心孩童，家長與孩童會有良好關係，家長容易將學習觀念影響學童，或將良好學習態度或興趣與學童分享，而社會階層較高或文化資本較多的家庭有此傾向較高，易言之，文化資本正向影響學生學習動機及其在校成績（Steinberg, 1996; Teachman, Paasch, & Carver, 1996）。

　　上述來看，家庭文化資本不僅包括形體化、客觀化及制度化資本，它還包括文化資源及家庭氣氛。家庭文化資本不僅能讓家庭成員在物質資本較多之外，更可以透過文化資本融入子女的學習態度，然而不可忽略的是，家庭文化資本與子女學業成就有正向關聯。

二、學習動機意涵及其理論

　　學習動機是個人對一項任務或學習課業願意要投入的態度傾向。學生有興趣學習科學，代表學生對學習事物有想要學習意念、驅力及動力。學習動機帶動學生要學習的意願及動力。Wilkins（2004）指出，學科的自我信念、學習興趣或動機為多向度概念，這些概念是個體在學業或非學業反

應傾向。學生在學科興趣與動機代表可以學好某一學科能力、信心、態度的驅力。學生的學習動機愈好，學習愈能展現信心，會期待投入更多的學習，包括課堂的任務及回家作業的寫作等。Bos、Kuiper與Plomp（2001）以TIMSS資料研究荷蘭的國二生數學成就發現，學生科學學習興趣與學習動機較強、對科學較有信心及對於科學不會感到恐懼，數學成就表現較好。Wentzel與Wigfield（1998）指出，學生學習科目的興趣愈強，學習動機愈強烈，對學習較有自信，代表他們不僅較喜歡學習，對學習事物會更快完成，最後對學業成就也有助益。

　　總之，學習動機是個體對於一項任務願意投入的傾向與態度。個體的學習動機愈強烈，個人對完成事物自信心愈高，對事物在意程度及愈想完成任務態度愈高。如果學生數學學習的興趣愈高，學生喜歡數學、學生對數學的事物學習很快，會帶動學生學習數學。

三、新移民與本國籍的學習因素差異

　　在臺灣的新移民家庭多傾向於弱勢，這方面包括比起本國籍的家庭，子女的雙親經濟收入較低、教育程度較低、職業偏向於藍領、勞工及中下階層者多。因為上述的這些因素，使得家庭文化資本較少，家長陪讀時間少，可以關注子女的時間更好，在與學校及社區的社會資本比本國籍少。所以，新移民家庭的子女在學習表現，包括了學習動機、對學習任務的重視、學業成就可能會比本國籍差。然而不是所有研究發現都是如此，黃月純、楊德清（2011）的研究指出，家庭社經地位不利組與新移民子女組的兒童，在學習興趣與信心與數學學業成就的表現並未表現弱勢。

四、數學成就因素的相關研究

㈠學生母親的國籍別與數學成就

　　王世英等（2006）透過「新移民子女國民教育學習成績調查表」了解新移民子女在學習成就顯示，國中階段不同國籍的新移民子女在學習成就有差異，其中以母親是中國大陸籍的國中學生表現優於其他國籍，東南亞地區的新移民子女的學業成就相對較低；而新移民子女在數學成績比本國

籍學生差，平均在乙等以下。教育部（2005）的《外籍配偶子女學習及生活意向調查報告》顯示，新移民子女的數學成就隨著年級增加，表現優良的比例逐漸下降。謝進昌（2007）透過「臺灣學生學習成就評量資料庫」（Taiwan Assessment of Student Achievement, TASA）研究發現，國小四年級的本土子女學習表現優於新移民子女，代表族群間家庭社經地位差異影響學生學習成就，同時家中手足數過多，以及過度以外控的數學能力歸因，對學生數學成就有負面影響。

㈡ 性別與數學成就

男女生在數學成就表現上有不同見解。莊雪芳與鄭湧涇（2002）指出，國中男生的數理邏輯推理能力較國中女生優秀。張芳全（2006b）分析指出，女生在數學成就、作數學功課時間、學生自我教育期望顯著高於男生，而女生在數學自信與感受到數學的重要性均明顯低於男生；影響國中男女生數學成就共同重要因素包括：家中常使用電腦、課堂較常寫出方程式、課堂中多運用函數學習數學、小組共同討論、複習回家作業頻率高、課外補習、數學自信高。上述發現，男女生在數學學習成就差異不同，男生在學習自信與邏輯推理高於女生；女生在作功課時間、自我教育期望及積極努力程度明顯高於男生。

㈢ 國語使用情形與學習成就

語言使用情形與學習成就有密切關係。如果較常使用語言會習慣該種語法，對於學習上有遷移幫助，相對的，少使用的語言或熟悉度較低的語言無法幫助提升學生學習成就。許多研究指出，語言使用，尤其是語言技巧影響學習成就（Kim & Kaiser, 2000; Korkman & Pesonen, 1994）。與語義有關，通常是字彙，或正確拼字對學習成就有助益（Ouellette & Beers, 2010）。學童若無法順利表達語言，會讓他們的學習成就表現較低（Purvis & Tannock, 2000）。如果語言表達有困難或對於語義掌握不足，會讓學生的閱讀及數學成就比較差（Aiken, 1971; Ouellette, 2006; Young et al., 2002）。就身心發展理論（development theory）來說，語言能力對於學習成就表現扮演重要角色（Gartstein et al., 2008）。因此，經常使用的語言

對於學習成就有幫助。

㈣ 家長教育程度與學習成就

學生家長的教育程度愈高，家庭社經地位愈高，家長關心子女教育較為強烈，因而子女學習動機及自我教育期望愈高。張芳全（2006a）針對2003年臺灣國二學生進行的TIMSS分析顯示，影響學生數學成就最大因素是學生特質，包括學生抱負、數學信心及對學科重視程度。Lee（1987）研究指出，學生行為、家庭社經地位、自我價值、學習態度與自我抱負、性別與學習風格對學習成果有顯著正向影響，尤其是家庭社經地位與自我抱負。Cheung與Andersen（2003）分析指出，家長教育程度愈高，考試成績愈好，有專門職業家長（擁有較高的教育水準）相較於非技術家長的子女有較高學業成就。羅珮華（2004）運用TIMSS 1999探討七個國家國中生特質與學習成就關係，以27項學生特質找出預測數學成就因素發現，家中有電子計算機、個人專用書桌、字典對學業成就有顯著預測力。

㈤ 文化資本與數學成就

余民寧、趙珮晴、許嘉家（2009）的研究發現，雙親學歷或家中的教育設備愈好，對學業成就有正向助益。Cheung與Andersen（2003）運用英國的國家孩童發展調查（National Child Development Survey）指出，社會階層是預測學業能力與教育取得重要因素，但是家庭文化資本及文化資源也扮演重要角色，家長擁有較多文化資源，有更多時間陪讀與鼓勵子女學習，可以提高子女教育成就。Gillian與Pong（2005）運用TIMSS資料分析14個歐洲國家指出，家庭資源及與學業成就有關的變項具密切關係，家中圖書數及與文化資本有關與家中的財務資本都與學生數學成就有正向顯著關係，相對的，新移民家庭缺乏文化資本與家庭資源，與學業成就有負向關係。簡言之，家庭文化資本愈多，子女所感受及接受的刺激愈多，這些學生將家中感受及習得知識轉換於學業成就。數學學習需要更多符號及知識，學生擁有文化資本，在學業成就表現會比較好。King、Nguyen與Minh（2008）運用越南在2003與2004年資料庫分析指出，擁有愈多的文化資本、對於電影的興趣與對教育投入愈高。

㈥ 校園安全與數學成就

　　校園安全與否對學生來說是相當重要的。校園內如果常有學生間的打架、偷騙、或其他偏差行為，對於校園安全有很大影響，更不用說在這環境下，學生學習表現會更優異。李懿芳、江芳盛、蔡佳燕（2010）以臺灣參與TIMSS 2003小學四年級4,634名學生，以階層線性模式分析發現，學生及平均校園安全觀感對數學及科學學習成就的解釋力達到顯著水準，其解釋力分別在1至4%之間，支持校園安全程度預測學習表現。

㈦ 自我教育期望與數學成就

　　社會階層較高的家庭，學生的家長教育程度比較高、擁有較多的經濟與學習資源，學生家長教育程度較高的前提下，對於學習也較為積極與正向。學生自我教育期望愈高，代表對於學習動機較為強烈，在學習表現的努力及付出較為積極。張芳全（2006a）運用臺灣參與的TIMSS 2003就證實，自我教育期望對於數學成就有顯著預測力。因此，自我教育期望與學業成就為正向關係。

㈧ 回家作業與數學成就

　　學生回家寫作業的時間與學習成就有密切關係。學生願意投入更多時間完成作業，代表對於該科的學習意願及動機愈強，所以會影響他們的學習成就。張芳全（2007）以美國、日本及臺灣的TIMSS資料，分析國二生的回家作業時間與數學成就關係發現，這三個國家的學生回家作業對數學成就都有正向助益。

㈨ 學習動機與數學成就

　　學習動機是個體對於任務想要投入的驅力。House（2004）運用日本參與TIMSS 1995、1999資料研究發現：學生科學分數較高，喜歡學習科學程度愈高，在校記憶科學學習內容愈快；如果學生科學成績愈低，學生愈認為科學是無聊；學生有更多回家作業，科學成績會愈好；如以數學成就為依變項，以學生對科學態度及學習狀況為自變項發現：學生喜歡科學、在學校能做好科學學習、在學校能記住科學學習內容對數學成就為正向顯

著影響。Wilkins（2004）以階層線性分析法分析2003年參與TIMSS的資料發現，學生有較高科學或數學自我概念（科學與數學興趣）者有較高學業成就；較高學業成就的國家，學生有較高的自我概念。個人了解自己的學習動機，對未來工作投入比較積極；對於學習任務興趣愈明顯，愈能協助個人在未來目標的完成。總之，學生學習動機與數學成就關係密切，學生學習動機愈高，在數學成就愈好。

㈩ 數學價值與數學成就

學習者對於學習任務重要性的認知相當重要。以數學來說，學生認為數學是重要的，對升學及未來生活是不可或缺，那麼在數學的學習就會更積極。這種對於數學重要性認知稱為數學價值，它代表學生認知數學是重要性。個人對任務愈覺得重重，愈會投入學習，學習表現會愈好。House（2000a）分析發現，學科自我概念與學業成就期望顯著預測學生在科學、工程及數學領域成就。余民寧、趙珮晴、許嘉家（2009）分析顯示，高成就女學生自認為該科表現不錯、比他人容易學習以及認為自己擅長科目時，有助於學業成就提高；如果女學生對某學科具有學習自信心，認為該科對生活應用有幫助，可以增加學習動機與學習表現。總之，學生數學價值與數學成就有密切關係，學生認為數學價值愈高，在數學成就愈好。

(十一) 學習自信與數學成就

黃月純、楊德清（2011）認為，學習信心是指個體在學習過程中對於自我及自我學習能力的掌握程度，能幫助個體做出正確且合宜的判斷。陳麗妃（2005）分析臺灣參與TIMSS 2003發現：各國學生科學興趣、學習自信對數學成就為正相關，學習自信的相關程度高於科學興趣；各國學生學習自信愈高，其數學成就愈好。House（2004）以日本參與TIMSS 1995與1999資料檢定學生自我信念與科學之關係發現，學習動機與數學成就有正向顯著關係。Wilkins、Zembylas與Travers（2002）分析16個國家的科學及數學成就，與學生自我信念（包括科學興趣、學習自信及數學興趣）之關係發現，科學興趣及學習自信與數學成就有顯著正相關，代表學生科學興趣或學習自信愈高，數學成就愈高。上述代表了學生數學學習愈有自信，

數學成就愈好。

參　研究設計與實施

一、分析架構

　　本章了解臺灣國二生的性別、家長教育程度、文化資本、校園安全、自我教育期望、學習動機、數學價值與學習自信對數學成就的影響，據文獻探討歸納出架構如圖5-1。其中H_1代表研究假設，其他依此類推。

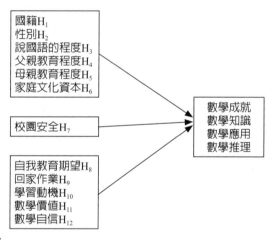

圖5-1　分析架構

　　基於文獻探討，本章的研究假設如下：

H_1：本國籍子女的數學成就明顯比新移民子女高。

H_2：本國籍子女（新移民）女生數學成就比男生好。

H_3：本國籍（新移民）子女在家常說國語，數學成就愈好。

H_4：本國籍（新移民）子女之父親教育程度愈高，數學成就愈好。

H_5：本國籍（新移民）子女之母親教育程度愈高，數學成就愈好。

H_6：本國籍（新移民）子女之家庭文化資本愈多，數學成就愈好。

H_7：本國籍（新移民）子女感受到校園愈安全，數學成就愈好。

H$_8$：本國籍（新移民）子女自我教育期望愈高，數學成就愈好。

H$_9$：本國籍（新移民）子女回家作業時間愈長，數學成就愈好。

H$_{10}$：本國籍（新移民）子女之學習動機愈強，數學成就愈好。

H$_{11}$：本國籍（新移民）子女對數學價值認知愈強，數學成就愈好。

H$_{12}$：本國籍（新移民）子女之學習自信愈高，數學成就愈好。

H$_{13}$：本國籍與新移民子女在影響學習數學成就因素有明顯差異。

　　要說明的是，若依變項為數學成就、數學知識、數學應用、數學推理，其研究假設分別為H$_{1a}$、H$_{1b}$、H$_{1c}$、H$_{1d}$。從H$_2$至H$_{12}$每個假設都有兩群樣本，本國籍在數學成就、數學知識、數學應用、數學推理分別用H$_{2a}$、H$_{2b}$、H$_{2c}$、H$_{2d}$；新移民則以H$_{2A}$、H$_{2B}$、H$_{2C}$、H$_{2D}$，依此類推。

二、變項的測量

　　本章的新移民女性子女是臺灣男性與臺灣以外國家的異性結婚所生之子女，換句話說，不限於婚配女性對象為東南亞國家、中國大陸。TIMSS 2007的調查對象有可能是先進國家，如美國、日本、法國等配偶所生的子女。各測量變項可參考TIMSS 2007手冊及評量架構（Martin, 2007; Mullis, Martin, Smith, Garden, & Gregory, 2007），各變項的測量如表5-1。

三、資料處理

　　本章採用多元迴歸分析與單因子變異數分析，前者透過臺灣參與TIMSS 2007資料，建構影響臺灣新移民與本國籍子女國二學生參加TIMSS 2007數學成就因素的模式，其標準化的迴歸方程式如下：

$$\text{Mathematics Achievement} = \beta_1(X_1) + \beta_2(X_2) + \beta_3(X_3) + \cdots + \beta_{12}(X_{12})$$

　　式中Mathematics Achievement代表臺灣新移民與本國籍子女國二學生參加TIMSS 2007數學成就（也包括數學知識、數學應用、數學推理）（依變項Y），自變項依序為國籍（X$_1$）、性別（X$_2$）、在家中說國語情形（X$_3$）、父親教育程度（X$_4$）、母親教育程度（X$_5$）、家庭文化資本

表5-1　各測量變項的測量

變項	意義	記分
國語使用情形	它詢問您在家常說國語嗎？	總是、常常、有時、從不，分別以1至4分，轉換為4至1分。
雙親教育程度	父母親接受教育程度，以沒有上過學、國小畢業、國中畢業、高中職畢業、五專畢業、二技畢業、大學畢業、碩士以上畢業分類。	以臺灣學制教育階段畢業年數，分別以3、6、9、12、14、16、19年接受教育作為計算。
家庭文化資本	它在詢問學生在家庭中擁有與文化資本有關的內容，其題目如下：家庭是否擁有計算機、電腦、網路及書桌、家中有無數學化光碟、家中有無數學參考書。而家中圖書數詢問學生在家中有多少書本（雜誌、報紙和學校的課本不算）。	有為1，沒有為0；家中圖書數以很少（0-10本）、可以放滿一排（11-25本）、可以放滿一個書架（26-100本）、可以放滿兩個書架（101-200本）、可以放滿三個或三個以上書架（200本以上），分別以1至5分計分。兩者予以相加總。
校園安全	TIMSS的學生問卷中，把學生感受到的校園安全，TIMSS轉為校園安全指數（Index of being safe school）。	區分為低、中、高，各以1、2、3計分。
自我教育期望	詢問學生未來接受教育程度，以高中職畢業、五專畢業、二技畢業、大學畢業、碩士以上畢業分類。	各教育階段畢業程度依臺灣學制的年數，分別以12、14、16、19年計算。
回家作業	TIMSS的學生問卷中，把學生感受回家作業時間，TIMSS轉為回家作業指數（Index of homework）。	區分為低、中、高，各以1、2、3計分。
學習動機	詢問學生在學習數學動機，TIMSS的學生問卷中，把學生感受到數學學習動機，TIMSS轉為數學學習動機指數（Index of affect to mathematics）。	區分為低、中、高，各以1、2、3計分。
數學價值	它在了解學生對數學重要性認知，TIMSS的學生問卷中，把學生感受到數學價值，TIMSS轉為數學價值指數（Index of valuing mathematics）。	區分為低、中、高，各以1、2、3計分。
數學自信	TIMSS的學生問卷中，把學生感受到數學自信，TIMSS轉為數學自信指數（Index of self-confidence in learning mathematics）。	區分為低、中、高，各以1、2、3計分。
數學成就	它以數學成就測驗來了解學生數學表現情形，TIMSS的數學成就包括代數、幾何、資料處理、算數的成績；在數學成就亦分為數學知識（偏向於數學的公式及演算）、數學應用（偏重於數學應用於生活中）、數學推理（偏重於學生推理能力）。	領域分數愈高，代表數學成就愈好。

（X_6）、校園安全（X_7）、自我教育期望（X_8）、回家作業（X_9）、學習動機（X_{10}）、數學價值（X_{11}）、學習自信（X_{12}）。國籍以新移民子女為參照組（以0代表）、性別以女生為參照組（以0代表）。在自變項分數轉換與數學成就相同方向，即這些自變項反應數值愈高，數學成就愈好。本章透過獨立樣本平均數t檢定新移民與本國籍子女的數學成就因素之差異，先以雷文氏（Levene）檢定變異數同質性假設檢定（homogeneity of variance），符合標準再進行平均數檢定。

四、資料來源與限制

本章以2007年臺灣參加TIMSS的國二生，納入的自變項與依變項有16項，可分析樣本有4,017位，其中新移民女性子女有88名。TIMSS的數學成就分數估計均有五個近似值，每個近似值之間高達.98的高度顯著相關，本章選擇第一個近似估計值，不考量其他估計值。TIMSS 2007年資料取得操作詳見手冊（NCES, 2009a, 2009b），可在http://isc.bc.edu/timss2003i/userguide.html取得。本章以TIMSS調查資料為分析基礎，其調查的變項有限，無法完全掌握學生數學成就因素是限制。

肆 結果與討論

一、本國籍與新移民在數學成就的差異

經過多元迴歸分析之後如表5-2發現，臺灣整體國二生數學成就的預測因素中，本國籍國二生僅在數學知識（也就是偏記憶性的數學知識）明顯高於新移民子女，其他的數學成就沒有明顯較高。此外，性別（女生明顯高於男生）、家裡說國語情形、父親教育程度、家庭文化資本、校園安全、自我期望、回家作業、數學動機、數學自信都達到統計顯著水準。值得說明的是，臺灣國二生學習自信（$\beta = .33$）預測力最大，其次為自我教育期望（$\beta = .29$），可見臺灣國二生數學成就受到學習自信與自我教育期望之影響相當大。所有自變項對依變項的預測力為47.3%。若以不同的數

學學習成就來看，在數學知識、數學應用與數學推理為依變項的模式中，學生家說國語情形、家庭文化資本、校園安全、自我期望、回家作業、數學動機、數學自信都是重要顯著因素，其中仍以學習自信最重要，其次為自我教育期望。在模式的VIF值均小於10，代表模式自變項沒有嚴重重疊。

表5-2　臺灣國二生的數學成就因素之迴歸分析摘要　$n=3,134$

依變項	數學成就		數學知識		數學應用		數學推理	
變項	b	β	b	β	b	β	b	β
常數	442.20**		422.75**		439.45**		464.72**	
國籍	10.87	.02	25.34**	.04**	5.34	.01	16.92	.02
男生	-6.84**	-.04**	-4.90	-.03	-2.66	-.01	-3.76	-.02
說國語	11.60**	.09**	13.14**	.10**	12.82**	.10**	9.68**	.07**
母親教育	-0.44	-.02	-0.26	-.01	-0.46	-.02	0.23	.01
父親教育	0.84**	.04**	0.51	.03	0.30	.02	0.13	.01
家庭文化	25.95**	.14**	25.29**	.14**	28.11**	.16**	26.62**	.13**
校園安全	5.35**	.04**	6.55**	.05**	5.28**	.04**	2.14	.02
自我期望	13.31**	.29**	12.99**	.28**	12.33**	.28**	11.25**	.23**
回家作業	12.98**	.10**	15.24**	.11**	11.21**	.09**	15.03**	.11**
數學動機	12.77**	.12**	11.75**	.11**	11.31**	.11**	13.68**	.12**
數學價值	2.11	.02	-1.21	-.01	1.70	.01	2.50	.02
數學自信	38.30**	.33**	36.86**	.32**	34.85**	.31**	35.94**	.29**
$adj\text{-}R^2$	47.3		44.3		43.7		36.8	
最大VIF	1.82		1.82		1.82		1.82	
F值	235.14**		208.73**		203.82**		153.01**	

$* p < .05. ** p < .01.$

二、本國籍子女的數學成就影響因素

經過多元迴歸分析在母親為本國籍的子女數學成就因素如表5-3，表

中發現，學生的性別、父親教育程度、家裡說國語情形、家庭文化資本、校園安全、自我教育期望、回家作業、學習動機、數學價值與學習自信是正向顯著預測數學成就。值得說明的是，國二生在學習自信（β = .34）對數學成就預測力最大，其次為自我教育期望（β = .28），顯然學習自信與自我教育期望是重要因素。模式的自變項對依變項預測力為47.3%。在數學知識、數學應用及數學推理的模式中，大致與數學成就的顯著因素相近，仍以學習自信對數學成就的預測效果最大，三個模式的VIF值均小於10，代表自變項沒有嚴重重疊現象。

表5-3　本國籍子女的數學成就因素之迴歸分析摘要　$n=3,077$

依變項	數學成就		數學知識		數學應用		數學推理	
自變項	b	β	b	β	b	β	b	β
常數	458.6**		452.93**		449.96**		482.94**	
男生	-7.15**	-.04**	-5.31*	-.03*	-3.16	-.02	-3.69	-.02
說國語	11.04**	.09**	12.65**	.10**	12.32**	.10**	9.36**	.07**
母親教育	-0.43	-.02	-0.20	-.01	-0.44	-.02	0.26	.01
父親教育	0.91**	.05**	0.55	.03	0.37	.02	0.12	.01
家庭文化	25.93**	.14**	25.37**	.14**	28.04**	.16**	26.83**	.14**
校園安全	5.22**	.04**	6.44**	.05**	5.16**	.04**	1.94	.01
自我期望	13.10**	.28**	12.80**	.28**	12.12**	.27**	11.27**	.23**
回家作業	13.31**	.10**	15.65**	.12**	11.51**	.09**	15.64**	.11**
數學動機	12.40**	.12**	11.48**	.11**	11.06**	.11**	13.70**	.12**
數學價值	1.62	.01	-1.62	-.01	1.11	.01	2.46	.02
數學自信	39.23**	.34**	37.64**	.33**	35.62**	.32**	36.16**	.30**
$adj\text{-}R^2$	47.3		44.3		43.8		37.0	
最大VIF	1.84		1.84		1.84		1.85	
F值	251**		224**		218.82**		165.47**	

$* \, p < .05. \; ** \, p < .01.$

三、新移民子女的數學成就的預測力

　　新移民子女就讀國二生數學成就因素經過多元迴歸分析如表5-4，表中發現，家中常說國語、自我教育期望對數學成就有正向顯著預測力，這可以看出，新移民子女在家中常用國語表達，有助於數學成就提高。值得說明的是，新移民子女的自我教育期望（β = .48）及在家中說國語（β = .24）對數學成就的預測力最大，尤其自我教育期望是在家說國語的兩倍效應量。可見新移民子女自我教育期望對數學學習成就預測力大。新移民子女在家中常說國語，也是提高數學成就的重要因素。至於在數學知識、數學應用及數學推理的學習成就，也是自我教育期望的預測力達到顯著水準，說國語也在數學知識具預測力，在數學應用及數學推理則否，而其他變項則都沒有顯著。在對數學成就模式之預測力為46.9%，模式的VIF值均小於10，代表自變項沒有嚴重重疊。

表5-4　新移民女性子女的數學成就因素之迴歸分析摘要　　$n=58$

依變項	數學成就		數學知識		數學應用		數學推理	
自變項	b	β	b	β	b	β	b	β
常數	216.66*		228.56		247.77		394.42*	
男生	-7.95	-.04	-2.68	-.01	8.80	.04	-21.77	-.10
說國語	34.54*	.24*	31.00[+]	.21[+]	27.03	.18	27.69	.20
母親教育	-0.52	-.03	-2.47	-.13	-1.10	-.06	-0.91	-.05
父親教育	0.05	.00	0.36	.02	-1.02	-.05	0.11	.01
家庭文化	24.84	.11	18.64	.08	37.99	.16	-3.86	-.02
校園安全	12.06	.09	7.64	.06	5.17	.04	10.17	.08
自我期望	21.11**	.48**	20.14**	.45**	19.59**	.42**	12.25[+]	.29[+]
回家作業	1.04	.01	-5.91	-.04	-6.99	-.05	10.86	.08
數學動機	13.68	.11	12.22	.10	-4.30	.03	18.67	.15
數學價值	25.38	.15	18.99	.11	-38.77	.22	-3.90	-.02
數學自信	12.25	.10	17.76[+]	.15[+]	-18.75	.15	29.11	.25
$adj\text{-}R^2$	46.9		35.9		39.8		13.4	
最大VIF	1.75		1.75		1.85		1.85	
F值	5.49**		3.85**		4.36**		1.79	

$+ p < .10. * p < .05. ** p < .01.$

四、本國籍與新移民子女在影響數學成就因素的差異

透過獨立樣本平均數 t 檢定新移民與本國籍子女的數學成就因素之差異發現，兩組學生在雷文氏（Levene）檢定僅有母親教育達到統計顯著水準，其餘變項則否。這代表新移民與本國籍的國二生在影響數學成就因素具變異數同質性，因此可以進行獨立樣本平均數 t 檢定。表5-5看出，在家說國語、家庭文化資本、回家作業、數學自信有明顯差異，其他項目沒有

表5-5 新移民與本國籍子女就讀國二的影響數學成就因素差異

變項	國籍	樣本數	平均數	標準差	本籍與新移民差異	Levene F值	顯著性
在家說國語	新	88	3.38	0.79	-0.04*	0.32	.57
	本	3,929	3.34	0.76			
母親教育	新	87	11.44	6.05	-1.23	12.42	.00
	本	3,913	10.21	5.10			
父親教育	新	87	11.30	5.72	-0.39	3.55	.06
	本	3,913	10.91	5.23			
家庭文化	新	84	1.23	0.52	-0.17**	0.15	.70
	本	3,840	1.40	0.53			
校園安全	新	88	1.76	0.80	0.09	2.21	.14
	本	3,927	1.67	0.74			
自我期望	新	65	16.40	2.60	-0.48	4.04	.04
	本	3,364	16.88	2.13			
數學作業	新	81	2.11	0.79	-0.20*	3.31	.07
	本	3,633	1.92	0.73			
數學動機	新	87	1.93	0.86	0.14	3.79	.06
	本	3,923	2.08	0.90			
數學價值	新	87	1.66	0.70	-0.06	0.44	.50
	本	3,925	1.72	0.73			
數學自信	新	87	2.00	0.90	0.18**	1.94	.16
	本	3,920	2.18	0.84			

* $p < .05.$ ** $p < .01.$

顯著差異。換句話說，兩群子女的影響數學成就因素不全然有明顯差異。例如，新移民在家說國語情形、寫數學作業時間比本國籍明顯多，但是在家庭文化資本及數學自信比本國籍明顯低。

五、綜合討論

　　基於家庭文化資本與學習動機理論，透過臺灣參與TIMSS 2007探討新移民與本國籍國二生的性別、家長教育程度、家庭文化資本、校園安全、自我教育期望、學習動機、學習自信、數學價值、回家作業對數學成就預測情形。本章分析的貢獻如下：㈠以2007年臺灣參加TIMSS國二生為樣本探究影響數學學習成就，與透過自行調查樣本的研究取向不同（何瑞珠，1999），它以臺灣參加TIMSS 2007資料的樣本數多，資料代表性無可置疑。㈡多元迴歸分析區分為本國籍與新移民子女，這與現有研究沒有區分國籍的分析不同（余民寧、趙珮晴、許嘉家，2009；House, 2000a, 2004）。㈢本章證實新移民與本國籍國二生在預測數學成就的因素不同，可以確定的是國籍對於數學成就沒有明顯預測力，而在預測兩群學生的數學成就因素不同，新移民子女以自我教育期望最重要，而本國籍則是性別、父親教育程度、家庭文化資本、學習動機、自我教育期望、回家作業、校園安全、學習自信等。討論如下：

㈠ 本國籍子女數學知識明顯高於新移民子女

　　本章發現，本國籍及新移民子女在數學知識有明顯差異，這與王世英等（2006）、柯淑慧（2005）的研究發現相同。然而在數學成就、數學推理及數學應用並沒有明顯差異。因此接受H_{1b}，拒絕H_{1a}、H_{1c}、H_{1d}。

㈡ 不同性別的國中生數學成就有明顯差異

　　本章發現，不同性別的新移民子女數學成就及數學知識有明顯不同，本國籍子女也是女生數學成就明顯比男生高。這與張芳全（2006b）的研究發現一樣，而與莊雪芳、鄭湧涇（2002）的研究結果不同，然而他們的結果是邏輯推理能力，不全然是數學學習成就。因此接受H_{2a}、H_{2b}、H_{2A}，拒絕H_2的其他假設。

(三) 在家常使用國語對數學成就有正面助益

本章發現，兩群子女在家庭中經常使用國語，他們的數學成就愈好。這樣的結果與許多研究發現一樣（Kim & Kaiser, 2000; Korkman & Pesonen, 1994; Ouellette & Beers, 2010; Purvis & Tannock, 2000; Young et al., 2002）。這也支持發展理論（development theory）所指出，語言能力對於學習成就表現扮演重要角色。因此接受H_{3a}、H_{3b}、H_{3c}、H_{3d}、H_{3A}，拒絕其他H_3的說法。

(四) 家長教育程度對數學成就沒有明顯影響

本章發現，兩群子女的母親教育程度對數學成就沒有預測力，而本國籍子女的父親教育程度愈高，其數學成就愈好，此與許多研究發現一致（馬信行，1985；Dumais, 2002; Khattab, 2002; Lareau, 2002; Roscigno Ainsworth-Darnell, 1999; van de Werfhorst & Kraaykamp, 2001）。因此H_4的研究假設都拒絕，而接受H_{5a}。依此來說，預測數學成就因素中，雙親教育程度似乎沒有絕對性的預測力。

(五) 家庭文化資本對於數學成就有正向影響

本章發現，在本國籍國中生的家庭文化資本對數學成就、數學知識、數學應用及數學推理有預測力，這與許多研究發現一致（巫有鎰，1999；李文益、黃毅志，2004；黃毅志，2002；謝孟穎，2003；Gillian & Pong, 2005; Steinberg, 1996; Teachman, Paasch, & Carver, 1996）的研究發現一致。新移民家庭傾向弱勢，家庭文化資本較少，沒有對數學成就助益。這代表家庭文化資本對數學成就很重要。因此接受H_{6a}、H_{6b}、H_{6c}、H_{6d}，拒絕H_{6A}、H_{6B}、H_{6C}、H_{6D}。

(六) 校園安全對於數學成就有正面助益

本章發現，本國籍子女認知的校園安全對於數學成就、數學知識及數學應用有正面助益，這與李懿芳、江芳盛、蔡佳燕（2010）的研究發現一樣。因此接受H_{7a}、H_{7b}、H_{7c}，拒絕H_{7d}；而對於新移民子女沒有正面助益，拒絕H_{7A}、H_{7B}、H_{7C}、H_{7D}。

㈦ 自我教育期望對學業成就有預測力

本章發現，兩群國中生的自我教育期望對於數學成就、數學知識及數學應用與數學推理有顯著預測力。這兩群的模式僅有自我教育期望都是重要因素，尤其新移民子女更在眾多因素中，自我教育期望最重要，這代表新移民子女的自我教育期望相當重要。學生自我教育期望高，可以預測學生數學成就，此與許多研究發現一樣（黃毅志，2002；張芳全，2006a；Kalmijn & Kraaykamp, 1996）。因此接受所有H_8的說法。

㈧ 回家作業對學業成就有預測力

本章發現，本國籍子女的回家作業對數學成就、數學知識、數學應用及數學推理有預測力。這與張芳全（2007）的研究發現一樣。因此接受H_{9a}、H_{9b}、H_{9c}、H_{9d}，而對於新移民子女沒有正面助益，拒絕H_{9A}、H_{9B}、H_{9C}、H_{9D}。

㈨ 學習動機對數學成就有正向顯著影響

本章發現，本國籍子女學習動機對數學成就、數學知識、數學應用及數學推理有預測力。這與Wilkins（2004）的研究發現一樣，也支持余民寧、趙珮晴與許嘉家（2009）認為，對學習科目的抱負愈強，學科學習較有自信，在態度比較會喜歡學習，因而在科學成就會較高。本章與陳麗妃（2005）、Bos、Kuiper與Plomp（2001）、House（1993, 2000a, 2000b, 2004）、Ma（2005）、Wilkins（2004）、Wilkins、Zembylas與Travers（2002）的研究發現一致。因此接受H_{10a}、H_{10b}、H_{10c}、H_{10d}，而對於新移民子女沒有正面助益，拒絕H_{10A}、H_{10B}、H_{10C}、H_{10D}。

㈩ 數學價值對數學成就沒有顯著預測力

本章發現，兩群學生對數學價值沒有顯著預測數學成就、數學知識、數學應用及數學推理，這與余民寧、趙珮晴、許嘉家（2009）、House（2000a）的研究發現不一樣。因此拒絕所有的H_{11}。

㈩一 學習自信對數學成就有顯著預測力

本章發現，本國籍子女的數學自信對於數學成就、數學知識、數

學應用及數學推理有預測力。這與陳麗妃（2005）、House（2004）、Wilkins、Zembylas與Travers（2002）的研究結果一樣。因此接受H_{12a}、H_{12b}、H_{12c}、H_{12d}，而對於新移民子女沒有正面助益，拒絕H_{12A}、H_{12B}、H_{12C}、H_{12D}。

㈣ 兩群子女在影響數學成就因素差異

本章發現，兩群學生在家說國語、家庭文化資本、回家作業、數學自信有明顯差異，換句話說，新移民在家說國語情形、寫數學作業時間比本國籍明顯多，但是在家庭文化資本及數學自信比本國籍明顯低，而其他變項沒有明顯不同。因此接受H_{13}。

伍 結論與建議

一、結論

㈠ 兩群子女在數學成就與數學知識有明顯差異。

㈡ 臺灣本國籍國二生預測數學成就的重要因素包括性別、父親教育程度、家庭文化資本、自我教育期望、校園安全、回家作業、學習動機及學習自信是正向顯著因素，其中學習自信及自我教育期望對數學成就的預測力最大。

㈢ 臺灣新移民國二生數學成就預測因素，在家中常說國語、自我教育期望是正向顯著因素，其中自我教育期望對於數學成就預測力最大。

㈣ 在影響數學成就因素差異上，新移民在家說國語情形、寫數學作業時間比本國籍明顯多，但在家庭文化資本及數學自信明顯比本國籍低。

二、建議

㈠ 鼓勵學生數學學習動機與學習自信的提升

本章發現，學生數學學習動機與學習自信正向預測數學成就，同時本國籍子女的學習自信預測數學成就最大。學校、老師、家長提高學生學習動機與增加學生學習自信格外的重要。老師應鼓勵學生將數學聯結於生

活，家長多鼓勵子女數學學習，家長多與子女討論數學，讓數學與生活結合。家長及老師鼓勵子女喜歡數學，增加學生愛數學，不討厭數學，提高學生成就動機與自信，進而影響他們在數學表現。此外，女生數學成就明顯高於男生，老師需因材施教，讓男生的數學成就提高。

㈡ 充實家庭文化資本提升子女在數學成就

本章發現，本國籍國二生的家庭文化資本預測數學成就，然而新移民子女則否。學校、老師及家長宜注意家庭文化資本對於數學學習的重要，家庭文化資本對於學生數學學習具有涵養效果。雖然新移民家庭不一定擁有較多文化資本，但是可以鼓勵子女到臨近圖書館借閱圖書及相關學習資源，補足家庭文化資本不足。

㈢ 鼓勵新移民與本國籍子女提高自我教育期望

本章發現，新移民子女的自我教育期望對數學成就在眾多因素中是最具有預測力。而本國籍子女的自我教育期望也是重要因素。這更顯示出，新移民子女在數學學習受到學習者個人自我期望的影響。此外，家庭文化資本沒有明顯預測新移民子女數學成就，反而是自我教育期望。這更說明家長及教師對於新移民與本國籍子女自我教育期望的增強及培養學習動機的重要。新移民子女的家庭較本國籍家庭文化資本少，但是家庭有良好的家庭學習氣氛及家長鼓勵子女態度是重要因素。每個家庭不必然有充足費用可以購置子女的學習資源，若透過家長對於學童在學習態度及興趣關心卻是無形文化資本。這也是新移民子女自我教育期望愈高，較能提高數學成就，代表家長及教師更應留意對他們的自我教育期望。

㈣ 學校應加強校園安全的建立

本章發現，學生認知的校園安全程度預測了數學成就，代表了學校應經營為友善校園，不宜有霸凌或學生的偏差行為產生，在安全校園下，學生數學成就才易提升。

㈤ 在家多說國語與多練習回家作業

本章發現，兩群子女在家多說國語及回家作業寫的時間較長，提高

了數學成就。新移民子女可能受到媽媽為外籍的影響，在說國語會受到限制，此時父親更應多教導國語文的表達。此外，學生在數學回家作業應多加練習，熟能生巧，以提高數學成就。

㈥ 未來研究建議

　　未來研究可以朝向跨國的影響數學成就因素探究。未來參與TIMSS的國家數愈來愈多，它可運用不同國家資料對模式分析。亞洲國家數學成就高於歐美國家，在研究上可以運用日本、南韓、新加坡或香港的學生進行模式檢驗，以了解亞洲國家學生在預測數學成就因素之差異。或者以亞洲國家與歐美國家分析與比較，以了解不同經濟發展程度與教育文化因素，數學成就預測的因素是否相同。

　　總之，本章以臺灣參加TIMSS 2007的兩群子女發現，新移民子女數學成就的預測因素以自我教育期望最重要，本國籍則是性別、家庭文化資本、校園安全、自我教育期望、回家作業、學習動機及學習自信也是重要因素。期待未來有更多以TIMSS資料，透過不同研究方法探討，一方面分析此模式的穩定性，另一方面追蹤兩群子女的數學成就之預測因素，作為未來學校教學參考。

參考文獻

一、中文部分

王世英、溫明麗、謝雅惠、黃乃熒、黃嘉莉、陳玉娟、陳烘玉、曾尹彥、廖翊君（2006）。我國新移民子女學習成就現況之研究。**教育資料與研究，68**，137-170。

何瑞珠（1999）。家長參與子女的教育：文化資本與社會資本的闡釋。**香港中文大學教育學院教育學報，27**(1)，233-261。

余民寧（1992）。試題反應的介紹——測驗理論的發展趨勢㈡。**研習資訊，9**(1)，5-9。

余民寧、趙珮晴與許嘉家（2009）。影響國中小女學生學業成就與學習興趣因素——以臺灣國際數學與科學教育成就趨勢調查（TIMSS）資料為例。**教育資料與研究，89**，79-104。

吳琪玉（2004）。**探討我國八年級學生在TIMSS 1999與TIMSS 2003數學與科學之表現**（未出版之碩士論文）。臺灣師範大學，臺北市。

巫有鎰（1999）。影響國小學生學業成就的因果機制——以臺北市與臺東縣做比較。**教育研究集刊，43**，212-243。

李文益、黃毅志（2004）。文化資本、社會資本與學生成就的關聯性之研究——以臺東師院為例。**臺東大學教育學報，15**(2)，23-58。

李敦仁、余民寧（2005）。社經地位、手足數目、家庭教育資源與教育成就結構關係模式之驗證：以TEPS資料庫資料為例。**臺灣教育社會學研究，5**(2)，1-47。

李懿芳、江芳盛、蔡佳燕（2010）。校園安全觀感與國小學生數學及科學學業成就之相關研究。**教育學刊，35**，99-128。

林淑玲、馬信行（1983）。家庭社經背景對學前教育機會的影響及學前教育對小學學業成績的影響。**教育與心理研究，6**，19-39。

林淑敏、黃毅志（2009）。原漢族群、補習教育與學業成績關聯之研究—以臺東地區國中二年級生為例。**當代教育研究**，**17**(3)，41-81。

邱天助（1998）。**布爾迪厄文化再製理論**。臺北市：桂冠。

孫清山、黃毅志（1994）。社會資源、文化資本與地位取得。**東海大學學報**，**35**，127-150。

馬信行（1985）。家庭文化背景與學業成績的關係。**政治大學學報**，**51**，139-65。

柯淑慧（2004）。**外籍母親與本籍母親之子女學業成就之比較研究——以基隆市國小一年級學生為例**（未出版之碩士論文）。臺北師範學院，臺北市。

張芳全（2006a）。社經地位、文化資本與教育期望對學業成就影響之結構方程模式檢定。**測驗學刊**，**51**(2)，171-195。

張芳全（2006b）。影響數學成就因素探討：以臺灣在TIMSS 2003年的樣本為例。**課程與教學季刊**，**9**(3)，139-167。

張芳全（2007）。回家作業與TIMSS數學成就關係探討：以臺灣、美國及日本為例。**教育資料集刊**，**34**，285-316。

張善楠、黃毅志（1999）。臺灣原漢族別、社區與家庭對學童教育的影響。收錄於洪泉湖、吳學燕主編：**臺灣原住民教育**（149-178頁）。臺北市：師大書苑。

教育部（2005）。**外籍配偶就讀國小子女學習及生活意向調查報告**。取自 http://www.edu.tw/files/publication/B0013/report.pdf

陳麗妃（2005）。**TIMSS 2003國小四年級學生背景、家庭環境、科學興趣、自信與數學成就關係之比較分析：以七國為例**（未出版之碩士論文）。新竹師範學院，新竹市。

黃月純、楊德清（2011）。國小低年級弱勢學生數學學習興趣與信心之研究。**嘉大教育研究學刊**，**26**，113-145。

黃毅志（1996）。臺灣地區民眾地位取得之因果機制——共變結構分析。**東吳社會學報**，**5**，213-248。

黃毅志（2002）。社會階層、社會網絡與主觀意識——臺灣地區不公平的社

會階層體系之延續（二版）。臺北市：巨流。

黃毅志、陳怡靖（2005）。臺灣的升學問題：理論與研究之檢討。**臺灣教育社會學研究，5**(1)，77-118。

莊雪芳、鄭湧涇（2002）。國中學生對生物學的態度與相關變項之關係。**科學教育學刊，10**(1)，1-20。

蘇船利、黃毅志（2009）。文化資本透過學校社會資本對臺東縣國二學生學業成績之影響。**教育研究集刊，55**(3)，99-129。

謝孟穎（2003）。家長社經背景與學生學業成就關聯性之研究。**教育研究集刊，49**(2)，255-287。

謝進昌（2007）。**臺灣學生學習成就評量資料庫之新移民子女分析研究**（未出版之博士論文）。政治大學，臺北市。

羅珮華（2004）。從第三次國際科學與數學教育成就研究後續調查（**TIMSS 1999**）結果探討國中學生學習成就與學生特質的關係：七個國家之比較（未出版之博士論文）。臺灣師範大學，臺北市。

二、外文部分

Aiken, L. R. (1971). Verbal factors and mathematics learning: A review of research. *Journal for Research in Mathematics Education, 2*, 304-313.

Baker, D., Goesling, B., & Letender, G. K. (2002). Socioeconomic status, school quality, and national economic development: A cross-national analysis of the Heyneman-Loxley effect on mathematics and science achievement. *Comparative Education Review, 46*(3), 291-312.

Bos, K., Kuiper, W., & Plomp, T. (2001). TIMSS results of Dutch grade 8 students on international perspective: Performance assessment and written test. *Studies in Educational Evaluation, 25,*123-135.

Bourdieu, P. (1977). Cultural reproduction and social reproduction, In J. Karabel & A. H. Halsey (Eds.), *Power and ideology in education* (pp.487-511). New York, NY: Oxford University.

Bourdieu, P. (1984). *Distinction*: *A social critique of the judgement of taste.* Cambridge, MA: Harvard University Press.

Bourdieu, P. (1986). The forms of capital. In J. G. Richardson (Eds.), *Handbook of theory and research for the sociology of education* (pp.241-260). Connecticut, CO: Greenwood.

Broeck, A. Van den., Opdenakker, M. C., Hermans, D., & Damme, Jan Van. (2003). Socioeconomic status and student achievement in a mulilevel model of Flemish TIMSS-1999 data: The importance of a parent questoinnaire. *Studies in Educational Evaluation, 29*, 177-190.

Centra, J. A., & Potter, D. A. (1980). School and teacher effects: An interrelational model. *Review of Education Research, 50*(2), 273-291.

Cheung, S. Y., & Andersen, R. (2003).Time to read: Family resources and educational outcomes in Britain. *Journal of Comparative Family Studies, 34*(3), 413-437.

Coleman, J. S., Campbell, E., Hobson, C., McPartland, J., Mood, A., Weinfeld, F. D., & York, R. (1966). *Equality of educational opportunity*. Washington, DC: Department of Health, Education & Welfare.

De Graaff, P. M. (1986).The impact of financial and cultural resources on educational attainment in the Netherlands. *Sociology of Education, 59*, 237-246.

DiMaggio, P., & Mohr, J. (1985). Cultural capital, educational attainment, and marital selection. *American Journal of Sociology, 90*, 1231-1261.

Downey, D. B. (1995). When bigger is not better: Family size, parental resources, and children's educational performance. *American Sociological Review, 60*(5), 746-761.

Dumais, S. A. (2002). Cultural capital, gender, and school success: The role of habitus. *Sociology of Education, 75*, 44-68.

Eitle, T. M., & Eitle, D. J. (2002). Race, cultural capital, and the educational effects of participation in sports. *Sociology of Education, 75*(1), 123-146.

Fuller, B. (1987). What school factors raise achievement in the Third World. *Review of Educational Research, 47*(1), 335-397.

Furno, O. F., & Collins, G. J. (1967). *Class size and pupil learning.* Baltimore, MO: Baltimore City Public School.

Gartstein, M. A., Crawford, J., & Robertson, C. D. (2008). Early markers of language and attention: mutual contributions and the impact of parent-infant interactions. *Child Psychiatry and Human Development, 39*, 9-26.

Gillian, H-T., & Pong, S-L. (2005). Does family policy environment moderate the effect of single-parenthood on children's academic achievement? A study of 14 European countries. *Journal of Comparative Family Studies, 36*(2), 227-248.

Graham J.R., Christine, Y. O'S., Alka, A., & Ebru, E. (2008). *TIMSS 2007 technical report.* Chestnut Hill, MA:TIMSS & PIRLS International Study Center, Boston College.

Greene, B. A., Miller, R. B., Crowson, H. M., Duke, B. L., & Akey, K. L. (2004). Predicting high school students' cognitive engagement and achievement: Contributions of classroom perceptions and motivation. *Contemporary Educational Psychology, 29*, 462-482.

Hanushek, E. A. (1986). The economics of schooling: Production and efficiency in public schools. *Journal of Economic Literature, 14*, 351-338.

House, J. D. (1993). Cognitive-motivational predictors of science achievement. *International Journal of Instructional Media, 20*,155-162.

House, J. D. (2000a). Academic background and self-beliefs as predictors of student grade performance in science, engineering, and mathematics. *International Journal of Instructional Media, 27*, 207-220.

House, J. D. (2000b). Relationships between self-beliefs, academic background, and achievement of undergraduate students in health sciences majors. *International Journal of Instructional Media, 27*, 427-438.

House, J. D. (2004). Cognitive-motivational characteristics and science achievement of adolescent students: Results from the TIMSS 1995 and TIMSS1999 assessment. *International Journal of Instructional Media, 31*(4), 411-424.

Kalmijn, M., & Kraaykamp, G. (1996). Race, culture capital, and schooling: An analysis of trends in the United States. *Sociology of Education, 69*, 22-34.

Katsillis, J., & Rubinsion, R. (1990). Cultural capital student achievement and educational reproduction: The case of Greece. *American Sociological Review, 55*, 270-279.

Khattab, N. (2002). Social capital, students' perceptions and educational aspirations among palestinian students in Israel. *Research in Education, 68*, 77-88.

Kim, O. H., & Kaiser, A. P. (2000). Language characteristics of children with ADHD. *Communication Disorders Quarterly, 21*, 154-165.

King, V. T., Nguyen, P. A., & Minh, N. H. (2008). Professional middle class youth in post-reform Vietnam: Identity, continuity and change. *Modern Asian Studies, 42*(4), 783-812.

Koller, O. (2001). Mathematical world views and achievement in advanced mathematics in Germany: Findings from TIMSS population 3. *Studies in Educational Evaluation, 27,* 65-78.

Korkman, M., & Pesonen, A. (1994). A comparison of neuropsychological test profiles of children with attention deficit-hyperactivity disorder and/or learning disorder. *Journal of Learning Disabilities, 27*, 383-392.

Kuiper, J. M., Bos, K., & Plomp, T. (2000).The TIMSS national option mathematics test. *Studies in Educational Evaluation, 26,* 43-60.

Lareau, A. (2002). Invisible inequality: Social class and child reading in black families and white families. *American Sociological Review, 67,* 747-776.

Lee, T. Y. (1987). *The relationships of achievement, instruction, and family background to the elementary school science achievement in the Republic of China.* Dissertation of Ph.D., Ohio State University.

Ma, X. (2005). Early acceleration of students in mathematics: Does it promote growth and stability of growth in achievement across mathematical areas? *Contemporary Educational Psychology, 30*, 439-460.

Martin, M. O. (Ed.) (2004). *TIMSS 2003 user guide for the international database.*

Boston, MA: TIMSS & PIRLS International Study Center.

Martin, M. O., Mullis, I.V. S., Gonzalez, E. J., & Chrostowski, S. J. (2007). *TIMSS assessment international science report*. Chestnut Hill, MA: Boston College.

McDonald, R. P., & Marsh, H. M. (1990). Choosing a multivariate model: Noncentrality and goodness-of-fit. *Psychological Bulletin, 107*, 247-255.

Mulaik, S. A., James, L. R., Van Altine, J., Bennett, N., & Stilwell, C. D. (1989). Evaluation of goodness-of-fit indices for structural equation models. *Psychological Bulletin, 105*, 430-445.

Mullis, I.V. S., Martin, M. O., Smith, T. A., Garden., R. O., & Gregory, K. O. (2007). *TIMSS assessment frameworks and specifications 2007*. Chestnut Hill, MA: Boston College.

National Center for Education Statistics [NCES] (2004a). *Highlights from the trends in international mathematics and science study(TIMSS) 2003*. Washington, DC: Author.

National Center for Education Statistics [NCES] (2004b). *TIMSS 2003 user guide for the international database*. Washington, DC: Author.

Ouellette, G. P. (2006). What's meaning got to do with it: The role of vocabulary in word reading and reading comprehension. *Journal of Education & Psychology, 98,* 554-566.

Ouellette, G. P., & Beers, A. (2010). A not-so-simple view of reading: How oral vocabulary and visual-word recognition complicate the story. *Reading and Writing, 23*, 189-208.

Purvis, K. L., & Tannock, R. (2000). Phonological processing, not inhibitory control, differentiates ADHD and reading disability. *Journal of the American Academy of Child and Adolescent Psychiatry, 39*, 485-494.

Roscigno, V. J., & Ainsworth-Darnell, J. W. (1999). Race, cultural capital, and educational resources: Persistent inequalities and achievement returns. *Sociology of Education, 72*(3), 158-178.

Singh, K., & Ozturk, M. (2000). Effect of part-time work on high school mathematics and science course taking. *The Journal of Educational Research, 94*(2), 67-74.

Steinberg, L. (1996). *Beyond the classroom: Why school reform has failed and what parents need to do*. New York, NY: Touchstone Books.

Sewell, W. H., Haller, A. O., & Portes, A. (1969). The educational and early occupational attainment process. *American Sociological Review, 34*, 82-92.

Teachman, J. D. (1987). Family background, educational resources, and educational attainment. *American Sociological Review, 52*, 548-557.

Teachman, J. D., Paasch, K., & Carver, K. (1996). Social capital and dropping out of school early. *Journal of Marriage and the Family, 58* (Aug), 773-783.

van de Werfhorst, H. G., & Kraaykamp, G. (2001). Four field-related educational resources and their impact on labor, consumption, and sociopolitical orientation. *Sociology of Education, 74*, 296-317.

Wentzel, K.R., & Wigfield, A. (1998). Academic and social motivation influences on student's academic performance. *Education Psychology Review, 10*, 155-174.

Wilkins, J. L. M. (2004). Mathematics and science self-concept: An international investigation. *The Journal of Experimental Education, 72*(4), 331-346.

Wilkins, J. L. M., Zembylas, M., & Travers, K. J. (2002). Investigating correlates of mathematics and science literacy in the final year of secondary school. In D. F. Robataile & A. E. Beaton (Eds.), *Secondary analysis of the TIMSS data (*pp.291-236). Boston, MA: Kluwer Academic Publishers.

Young, A. R., Beitchman, J. H., Johnson, C., Douglas, L., Atkinson, L., Escobar, M., & Wilson, B. (2002). Young adult academic outcomes in a longitudinal sample of early identified language impaired and control children. *Journal of Child Psychology and Psychiatry, 43*, 635-645.

本文取自：張芳全（2010）。**影響新移民與本國籍子女數學成就因素之研究：臺灣參加TIMSS 2007資料為例**。發表於2010新移民子女課程與教學研討會。主持人：溫明麗教授。地點：基隆市教師研習中心。

新移民子女英語學習
欠缺什麼呢？

壹 緒論

本章探討基隆市國中階段新移民子女（係來自東南亞國家及中國大陸女性婚配來臺灣所生子女，不包括歐美國家及香港與澳門的女性，以下同）英語學習成就（見研究設計與實施之界定）因素，其研究動機如下：

㈠臺灣很少探究新移民子女的英語學習成就因素

臺灣過去對於學生學習成就研究，多以非新移民子女的數學學習成就為主要（余民寧、韓珮華，2009；林俊瑩，2011；張芳全，2006b，2009，2010；黃毅志，2009；蕭佳純，2011），顯少對於新移民子女的英語學習成就進行探討，尤其是國中階段。雖然數學成就對學生升學及就業有其重要性，然而新移民子女英語學習成就好壞，對他們在未來生活與升學發展有重要影響。學好英語可以增加他們未來接觸資訊及與外籍人士溝通，國際化程度提升，甚至升學都有相當大的助益。由於影響國中階段新移民子女的英語學習成就相關因素為過去研究忽略，他們在國語文、英語及數學成就應該同樣受到重視，然而過去研究以數學成就居多，少有以英語學習表現為關注重點，這是本章探討此議題的主要研究動機之一。

㈡影響國中階段新移民子女英語學習成就因素有哪些呢？

教育部（2015）統計指出，99與103學年度全國國中人數（不含成人班）各為919,802人與803,226人，而新移民子女人數則各為27,863人及64,568人，即新移民子女占總的國中學生數比率由3%增加為8%，可見國中階段新移民子女人數比率增加相當快。過去在探討影響國中生英語學習成就因素的研究很少，國內在國中生英／外語教學的研究較偏重於語言學習技巧、教師的教學方法（吳青蓉，2004），以及高中生的英語自我效能、學習焦慮與英語成就之探究（周啟葶、程玉秀、宋秋美，2009），欠缺對新移民子女英語學習表現的影響因素進行深入分析。然而自2001年實施《九年一貫課程綱要》之後，國中階段的新移民子女英語學習表現為何？影響他們英語學習成就因素為何呢？尤其學生學習表現受到背景變項

影響，同時因背景因素再透過許多中介因素，如學生的學習動機、文化資本、教育期待而影響學習成就（陳奎熹，1990）。究竟新移民子女是否如此呢？所以本章分析國中階段新移民子女英語學習成就因素，以了解這些因素的重要性。

　　許多研究證實，非新移民子女的家庭社經地位（socioeconomic status, SES）與性別影響數學成就（林慧敏、黃毅志，2009；Downey, 1995; Petty, Harbaugh, & Wang, 2013），然而家庭SES與性別是否也會影響國中階段的新移民子女英語學習成就呢？尤其新移民子女的家庭SES傾向較為弱勢（王世英等，2006；蔡榮貴、黃月純，2004）。家庭文化資本是否也影響英語成就呢？同時新移民子女的父母、自我教育期望（educational expecta-tions）、學生英語學習動機（English learning motivation）對學習成就是否有影響呢？此外，新移民子女的國語學習表現較本國籍差（謝名娟、謝進昌，2013）。本章認為，新移民子女可能因為國語文學習不好，因而影響他們在英語學習表現。然而這僅是研究推衍，究竟國中階段的新移民子女國語成績是否會影響英語學習表現呢？本章除了探討國中階段的新移民子女之家庭SES與性別影響英語學習成就之外，這兩項因素是否會透過「父母、自我教育期望」與「學生英語學習動機」之中介變項影響英語學習表現呢？

貳　文獻探討

一、影響英語學習成就因素的相關理論

　　本章在了解國中階段新移民子女的家庭SES、性別、教育期望、英語學習動機、家庭文化資本與國語學習成就對英語學習成就之影響。與這些概念之間相關的理論說明如下：

　　新移民子女的家庭SES較本籍生（非新移民子女）的SES低（王世英等，2006）。過去許多研究都證實，SES高低與學生學習成就表現、教育取得有密切關係（林慧敏、黃毅志，2009）。家庭SES與社會階層理論

（social stratification theory）有關，該理論主張學生的家庭社會地位愈高，代表學生的家長職業聲望高、教育程度及家庭經濟收入愈高，可以提供的家庭文化資本與學習資源愈多，因而提高子女學習表現機會較多（Blair & Qian, 1998）。謝名娟、謝進昌（2013）以臺灣的59篇文獻後設分析顯示，本土子女整體學習表現較新移民子女來得佳，其學習表現差異平均效果量為.38，屬小至中等程度。張芳全、王翰（2014）研究國中階段的新移民與非新移民子女家庭SES、家庭氣氛與親子互動發現，非新移民子女的家庭氣氛與家庭互動明顯高於新移民；國中一年級的新移民子女父母親教育程度愈高，他們後來在國一至國三的家庭氣氛愈不好（很可能是升學的關係，家庭氣氛愈來愈緊張），而非新移民子女則是家庭氣氛愈來愈好。究竟國中階段新移民子女的家庭SES會影響他們的英語學習表現嗎？是本章重點之一。

家庭的SES高低也反應了家庭文化資本多寡。孫清山、黃毅志（1996）研究指出，教育程度愈高、職業聲望愈高與家庭收入愈高的家庭，也就是SES愈高的家，他們的文化資本愈多。張芳全（2009）研究也發現，SES愈高，文化資本愈豐富。文化資本理論將文化資本區分為：㈠客觀化形式的文化資本，它為物質性的文化財產，例如藝術品、高檔繪畫；㈡歸併化形式的文化資本：它內化於個人心靈，具長期穩定性，成為稟性和才能，構成個人行為習慣；㈢制度化形式的文化資本：它是合法的各種證照與學位等（吳清山、林天祐，2008；Bourdieu, 1977; Bourdieu & Passeron, 1970）。Coleman（1988）認為，家庭中至少有三種資本：一是財務或實質資本（financial or physical capital），它是家庭經濟所得或財富；二是人力資本（human capital），即家長教育程度；三是社會資本（social capital），即家長與子女之關係。這三種資本都對子女學習與教育成就有幫助。家庭擁有上述豐富的文化資本，除了提供子女學習資源之外，也可以在豐富的文化資本涵養子女的學習習慣及態度，因而提高他們的學習成就及教育地位取得或工作獲得機會。換言之，家庭文化資本對於子女學習成就有提升效果，然而國中階段的新移民子女的英語學習表現是否受家庭文化資本影響呢？是本章要探究的。

　　本章認為，國中階段的新移民子女受到家長及自我教育期望，影響了他們的英語學習表現。就教育期望理論來說，個體對於未來期待目標所要完成可能性就是期望（Finn, 1972）。教育期望包含了個人對自己期待與重要他人對個體期望，前者重要性比後者影響力還大。Marjoribanks（2003）認為，自我教育期望反映個體對教育內在價值與外在期待效用的綜合想法。這種想法影響個人朝向目標或學習方向前進的動力。而重要他人（如父母與師長）的教育期望是個體以外者對於個體未來表現的期望。Sue與Okazaki（1990）指出，亞洲國家對學生學習表現與家長高度教育期望和亞洲文化強調接受教育之後，學生要有很好表現有關。對子女來說，它就是雙親的教育期望。而亞洲國家的雙親教育期待融合了家庭與文化價值，使得家長對子女有較高教育期待，子女也會有較高的自我期待，因而在課業會更努力。究竟國中階段的新移民子女之教育期望是否會影響其英語學習表現，有待本章分析。

　　此外，國中階段新移民子女的英語學習表現也受到他們的英語學習動機左右。英語學習表現學生的一種成就，以成就動機理論來說，學習動機是引起個體採取行動、追求特定方向及保持投入一定活動的內在心理歷程（Ormrod, 2004, p. 425）。當個人的動機及驅力強，想要完成任務的意願就高，避免失敗動力也就較高。Pintrich、Smith與McKeachie（1989）統整學習動機理論認為，學習者的學習歷程包含價值、期望和情感成分。價值成分包含學習者的內在目標、外在目標導向（extrinsic goalorientation）和工作價值，這三種動機影響學習結果；期望是指學習者在特定學習任務對成功或失敗機率信念；情感是學習者對於學習過程與結果的反應，如獲得成就而有成就感，若失敗則為焦慮、挫折與失望等。若應用在英語學習上，新移民子女英語學習動機會增加個人目標、增加他們在活動能量及參與活動程度，引導他們朝向較好的英語學習表現。換言之，新移民子女若有持續學習英語的內在動力，避免失敗的經驗，擁有強烈的英語學習動機對他們的英語學習成就會有正面效果。

二、國中階段新移民子女英語學習成就因素的研究

　　許多研究證實影響學生學習成就是多元因素所造成。Centra與Potter（1980）認為，家庭SES、種族、性向、智力、先備知識、教育期望、價值觀及認知風格等會影響學習成就。Dornyei（2005）指出，學生心理因素對第二語言的學習有重要影響。Chamorro-Premuzic（2007）認為，智商對學習成就的影響力較大。Petty、Harbaugh與Wang（2013）運用線性階層模式分析發現，在個人層次中，學生教育期望、性別、看電視時間、回家作業會影響學習成就，在學校層次中，教師層的薪資、性別及與族群也影響學習成就。Renee與Thomas（2015）以美國的移民家庭子女為研究對象發現，移民家庭的家長對於教育成就轉移給下一代子女比起本土家庭（原生美國家庭者）還來得弱，換句話說，新移民子女的家長教育程度高者，他們影響子女表現，會比非新移民家庭效果來得低。陳建州（2010）探討影響跨國婚姻子女學習成就之因素發現，與「父親、母親均為本國籍」者相較，「外籍母親」身分並非影響子女綜合分析能力之因素，但「外籍父親」身分對於子女的綜合分析能力卻具有負效果。王世英等（2006）在臺灣進行的研究發現，就讀國小的新移民子女與國中階段在各領域學習表現有所不同，國小階段的新移民子女表現與一般學生沒有不同，不過，國中階段各領域若以甲乙丙丁四等第來看，他們大都落在乙及丙等，數學多在丁等。本章在國中階段新移民子女英語成就的影響因素聚焦於家庭SES、性別、國籍別、教育期望、英語學習動機、家庭文化資本、國語學習表現對英語學習表現影響。針對上述因素說明如下：

　　首先，在新移民子女的背景變項方面，Nonoyama-Tarumi（2008）以跨國資料分析發現，家庭的SES對學習成就正向顯著影響。Sirin（2005）後設分析1990至2000年的論文分析發現，家庭SES與學業成就有.35顯著相關。可見，子女的學習成就與SES有關。Stull（2013）分析發現，學生的SES與學校氣氛對於學習成就有正向顯著影響，弱勢族群子女的學生學習成就相當不利。上述研究都證實，學生的SES確實對學習成就有明顯提升效果。張酒雄、張玉茹（1998）以臺中縣42所國中生的英語學習策略與英

語學習成就調查發現，女生的英語學習表現明顯優於男生，同時學生英語學習經驗、出國經驗與家庭SES影響英語學習表現，其中性別、英語學習經驗與SES是影響英語學習成就的重要因素。Kim（2002）也以韓國移民子女（七、八年級生）分析發現，女性的英語學習成就明顯高於男性。此外，母親來自中國大陸與東南亞國家者，雖然在這兩個地理區域的文化、語言、價值觀與生活方式不同，但新移民子女的母親國籍也可能影響子女英語學習表現。可見，在背景變項上，除了家庭SES之外，性別與國籍別與英語學習經驗也影響英語學習成就。基於上述本章假設如下：

H$_1$：女性新移民子女的英語成績明顯高於男學生。

H$_2$：新移民子女的SES愈高，英語成績愈好。

要說明的是，母親來自中國大陸的子女因母親在語言及生活方式與臺灣較接近，所以對於子女教育比起東南亞籍者容易，也較易了解臺灣的教育狀況，因而假設來自中國大陸籍者子女在英語學習成就較東南亞國家還要好。所以本章假設如下：

H$_3$：母親來自中國大陸的新移民子女英語成就明顯高於來自東南亞國家者。

其次，學生的語言學習表現強調學習互賴的重要性。也就是如果母語或第一語言的學習好，有益於第二語言的習得。Cummins（1979, 1991）提出「語言相互依賴假說」（Language Interdependence Hypothesis）認為，學生在學習第二語的學習表現與其母語言學習成就有關，也就是會和他們在第一語言之學習成就相關。以臺灣的國中生來說，英語是外語，英語學習多少會受到國語文學習影響。如果國語學習表現較好有益於英語的學習，這說明了學習者在學習表現好壞並非單一領域學習可以成就，尤其英語學習需相近語言學習輔助，因此國中階段的新移民子女的國語文學習成就可能會影響他們的英語學習表現。所以本章假設如下：

H₄：新移民子女的國語成績愈好，英語成績愈好。

第三，在新移民子女的家庭文化資本對學習成就的影響方面，有很多研究證實非新移民子女家庭文化資本及學習資源影響子女學習成就（Aldous, 2006; Asakawa, 2001; Sandefur, Meier, & Campbell, 2006; Yan & Lin, 2005）。張芳全（2009）以TIMSS來了解學生的家庭文化資本、學習興趣是否為數學成就的中介變項研究發現，學生家長的教育程度對於家庭文化為正向影響，而家庭文化資本正向影響學生學習興趣，家庭文化資本與學習興趣對科學成就有正向顯著影響，也證實影響學習成就有中介變項存在，即家長教育程度會透過家庭文化資本、學習興趣正向顯著影響學習成就。Pishghadam與Khajavy（2013）運用結構方程式分析顯示，學生的家庭文化資本及社會資本都對於外語學習有正面顯著影響。因此本章假設如下：

H₅：新移民子女的家庭文化資本愈多，英語成績愈好。

而英語學習動機對學習成就之影響也有許多研究證實，Afshar、Rahimi與Rahimi（2014）研究伊朗的學生學習外語表現顯示，學生若擁有工具性動機（即為了找職業、為了學習成就表現、工作晉升）愈強、學習自主性愈高、愈會批判思考者，他們的外語學習表現愈好。Belmechri與Hummel（1998）以加拿大學生分析指出，學好第二語文的重要前提需很強烈的學習動機。Ely（1986）也有類似的研究發現。Greene、Miller、Crowson、Duke與Akey（2004）的研究發現，學生學習態度愈強，認知能力愈好，學習表現也愈好。Latifah et al.（2011）研究馬來西亞的學生英語學習動機、學習焦慮感與第二語學習表現之關係發現，變項之間都有顯著關係，尤其是個人的動機對於第二語學習的影響力最大，而焦慮為負向影響，而學習態度為正向影響。學習動機與自我效能有密切關係，周啟葶、程玉秀、宋秋美（2009）以臺灣的高中生為對象研究顯示，高中生英語自我效能與英語學習焦慮對其英語為外語學習成就皆有顯著預測力，但

英語自我效能的預測力較高。Wong（2011）將學習動機區分為工具性動機（instrumental motivation）及情感性動機（integrative motivation）對於中國大陸學生探討影響外語學習情形發現，學習動機類型對外語的學習扮演重要角色，其中工具性動機對外語學習表現的重要性高於情感性動機。因此，本章認為，國中階段新移民子女的英語學習成就會受到他們的英語學習動機的影響。

H₆：新移民子女的英語學習動機愈強烈，英語成績愈好。

在教育期望方面，張芳全（2006a）以家庭SES、家庭文化資本與教育期望對學業成就的影響發現，SES及家庭文化資本會透過教育期望正向影響學習成就。許多研究證實，父母對子女的教育期望正向顯著影響子女學習成就（Buchmann & Dalton, 2002; Chen & Stevenson, 1995; Fan, 2001）。Fejgin（1995）的研究發現，多個家庭及學生有關的變項影響學習成就，尤其是教育期望對學習成就有重要影響。Kim（2002）以209位七、八年級韓國移民美國的子女分析影響其教育成就因素發現，家長教育期待、家長與子女溝通、回家作業檢查都對於教育成就有顯著正向影響，另外女性學生、家長有較好的英語表達能力也對於教育成就有顯著影響。Reynolds與Johnson（2011）的研究顯示，雙親的教育期望低者、黑人、男性，其子女的自我教育期望也低。因此本章假設如下：

H₇：新移民子女的教育期望愈高，英語成績愈好。

三、社會階層與教育成就之中介變項的說明

新移民就讀國中生的英語學習成就受中介因素影響嗎？陳奎熹（1990，第69頁）指出，社會階層與家庭背景不直接預測教育成就，相對的透過物質條件、成就動機、抱負水準、教養方式、語言型態、學習環境等影響表現。學生背景透過這些中介因素預測學習表現。本章探討新

移民與漢族的國中生背景變項（性別、國籍與SES），中介變項包括家庭
文化資本、英文學習動機、教育期望、國語成績。這些變項與陳奎熹所
指內涵相近，就如成就動機代表學習動機。孫清山、黃毅志（1996）研究
發現，過去臺灣在教育上有捨女保男，女生的文化資本及學習成就低於
男生。而SES與教育期待、學習動機與文化資本的關聯性高。據文化資本
及社會階層理論說法，SES會透過文化資本預測國語學習成就，此為陳奎
熹（1990，第69頁）所指出的抱負水準，進而預測英語成績。也就是說，
SES愈高，文化資本多、國語文學習成就高，英語學習成就比較高。再者
SES愈高，教育期望會高，可以預測較高的英語學習成就。在新移民子女
的性別上，女生有較高的國語文成就，英語成就傾向較高。基於上述，新
移民子女就讀國中生的SES、性別、國籍會透過中介變項預測英語學習成
就。

　　H_8：新移民子女的性別與SES透過中介變項（家庭文化資本、國語成
　　　　績、英語學習動機與教育期望）影響英語成績。

參 研究設計與實施

一、分析架構與研究假設

　　從文獻探討建立架構如圖6-1。圖左邊為國中階段新移民子女的性
別、家庭SES與國籍；中間為中介變項包括家庭文化資本、國語成績、英
語學習動機、教育期望，右邊為英語成績。圖中線條的每個H符號為研究
假設。

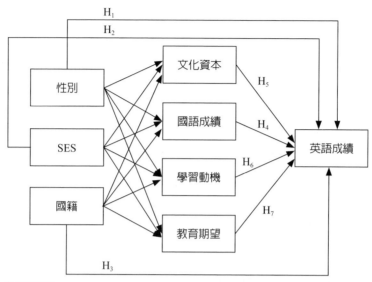

圖6-1　分析架構

二、變項測量

本章各變項之測量說明如表6-1。

三、資料來源、研究對象與工具

本章資料來源取自張芳全（2013）建置的「國民中學學習狀況之追蹤調查」資料庫第一波資料（已取得資料建置者使用同意書），對基隆市99學年15所公立國中七年級生調查，其中新移民子女（媽媽為外籍者）的母群體有485名，資料庫中有完整資料者為194名，有效樣本率為40%。本章從資料庫中第一波樣本剔除沒有填答資料者，成為有效樣本，在工具效度估計採用因素分析主軸萃取法，以最大變異法進行直交轉軸，以特徵值大於1.0參考標準，表6-2為SES、英語學習動機、家庭文化資本與教育期望的凱薩－枚爾－歐克林（Kaiser-Meyer-Olkin, KMO）取樣適切量數各為.62、.70、.72、.78，代表這些研究構面與題項適合進行因素分析（Kaiser, 1974）。研究工具信度採用Cronbach's α係數，各面向係數在.75至.85之間。

表6-1　各變項之測量

變項	定義	計分
英語成績	它以基隆市99學年各學校第二學期英語學期總成績，為學生的英語教師對全班學生在兩次期中考及一次期末考，加上平時英語表現所評定。換言之，它包括平時英語表現及期中與期末的紙筆測驗的英語能力。由於英語教師對全班學生（含非新移民子女）從考試及平時表現評分，考量不同班級的教師對學生在班級間與校際之間有所差異，因此採用標準化Z分數轉化，使之可以作為校際與班際之比較。轉換後的Z分數愈高，代表英語文成就愈好。	標準化Z分數，-1至1之間
國語成績	它以基隆市99學年各校第二學期國語學期總成績，它由該生的國文教師評定，本章在資料取得及處理如上述的英語成績一樣，即考量學生在班級與校際之間差異，採用標準化Z分數轉化。轉換後的Z分數愈高，代表國語文成就愈好。	標準化Z分數，-1至1之間
家庭社經地位	SES以學生的父親教育程度、收入及職業來測量。在資料庫的問卷區分為：小學沒畢業或沒上過學、國小畢業、國中畢業、高中職畢業、專科畢業、大學畢業、碩士以上學位、我不知道。在教育程度依臺灣學制畢業修業年數為依據。父親職業調查選項區分為：1.中小學、特教、幼稚園教師；2.一般技術人員；3.高層專業人員；4.行政主管、企業主管、經理人員及民意代表；5.技術員及半專業人員；6.事務工作人員；7.服務及買賣工作人員；8.農、林、漁、牧工作人員；9.技術工、操作工及裝配工；10.非技術工；11.職業軍人；12.警察、消防隊員；13.家管。為了將上述職業類別轉換，本章參考黃毅志（2008）「改良版臺灣地區新職業聲望與社經地位量表」將職業等級分成五級，依序為：第一級為非技術工、體力工；第二級為技術工作者；第三級為半專業人員及普通公務人員；第四級為專業人員及中級行政人員；第五級為高級專業人員及行政人員。父親每月收入大約多少元？沒有收入、2萬元以下、2至4萬元、4至6萬元、6至8萬元、8萬元以上。	各階段教育分別以3、6、9、12、14、16與18轉換，若填答我不知道列為0不列入計分。收入依序分別給予1至6分。
教育期望	本章以：你希望自己將來能求學到什麼程度？父親對您未來的求學到什麼教育程度？選項為國中畢業、高中／職畢業、專科畢業、大學畢業、碩士以上學位、我不知道。	依序1至5，不知道不列入研究。
英語學習動機	本章以：我會努力把英文學好與我對英文的喜好程度，受試者依實際情況勾選出適合自己情形。	非常不同意、不同意、同意、非常同意，依序1-4分。
家庭文化資本	Bourdieu（1977）的文化資本包括客觀化形式，它為物質性的文化財產；歸併化形式，它內化個人心靈，長期穩定性，成為稟性和才能，構成個人行為習慣；制度化形式文化資本，如畢業證書。本章以學生家庭中擁有的學習及物質資源為主，資料庫問卷詢問學生家庭中是否有電腦、網際網路、字典（含中英文）、電子辭典（含中英文）、課外讀物、個人專用書桌等，本章先針對這些變項加總，接著此項目再與家庭藏書量因素分析。資料庫問卷中，詢問學生你家中有多少本書？0-10本、11-25本、26-100本、101-200本、201-500本、500本以上。	物質資源勾選是代表有資源1分，否代表沒有資源0分。圖書依序為1-6分。

表6-2　研究工具的信度與效度

因素	題目	因素負荷量	特徵值	解釋量%	信度
SES	父親教育程度	.77	1.60	53.45	.75
	父親職業	.76			
	父親的月收入	.66			
家庭文化資本	家庭藏書量	.80	1.40	70.00	.85
	家庭設備與資源	.85			
英語學習動機	我會努力把英文學好	.78	1.44	72.10	.80
	我對英文的喜好程度	.79			
教育期望	我對我的自我期望	.91	1.64	82.41	.82
	父親對我的教育期望	.91			

四、樣本的基本屬性

　　「國民中學學習狀況之追蹤調查」資料庫第一波資料中，新移民子女的基本屬性如表6-3，總樣本共194名，其中母親來自中國大陸、越南、印尼、泰國、菲律賓、馬來西亞及緬甸各有134、28、11、5、6、2、8名（除了大陸外，60名為來自東南亞國家）。表中男生有87名，女生為107名，而在父親職業中以技術工、體力工與技術工占42.24%，高級專業人員及行政人員比率為18.55%，父親收入以2至4萬比率40.72%最高，單親家庭占11.34%。

五、資料處理方法

　　本章在資料處理上運用SPSS V19.0進行各種統計方法的分析。在資料整理上，若在資料庫中樣本有遺漏，採取剔除法刪除，研究中不採用平均數插補法是因為它是估計其他樣本所得到的資料，插補法獲得的資料不一應是真實的情形，經過整理之後共有194筆有效樣本。資料處方法包括描述統計（整體樣本屬性的次數分配表）、因素分析（研究工具的效度估計）與多元迴歸分析。在迴歸分析中如性別為類別變項，以女生為參照組（0代碼），男生（1代碼）；國籍以東南亞國家為參照（0為代碼），中

表6-3　新移民子女背景變項的摘要　*n*=194

項目	類別	人數	百分比
性別	女性	107	55.15
	男性	87	44.85
國籍	中國大陸	134	69.07
	越南	28	14.43
	印尼	11	5.67
	泰國	5	2.58
	菲律濱	6	3.09
	馬來西亞	2	1.03
	緬甸	8	4.12
父親職業	非技術工、體力工	16	8.24
	技術工	66	34.00
	半專業人員及普通公務人員	32	16.49
	專業人員及中級行政人員	44	22.68
	高級專業人員及行政人員	36	18.55
父親收入	沒有收入	21	10.82
	2萬元以下	24	12.37
	2至4萬元	79	40.72
	4至6萬元	43	22.16
	6至8萬元	14	7.21
	8萬元以上	13	6.70
家庭結構	雙親家庭	172	88.66
	單親家庭	22	11.34

國大陸（1為代碼）。本章在進行多元迴歸分析時會掌握自變項之間的多元共線性問題，它以變異數波動因素（Variance Inflation Factor, VIF）作為檢定標準，若該數值大於10代表有嚴重多元共線性問題。此外，在中介變項檢定方式採取Baron與Kenny（1986）提出的四個條件：㈠自變項必須顯著影響中介變項；㈡自變項必須顯著影響依變項；㈢中介變項必須顯著

影響依變項；㈣將自變項與中介變項同時對依變項分析，當控制中介變項對依變項效果，自變項對依變項的效果消失（未達統計顯著水準）。

肆　結果與討論

一、分析結果

以Baron與Kenny（1986）的第一個條件：自變項必須顯著影響中介變項。本章經過多元迴歸分析結果如表6-4。模式1以家庭文化資本為依變項，家庭SES達到統計顯著水準（$p < .01$），而國籍別與性別並沒有明顯差異，Adj-R^2為5%，代表國中階段新移民子女的家庭SES愈高，家庭文化資本愈多，可見新移民子女要有豐富的家庭文化資本，要有較高的SES。模式2的國語成績顯示，男性比女性明顯低，但是家庭SES及國別對於國語成就沒有明顯影響，可見母親來自大陸籍的國中階段子女，其國語表現不會比較有利。模式3的英語學習動機方面，家庭SES愈高，英語學習動機愈高，可見家庭SES高的新移民家庭，其子女英語學習動機較高，而國籍別與性別並沒有明顯差異。模式4的教育期望上，新移民子女的性別、家庭SES與國籍別對教育期望都沒有明顯影響。

表6-4　新移民子女的背景變項對中介變項之迴歸分析摘要

模式	模式1	模式2	模式3	模式4
依變項	文化資本	國語成績	學習動機	教育期望
自變項	b (ß)	b (ß)	b (ß)	b (ß)
常數項	8.20*	.44**	.28	.24
男性	-.44(-.11)	-.39(.21*)	-.32(-.17)	.19(.17)
SES	.52(.25*)	.09(.09)	.22(.24*)	.03(.05)
中國大陸	-.05(-.02)	.13(.06)	.07(.03)	.28(.19)
F值	3.61*	2.44*	4.07*	.83
Adj-R^2	.05	.03	.06	.01
VIF	1.02	1.02	1.01	1.03

* $p < .05$.

Baron與Kenny的第二個條件：自變項必須顯著影響依變項。統計分析結果如表6-5看出，模式5的性別達到統計顯著水準（$p < .01$），代表國中階段的男性新移民子女比女生英語學習成就明顯低。模式6的家庭SES達到統計顯著水準（$ß = .20$，$p < .01$），代表國中階段新移民子女的家庭SES愈高，英語學習成就愈好，自變項解釋英語學習成就（Adj-R^2）為8%。模式7加入國籍別發現，家庭SES及性別仍然是顯著，但是母親來自大陸的子女在英文不會明顯高於來自東南亞國家者。上述反映出，在控制性別與家庭SES之後，國中階段女性新移民子女的英語學習表現仍明顯高於男生。

Baron與Kenny的第三個條件：中介變項必須顯著影響依變項。統計分析如模式8，僅以中介變項（家庭文化資本、英語學習動機、教育期望與國語成績）對英語學習成就分析發現，國語成績與英語學習動機對英語學習成就達到統計顯著水準（$p < .01$），Adj-R^2為65%，其中新移民子女的國語成績對英語成績影響力最大（$ß = .52$），而英語學習動機對英語學習成績影響力（$ß = .43$）居次。

在第四個條件：將自變項與中介變項同時對依變項分析，經統計分析發現，模式9加入家庭文化資本之後，沒有達到統計顯著水準，但是性別與家庭SES對英語學習成就的影響仍達統計顯著水準（$p < .01$），可見國中階段新移民子女的家庭文化資本缺乏，因而沒有對於英語學習成就有顯著影響，Adj-R^2仍為8%。模式10再加入新移民子女的國語成績之後發現，性別從達到顯著水準變成沒有達到統計顯著水準，SES的ß值亦下降，而國語成績達統計顯著水準（$p < .01$），其$ß = .66$大約為SES之$ß = .17$的四倍，Adj-R^2提高為50%，代表新移民子女的國語成績明顯影響英語學習成就，可見新移民子女若有較好的國語學習表現確實影響了英語學習表現。模式11再加入英語學習動機之後發現，僅有國語成績與英語學習動機達到統計顯著水準（$p < .01$），其他自變項沒有達到顯著水準，Adj-R^2提高到62%，其中英語學習動機影響力（$ß = .39$）在自變項中僅次於國語成績，其他變項並沒有顯著影響力，可見國中階段的新移民子女英語學習動機也是影響英語學習成就的重要因素。模式12再加入教育期望之後發現，新移

民子女的國語成績與英語學習動機仍然達到統計顯著水準，其餘自變項則否，其中英語學習動機預測力仍然為ß = .39，而國語成績的預測力（ß = .46）在自變項中對英語學習成績之預測力仍然最大，上述看出國中階段新移民子女的教育期望對英語學習成就的預測力不明顯。

表6-5　國中階段新移民子女的英語學習成就因素之迴歸分析摘要

自變項	模式5	模式6	模式7	模式8	模式9	模式10	模式11	模式12
參數	b(ß)	b(ß)	b(ß)	b(ß)	b(ß)	b(ß)	b(ß)	b(ß)
常數項	.28**	.34**	.03**	-.65	.03**	-.40	-.31	-.49
男性	-.50(-.25**)	-.40(-.20*)	-.35(-.22*)		-.39(-.19*)	-.10(-.05)	-.04(-.02)	-.10(-.50)
SES		.26(.26**)	.25(.23**)		.24(.22**)	.17(.17**)	.10(.10)	.15(.16)
中國大陸			.03(.01)		.03(.01)	-.06(-.03)	-.07(-.03)	-.11(-.06)
文化資本				.06(.12)	.04(.08)	.05(.11)	.04(.07)	.05(.09)
國語成績				.56(.52**)		.70(.66**)	.58(.54**)	.52(.46**)
學習動機				.49(.43**)			.42(.39**)	.45(.39**)
教育期望				.12(.08)				.22(.13)
F值	9.79**	5.19**	5.10**	33.70**	3.65*	24.75**	32.4**	13.54**
Adj-R²	.06	.08	.08	.65	.08	.50	.62	.59
VIF		1.06	1.06	1.24	1.06	1.09	1.21	1.64

* *p* < .05. ** *p* < .01.

三、綜合討論

　　過去很少對於國中階段新移民子女的英語學習領域做深入探討。本章以此議題進行深入分析，因而有幾項研究貢獻：第一、過去沒有研究影響國中階段新移民子女英語學習表現因素，尤其自2001年政府實施九年一貫課程以來，更沒有深入分析影響新移民子女英語學習表現因素，本章深入分析了解這方面的影響因素以彌補過去研究不足。第二、本章以國中階段的新移民子女為研究對象，與過去以國小階段的新移民子女之研究在研究對象上有所不同。第三、在影響國中階段新移民子女的英語學習成就因素，除考量性別、家庭SES與國籍別之外，更將透過歸納出影響新移

民子女英語學習成就的可能中介因素，即家庭文化資本、英文學習動機、教育期望、國語成績，建構出中介影響英語成績機制，透過Baron與Kenny（1986）的中介變項檢定標準進行檢定，也是本章的特色之一。針對研究結果，綜合討論如下：

㈠ 國中階段新移民子女的家庭社經地位高有利於英語成績

本章發現，國中階段的女性新移民子女英語成績明顯高於男學生，代表女生的英語學習表現高於男性，很可能是女生在英語學習興趣與動機較高，提升了他們在英語學習成就。這與張酒雄、張玉茹（1998）、Kim（2002）的研究發現一致，接受H_1。國中階段新移民子女的家庭SES愈高，英語成績愈好，這也支持社會階層理論的論點，同時也與許多研究非新移民子女的結果一致（張酒雄、張玉茹，1998；Asakawa, 2001; Sandefur, Meier, & Campbell, 2006; Stull, 2013; Yan & Lin, 2005），接受H_2。此外，研究結果也發現，母親來自中國大陸的新移民子女英語成就並沒有明顯高於來自東南亞國家者。代表母親來自中國大陸的新移民子女英語成就並沒有比東南亞國家者好，因此拒絕H_3。值得說明的是，國中階段的新移民子女的SES對英語成績影響力大，可見國中階段新移民子女的SES對其英語學習表現之重要性可見一斑。

㈡ 新移民子女的國語文成績對英語成績具有關鍵性的影響力

本章發現，國中階段的新移民子女國語成績愈好，英語成績愈好，這和張玉芳（2011）、Singh與Ozturk（2000）在研究非新移民子女的結果一致，支持Cummins（1979, 1991）提出的「語言相互依賴假說」，學生在學習第二語學習情境與語言學習成就有關。值得說明的是，國語成就的影響力（模式10的ß = .66）大約是SES（ß = .17）的四倍。這更說明了國中階段的新移民子女之英語學習與國語文能力好壞有密切關係，若國中階段新移民子女對本國語文熟悉，他們可以從國語文能力作為基礎來提高英文學習表現，也就是說國語學習提供了英語學習輔助的鷹架效果。所以接受H_4。這更說明了，要提高國中階段新移民子女英語成績表現，重要的前提之一是國語成績要好，也就是語文學習表現要好。因此，英語學習不可以

忽略國語學習，有了良好的國語學習表現，才可以增加英語學習表現，這是有互補的效果。

㈢ 新移民子女的家庭文化資本對英語學習表現沒有影響

　　本章發現，國中階段新移民子女的家庭文化資本對英語成績沒有顯著影響，可見基隆市國中階段的新移民子女沒有較多的家庭文化資本來影響他們的英語學習成就。這與王世英等（2006）的研究結果一致，他們分析新移民子女國中階段表現較差的原因可能是家庭因素，如家庭關懷度不足等；也可能是心理因素，如隨年齡增長，意識到自己與同儕差異而產生自卑心理等，甚至資源不足因素，如學業無人指導、沒有支援系統、教育與學習資源不足等，造成如此差異。換言之，本章結果一方面說明了新移民子女的家庭文化資本可能較為不足，另一方面也可能反應出，並不是家庭文化資本都會影響不同族群子女的學習成就，不同族群在家庭文化資本的輔助性與感受性不同（很可能家庭文化資本要達到一定水平才有明顯的影響力）。不過本章結果與許多研究的研究發現不一致（張芳全，2009；Aldous, 2006; Asakawa, 2001; Kim, 2002; Nonoyama-Tarumi, 2008; Pishghadam & Khajavy, 2013; Sandefur, Meier, & Campbell, 2006; Yan & Lin, 2005），更沒有支持Bourdieu與Passeron（1970）、Passeron（1977）、Coleman（1988）的文化資本理論，所以拒絕H_5。但是究竟是否真的如此，還有待後續研究分析。

㈣ 新移民子女的英語學習動機是提高英語成績的重要因素

　　國中階段新移民子女的英語成績雖受家庭SES影響，但其影響力在加入學生英語學習動機之後，就會削弱家庭SES對英語學習成就的影響力。可見，新移民子女的英語學習動機是影響他們英語學習成就的重要因素之一。換言之，國中階段新移民子女的英語學習動機愈強，英語成績愈好，此結果與許多研究發現一致（Belmechri & Hummel, 1998; Dornyei, 1994; Oxford & Shearin, 1994），所以接受H_5。值得說明的是，英語學習動機對英語成績的預測力僅次於國語成就，學習動機是家庭SES的二倍（模式11）。如果四個中介變項一起投入對英語成績的影響分析，不包括背景因

素，英語學習動機影響力僅次於國語成績（模式10）；若將學生的家庭背景變項與中介變項一起投入對英語成績分析發現，英語學習動機的影響力仍僅次於國語成績，可見新移民子女英語學習動機對英語學習成績的影響相當重要。所以接受H$_6$。

(五) 新移民子女的教育期望對英語學習表現沒有影響

本章發現，國中階段新移民子女的教育期望對英語成績沒有明顯影響，按理來說，對於家長對子女及子女對自己教育期望是影響學習成就的重要因素之一，但是本章在國中階段的新移民子女卻沒有這樣發現，是否家長的教育期望無法讓子女感受到，或者國中階段新移民子女的自我教育期望較低，都是未來可能值得進一步探討。所以本章結果與相關研究發現不一致（張芳全，2006a；張善楠、黃毅志，1997；Buchmann & Dalton, 2002; Fan, 2001; Jeynes, 2007; Kim, 2002），因此拒絕H$_7$。

(六) 新移民子女的家庭背景變項透過英語學習動機與國語成績的中介變項明顯影響英語表現，而教育期望與家庭文化資本則否

影響國中階段的新移民子女英語成績因果機制的中介變項是否存在？本章發現，國中階段的新移民子女的性別、家庭SES與國籍沒有完全透過中介變項（家庭文化資本、英語學習動機、教育期望與國語成績）顯著影響新移民子女英語成績，也就是僅有在英語學習動機及國語成績有這種效果。若以Baron與Kenny（1986）的四個條件討論如下：第一個條件是自變項對中介變項具有影響，即模式1、模式2、模式3、模式4的家庭SES、性別與國籍對家庭文化資本、英語學習動機、教育期望與國語成績僅SES顯著影響。第二條件自變項對依變項顯著影響，本章亦大致符合，即模式5、6的性別與家庭SES對英語學習成就分析都達到統計顯著水準。國籍別則否。第三個條件為中介變項對依變項顯著影響，本章的二個變項符合，如模式8看到將英文學習動機與國語成績對英語學習成就達統計顯著水準，即中介變項對依變項達到統計顯著水準，然而家庭文化資本與教育期望則否。

第四個條件為自變項與中介變項同時納入會影響依變項，本章大致

符合，也就是將自變項與中介變項對英語學習成就分析發現，性別、家庭SES、國籍別、家庭文化資本與教育期望沒有達到統計的顯著水準，而國語成績與英語學習動機則有達到顯著影響。模式8的中介變項對英語成績影響的解釋力就有65%，而模式12的自變項與中介變項都投入對英語成績影響的解釋力為59%，依此看模式12與模式8的預測力差異不大，模式12的自變項的影響力被中介變項所解釋。基於上述，國中階段的新移民子女的國語成績與學習動機的中介變項具有完全中介效果，而家庭文化資本與教育期望則不具有中介效果，所以部分接受H_8。

伍　結論與建議

一、結論

本章獲得以下的結論：

(一)新移民子女的家庭SES與性別可以預測英語學習成就，然而母親來自的國籍無法預測英語學習成就

國中階段女生的新移民子女在英語學習成就比男學生好；新移民子女的家庭SES愈高，英語學習成績好。母親來自中國大陸與東南亞國家之子女在英語成就沒有明顯差異。

(二)新移民子女的英語學習動機愈強與國語成績愈好，其英語學習成就愈好

在投入可能影響因素中，國語成績對英語成就的影響力最大，其次為英語學習動機，也就是說，新移民子女的國語成績對英語成績影響力最大，其次為英文學習動機，而教育期望與家庭文化資本對英語學習成就沒有顯著影響。

㈢ **新移民子女性別、家庭SES與國籍別透過英語學習動機與國語文成就對英語學習成就影響，這兩個中介變項具有完全中介效果，會讓家庭SES對英語學習成就預測力減少**

也就是說，國中階段新移民子女的性別、家庭SES與國籍別透過英語學習動機與國語成績對英語學習成就影響，而國語成績的影響力大約為家庭SES的四倍效應量，可見國中階段新移民子女之國語成績與英語學習動機對英語學習動機影響力大於家庭SES對英語學習成就的影響力。

二、建議

㈠ 對教學上的建議

本章結果發現，國中階段新移民子女的英文學習動機與國語成績對英語成績的影響較為明顯。國中階段的教師應鼓勵新移民子女培養英文學習興趣，如在教學及學校生活中讓英語學習多語學生生活結合，從中引導其英語學習動機，以彌補沒有豐富的家庭文化資本之不足，以及來自於家庭SES較低子女在英語學習表現的缺失。

學校、教師、家長與學生應重視子女國語成就表現及其學習狀態。本章結果發現，國中階段新移民子女的國語成績與學習動機是影響英語學習表現的重要中介因素。換言之，若要提高新移民子女英語成績，需有較好的國語文表現。因此，教師及學校與家長應鼓勵新移民子女在語文的學習應均衡，宜先有好的國語學習表現，才會有好的英語成就。家長及教師或學生不可以僅對於英語學習偏好，對國語文學習不足，尤其從本章結果來看，國中階段的新移民子女若能有好的國語文學習表現做鷹架，可提高其英文學習表現。

㈡ 未來研究建議

本章的分析樣本為七年級學生，未來研究可追蹤學生至國中其他年級，就如蕭佳純（2011）以長期追縱樣本來了解影響學生成就因素，以及從不同縣市進行調查，對本章所納入的背景因素及中介變項更可以驗證，因此未來應追蹤調查，以了解影響他們在英語學習表現的關鍵因素。此

外，未來應建置標準化英語學習成就及國中階段的英語學習表現資料庫以
利追蹤研究。本章採用學期成績，雖然學生不用另外進行測驗，符合學校
成績的真實情境，但是各校測量工具不一，難以了解其成長趨勢，未來可
以設計標準化成就測驗進行追蹤。

參考文獻

一、中文部分

王世英、謝雅惠、溫明麗、黃乃熒、黃嘉莉、陳玉娟、陳烘玉、曾尹彥、廖
　　翊君（2006）。我國新移民子女學習成就現況之研究。**教育資料與研
　　究，68**(1)，137-170。

余民寧、韓珮華（2009）。教學方式對數學學習興趣與數學成就之影響：以
　　TIMSS 2003臺灣資料爲例。**測驗學刊，56**(1)，19-48。

林俊瑩（2011）。班級族群組成對學生學業成績的影響。**臺北市立教育大學
　　學報，43**(1)，93-119。

林慧敏、黃毅志（2009）。原漢族群、補習教育與學業成績關聯之研究——
　　以臺東地區國中二年級生爲例。**當代教育研究，17**(3)，41-81。

吳青蓉（2004）。知情意整合的語言學習策略對國中生英語學習表現影響之
　　研究。**國立臺北師範學院學報，17**(1)，227-250。

吳清山、林天祐（2008）。**教育小辭書**。臺北市：五南。

周啓葶、程玉秀、宋秋美（2009）。英語自我效能、英語學習焦慮與英語學
　　習成就之相關研究——以臺北市高中生爲例。**教育與心理研究，32**(2)，
　　81-111。

張玉芳（2011）。雙語學童中、英文閱讀理解與寫作能力之相關性探討。**英
　　語教學，35**(4)，91-132。

張芳全（2006a）。社經地位、文化資本與教育期望對學業成就影響之結構
　　方程模式檢定。**測驗學刊，51**，171-195。

張芳全（2006b）。影響數學成就因素探討：以臺灣在TIMSS 2003年的樣本
　　爲例。**課程與教學季刊，9**(3)，151-168。

張芳全（2009）。家長教育程度與科學成就之關係：文化資本、補習時間與
　　學習興趣爲中介的分析。**教育研究與發展期刊，5**(4)，39-76。

張芳全（2010）。**多層次模型在學習成就之研究**。臺北市：心理。

張芳全（2013）。**新移民族群學生科學與數學學習的教育長期追蹤資料庫之建置：國民中學階段新移民族群學生科學與數學學習的長期追蹤調查**（行政院科技部補助編號：NSC99-2511-S- 152-008-MY3）。臺北市：臺北教育大學教育經營與管理學系。

張芳全、王翰（2014）。新移民與非新移民子女的家庭社經地位、家庭文化資本與家庭氣氛之縱貫性研究。**教育研究與發展期刊，10**(3)，57-94。

張酒雄、張玉茹（1998）。國民中學學生英語學習策略與英語學習成就相關之研究。**教育學刊，14**，115-154。

張善楠、黃毅志（1997）。原漢族別、社區與學童學業成績關聯性之因果機制。載於國立臺東師範學院主編，**少數族群和原住民教育研究國際學術研討會論文集**（頁67-78）。臺東縣：編者。

陳建州（2010）。影響跨國婚姻子女學習成就之因素：父母「外籍身分」的效果。**臺東大學教育學報，21**(2)，61-89。

孫清山、　毅志（1996）。補習教育、文化資本與教育取得。**臺灣社會學刊，19**，95-139。

陳奎熹（1990）。**教育社會學研究**。臺北市：師大書苑。

黃毅志（2008）。研究錦囊——如何精確測量職業地位？「改良版臺灣地區新職業聲望與社經地位量表」之建構。**臺東大學教育學報，19**，151-160。

教育部（2015）。**縣市統計指標**。取自http://www.edu.tw/pages/detail.aspx?Node=3773&Page=27180&Index=7&WID=31d75a44-efff-4c44-a075-15a9e-b7aecdf

蔡榮貴、黃月純（2004）。臺灣外籍配偶子女教育問題與因應策略。**臺灣教育，626**，32-37。

謝名娟、謝進昌（2013）。本土與新移民子女學習表現差異之後設分析研究。**教育與心理研究，36**(3)，119-149。

蕭佳純（2011）。TEPS資料庫中學業成就與相關影響因素之縱貫性研究。**教育政策論壇，14**(3)，119-154。

二、外文部分

Afshar, H. S., Rahimi, A., & Rahimi, M. (2014). Instrumental motivation, critical thinking, autonomy and academic achievement of Iranian EFL learners. *Issues in Educational Research, 24*(3), 281-298.

Aldous, J. (2006). Family, ethnicity, and immigrant youths' educational achievements. *Journal of Family Issues, 27* (12), 1633-1667.

Asakawa, K. (2001). Family socialization practices and their effects on the internalization of educational values for Asian and White American adolescents. *Applied Developmental Science, 5,* 184-194.

Baron, R. M., & Kenny, D. A. (1986). The moderator-mediator variable distinction in social psychological research: Conceptual, strategic, and statistical considerations. *Journal of Personality and Social Psychology, 51,* 1173-1182.

Belmechri, F., & Hummel, K. (1998). Orientations and motivation in the acquisition of English as a second language among high school students in Quebec city. *Language Learning, 48,* 219-244.

Blair, S. L., & Qian, Z. (1998). Family and educational performance: A consideration of diversity. *Journal of Family Issues, 19,* 355-374.

Bourdieu, P. (1977). Cultural reproduction and social reproduction. In J. Karabel & A. H. Halsey (Eds.), *Power and ideology in education* (pp. 487-511). New York, NY: Oxford University Press.

Bourdieu, P., & Passeron, J. -C. (1970). *Reproduction in education, society and culture.* London, UK: Sage.

Buchmann, C., & Dalton, B. (2002). Interpersonal influences and educational aspirations in 12 countries: The importance of institutional context. *Sociology of Education, 75,* 99-122.

Centra, J. A., & Potter, D. A. (1980). School and teacher effects: An interrelational model. *Review of Education Research, 50,* 273-291.

Chen, C., & Stevenson, H. (1995). Motivation and mathematics achievement: A comparative study of Asian-American, Caucasian-American, and East Asian high school students. *Child Development, 66,* 1215-1234.

Chamorro-Premuzic, T. (2007). *Personality and individual differences.* Oxford, UK: Blackwell.

Coleman. J. S. (1988). Social capital in the creation of human capital. *American Journal of Sociology, 94,* 95-120.

Cummins, J. (1979). Linguistic interdependence and educational development of bilingual children. *Review of Educational Research, 49,* 222-251.

Cummins, J. (1991). Interdependence of first and second language proficiency in bilingual children. In E. Bialystok (Ed.), *Language processing in bilingual children (*pp. 70-89). Cambridge, UK: Cambridge University Press.

Dornyei, Z. (1994). Motivation and motivating in the foreign language classroom. *The Modern Language Journal, 78,* 273-284.

Dornyei, Z. (2005). *The psychology of language learner: Individual differences in second language acquisition.* Mahwah, NJ: Lawrence Erlbaum.

Downey, D. B. (1995). When bigger is not better: Family size, parental resources, and children's educational performance. *American Sociological Review, 60,* 746-761.

Ely, C. M. (1986). Language learning motivation: A descriptive and causal analysis. *The Modern Language Journal, 70,* 28-35.

Fan, X. (2001). Parental involvement and students' academic achievement: A growth modeling analysis. *Journal of Experimental Education, 70,* 27-61.

Fejgin, N. (1995). Factors contributing to the academic excellence of American Jewish and Asian students. *Sociology of Education, 68,* 18-30.

Finn, J. D. (1972). Expectations and the educational environment. *Review of Educational Research, 42,* 387-410.

Greene, B. A., Miller, R. B., Crowson, H. M., Duke, B. L., & Akey, K. L. (2004). Predicting high school students' cognitive engagement and achievement: Contributions of classroom perceptions and motivation. *Contemporary Edu-*

cational Psychology, 29, 462-482.

Jeynes , W. H. (2007). The relationship between parental involvement and urban secondary school student academic achievement: A meta-analysis. *Urban Education, 42*, 82-110.

Kaiser, H. F. (1974). An index of factorial simplicity. *Psychometrika, 39*, 31-36.

Kim, E. (2002). The relationship between parental involvement and children's educational achievement in the Korean immigrant family. *Journal of Comparative Family Studies, 33*(4), 529-540.

Latifah, A. L., Mansor, F., Ramli, B., Wardah, M., & Ng, M. S. (2011). *The role of motivation, attitude, anxiety and instrumental orientation in influencing learner's performance in English as a second language in OUM.* In Global Learn Asia Pacific 2011 - Global Conference on Learning and Technology, 28 March - 1 April, Melbourne, Australia. http://eprints.oum.edu.my/565/

Marjoribanks, K. (2003). Family background, individual and environmental influences, aspirations and young adults educational attainment: A follow-up study. *Educational Studies, 29*, 233-242.

Nonoyama-Tarumi, Y. (2008). Cross-national estimates of the effects of family background on student achievement: A sensitivity analysis. *International Review of Education, 54*, 57-82.

Ormrod, J. E. (2004). *Human learning* (4th ed.). Upper Saddle River, NJ: Merrill.

Oxford, R., & Shearin, J. (1994). Language learning motivation: Expanding the theoretical framework. *The Modern Language Journal, 78*, 12-28.

Petty, T., Harbaugh, A. P., & Wang, C. (2013). Relationships between student, teacher, and school characteristics and mathematics achievement. *School Science & Mathematics, 113*(7), 333-344.

Pintrich, P. R., Smith, D. A., & McKeachie, W. J. (1989). *A manual for the use of the motivated strategies for learning questionnaire (MSLQ).* Mich: National center for Research to Improve Postsecondary Teaching and Learning (NCRIPTAL), School of Education, The University Michigan.

Pishghadam, R., & Khajavy, G. H. (2013). Sociological and psychological model of foreign language achievement: Examining social/cultural capital and cognitive/metacognitive aspects. *Iranian Journal of Applied Linguistics, 16*(1), 129-144.

Renee, L., & Thomas, S. (2015). From parent to child? Transmission of educational attainment within immigrant families: Methodological considerations. *Demography, 52*(2), 543-567.

Reynolds, R. J., & Johnson, M. K. (2011). Change in the stratification of educational expectations and their realization. *Social Forces, 90*(1), 85-110.

Sandefur, G.D., Meier, A.M., & Campbell, M.E. (2006). Family resources, social capital, and college attendance. *Social Science Research, 35*, 525-553.

Singh, K., & Ozturk, M. (2000). Effect of part-time work on high school mathematics and science course taking. *The Journal of Educational Research, 94*, 67-74.

Sirin, S. R. (2005). Socioeconomic status and academic achievement: A meta-analytic review of research. *Review of Educational Research, 75*, 417-453.

Stull, J. C. (2013). Family socioeconomic status, parent expectations, and a child's achievement. *Research in Education, 90*, 53-67.

Sue, S., & Okazaki, S. (1990). Asian-American educational achievement. *American Psychologist, 45*, 913-920.

Wong, Y. M. (2011). *A study of instrumental and integrative motivations as factors influencing UTAR third year Chinese undergraduates in learning ESL.* Doctoral dissertation, Universiti Tunku Abdul Rahman.

Yan, W., & Lin, Q. (2005). Parent involvement and mathematics achievement: Contexts across racial and ethnic groups. *The Journal of Educational Research, 99*, 116-127.

誌謝：本章感謝三位匿名專家學者審查提供的寶貴意見，讓本章修改，使得研究更豐富準確，並感謝行政院科技部研究計畫專題補助（編號：NSC 99-2511-S- 152-008-MY3）使得研究得以完成。更感謝基隆市政府教育處在資料庫建立的大力協助，沒有教育處的大力幫忙，本章難以完成，尤其十五所參與長期追蹤研究的學校師生熱情幫忙，才能完成資料庫建置，在此一併誌謝。

本文取自：張芳全、張秀穗（2016）。基隆市新移民子女就讀國中之英語學習成就因素探究。**教育與多元文化研究**，**14**，123-155。

第七章

新移民子女自我概念
影響適應嗎？

壹 緒論

一、分析動機

新移民子女的自我概念影響學習適應嗎？分析動機說明如下：

㈠臺灣的新移民子女的學習適應值得重視

新移民子女接受教育之後，會有學習適應的問題。他們在新移民家庭中，其自我概念與學習適應都正在發展之中，此過程中的生活適應值得關心。新移民子女生活適應問題不少。教育部（2005）調查發現：1.新移民子女在國小語言發展遲緩比率為8.2%，隨年級升高有遞減趨勢。2.新移民溝通能力與孩童對答如流與發展遲緩比率差距近20%，隨著新移民溝通能力下降，子女適應程度隨之下滑。顯示語言溝通加強。3.學童對學校生活適應狀況針對師生溝通、同儕相處、上課學習互動、團體生活適應及環境適應能力顯示，五成以上受訪學童傾向適應良好，惟「上課學習互動」不良比率14.9%居各項不良比率之冠。5.新移民語言溝通流利者，其子女適應在各面向良好比率均居首位，顯示父母之溝通能力與子女在學校生活適應之影響值得重視。6.雙親無法輔導子女課業的原因，在父親主要是「忙於為生活打拼」占69.1%；母親則為「語文能力差」占33.7%。

現有許多新移民子女生活適應研究，例如，謝智玲（2012）研究新移民子女社會支持、自尊與行為適應。陳毓文（2010）研究新移民家庭（父或母為東南亞籍者）中就讀七、八、九年級之婚生子女，經分層隨機抽樣後共取得新移民家庭人數391人，非新移民家庭人數493名顯示：不論是學業表現、同儕關係、心理困擾或是行為問題等，新移民子女表現和一般家庭子女沒有差異。他們沒有針對新移民子女自我概念與生活適應之探討。何緯山、陳志賢、連廷嘉（2011）研究新移民家庭子女自我概念、學業表現與生活適應發現，自我概念與學業表現及生活適應為顯著正向關，其方法為迴歸分析，本章透過問卷調查法搭配結構方程模式（Structural Equation Modeling, SEM），以了解新移民子女的自我概念與生活適應，與上述研究不同。

㈡ 新移民子女的自我概念與學習適應之關係值得探討

自我概念（self-concept）是一個人對自己存在的各種體驗的反省，包括個人經驗、角色扮演、透過他人所獲得的反饋與反省，逐步對自我的了解。自我概念由態度、情感、信仰和價值觀所組成，它貫穿個體的整個經驗與行動，把個體表現出來的各種特定認知、思想、觀點、能力與習慣組織起來。自我概念統合個人的價值系統的思維，也成為自我期望的重要作用，甚至影響個體的人格形成與發展。不僅新移民子女的自我概念建立很重要，了解它對於生活適應的關係也很重要。Banks（1993）認為，多元文化教育應針對少數族群或家庭社經地位不利學童，讓他們了解各族群的文化及價值差異，去除文化偏見與抗拒，作好文化溝通。連廷嘉、戴嘉南（2003）的研究發現，自我概念對於學習適應有提升效果，然而他們所做的並不是以非新移民子女為對象。許殷誠（2005）的研究發現，多數教師指出新移民家庭社經地位弱勢，並非是影響孩子學習表現主要因素，父母教養態度才是關鍵。張芳全等（2007）指出，學童的自我概念建立與家庭因素及家長的教養有關，通常學童自我概念好者，其學習適應較好。上述並沒有分析新移民子女的自我概念對學習適應的影響，所以本章深入討論。

二、分析目的

基於上述，本章透過問卷調查法蒐集新北市新移民子女的自我概念與生活適應的資料，來了解影響新移民子女的自我概念與學習適應之關係。

貳　文獻探討

一、自我概念的意涵與面向

自我概念意義有不同見解及測量（邱皓政，2003；Burns, 1988）。

自我概念有時被稱為自我建構（self-construction）或自我認同（self-identity），它是一組個人的自我信念，這組信念包括個人對於學業表現、性別角色、性別或族群的認同。最簡單的對自我概念描述的一句話是：我是誰？馬傳鎮（2003）指出，自我概念可以解釋為個人對自己在生理、家庭、社會、道德倫理層面上作自我評價的結果以及自我認同、自我接納與自我肯定的程度。張春興（1987）將自我概念分為自我認定、自我評價和自我理想：在自我認定上，一歲以後的幼兒會以自我為中心，並具有自我認定，亦即具有心理的自我概念；接著會自我評價，也就是個體對自己的價值判斷，在此時期個體逐漸有主觀我和客觀我的區別；最後會有自我理想：是自我概念發展最高階段，自我理想階段是經由認同過程而建立。米德（G. H. Mead）對於自我概念建立在自我反省能力上，他指出自我概念形成分為三個階段：㈠準備階段：兒童模仿環境中他人的行為，特別是模仿父母親做的事情，成為他們自我概念參考；㈡遊戲階段：兒童此時略具有創造能力，並可以透過社會角色扮演，以遊戲及活動的方式建立自我概念；㈢自我發展階段：兒童能在社會情境扮演角色，形成自我概念，並真正知道他們自己對團體的重要及團體對他們的重要（陳美芬，1996）。

　　自我概念是個人長期與他人及環境交互作用的產物，學校是學生重要的生活場域，也是建立自我概念的重要場所。曾端真（2001）認為，在學校中，影響兒童最大的互動是師生關係，教師與學生建立良好的師生關係是教師應具備重要能力之一，良好師生關係能培養學生較高的自我價值感。國小兒童基於好勝心，在學業成就會據自己的學業表現來判斷自己價值，進而影響自我概念。總之，自我概念是個體的一組信念，這組信念是個體對於自我在課業、生活、人際、學習、同儕、族群、性別角色的一種想法，這種想法對於學童的角色扮演、生活、學習適應，乃至於人格養成有密切關聯。

　　自我概念面向有多種分類。郭為藩（1996）認為，一個發展成熟個人的自我概念包括身體我、社會我及人格我。吳裕益、侯雅齡（2000）在國小自我概念量表中將自我概念分為家庭自我概念、學校自我概念、外

貌自我概念、身體自我概念及情緒自我概念。邱皓政（2003）透過驗證性分析發現，自我概念包括相依的十個學業（academic）與非學業性（non-academic）的不同子向度及四個相依的成分因素。黃立婷（2006）研究新移民子女的家庭社經地位、文化資本、教育期望對子女自我概念，將自我概念區分為個人、學校及家庭自我概念。Arkoff（1968）將自我分成主觀我、客觀我、社會我與理想我。Hurlock（1980）認為，自我概念包括知覺的、概念的和態度的我。Marsh、Craven與Debus（1998）指出，小學生的自我概念包括閱讀、數學、學校、尊重、同儕關係、體貌、體能等各方面，然而這論點過於零散，無法明確歸類。Zanobini與Usai（2002）以國小五年級與國中一年級學生為研究對象，將自我概念內涵分為社會自我概念、能力自我概念、學業自我概念以及生理自我概念。本章認為，外貌自我概念、情緒自我概念與個人自我概念有關，而學校是學生學習的重要場所，因而有很多的自我概念在此建立；同時在學校以外的生活領域就是家庭，家庭生活，尤其是家長教育子女及其兄弟姐妹的互動影響子女的自我概念。本章將自我概念分為個人、學校及家庭自我概念。個人自我概念是指個人感官、能力、情感與道德實現有關者，而家庭自我概念是學童與家庭有關，如親子關係、兄弟姐妹關係的概念等；而學校自我概念包括學業表現及同儕關係與師生關係等。

二、自我概念的重要與相關研究

　　學生的自我概念研究不少。跨國婚姻多數為社會弱勢，新移民子女可能受到社會成員排斥，使得他們在生活適應與自我認同面臨較多困難，自尊傾向較低。郭為藩（1996）指出，幼兒若母愛的照護不足，其個體的自我觀念，甚至人格發展都會受到相當的妨礙。新移民子女成長於跨國婚姻家庭，社會對新移民女性及其家庭普遍存在負面刻板印象，難免對新移民子女的自我概念產生負面影響。鄭美芳譯（1988）認為，自我概念是影響人際關係的重要因素之一，相對的，與重要他人關係也影響自我概念發展。曾端真（2001）指出，兒童的自我概念部分來自同儕對自己觀點，兒童常以同儕的家庭社經地位、身材外貌、學業表現、社交技能等來和自

己比較，並根據比較的結果來評斷自我價值。馬傳鎮（2003）指出，假如個人自我概念發展良好時，其人格發展多較健全，其心理適應亦較好，反之，若個體自我概念發展遭受阻礙，則可能會阻礙其健全人格發展，甚至產生偏差、變態或犯罪行為。

自我概念發展在青少年時期，同儕是重要媒介，同儕關係、自我感受（self-feeling）和自我接受（self-perception）常具有密切相關。簡茂發、朱經明（1982）研究發現，在同儕中受歡迎者的能力自我、心理自我、家庭自我、社會自我、自我認同、自我滿意及自我行動得分均較孤立者高，且兩者間有顯著差異，代表了同儕關係與自我概念的相關性。Madon、Jussim與Eccles（1997）指出，低自我概念者會內化教師的期望，轉為成自己的目標，特別是當學生認為能力較低，更容易接受老師的負面評價。由此可見，個體在學校生活中，透過師生與同儕間的互動，建立價值觀，型塑自我概念，所以，師生與同儕間人際關係對兒童的自我概念具重大影響。

總之，自我概念包括個人、家庭及學校面向，自我概念發展會影響個體的學習、人際、行為與情緒，更會影響未來人格發展。自我概念發展萌芽於家庭，良好的家庭氣氛與親子關係有助於新移民子女建立正向自我概念。學校是新移民子女重要生活場域，師生互動與同儕關係，影響新移民子女的人際關係與自我概念。因此，學校需要投入更多心力輔導新移民子女生活適應，培養這些學生建立正面、積極的自我概念。自我概念建立來自於我們與他人交往過程中，經由別人的反應，了解自己、評價自己，而個人對自己自我概念會影響在人際交往過程中，如何去表現自己，在國小階段，師生關係與同儕關係是個體社會網路重要一環，個體自我概念具重要影響。

三、學校生活適應意涵與面向

適應是個體為因應周遭環境變化，調整個人的內在認知方式來與外在環境融合，使個體可以在生理、心理、社會需求趨於和諧一致的歷程。不同研究對於學校生活適應意涵有不同見解，但大抵以個體能否掌握、了解、適應與融入生活環境為主。李坤崇（1990，1994）認為，學習適應是

個體為滿足求知需求和外在壓力，而持續採取因應策略，以提高學業成就和促進人格發展歷程。陳雅雯（2005）研究指出，新移民子女在國小一年級有語言表現較落後、同儕適應沒有明顯種族歧視、親師互動沒有重大阻礙、新移民子女學校適應大致良好、家庭社經地位與學前教育影響小學的生活適應。鍾文悌（2004）的研究指出，低年級新移民子女在生活適應與同儕關係適應良好；學習適應及師生關係適應尚可；中高年級新移民子女在生活適應、學習適應及師生關係的適應尚可；新移民的女性子女在學業表現與生活適應較男生好。吳毓瑩、蔡振州、蕭如芬（2010）研究東南亞裔新移民母親之家長參與及其與子女學校生活適應之關聯，以問卷調查與電話訪問蒐集資料，共計395組新移民家庭與509組本地樣本，分析發現：新移民子女同儕關係較本地組差，其餘面向沒有差別；新移民母親除了學校活動參與，與本地組無差異之外，其餘層面皆較弱；兩群子女的母親涉入家庭規矩頻率與子女學習方法、態度、學校環境有關聯，家庭環境豐富性與子女師生關係有關，惟在家庭規矩與同儕關係在新移民子女身上沒有關聯。

　　學校適應有不同的內涵。莊明貞（1984）以三個面向來衡量適應：在學業適應上，由學業成就表現來衡量；在常規適應方面，以學生行為表現符合訓輔規章或教室常規狀況；在社會適應方面，以學生個人和教師及同學具有和諧人際關係為依據。黃立婷（2006）將學習適應分為學習態度、學習方法及學習習慣，其中學習態度是指自己所持的學習態度；學習習慣是指個人了解自己的讀書習慣、學習注意力及課業習作的習慣；而學習方法是指個人對於自己的學習方法、技巧及閱讀能力等。此外，學生學習適應還包括課業適應，課業適應不應僅以學業表現為主，應該更為多元性。本章探討新移民子女的學習適應包括學習方法、學習態度及學習習慣等。學生學習方法愈好、學習態度積極及良好學習習慣，例如閱讀書籍、掌握學習方向及學習內容都是學習適應。

四、自我概念與學習適應的相關研究

　　自我觀念與學習表現的關係密切，郭為藩（1996）把學業成就的自我

概念視為「學術自我觀念」指出，學生學業成就與其自我價值肯定有密切關係。學生在校主要為師生與同儕互動，不論是師生關係或同儕關係，對個體都是情感寄託和社會支持重要來源，更影響兒童自我概念、自我評價與自我態度形成。

許殷誠（2005）研究新移民子女的生活適應發現，新移民子女在語文學習居於弱勢，但在同儕互動關係則大致良好。周秀潔（2005）的研究發現，新移民子女學校適應情形與一般學童無異，而影響其在學校生活適應主因在於家長教養態度，與家長族群身分或社經地位無關。黃琬玲（2005）的研究發現，新移民子女在學習習慣、學習態度、學習興趣與學業成績與本國籍子女無異，在師生互動與同儕互動方面，亦未受到族群因素影響。陳碧容（2004）研究指出，新移民子女的學校生活適應都不錯，其中以自我適應、師生適應、學校環境適應得分高於整體適應，而學習適應與同儕適應低於整體適應。

何緯山、陳志賢、連廷嘉（2011）研究新移民家庭子女自我概念、學業表現與生活適應發現，三者呈現顯著正向關。李靜怡、劉明松（2011）研究發現，國中生的自我概念與學校適應各層面及整體層面間呈現正向顯著相關。陳治豪、王以仁（2006）的研究發現，國小轉學生自我概念、人際關係與其學校生活適應都有顯著正相關。謝智玲（2012）研究指出，父母支持可以正向預測行為適應，學校與老師支持可以正向預測學校適應；同學與父母支持則可預測人際適應；正向自尊可以正向預測行為適應；新移民子女的社會支持與行為適應之關係受到自尊的中介影響。黃繡雯（2014）的研究發現，國小高年級生在自我概念的社會我、家庭我、學校我、生理我對其生活適應表現的預測力達顯著水準。蕭金土、陳瑋婷（2014）以臺灣的66篇研究後設分析發現，自我概念與生活適應具有正相關（$r = .66$），且依附關係會透過自我概念間接預測生活適應。上述可知，新移民子女的自我概念愈明確，在課業表現、師生適應、學習適應、自我適應及同儕關係會愈好。

參 研究設計與實施

一、分析架構

據上述文獻探討，本章分析架構如圖7-1。圖中的自我概念分為個人、家庭與學校自我概念。雖然學習適應分為學習方法、學習習慣及學習態度，但為了整體考量，學習適應面向會以三個次面向加總之後再分析。圖中的直線箭代表兩個變項的影響情形，H_1、H_2、H_3分別代表研究假設一、二、三。

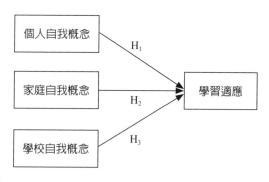

圖7-1　分析架構

基於文獻探討，本章提出的研究假設如下：

H_1：新移民子女的個人自我概念正向影響學習適應。

H_2：新移民子女的家庭自我概念正向影響學習適應。

H_3：新移民子女的學校自我概念正向影響學習適應。

二、問卷的形成過程

㈠問卷設計過程

為了掌握新北市新移民子女的自我概念與學習適應之關係，自編「新移民子女的自我概念與學習適應問卷」。問卷設計過程包括：第一，依據閱讀的文獻分析，接著歸納自我概念與學習適應的分析架構，設計問卷草

稿。其次，修正研究問卷內容及其題數；第三，邀請八位專家學者對問卷評定，整理專家意見及修正問卷；第四，選用166位新北市就讀國小的新移民子女進行問卷預試，經過因素分析及信度分析，最後形成正式問卷。如附錄一。

依據文獻探討歸納新移民子女的自我概念，包括個人、家庭及學校自我概念；學習適應包括學習習慣、學習方法及學習態度。透過問卷調查進行資料蒐集，正式問卷包括自我概念與學習適應各有16與17題。各問卷題目的選項以非常不同意、不同意、同意、非常不同意受試者勾選，分別給予1到4分。問卷如附錄一。本問卷無反向記分問題，各向度是將各題項的得分累加。

㈡ 研究工具的信效度

在預試問卷中以新北市國小166名六年級學生為樣本，2005年12月預試，有效問卷為145份，建構效度（construct validity）採用因素分析的主成分分析法，以最大變異法進行正交轉軸，以特徵值大於1者為選入因素參考標準。在自我概念的第一個因素解釋力為8.37%、第二個因素為35.54%、第三個因素為7.09%，最後共16題。在學習適應的學習方法、學習習慣與學習態度各有17.81%、18.20%、20.54%的解釋變異量，最後共17題。以*Cronbach's* a係數估算「新移民子女的自我概念與學習適應問卷」各向度的內部一致性發現，自我概念的總問卷之α係數.88，個人（1-6題）、家庭（7-11題）與學校（12-16題）的α係數各為.77、.76、.74；在學習適應的學習方法（1-6題）、學習習慣（7-11題）與學習態度（12-17題）α係數各為.81、.78、.84，整體的研究工具信度為.91。

㈢ 正式問卷回收情形

在調查正式樣本方面，2006年1月起針對新北市國小高年級新移民子女進行問卷調查，共發出問卷共400份，有效樣本為334份，各樣本統計如表7-1。表中看出，受訪者以男生、五年級、父母親教育程度以高中職居多。

表7-1　受試者基本資料的描述統計　　*n*=334

變項	項目	人數	百分比
性別	男	174	52.1
	女	160	47.9
年級	五	161	48.2
	六	173	51.8
父親教育程度	國中（含以下）	99	29.6
	高中職	124	37.1
	大專校院	102	30.5
	研究所以上	9	2.7
母親教育程度	國中（含以下）	117	35
	高中職	112	33.5
	大專校院	94	28.1
	研究所以上	11	3.3

三、資料處理

在問卷資料蒐集之後，接著進行統計分析。本章使用的統計方法包括因素分析、信度分析、描述統計、皮爾遜積差相關及SEM。因素分析在掌握問卷題目是否具有建構效度，而信度分析在掌握研究工具的可靠性，描述統計在掌握調查結果，以SEM掌握新移民子女的自我概念與學習適應之關係。

四、模式設定

本章要以SEM檢定，其中新移民子女的自我概念包括個人、家庭及學校自我概念作為潛在自變項，而以學習適應作為潛在依變項，路徑如圖7-2。圖中○的符號ξ_1、ξ_2、ξ_3、η_1分別代表個人、家庭、學校自我概念，以及學習適應的潛在變項。□中的變項代表X_1至X_6的個人自我概念各題項（見附表7-1）；X_7至X_{11}代表家庭自我概念各題項；X_{12}至X_{16}代表學校自我概念各題項；Y_1至Y_3代表學生學習適應各題項。λ_1至λ_6分別代表X_1至X_6

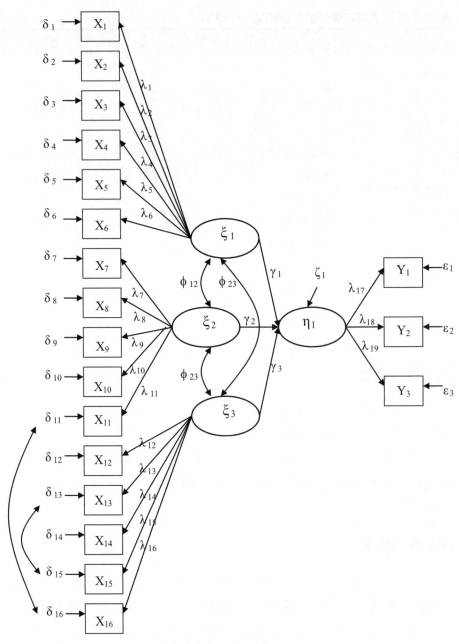

圖7-2　新移民子女的自我概念與學習適應模式之路徑

對ξ_1的估計值（λ值為因素負荷量）；而λ_7至λ_{11}為X_7至X_{11}對ξ_2的估計值；λ_{12}至λ_{16}為X_{12}至X_{16}對ξ_3的估計值；λ_{13}至λ_{16}為Y_1至Y_3對η_1估計值。δ_1至δ_6分別代表對X_1至X_6在ξ_1的估計殘差；δ_7至δ_{11}分別代表對X_7至X_{11}在ξ_2的殘差；δ_{12}至δ_{16}分別代表對X_{12}至X_{16}在ξ_3殘差。ε_1至ε_3代表對Y_1至Y_3在η_1的殘差。ζ_1為η_1的殘差。γ_1代表ξ_1對η_1。γ_2代表ξ_2對η_1的關係。γ_3代表ξ_3對η_1的關係。模式檢定標準包括絕對適配度（absolute fit measure）、相對適配度（relative fit measure）、簡效適配（parsimony fit measure）指標與誤差指標。

肆　結果與討論

一、資料常態性說明

各變項資料經過皮爾遜積差相關係數估算，獲得的共變數變異數矩陣如附錄二。所納入19個變項的平均數、標準差、峰度與態勢如表7-2。表中發現，新移民子女的自我概念都在3.0以上居多，表示新移民子女的自我概念不差，學習適應良好。此外，態勢絕對值大於3.0視為極端偏態，峰度絕對值大於10.0表示峰度有問題（Kline, 1998），各變項的峰度均符合標準，峰度也在1.0以下。就資料來看，沒有態勢及峰度問題，資料具常態分配。

二、整體適配度指標檢定

在檢定模式之後發現，模式的χ^2 = 250，df = 142，達到顯著水準，GFI = .88與AGFI = .85均在理想數值.90以下，RMSEA = .086。顯然，模式不適配，且模式最大修正指標（maximum modification index, MI）在自變項的間殘差項（THETA-Delta for Element）（13,15）之關係為25.4，超過3.84太多，因此本模式考量將此開放估計（因我的成績很好，與老師覺得我很棒的題項有關，故將它鬆開估計）發現，修正模式的χ^2 = 255，df = 143，仍達到顯著水準，而GFI = .90與AGFI = .86，一個在理想數值.90以下，一個則否，RMSEA = .075，顯然模式還是不很適配。於是進行第二

表7-2 各變項的平均數、標準差、態勢與峰度　　n = 334

變項	平均數	標準差	態勢	峰度	變項	平均數	標準差	態勢	峰度
X_1	3.31	0.67	-0.76	0.65	X_{10}	3.42	0.72	-1.17	1.16
X_2	3.21	0.74	-0.71	0.22	X_{11}	3.75	0.50	-2.18	5.60
X_3	3.12	0.75	-0.50	-0.15	X_{12}	3.47	0.70	-1.32	1.63
X_4	3.22	0.80	-0.87	0.31	X_{13}	2.71	0.83	-0.32	-0.36
X_5	3.04	0.84	-0.58	-0.25	X_{14}	3.16	0.87	-0.80	-0.13
X_6	2.75	0.87	-0.32	-0.51	X_{15}	2.87	0.77	-0.27	-0.31
X_7	3.07	1.01	-0.80	-0.49	X_{16}	3.39	0.72	-1.13	1.18
X_8	2.73	1.04	-0.28	-1.09	Y_1	18.14	3.90	-0.78	0.49
X_9	3.02	0.88	-0.63	-0.30	Y_2	15.42	2.82	-0.60	0.38
					Y_3	20.40	3.26	-1.05	1.23

次模式修正，從模式發現最大修正指標（MI）發現，自變項之間殘差項（THETA-Delta for Element）（11, 16）的關係為16.4，超過3.84太多，考量二者有關聯（我喜歡我的家人與數學不會，老師與家人會教我）將它鬆開估計。

　　第二次修正模式之後重新估計，模式適配情形較好，以整體模式檢定指標而言，修正模式的χ^2 = 261.32，df = 144，達到.01顯著水準，顯示模式不適合，但是卡方值受到樣本數過多影響，本模式應檢視其他適配指標。RMR = .03小於標準值.05，表示整體模式誤差小。GFI = .92與AGFI = .90均在理想數值.90以上。RMSEA = .046，低於標準值.05。在相對適配度中，NFI = .88、RFI = .86，低於.9，CFI = .94、IFI = .94，NNFI = .93。在簡效適配指標，PNFI = .74、PGFI = .70其值均大於.05，CN = 239.47，大於200，表示模式適合，χ^2/df = 1.81，小於2，符合標準。如表7-3。

表7-3　模式的適配指標估計值

適配度檢定	指標	數值	是否符合標準
	$\chi^2(144)$	$261.32(p = 0.0)$	否
	GFI	.92	是
絕對適配度檢定	AGFI	.90	是
	RMR	.030	是
	RMSEA	.046	是
	NNFI	.93	是
	NFI	.88	否
相對適配度檢定	CFI	.94	是
	IFI	.94	是
	RFI	.86	否
	PNFI	.74	是
	PGFI	.70	是
簡效適配度檢定	CN	239.47	是
	χ^2/df	1.81	是

㈢各參數估計值

各參數估計參數如表7-4，結果說明如下：

首先，就潛在自變項與潛在依變項的觀測變項而言，完全標準化估計值的因素負荷量僅有5個低於.50之外，其餘的因素負荷量都高於.50。模式的殘差項均達到.01的顯著水準。顯示各觀測變項的因素負荷量還不錯。

其次，新移民子女的自我概念與學習適應之關係的潛在變項影響力達.01顯著水準。在學校自我概念對於學習適應影響力為γ_3 = .72、個人及家庭自我概念對於學習適應則沒有顯著影響（γ_1 = .28、γ_2 = -.07）。而自我概念與學習適應的各觀測變項的殘差值均達到.01的顯著水準。同時個人自我概念與家庭自我概念之相關（φ_{12}）為.76、家庭自我概念與學校自我概念之相關（φ_{23}）為.80、個人自我概念與在學校自我概念之相關（φ_{13}）為.90。

表7-4 模式參數估計值

參數	原始估計值	標準誤	t值	完全標準化估計值	參數	原始估計值	標準誤	t值	完全標準化估計值
λx_1	.25**	.04	6.56	.37**	δx_1	.39**	.03	12.54	.86**
λx_2	.37**	.04	8.96	.50**	δx_2	.42**	.03	12.17	.75**
λx_3	.47**	.04	11.97	.63**	δx_3	.33**	.03	11.37	.60**
λx_4	.55**	.04	13.27	.69**	δx_4	.34**	.03	10.81	.53**
λx_5	.53**	.04	12.09	.64**	δx_5	.41**	.04	11.32	.59**
λx_6	.46**	.05	9.65	.53**	δx_6	.54**	.04	12.03	.72**
λx_7	.52**	.06	11.00	.61**	δx_7	.54**	.06	10.84	.63**
λx_8	.46**	.06	7.61	.44**	δx_8	.85**	.07	12.07	.80**
λx_9	.50**	.05	12.56	.68**	δx_9	.41**	.04	9.85	.53**
λx_{10}	.44**	.04	10.93	.61**	δx_{10}	.32**	.03	10.87	.63**
λx_{11}	.25**	.03	8.58	.49**	δx_{11}	.19**	.02	11.82	.76**
λx_{12}	.33**	.04	8.44	.47**	δx_{12}	.38**	.03	12.18	.78**
λx_{13}	.50**	.05	10.98	.60**	δx_{13}	.43**	.04	11.10	.63**
λx_{14}	.47**	.05	9.63	.53**	δx_{14}	.55**	.05	11.85	.71**
λx_{15}	.45**	.04	10.46	.58**	δx_{15}	.40**	.05	11.34	.66**
λx_{16}	.31**	.04	7.59	.43**	δx_{16}	.43**	.03	1237	.82**
λy_1	.81	-	-	.81	εy_1	.35**	.04	9.77	.35**
λy_2	.82**.	.05	16.34	.82**	εy_2	.32**	.03	9.36	.32**
λy_3	.80**	.05	15.85	.80**	εy_3	.35**	.04	9.87	.35**
γ_1	.28	.25	1.11	.28	$\delta x_{11,16}$	.09**	.02	4.97	.24**
γ_2	-.07	.14	-.55	-.07	$\delta x_{13,15}$	.13**	.03	4.54	.20**
γ_3	.72*	.31	2.31	.72*	φ_{12}	.76**	.05	16.75	.76**
φ_{13}	.90**	.04	20.54	.90**	φ_{23}	.80**	.05	15.83	.80**

註：1.* $p < .05$. ** $p < .01$.

2. - 表示固定參數。

上述都與Bagozzi與Yi（1988）所提出的基本適配標準相符，也就是：1.不能有負的誤差變異誤，本模式沒有；2.殘差變異應達到顯著水準，本模式都達到.01顯著水準，沒有模式辨認及資料輸入問題，模式也沒有細列誤差；3.估計參數之間相關係數的絕對值不能太接近1，本模式沒有；4.因素負荷量不能低於5或高於.95以上，本模式有5個；5.不能有很大標準誤，本模式的變項僅在γ_3為.31，其餘都在.14以下，還可以接受。

㈣ **各測量變項的信度**

本模式各測量變項，在17個變項之中有12個變項的信度在.40以下，其餘變項信度都在.40以上，表示模式的各測量變項之信度尚可，如表7-5。

表7-5　模式中各變項的信度

信度	數值	信度	數值	信度	數值	信度	數值
$R^2(X_1)$	.14	$R^2(X_6)$	.28	$R^2(X_{10})$	.37	$R^2(X_{15})$	.34
$R^2(X_2)$	.25	$R^2(X_7)$	.37	$R^2(X_{11})$	.24	$R^2(X_{16})$	.18
$R^2(X_3)$	.40	$R^2(X_8)$	.19	$R^2(X_{12})$	.22	$R^2(Y_1)$	.66
$R^2(X_4)$	.48	$R^2(X_9)$	.46	$R^2(X_{13})$	.36	$R^2(Y_2)$	.67
$R^2(X_5)$	.41			$R^2(X_{14})$	.28	$R^2(Y_3)$	.64

㈤ **誤差與修正指標檢定指標**

模式最大修正指標（MI）發現自變項之間殘差項（THETA-Delta for Element）（2，1）關係為6.1，較Jöreskog與Sörbom（1984）認定標準3.84還大，且模式最大標準化殘差為7.55比標準值1.96大可能影響本模式穩定。模式Q圖之標準化殘差（Standardized Residual）分布線斜度高於45度，表示模式適合度在中等以上（斜率高於1）。茲將結果繪製如圖7-3。

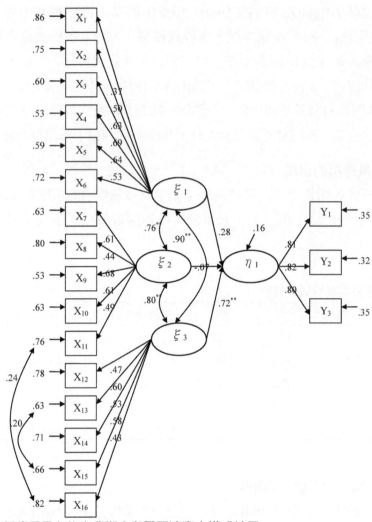

圖7-3 新移民子女的自我概念與學習適應之模式結果

三、綜合討論

　　本章貢獻如下：一是透過SEM檢定就讀國民小學新移民子女的自我概念對學習適應的影響，這與現有研究在資料處理不同。二是分析結果發現，新移民子女的自我概念對於學習適應有正面效果，而家庭與學校自我

概念則沒有明顯影響，這與預期都會有正面效果，有極明顯不同。討論如下：

㈠ 新移民子女的個人自我概念沒有明顯正向影響學習適應

本章發現，新移民子女的個人自我概念沒有正向顯著影響學習適應。在個人自我概念的題目包括我的身體很健康、每天都很有精神、會努力做好每件事情、對自己充滿信心、總是保持愉快的心情、常常反省自己等，代表新移民子女對這些題目的感受與學習適應沒有明顯的影響。因此，拒絕H_1。這與蕭金土、陳瑋婷（2014）的研究發現不同。可能是國小新移民子女的個人信心較低，在學習適應不好。

㈡ 新移民子女的家庭自我概念沒有明顯正向影響學習適應

本章發現，新移民子女的家庭自我概念沒有正向顯著影響學習適應。這與蕭金土、陳瑋婷（2014）的研究發現不同。本章在家庭自我概念的測量題目包括我會把煩惱告訴我的家人、家人會陪我做功課、家人常誇獎我、當我有困難時，家人會幫助我、我喜歡我的家人等題目。新移民子女的家庭傾向低社會階層，父親忙於工作，而母親在語文無法理解太多，無法指導子女學校課業，因而新移民子女的家庭自我概念無法明顯影響學習適應，因此拒絕H_2。

㈢ 新移民子女的學校自我概念正向影響學習適應

本章發現，新移民子女的學校自我概念正向影響學習適應。這代表新移民子女的學校自我概念愈高，學習適應愈好。這與何緯山、陳志賢、連廷嘉（2011）、李靜怡與劉明松（2011）、蕭金土、陳瑋婷（2014）的研究發現一致，因此接受H_3。在學校自我概念的測量題目包括我在學校有很多好朋友、我的總成績很好、當我難過時，同學會來安慰我。老師覺得我很棒、數學不會時，老師會教我。從這些題目來看，新移民子女應該有較多朋友，不像社會刻板印象認為新移民子女較為孤癖；他們的總成績表現不錯，同時新移民子女心情不好，會有同學安慰，老師也會在他們數學不會時，會認真教他們，所以新移民子女的學習適應良好。

伍 結論與建議

一、結論

新移民子女的自我概念對學習適應有正面影響，其中新移民子女的學校自我概念對於學習適應有正向顯著影響，而自我概念與家庭自我概念對於學習適應則沒有明顯影響是本章的結論。

二、建議

㈠ 提升新移民子女的自我概念與學習適應

本章發現，新移民子女的自我概念之中，僅有學校的自我概念對於學習適應有正向顯著影響，而在個人自我概念與家庭自我概念對學習適應沒有明顯的影響。這表示，應強化新移民子女的個人與學校自我概念的建立。尤其針對新移民子女及早介入輔導以達成效，因為新移民家庭背景難以改變，唯有透過學校教育，彌補家庭教育之不足。當新移民子女入學後，應及早觀察其自我概念，進行學業及生活適應輔導，使其因家庭因素造成落差能逐漸縮小。

㈡ 新移民家庭應增加親子互動時間與機會

本章發現，新移民子女的個人自我概念對於學習適應沒有顯著影響。代表了新移民家長宜增加親子互動機會，以了解子女在學校學習問題。親子互動是建立良好自我概念的方式。家長可藉由聊天、陪讀、子女在家或遊戲時，多與子女談話及溝通，增進親子關係，也增加語彙能力。此外新移民家庭也可藉由戶外活動，體驗自然與觀察和學習大自然的事物，讓家庭生活變得更有趣，也可增加親子間良好互動。

㈢ 新移民子女增加學習輔導提高學習適應

學校可藉由學業輔導方式加強子女學習外，家庭教育應重視子女學業指導，家長多關心子女學業，與子女談學校的學習話題，以了解子女在校學習狀態。父母對課業表現期待，會影響學習態度與表現。在學校方面，

各校建立輔導網絡與制度，為了讓新移民子女的自我概念與學習適應更能聯結，新移民子女提供課後輔導機制、積極爭取新移民子女學業補救經費也不可忽視。

㈣ 鼓勵教師對新移民子女進行家庭訪問

新移民子女在學習適應與自我概念建立，部分來自於家庭的學習協助。為提高其自我概念與學習適應，學校應鼓勵班級導師深入家庭，了解問題與困難，針對問題提供適合協助方式，使得自我概念提高與學習適應改善。

㈤ 持續執行教育優先區計畫協助新移民子女

政府應持續執行《教育優先區計畫》提供更多補助經費，讓新移民子女及其家庭可以在更豐沛的教育資源之下，擁有更多的學習資源。政府以積極性差別待遇方式，提供更多教育資源給新移民子女及其家庭。例如，給與新移民子女有學費補助、課後輔導、提供免費的教科書與營養午餐等。

㈥ 在未來研究建議

未來研究有以下建議：首先，政府對新移民子女長期追蹤，建立新移民子女的生活與學習的資料庫，作為研究依據。近年來新移民子女的教育研究太過於零散，一方面資料沒有長期資料庫建置，另一方面各研究僅以橫斷面的分析無法看到長期學習效果。長期追蹤研究新移民子女的自我概念與學習適應相當重要。尤其應注意追蹤這些族群在教育、社會、文化及生活表現，以作為學理及政策參考。其次，在資料處理方法也可以運用跨樣本比較，也就是運用一筆新移民子女，另外運用新移民與本國籍學生（兩群樣本）在自我概念與學習適應之關係，這種方法在SEM可以運用複核效化與多樣本分析，如此更能掌握新移民女性子女在這方面表現。自我概念是一個難以測量構念，它有很多影響因素（于璐、宋微濤、潘芳，2005），未來研究在學生自我概念的掌握，應更深入了解其影響因素。在國外也研究發現，自我概念對於學習成就有正面效果（Marsh, Trautwein,

Lüdtke, Köller, & Baumert, 2005），而不是學習適應，未來也可以對臺灣新
移民子女進行研究。

　　總之，新移民子女人數不斷增加，他們的自我概念發展很重要，與學
習適應之關係具有顯著性，未來不僅在實務應留意宜掌握，在這方面宜再
追蹤研究。

參考文獻

一、中文部分

于璐、宋微濤、潘芳（2005）。兒童自我概念發展及影響因素研究進展。**兒童行為醫學科學，3**，21-22。

何緯山、陳志賢、連廷嘉（2011）。新移民家庭子女自我概念、學業表現與生活適應之相關研究。**大仁學報，38**(1)，49-67。

余民寧（2006）。**潛在變項模式：SIMPLIS的應用**。臺北市：高等教育。

吳毓瑩、蔡振州、蕭如芬（2010）。東南亞裔新移民母親之家長參與及與子女學校生活適應之關聯。**教育科學研究期刊，55**(4)，157-186。

吳裕益、侯雅齡（2000）。**國小兒童自我概念量表指導手冊**。臺北市：心理。

李靜怡、劉明松（2011）。高雄市國中學習障礙學生自我概念與學校適應。**東臺灣特殊教育學報，13**，99-126。

李坤崇（1990）。我國國小學生學習適應及其相關因素之研究。**臺南師院學報，23**，133-159。

李坤崇（1994）。國中學生學習適應及其相關因素之研究。**臺南師院學報，27**，75-94。

周秀潔（2005）。**臺灣新女性移民子女之心靈世界探索**（未出版之碩士論文）。雲林科技大學，雲林縣。

邱皓政（2003）。自我概念向度與成分雙維理論之效度檢驗與相關因素研究。**教育心理研究，26**，85-131。

邱皓政（2004）。**結構方程模式——LISERL的理論、技術與應用**。臺北市：雙葉。

馬信行（2000）。**教育科學研究法**。臺北市：五南。

馬傳鎮（2003）。田納西自我概念量表之修訂與標準化研究。**玄奘社會科學學報，1**，1-36。

張芳全等（2007）。新移民子女的教育。臺北市：心理。

張春興（1987）。心理學。臺北市：東華。

教育部（2005）。外籍配偶就讀國小子女學習及生活意向調查結果。取自：
　　htpp:www.edu.tw/EDU_WEB/EDU_MGT/STATIS_parent_in_basic/report.
　　pdf

莊明貞（1984）。國中學生學校生活素質與學校適應行為之關係（未出版之
　　碩士論文）。臺灣師範大學，臺北市。

許殷誠（2005）。從國小教師觀點探討影響外籍配偶子女學校適應之因素
　　（未出版之碩士論文）。屏東科技大學，屏東縣。

連廷嘉、戴嘉南（2003）。自我概念與生活適應之相關研究。屏中學報，
　　11，99-114。

郭為藩（1996）。自我心理學。臺北市：師大書苑。

陳治豪、王以仁（2006）。國小轉學生自我概念、人際關係與其學校生活適
　　應之研究。教育科學期刊，**6**(1)，46-74。

陳美芬（1996）。學童認同對象與自我觀念之關係研究（未出版之碩士論
　　文）。臺東師範學院，臺東縣。

陳雅雯（2005）。外籍配偶子女在國小生活適應之研究——以宜蘭縣蘇澳鎮
　　某國小為例（未出版之碩士論文）。花蓮師範學院，花蓮市。

陳碧容（2004）。外籍新娘子女家庭環境與學校生活適應之相關研究——以
　　臺灣地區東南亞新娘為例（未出版之碩士論文）。臺北護理學院，臺北
　　市。

陳毓文（2010）。新住民家庭青少年子女生活適應狀況模式檢測。教育心理
　　學報，**42**(1)，29-52。

曾端真（2001）。兒童行為的評估與輔導。臺北市：天馬。

黃立婷（2006）。新住民社經地位、文化資本、教育期望對其子女自我概念
　　與學習適應之關係研究——以臺北縣國小中高年級為例（未出版之碩士
　　論文）。臺北教育大學，臺北市。

黃芳銘（2006）。結構方程模式：理論與應用。臺北市：五南。

黃琬玲（2005）。東南亞外籍配偶子女的家庭環境與學習適應情形（未出版

之碩士論文）。臺北師範學院，臺北市。

黃繡雯（2014）。**高雄市國小高年級學童自我概念與生活適應之相關研究**（未出版之碩士論文）。屏東教育大學，屏東市。

鄭美芳（譯）（1988）。**自我概念與人際關係**（原著A.Ellenson）。臺北市：駿馬。

蕭金土、陳瑋婷（2014）。臺灣學生依附關係、自我概念與生活適應之關係研究。**臺中教育大學學報：教育類，28**(2)，23-48。

鍾文悌（2004）。**外籍配偶子女學業表現及與生活適應之相關研究**（未出版之碩士論文）。屏東師範學院，屏東市。

簡茂發、朱經明（1982）。國中學生的友伴關係及其相關因素之研究。**測驗學會年刊，29**，93-104。

謝智玲（2012）。新住民子女社會支持、自尊與行為適應之研究。**測驗統計年刊，20**(1)，53-75。

二、外文部分

Arkoff, A. (1968). *Adjustment and mental health*. New York, NY: McGraw-Hill.

Bagozzi, R. P., & Yi, Y. (1988). On the evaluation of structural equation models. *Academic of Marketing Science, 16*, 76-94.

Banks, J. A. (1993). Multicultural education: Characteristics and goals. In J. A. Banks & C. A. M. Banks (1993). (Eds.), *Multicultural education: Issues and perspectives* (pp.1-27) (2nd ed.). Boston, MA: Allyn and Bacon.

Bentler, P. M. (1982). Confirmatory factor analysis via non-iterative estimation: A fast inexpensive method. *Journal of Marketing Research, 19*, 417-424.

Bentler, P. M., & Bonett, D. G. (1980). Significance tests and goodness of fit in the analysis of covariance structures. *Psychological Bulletin, 88,* 588-606.

Bollen, K. A. (1989). *Structural equation modeling with latent variables*. New York, NY: John Wiley.

Burns, R. B. (1988). *The self-concept in theory, measurment, development and behaviour*. New York, NY: Congrnan Inc.

Glass, G.V., & Hopkins, K. D. (1996). *Statistical methods in education and psychology*. Needham Heights, MA: Allyn & Bacon.

Hurlock, E. B. (1980). *Developmental psychology: A life-span approach*. New York, NY: McGrew-Hill.

Joreskog, K. G., & Sorbom, D. (1984). *LISREL VI: User guide* (3rd ed.). Chicago, IL: Scientific Software International, Inc.

Joreskog, K. G., & Sorbom, D. (1993). *LISEL 8: Structural equation modeling with the SIMPLIS command language*. Chicago, IL: Scientific software international, Inc.

Kline, R. B. (1998). *Principles and practice of structural equation modeling*. New York, NY: The Guilford Press.

Madon, S., Jussim, L., & Eccles, J. S. (1997). In search of the powerful self-fulfilling prophecy. *Journal of Personality and Social Psychology, 72*, 791-809.

Marsh, H. W., Craven, R., & Debus, R. (1998). Structure, stability, and development of young children's self-concepts: Amulticohort -multiocassion study. *Child Development, 69*, 1030-1053.

Marsh, H. W., & Hocevar, D. (1985). A new more powerful method of multitrait-multimethod analysis. *Journal of Applied Psychology, 73*, 107-117.

Marsh, H. W., Trautwein, U., Lüdtke, O., Köller, O., &; Baumert, J. (2005). Academic self-concept, interest, grades, and standardized test scores: Reciprocal effects models of causal ordering. *Child Development, 76*, 397-416.

McDonald, R. P., & Marsh, H. M. (1990). Choosing a multivariate model: Noncentrality and goodness-of-fit. *Psychological Bulletion, 107*, 247-255.

Mulaik, S. A., James, L. R., Van Altine, J., Bennett, N., & Stilwell, C. D. (1989). Evaluation of goodness-of-fit indices for structural equation models. *Psychological Bulletin, 105*, 430-445.

Zanobini, M., & Usai, C. M. (2002). Domain-specific self-concept and achievement motivation in the transition from primary to low middle school. *Educational Psychology, 22*, 203-217.

附錄一　國民小學生的自我概念與學習適應調查問卷

親愛的小朋友，你好：

這問卷在了解你在家裡和學校的事。不是考試，答案沒有對錯，和你的成績也沒有關係，所以請依照自己的想法和學習情形作答。請在收到題目之後，認真的趕快寫完，交給學校。你寫的絕對保密，請你安心作答。感謝你的合作。祝你學業進步

臺北教育大學張芳全　謹上

壹、基本資料

1. 年級　□五　　□六年級　2. 我是：　□男生　　□女生
3. 爸爸的教育程度：□國中以下　□高中　□大學、大專　□碩博士
4. 媽媽的教育程度：□國中以下　□高中　□大學、大專　□碩博士

貳、自我概念

	非常同意	同意	不同意	非常不同意
	4	3	2	1
1. 我的身體很健康。	□	□	□	□
2. 我每天都很有精神。	□	□	□	□
3. 我會努力做好每件事情。	□	□	□	□
4. 我對自己充滿信心。	□	□	□	□
5. 我總是保持愉快的心情。	□	□	□	□
6. 我常常反省自己。	□	□	□	□
7. 我會把煩惱告訴我的家人（如：爸媽、兄弟姐妹、爺爺奶奶……）。	□	□	□	□
8. 家人會陪我做功課。	□	□	□	□
9. 家人常誇獎我。	□	□	□	□
10. 當我有困難時，家人會幫助我。	□	□	□	□
11. 我喜歡我的家人。	□	□	□	□

	4	3	2	1
12. 我在學校有很多好朋友。	☐	☐	☐	☐
13. 我的總成績很好。	☐	☐	☐	☐
14. 當我難過時,同學會來安慰我。	☐	☐	☐	☐
15. 老師覺得我很棒。	☐	☐	☐	☐
16. 數學不會時,老師會教我。	☐	☐	☐	☐

參、學習適應

	非常同意	同意	不同意	非常不同意
	4	3	2	1
1. 我會自己將課本上的重點畫出來。	☐	☐	☐	☐
2. 遇到不懂的地方,我會趕快去請教別人。	☐	☐	☐	☐
3. 我會和同學在一起討論功課。	☐	☐	☐	☐
4. 我會複習老師今天上課的內容。	☐	☐	☐	☐
5. 上課時,我會把老師說的重點寫下來。	☐	☐	☐	☐
6. 每次考試時,我會仔細的檢查答案。	☐	☐	☐	☐
7. 我上課很專心。	☐	☐	☐	☐
8. 我做功課時,不看電視。	☐	☐	☐	☐
9. 我會準時交回家作業。	☐	☐	☐	☐
10. 我每天都會將老師交代的學用品帶到學校。	☐	☐	☐	☐
11. 我會做課外的練習題。	☐	☐	☐	☐
12. 我喜歡來學校讀書。	☐	☐	☐	☐
13. 我認為讀書對我很有幫助。	☐	☐	☐	☐
14. 不管有沒有要考試,我會用功讀書。	☐	☐	☐	☐
15. 每次上國語課,我會認真學習。	☐	☐	☐	☐
16. 我認為成績的好壞,我要負責(是我的事)。	☐	☐	☐	☐
17. 我總是快樂的學習。	☐	☐	☐	☐

本文取自:張芳全、趙珮晴(2008)。臺北縣新住民子女的自我概念與學習適應關係在結構方程模式檢定。**北縣教育**,**66**,9-26。

附錄二　新移民女性子女的自我概念與學習適應的變異數共變數矩陣　*n* =334

變項	X₁	X₂	X₃	X₄	X₅	X₆	X₇	X₈	X₉	X₁₀	X₁₁	X₁₂	X₁₃	X₁₄	X₁	X₁₆	y₁	y₂	y₃
X₁	.45																		
X₂	.17	.55																	
X₃	.10	.17	.56																
X₄	.16	.22	.27	.64															
X₅	.15	.24	.18	.32	.70														
X₆	.13	.18	.22	.18	.23	.75													
X₇	.09	.12	.22	.27	.29	.25	1.02												
X₈	.06	.18	.20	.15	.18	.20	.27	1.07											
X₉	.07	.20	.24	.21	.24	.28	.33	.34	.77										
X₁₀	.09	.11	.16	.13	.18	.17	.27	.20	.27	.51									
X₁₁	.07	.09	.08	.11	.07	.09	.16	.07	.15	.13	.25								
X₁₂	.10	.11	.14	.19	.14	.18	.16	.11	.12	.09	.13	.50							
X₁₃	.04	.17	.27	.26	.24	.19	.23	.20	.24	.15	.08	.14	.68						
X₁₄	.07	.09	.19	.23	.20	.24	.29	.20	.25	.18	.10	.20	.21	.76					
X₁₅	.05	.10	.25	.21	.22	.19	.21	.16	.23	.13	.06	.13	.35	.23	.6				
X₁₆	.10	.13	.13	.14	.13	.10	.18	.09	.16	.12	.15	.12	.13	.14	.17	.52			
y₁	.16	.20	.35	.37	.34	.34	.45	.29	.38	.27	.12	.22	.38	.37	.35	.21	1.00		
y₂	.16	.21	.36	.40	.39	.33	.43	.22	.32	.22	.13	.26	.44	.30	.34	.22	.66	1.	
y₃	.16	.22	.33	.41	.44	.35	.42	.18	.30	.21	.17	.25	.34	.31	.31	.24	.65	.67	1.

第八章

離島新移民子女
幸福感與影響因素

壹 緒論

一、分析動機

本章分析此議題有以下的動機：

(一) 離島地區的學生幸福感值得關注

王鐘和（1988）指出，幸福感是評估心理健康的重要指標之一。Dejoy與Wilson（2003）認為，幸福感反映出個人在身體、心理和情緒等方面的健康，對個人有重大影響。近年來幸福感的議題逐漸受到國外研究關注（Diener & Ryan, 2009）。兒童福利聯盟文教基金會（2008）發表的〈2008兒童快樂國跨國比較研究報告〉發現：以同儕關係、家庭關係、喜歡上學和生活滿意度為幸福感的指標，臺灣整體兒童幸福感排名倒數第三，幸福感明顯偏低；在孩子主觀描述的幸福感中，以同儕關係最好，家庭關係有待加強，而沒人陪伴、感覺孤單，使得孩子們的生活滿意度倒數第一，相較於先進國家，臺灣兒童明顯感受，並表達對現實生活的不滿，亟需家長更多的關心與陪伴。

(二) 新移民子女的幸福感值得探究

近年來澎湖縣新移民子女在學人數增加不少。澎湖縣政府民政局於2010年1月公布之澎湖縣外籍暨中國大陸配偶人數統計資料顯示：澎湖縣外籍配偶人數已達1,617人，其所生子女人數逐年攀升。98學年度就讀澎湖縣國小學生人數中，新移民子女比率占15.24%。與其他縣市相較，澎湖縣僅次於金門縣與連江縣，新移民子女比例明顯偏高。朱玉玲（2004）研究指出，跨國聯姻容易衍生家庭與社會問題，帶給新移民子女有負面印象。通常迎娶外籍新娘的臺灣男子，尤其是娶東南亞國家，大都來自經濟水平較差、教育程度較低、離婚、家庭結構較不完整（張芳全，2004）。新移民子女的教育問題成為社會關注焦點，但是澎湖縣新移民子女人際關係與幸福感之研究仍欠缺。不諱言，這些新移民子女多來自弱勢家庭，親

職教育功能較不完善，是否因此影響到其人際關係與幸福感呢？

(三)學生人際關係對幸福感具有重要角色

　　蘇玲慧（2015）研究指出，國小學生的學業情緒對於幸福感、同儕互動皆有正向影響，學生的學業情緒可以透過同儕互動影響幸福感。Cohen與Syme（1985）指出，來自家庭支持力量，特別具有增進幸福感的效果。Paula與Andrew（2007）的研究發現，處於不穩定家庭中的孩子較容易產生行為問題，而在穩定雙親家庭中成長的孩子感到自己比較幸福，父母親的行為與態度會影響孩子感受幸福的能力，尤其是母親的影響力不容小覷。Bar-tur與Levy-Shiff（1998）的研究發現，個體與重要他人在心理及情緒的承諾愈強，幸福感愈高。良好的人際關係有助於個人生理與心理健康的維持，也是影響幸福感的重要因素之一。今日社會問題層出不窮，父母親對家庭教育的疏忽及社會多元價值觀的衝擊，人與人之間的關係愈趨冷漠，國小學生若得不到家人與師長的關懷，極易造成自我概念薄弱、人際關係疏離與情緒困擾等發展障礙，因而影響其幸福感，值得深入探究。此外。個人會因家庭社經地位影響了人際關係，例如，社經地位較低的學童可能較退縮，不想與同儕接近，反之，愈高者則較為同儕所接受；因為人際關係的不同，更影響了幸福感。換句話說，人際關係可能是背景變項與幸福感的中介因素。基於上述，本章探究澎湖縣新移民子女的背景因素與人際關係對於幸福感之影響及其中介效果。

二、分析目的

　　㈠ 探究澎湖縣新移民子女人際關係與幸福感。

　　㈡ 分析澎湖縣新移民子女之背景變項與人際關係對幸福感之預測力。

　　㈢ 了解澎湖縣新移民子女之人際關係在背景變項與幸福感之中介效果。

貳 文獻探討

一、人際關係的意涵、向度與理論

㈠ 人際關係的意涵與向度

　　人不能離群索居，出生後就在人群之中，先是家人，而後慢慢接觸到學校同學和師長，與人的互動愈來愈多；如何與人和諧相處、建立良好人際關係更形重要。Devito（1994）指出，廣義的人際關係包括親子、兩性、手足和師生等互動關係；狹義的人際關係則專指友伴、同儕、同事的人際互動。陳皎眉（1995）把人際關係定義為：經由正式和非正式的歷程，人與人交往時彼此產生的互動關係，包括親情、友情、愛情、同事之誼等人與人之間的關係。張春興（2000）指出，人際關係是交感互動時，存在於人與人之間的關係，是對兩人或多人都發生影響的一種心理性的聯結。林淑華（2002）認為，人際關係是少數人為達某種目的時，在互動中產生的心理聯結，指人與人之間的心理交會、情感溝通以及生命對話所形成的一種特殊關係，包含親情、友情、師長、朋友與同學之互動關係。

　　綜合上述，人際關係為人與人之間透過語言、思想、情感，與他人交互作用、互相影響的歷程。本章將新移民子女的人際關係分為與家人關係、與同儕關係和與師長關係。在家人關係上代表新移民子女與家人相處情形；在同儕關係是以新移民子女在學校與同學相處情形；在師生關係以新移民子女在學校與教師相處情形。這三個面向都與新移民子女的人際關係有關，也是了解新移民子女的重要面向，以此作為分析依據。

㈡ 人際關係的理論

　　心理學家Schutz（1958）提出人際需要的三維理論（three-dimensional theory），主張個體在人際互動有三種基本需要：包容的需要（想要接觸或與其他個人與團體接觸的需求）、支配的需要（想要控制或被控制的需要）及感情的需要（個體愛他人或他人愛個體的需要）。人際關係是否開始建立或維持，全賴雙方所符合的人際需求程度。強調人際關係是人們生

活的基本需求，主張一種關係是否開始、建立或維持，全賴雙方的人際需求程度是否一致，人際關係的和諧來自於人與人之間在歸屬（屬於包容的需要）、控制（屬於支配的需要）和愛（屬於情感的需要）的相容互補，唯有適度合宜的需求，才是發展良好人際關係的指標。

　　人際關係還可以透過社會交換理論（social exchange theory）來詮釋。它強調理性交換、互惠、平等原則下之作為，認為人與人之間的社會互動是一種理性、會計算得失的資源交換，公平分配與互惠是主要規範及法則（馬康莊、陳信木，1998）。人際關係還可以從艾瑞克森（Erik Erikson）所提出的心理社會發展理論（psychosocial theory of development）來說明，認為個體隨著成長，必須不斷與環境互動才能發展出健全人格，社會環境對個人身心發展具關鍵性的影響力（林生傳，1994）。個體成熟要經歷八個發展階段，每個階段有其重要的發展任務及危機，若能順利完成每一階段任務，個人身心日後即能健全發展，達到生命的圓滿。這種生命的圓滿，某種程度也是一種幸福感。

　　綜合上述，人際關係源自於人類的基本心理需求，來自於人與人之間為著某些目的所產生的互動關係。隨著個體的成長，會因時、因地、因人而不同。本章以心理社會發展理論為基礎，探討出國小高年級學生人際關係的重要關係人為家人、同儕與學校師長；從社會交換理論的觀點，探討出滿足種種需求的人際互動會因個人條件不同而出現差異；再從人際需求的觀點探討受試者與家人、同儕與師長之間的人際關係，被愈多家人、同儕與師長接納與喜愛，表示人際關係愈好；相反地，則人際關係愈差。

二、幸福感的意涵、向度與理論

㈠幸福感的意涵與向度

　　人們常以追尋幸福為生活的目標。Carruthers與Hood（2004）認為，幸福感讓人聯想到快樂、樂觀、活力、自我實現、生活滿意……概念。但幸福是一個非常抽象名詞，每個人所認知的幸福的意涵不盡相同。Andrews與Withey（1976）指出，幸福感是個人主觀經驗，包含情緒與認知層面，亦即生活滿意、正向情感與負向情感。陸洛（1998）認為，幸福感

為個人對生活品質的沉思評鑑，由對生活的滿意程度及感受到的正負情緒強度所做的整體評估。黃資惠（2002）將幸福感定義為：一個人主觀的幸福感受，為個人從情緒和認知角度對自己本身及整體生活情況做評估之後的結果。顏秀芳（2007）指出，幸福感是個人對自己整體或生活的身心需求滿足。李家蓉（2009）則認為，幸福感是個人主觀的經驗感受，個體對生活感到滿意的程度，包含情緒、認知與身心健康層面。

綜上所述，幸福感為一個人主觀的自我滿足認定，為個人從情緒與認知層面上，對自我本身及整體生活情況評估後的心理健康感受。本章將新移民子女的幸福感分為情緒感受、生活滿意、自我滿意和心理健康層面。幸福感應從個體的情緒感受、生活滿意情形、對自我滿意的程度以及個人的心理健康為出發。如果個人在情緒感受好、生活滿意度高、對自我的表現及生活情形也滿意度高，更有良好的心理健康狀態，個人的幸福感會更好，本章以這四個面向作為新移民子女幸福感的研究內容。

㈡ 幸福感的理論

解釋幸福感可以從多個觀點來詮釋：1.從需求層次觀點來看，Maslow（1954）指出，人類會努力追求生理、心理、愛與隸屬、尊重、自我實現等不同層次的需求，當需求滿足後，幸福感就會產生。2.以生活事件角度來解釋，幸福感的形成，著重外在環境事件對個人幸福感的影響，當個體達成目標或參與活動後會產生滿足感，苦盡甘來後幸福的感受將更加強烈，強調幸福感來自於生活事件的主觀感受。Scitovsky（1976）指出，幸福感的樂觀或終點理論（telic or endpoint theories of subjective well-being）強調，幸福與快樂是在個人的目標或需求達成時所產生的狀態。3.從人格特質（personality trait）觀點來看，它嘗試由個體特質和認知方式來解釋幸福感產生之原因。強調人格是預測幸福感的關鍵因素（Tatarkiewicz, 1976），不同的人格特質會影響個體看待事物的心態，引發不同的行為與處理態度，進而感受不同程度的幸福感（施建彬，1995）。高度自尊（self-esteem）更是影響幸福感最重要的因素（Pomerantz, 1978; Reid & Ziegler, 1980）。4.從價值判斷理論（judgment theories）來看，幸福感是由

個體自己選取及建構標準，經比較後所得的結果，標準會隨情境改變，若面臨事件比參照標準好時，就會產生幸福（陸洛，1998）。強調幸福感來自目前實際的生活情況與個體所建構標準比較後的結果。5.從動力平衡觀點來看，它主張幸福感因個人人格特質的影響，大部分時間呈現穩定平衡狀態，當生活中發生特別或不同過往經驗的事件時，就會引發威脅幸福感的動力反應，個人幸福感將會跟著改變（Heady & Wearing, 1991），幸福感同時受到穩定的人格特質及短期正負向生活事件影響的動力平衡狀態。

　　上述觀點對幸福感產生看法不同，需求層次觀點著重在外在環境事件對幸福感的影響；人格特質觀點主張個人特質影響個人對外在事件的反應；價值判斷理論強調幸福感來自個體與參照標準比較後的主觀感受；動力平衡觀點著墨在人格特質與正負向生活事件的動力平衡狀態。每個觀點都有強調重點，若單從某種觀點探討幸福感，無法對幸福感整體分析。本章兼顧短期情緒與長期認知，重視個人特質與生活事件對幸福感的影響，將幸福感定義為個人主觀的自我滿足認定，個人從情緒與認知層面對自我及整體生活情況評估後的心理健康感受。

三、新移民子女的人際關係與幸福感的困境

㈠ 新移民子女的教育問題

　　隨著政府開放大陸探親、引進外勞、南向政策、臺灣社會性別結構不均、女性受教機會與學歷提高、性別平等呼聲高漲和刻板化價值觀逐漸消弭等，導致男女婚配落差，促使婚姻仲介業者媒介聯姻興盛，開啟了國人的跨國婚姻。跨國婚姻產生許多問題。

　　吳清基（2003）認為，外籍配偶教育子女不利受到文化差異為主因，後續衍生的主要問題包括：1.語言溝通障礙，教育程度有限，無法有效教育子女，影響子女智能發展與學習意願；2.居於經濟弱勢，缺乏自我謀生能力，造成教育子女的困難；3.限於文化差異、社交範圍有限，缺乏親職教育知能，無法善盡教育子女責任，不關心子女學業，造成子女適應程度明顯落差，出現經常遲到、人際關係欠佳、作業缺交、被動懶散、無法獨立完成課業等現象。楊艾俐（2003）認為，跨國婚姻背後所隱藏的危機並

非單純子女學業成就表現不佳的問題，而是爾後所衍生出來自我認同度的問題與終身學習不利的境遇。

吳清山（2004）指出，新移民子女教育問題有些屬於個人因素，有些屬於環境因素，有些是個人與環境交互作用因素，其問題歸納為：1.適應環境困擾，影響子女心智發展；2.語言溝通障礙，子女學習發展受限；3.缺乏育兒知識，不易勝任母親責任；4.子女易有發展遲緩現象，增加教育子女困擾；5.婚姻形同買賣，子女缺乏有利環境；6.居於經濟弱勢，缺乏自我謀生能力；7.處於文化隔閡，社交範圍受限制。

由於新移民女性對臺灣的語言文字和學校教育不夠了解，受限於語言及與外界互動較少，親職教養知能缺乏，對於子女課業輔導心有餘而力不足，導致新移民子女在學習遇到問題，只能自求多福，影響學習成效。新移民子女的家庭社經地位相對不利，伴隨而來的生活壓力，可能是父母親感情不睦及社會歧視眼光，在家庭生活與學校學習面臨許多困境，容易在同儕中成為弱勢，進而影響其人際互動與幸福感受。

㈡ 影響新移民子女人際關係與幸福感的因素

1. 語文發展落後影響溝通能力

趙善如、鍾鳳嬌（2009）指出，多數初來臺的新移民女性不熟悉我國語言，卻擔負了主要的教養責任，使其子女在語言發展的黃金時期缺乏正確示範與學習機會，造成新移民子女在學校學習的困難，進而影響人際網絡的互動與經營。楊淑朱、邢青青、翁慧雯、吳盈慧、張玉巍（2004）對雲林縣新移民子女在校狀況調查發現，約有兩成國小學生在同儕關係與同儕互動不良、發生衝突，尤其是表達能力欠佳的孩子，易與同儕發生衝突等問題。

2. 家庭弱勢導致自我認同不足

Brend與Bill（2002）以國外移民者的子女為例，因其承繼家庭低社經及文化不利地位，使得他們在生活、人際及學習容易出現問題，例如自卑、缺乏自信心、不善交際、學業成績低落等。新移民女性教育程度普遍較低且對臺灣文化不熟悉，導致教養困難，忽略孩子心理發展層面，對下

一代的人際關係造成影響。新移民女性常被標籤化，造成其子女無法認同自己而缺乏自信，並感到自卑產生疏離感，甚至出現貶抑母親的行為或被排擠在同儕之外（唐淑芬、黃沛文，2007）。

3. 學習適應困難導致邊緣化

張芳全（2004）指出，新移民子女在家中無法解決課業、內心、交友或生活等問題，所以無法適應學校刻板無趣、課業繁多、及同儕間差距的生活，因而形成學校文化的外籍同儕團體，甚至成為學校邊緣人。王筱雲（2005）的研究發現，新移民子女普遍會隱藏母親的國籍，若在學校適應良好，課業表現沒有特別差，同儕之間的接納度便不會和非新移民子女有太大差異，但若學業成就較不如人，會比非新移民子女更容易受到排擠，甚至被貼上標籤而受到捉弄或欺負。

綜上所述，新移民子女與他人互動，若無法有效透過語言傳達內心的想法與感受，同時清楚明確的接收他人的訊息，可能不被接納；新移民子女在家庭中須面對承受生活和情緒壓力的母親，感受到父母親教養上的疏失，親子關係受到影響，導致自我認同感不足，對自己缺乏自信。雖渴望融入團體、結交朋友，但由於自認條件不如人，可能因自卑，不敢主動接觸同儕與師長，進而可能被忽略，容易在人際關係上遇到挫折，長期下來即可能導致人際關係的冷漠，感到孤獨，進而影響其幸福感受。

四、新移民子女人際關係與幸福感之研究

㈠ 新移民子女人際關係之相關研究

1. 不同性別傾向女生高於男生

近來年許多以新移民子女為對象的研究發現（邱志峰，2009；張樹閔，2007；張婉瑜，2009）：人際關係在不同性別達到顯著差異，且女生高於男生。然而楊志欽（2007）以基隆市國小五、六年級新移民子女研究發現，女生交友比男生被動。那昇華（2007）的研究發現，女生在人際關係適應低於男生。上述看來，男女生在人際關係有差異，女生人際關係比男生好，但也有部分結果並非如此。本章以澎湖縣國小高年級新移民子女為對象，其中探討不同性別在人際關係的差異。

2. 不同居住區域傾向沒有差異

姜臺珠（2008）與邱志峰（2009）的研究指出：不同就學地區之新移民子女人際適應無差異。澎湖縣島嶼分散，馬公市區、市郊、偏遠地區及離島的文化刺激與生活水平有明顯差異，是否因此對人際關係產生影響？

3. 家庭結構完整人際關係較佳

邱志峰（2009）和張婉瑜（2009）的研究指出，不同家庭結構在整體人際關係有顯著差異，雙親家庭優於非典型家庭。可知家庭結構的完整與否，與學童的人際關係有著密切關係，確實對人際關係產生影響。家庭結構完整的國小學生透過與雙親的互動中，學習到良性的人際互動模式，人際關係較易朝正向發展。

4. 家庭社經地位的人際關係分歧

姜臺珠（2008）的研究發現：不同家庭社經地位之新移民子女人際適應無差異。熊淑君（2004）以新北市國小五六年級新移民與非新移民子女為研究對象，探討新移民女性子女的自我概念和人際關係發現，不同社經地位的新移民子女人際關係無顯著差異。但有些研究指出：來自較高社經地位家庭的小學生人際關係優於來自較低社經地位家庭者（張惟中，2005；楊志欽，2007）。如上所述，部分研究指出：來自較高家庭社經地位的子女有較佳的人際關係；但也有部分研究發現家庭社經地位在人際關係方面沒有顯著差異。究竟家庭社經地位對澎湖縣新移民子女的人際關係影響情形如何呢？本章進一步釐清。

綜觀上述：1.性別對人際關係的影響傾向女生高於男生；2.不同居住區域的影響傾向沒有差異；3.家庭結構完整者，人際關係較好；4.家庭社經地位對人際關係的影響有待釐清。而這些因素對澎湖縣國小高年級新移民子女人際關係的影響情形如何？

(二) 新移民子女幸福感之相關研究

劉惠琴（2009）以南投縣及彰化縣國小高年級新移民子女600名為研究對象發現：新移民子女的幸福感受尚佳；在不同縣市、不同性別間幸福感皆無顯著差異，她也發現社會對不同國籍之弱勢族群存有偏見，使其幸福

感受到影響；家庭社經地位愈高，幸福感受相對愈多。謝亞儒（2009）研究發現：不同性別在幸福感沒有明顯不同；高社經地位者在幸福感的自我滿意度顯著高於中社經地位者；親子互動關係和幸福感具有顯著正相關。

　　由此看出：不同性別和不同居住地區之新移民子女的幸福感沒有明顯不同；家庭社經地位較高者，幸福感較高；家庭結構對幸福感的影響則有待釐清。這些因素對澎湖縣國小高年級新移民子女幸福感影響如何呢？

㈢ 人際關係與幸福感相關研究

　　人際關係與幸福感為正相關有許多研究發現支持。Van、Linssen、Abma與Ruud（2000）研究發現：孩子的幸福感受父母親的影響最深，父母和子女若能維持良好且穩定的關係，其子女的幸福感較高。Ostberg（2003）則指出，兒童在同儕中愈受到歡迎，與同儕互動時能夠感受到親近、受重視，幸福感愈高，亦即兒童和同儕關係與幸福感有正相關。Otsui與Fredrickson（2006）也指出，人際之間的相處會影響幸福感。

　　黃資惠（2002）以臺南市、高雄市國小六年級兒童為研究對象發現：利社會行為表現愈多，幸福感愈高；同儕社會地位愈高，幸福程度愈高；國小兒童的同儕社會地位、家庭狀況與利社會行為是幸福感的重要因素。吳月霞（2005）以臺灣地區之單親兒童研究發現：親子互動、社會支持與幸福感具顯著正相關；社會支持、情緒支持、實際支持、整體親子互動、互動頻率和心理親密能有效預測幸福感。侯季宜（2006）以臺南市國小高年級生分析發現，人際衝突與幸福感有顯著負相關，對幸福感具有良好預測力。謝美香（2007）以彰化縣國小高年級生研究發現，師生關係能有效預測幸福感。林倩瑜（2008）研究臺中市18所國小四、六年級生發現，師生關係愈好，學生幸福感愈高；師生關係對幸福感具有預測作用，行為支持為最主要預測變項。李家蓉（2009）研究宜蘭縣國小高年級生發現，人際關係與幸福感呈現正相關，對幸福感具有預測力。謝亞儒（2009）研究臺南市高年級生發現，親子互動關係與幸福感有正相關；親子互動關係、同儕互動關係可以有效預測幸福感。羅華貞（2009）研究屏東縣國小學童發現，人際關係與幸福感互有正向影響；家人關係的營造，對國小學童幸

福感影響最大。

上述看出，透過關愛、分享、支持與親密的正向互動，讓學童感受到溫暖與關懷，與家人的關係更好，有助於提升幸福感；由同儕互動中感受到信任與尊重，逐漸建立的親密感以及良好的互動，都有助於提升友誼的品質，能夠讓學童感受到幸福，而與同儕之間的衝突會降低學童的幸福感受；與師長互動時，能獲得情緒與實際支持，有助於師生關係的提升，學童的幸福感愈高。由此可見，良好和諧的人際互動關係能夠讓學童感受到幸福感，可藉由人際關係的優劣預測幸福感受，人際關係對幸福感的預測能力得到證實。考慮到目前新移民子女幸福感相關研究仍十分缺乏，實有進一步研究必要。本章以性別、居住區域、家庭結構與家庭社經地位為背景變項，將人際關係列為中介變項，深入探討各變項對澎湖縣新移民子女幸福感之影響。

參 研究設計與實施

一、分析架構

本章架構分為背景變項、人際關係及幸福感。其中背景變項包含性別、居住區域、家庭結構、家庭社經地位；人際關係包含與家人關係、與同儕關係、與師長關係；幸福感則包括情緒感受、生活滿意、自我滿意與心理健康，如圖8-1。A線代表新移民子女的背景變項對其人際關係的影響，C線代表新移民子女的人際關係對幸福感的影響，B線代表新移民子女的背景變項對幸福感的影響。

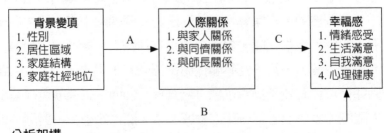

圖8-1 分析架構

二、研究對象

　　本章以澎湖縣政府教育局（2010）公布之99學年度就讀澎湖縣四至六年級之新移民與非新移民子女為正式研究對象母群體，其中新移民子女在四、五、六年級的母群體人數共有395人。依林進田（1993）指出：樣本決定公式：$n_0 = \dfrac{z^2_{(\alpha/2)}}{4d^2}$；抽樣人數$n = \dfrac{n_0}{\left(1 + \dfrac{n_0}{N}\right)}$，$z^2_{(\alpha/2)} = 9$，$d = .05$，因此，以母群體新移民子女395人代入公式，得知抽樣人數如下：

$$\text{樣本決定公式：} n_0 = \frac{9}{4 \times (.05)^2} = 900$$

$$\text{新移民子女抽樣人數} = \frac{900}{\left(1 + \dfrac{900}{395}\right)} = 274.5$$

　　澎湖縣41所國民小學有3所四至六年級沒有新移民子女，故正式研究對象為38所國民小學的新移民子女280人。本章以澎湖縣99學年度就讀四至六年級之新移民子女395名為研究對象，依據便利取樣之後，獲得有效樣本為280份。在母親原屬國籍區分為大陸（含香港、澳門）、東南亞（含越南、印尼、柬埔寨、菲律賓等），在本章稱為新移民。有四、五及六年級的男女生。居住區域區分為離島、偏遠、市郊與市區。家庭社經地位以父母的教育程度、職業與經濟收入來衡量，但小學生不易了解父母親收入狀況，僅就教育程度與職業作測量，其等級計算係參照林生傳（2005）以父親和母親任一方教育程度和職業等級較高者，作為家庭代表，依其教育程度和職業類別的五個等級區分，再將教育程度等級乘以四，加上職業類別等級乘以七，即為家庭社經地位分數，家庭社經地位等級Ⅰ（52至55分）為高社經地位、等級Ⅱ（41至51分）為中上社經地位、等級Ⅲ（30至40分）為中社經地位、等級Ⅳ（19至29分）為中下社經地位、等級Ⅴ（11至18分）為低社經地位。

三、研究工具

本章以「新移民子女人際關係與幸福感問卷」為工具，編製過程依據文獻探討及相關文獻編製，形成問卷草稿之後，並邀請六位專家學者審題，再進行預試，預試有效樣本為180名。研究工具基本資料包括背景變項（性別、居住區域、家庭結構、家庭社經地位），而在人際關係及幸福感的信度及效度說明如下。

㈠ 人際關係問卷

它是參酌林淑華（2002）、黃鈺程（2004）、與洪秀梅（2007），加上研究者經驗，所設計而成。它分為與家人關係7題、與同儕關係6題、與師長關係7題，記分方式採李克特（Likert type）四點量尺，無反向題，每個題目均有四個選項，分別為非常不同意、不同意、同意、非常同意，依序給予1、2、3、4分。將分數加總計算後，分數愈高，人際關係愈好。

1. 效度分析

本章針對受試者在「新移民子女人際關係與幸福感問卷」中，對所有題目反應，運用主成分分析（principal component analysis）因素，並採取最大變異法（varimax method）進行正交轉軸，獲得各題項的因素負荷量（factor loading），以特徵值（eigenvalue）大於1.0者為選入因素參考之標準。人際關係問卷特徵值大於1的因素有三個，總解釋變異量為53.42%。第一個因素從七個題目來看，命名為與師長關係，特徵值3.72，解釋變異量為18.60%；第二個因素從七個題目來看，命名為與家人關係，特徵值3.70，解釋變異量為18.51%；第三個因素從六個題目來看，命名為與同儕關係，特徵值3.26，解釋變異量為16.31%。人際關係問卷的因素分析摘要如表8-1。

2. 信度分析

在新移民子女與家人關係向度的 *Cronbach's* α係數為.83；與同儕關係向度α = .82；與師長關係α = .85；整體人際關係α = .88，內部一致性佳，具高信度。

表8-1　新移民子女的人際關係的因素分析摘要

因素	題目	因素一負荷量	因素二負荷量	因素三負荷量	共同性	特徵值	解釋變異量%
與師長關係	14. 我喜歡幫老師做事情	.67	.12	.15	.48	3.72	18.60
	15. 我覺得老師很關心我	.70	.17	.09	.52		
	16. 下課時，我常和老師聊天	.70	.06	.21	.53		
	17. 我會想做讓老師開心的事	.72	.03	.10	.53		
	18. 遇到困難時，我會主動請求老師協助	.61	.04	.25	.43		
	19. 和老師在一起時，我覺得輕鬆自在	.77	.03	.03	.60		
	20. 我覺得老師對我很好	.74	.28	.01	.63		
與家人關係	1. 我喜歡和家人聊天	.18	.69	.11	.52	3.70	18.51
	2. 我關心我的家人，家人也很關心我	-.02	.71	.18	.53		
	3. 和家人在一起，我覺得很快樂	.05	.77	.16	.62		
	4. 我會和家人分享我的心事	.18	.63	.07	.43		
	5. 我的家人都很疼愛我	.11	.78	.10	.62		
	6. 我有意見時可以和家人溝通	.17	.61	.14	.43		
	7. 我的家人了解我的想法	.01	.64	.30	.50		
與同儕關係	8. 我有很多朋友	.01	.22	.79	.67	3.26	16.31
	9. 我和朋友之間常常互相幫忙	.12	.22	.74	.61		
	10. 和朋友在一起時，我希望他們覺得快樂	.09	.28	.59	.43		
	11. 我會和同學分享我的心情	.31	.13	.62	.50		
	12. 和同學在一起時，我覺得很愉快	.09	.19	.75	.61		
	13. 分組的時候，同學都喜歡跟我在同一組	.22	-.01	.68	.51		

㈡幸福感問卷

它參酌黃資惠（2002）、何名娟（2005）、顏秀芳（2007）、王佳禾、侯季宜、張進上（2008）和邱馨瑩（2009），加上研究者自行設計發展而成。它分為情緒感受、生活滿意、自我滿意和心理健康，每個向度各有5題，記分採李克特四點量尺，每題均有四個選項，分別為非常不同意、不同意、同意、非常同意，依序給予1、2、3、4分，無反向題。將分數加總計算後，得分愈高，表示幸福感愈高。

1. 效度分析

幸福感問卷特徵值大於1的因素有四個，總解釋變異量為62.02%。第二個因素從五個題目來看，命名為自我滿意，特徵值3.61，解釋變異量為18.06%；第二個因素從那五個題目來看，命名為生活滿意，特徵值3.00，解釋變異量為14.99%；第三個因素從那五個題目來看，命名為情緒感受，特徵值2.98，解釋變異量為14.91%；第四個因素從五個題目來看，命名心理健康，特徵值2.81，解釋變異量為14.06%。幸福感預試問卷的因素分析摘要如表8-2。

2. 信度分析

在新移民子女的情緒感受向度 *Cronbach's* α 係數為.80；生活滿意向度 α = .85；自我滿意向度 α = .86；心理健康向度 α = .82；整體幸福感 α = .92。

四、資料處理

本章以描述統計分析新移民子女人際關係與幸福感。以背景變項為自變項，人際關係與幸福感為依變項進行多元迴歸分析，其中性別以男生為參照組、居住地區以馬公市區為參照組、家庭結構以和父母同住為參照組、家庭社經地位以低社經地位為參照組。在中介變項檢定採取Baron與Kenny（1986）提出的四個條件：1.自變項必須顯著影響中介變項；2.自變項必須顯著影響依變項；3.中介變項必須顯著影響依變項；4.將自變項與中介變項同時對依變項分析，當控制中介變項對依變項效果，自變項對依變項的效果消失（未達統計顯著水準）。

表8-2　新移民子女的幸福感的因素分析摘要

因素	題目	因素一負荷量	因素二負荷量	因素三負荷量	因素四負荷量	共同性	特徵值	解釋變異量%
自我滿意	11. 我覺得自己是一個很棒的人	.80	.10	.19	.23	.74	3.61	18.06
	12. 我是一個有能力的人	.76	.13	.13	.20	.65		
	13. 我總是可以把事情做好	.66	.17	.22	.15	.54		
	14. 我覺得自己有不少優點	.72	.16	.21	.13	.61		
	15. 我對自己的整體表現感到滿意	.72	.24	.14	.15	.62		
生活滿意	6. 我覺得生活中充滿了有趣的事	.18	.54	.47	.30	.63	3.00	14.99
	7. 我有一個舒適的生活環境	.08	.74	.20	.15	.62		
	8. 我對我目前的整體生活感到滿意	.17	.80	.17	.18	.73		
	9. 我覺得生活過得很充實	.23	.75	.15	.13	.66		
	10. 我覺得自己的生活過得比一般人好	.32	.60	.33	.16	.60		
情緒感受	1. 我覺得大家都喜歡和我在一起	.36	.11	.68	.04	.60	2.98	14.91
	2. 我不會覺得孤單	.29	.29	.52	.20	.48		
	3. 我覺得我受到別人的尊重	.16	.16	.72	.12	.58		
	4. 當我心情不好時，會有人主動關心我	.10	.15	.74	.23	.63		
	5. 我喜歡和別人分享我的快樂	.13	.30	.67	.22	.60		
心理健康	16. 我總是充滿活力	.37	.28	.19	.58	.59	2.81	14.06
	17. 我總是朝著我的目標努力	.37	.18	.26	.52	.50		
	18. 我對我的未來充滿希望	.36	.25	.05	.71	.71		
	19. 我覺得這個世界是美好的	.10	.22	.11	.71	.58		
	20. 我有很多期待實現的夢想	.08	.01	.20	.84	.75		

五、基本資料分析

正式有效問卷為280份,男女各占51.4%與48.6%(母群體比率各為52.4%及47.6%);四、五與六年級各占43.6%、28.9%與27.5%(母群體比率各為42.4%、27.6%與30%);居住市區占26.8%、市郊占25.4%、偏遠占35.0%、澎湖的離島占12.9%。高、中上、中、中下與低社經地位各占0%、0.4%、3.6%、28.9%與67.1%。除了社經地位及居住區域的母群體人數無法獲得各類人數比率之外,其餘變項在抽樣人數分配與母群接近。

肆 結果與討論

一、人際關係與幸福感情形

表8-3發現,澎湖縣新移民子女與家人關係平均得分為3.26,與同儕關係為3.26,與師長關係為3.01,整體人際關係為3.17;情緒感受為3.14,生活滿意為3.38,自我滿意為2.95,心理健康為3.40,幸福感為3.22。顯示澎湖縣新移民子女有良好的人際關係與幸福感。

表8-3 新移民子女人際關係與幸福感情形 $n = 280$

向度	平均數	標準差	向度	平均數	標準差
與家人關係	3.26	.60	情緒感受	3.14	.63
與同儕關係	3.26	.58	生活滿意	3.38	.58
與師長關係	3.01	.61	自我滿意	2.95	.69
			心理健康	3.40	.54
人際關係	3.17	.49	幸福感	3.22	.50

二、對人際關係之預測情形

表8-4可知,在與家人關係達到統計顯著水準的變項包括離島地區(b = -.26)、和父親同住(b = -.32);在與同儕關係達到統計顯著水準為和父

親同住（b = -.34）；在與師長關係達到統計顯著水準為性別（b = .17）。

表8-4 新移民子女人際關係之迴歸分析 n = 280

面向	與家人關係		與同儕關係		與師長關係	
變項	b	β	b	β	b	β
女生	.04	.03	.12	.11	.17*	.14*
馬公市郊	-.17	-.13	.00	.00	-.06	-.04
偏遠地區	.03	.02	.02	.02	.11	.08
離島地區	-.26*	-.14*	-.08	-.05	.00	.00
和母親同住	-.03	-.01	-.01	.00	.06	.03
和父親同住	-.32*	-.15*	-.34*	-.16*	-.14	-.07
沒有和父母親同住	-.26	-.09	-.19	-.07	-.20	-.07
高社經地位	-.13	-.01	.13	.01	-.03	.00
中上社經地位	-.13	-.01	.29	.03	-.45	-.04
中社經地位	.16	.05	-.27	-.09	.08	.03
中下社經地位	-.01	-.01	.08	.06	.09	.07
常數	3.35**		3.23**		2.89**	
Nagelkerke R^2	.03		.02		.01	
最大VIF值	1.64		1.64		1.64	

* $p < .05$. ** $p < .01$.

二、對幸福感之預測情形

　　情緒感受的迴歸分析如表8-5。模式1a達到統計顯著水準為和父親同住（b = -.41），這顯示和父母同住者的情緒感受明顯高於僅和父親同住者（$p < .01$）。模式解釋力僅.04。模式1b達到統計顯著水準的變項包括與家人關係（b = .16）和與同儕關係（b = .74），這顯示與家人和同儕關係愈好，情緒感受愈佳。此模式對情緒感受具良好解釋力為.64。模式1c達到統計顯著水準的變項包括與家人關係（b = .16）和與同儕關係（b = .72）。這顯示與家人和同儕關係愈好，情緒感受愈好（$p < .01$）。此模式

對情緒感受具良好解釋力為.64。對情緒感受的解釋力，幾乎全部來自人際關係。

在生活滿意的迴歸分析，模式2a達到統計顯著水準為和父親同住（b = -.24），這顯示和父母同住者在生活滿意明顯高於僅和父親同住者（p < .05）。模式解釋力僅.02。模式2b達到統計顯著水準的變項包括與家人關係（b = .35）和與同儕關係（b = .34），它代表與家人和同儕關係愈好，生活滿意愈高（p < .01）。模式解釋力為.36。模式2c達到統計顯著水準的變項包括與家人關係（b = .34）和與同儕關係（b = .34），這顯示與家人和同儕關係愈好，生活滿意愈高，此模式解釋力為.35。對生活滿意的解

表8-5 幸福感之情緒感受與生活滿意的迴歸分析　n = 280

面向	情緒		感受				生活				滿意	
模式	模式1a		模式1b		模式1c		模式2a		模式2b		模式2c	
變項	b	β	b	β	b	β	b	β	b	β	b	β
女生	.14	.11			.03	.03	.08	.07			.03	.02
馬公市郊	-.08	-.05			-.05	-.03	-.12	-.09			-.07	-.05
偏遠地區	.02	.01			-.01	-.01	.03	.03			.02	.01
離島地區	-.15	-.08			-.05	-.03	-.20	-.12			-.09	-.05
和母親同住	-.02	-.01			-.01	-.01	-.05	-.02			-.04	-.02
和父親同住	-.41**	-.18**			-.10	-.04	-.24*	-.12*			-.02	-.01
沒有和父母親同住	-.05	-.02			.15	.05	-.02	-.01			.13	.05
高社經地位	.13	.01			.06	.01	-.73	-.08			-.73	-.07
中上社經地位	.53	.05			.37	.04	.27	.03			.21	.02
中社經地位	.26	.08			.09	.03	.24	.07			.20	.06
中下社經地位	.13	.10			.07	.05	.00	.00			.02	.02
與家人關係			.16**	.15**	.16**	.15**			.35**	.36**	.34**	.35**
與同儕關係			.74**	.68**	.72**	.66**			.34**	.34**	.34**	.33**
與師長關係			.07	.06	.07	.06			-.01	-.01	-.01	-.01
常數	3.11**		.01		.03		3.42**		1.14**		1.21	
NagelkerkeR^2	.04		.64		.64		.02		.36		.35	
最大VIF值	1.64		1.62		1.72		1.64		1.62		1.72	

*p < .05. **p < .01.

釋力，幾乎全部來自於人際關係。

自我滿意的迴歸分析如表8-6。模式3a達到統計顯著水準者為中上社經地位（$b = .33$），它顯示家庭中上社經地位者在自我滿意明顯高於低社經地位的家庭（$p < .05$），模式解釋力僅.01。模式3b達到統計顯著水準的變項包括與家人關係（$b = .24$）、與同儕關係（$b = .31$）和與師長關係（$b = .32$），這代表了與家人、同儕和師長關係愈好，自我滿意愈高，模式解釋力為.37。模式3c達到統計顯著水準為中下社經地位（$b = .03$），顯示家庭中下社經地位者的自我滿意明顯高於低社經地位家庭（$p < .01$）。而與家人關係（$b = .25$）、與同儕關係（$b = .28$）和與師長關係（$b = .34$）顯

表8-6　自我滿意與心理健康的迴歸分析摘要　　$n = 280$

面向	自我		滿意				心理				健康	
模式	模式3a		模式3b		模式3c		模式4a		模式4b		模式4c	
變項	b	β	b	β	b	β	b	β	b	β	b	β
女生	.00	.08			-.10	-.08	.06	.06			.00	.00
馬公市郊	.00	.12			.07	.04	-.09	-.07			-.03	-.02
偏遠地區	.13	.11			.08	.05	-.02	-.02			-.05	-.04
離島地區	.01	.14			.09	.05	-.13	-.08			-.04	-.02
和母親同住	-.01	.16			-.02	-.01	.20	.10			-.20	-.10
和父親同住	-.16	.15			.06	.02	-.28**	-.15**			-.10	-.05
沒有和父母親同住	-.34	.20			-.15	-.05	-.24	-.09			-.09	-.04
高社經地位	.73	.69			.74	.06	.32	.04			.34	.04
中上社經地位	.33*	.69*			.44	.04	.52	.06			.57	.06
中社經地位	.48	.23			.47	.13	.45*	.15*			.45**	.16**
中下社經地位	.02	.09			.03**	.02**	.04	.03			.02	.01
與家人關係			.24**	.21**	.25**	.22**			.30**	.33**	.31**	.34**
與同儕關係			.31**	.26**	.28**	.23**			.23**	.25**	.19**	.21**
與師長關係			.32**	.28**	.34**	.29**			.14**	.15**	.14**	.16**
常數	2.94**		.22		.22		3.44**		1.24**		1.35**	
NagelkerkeR^2	.01		.37		.38		.05		.37		.39	
最大VIF值	1.64		1.62		1.72		1.64		1.62		1.72	

$* p < .05.$ $** p < .01.$

示，與家人、同儕和師長關係愈好，自我滿意愈高，模式解釋力為.38。對自我滿意解釋力幾乎全部來自人際關係。

在心理健康方面，模式4a達到統計顯著水準為和父親同住（$b = -.28$），代表和父母同住者在心理健康明顯高於僅和父親同住者（$p < .01$）。中社經地位（$b = .45$）也達到統計顯著水準（$p < .05$），代表家庭中社經地位者在心理健康明顯高於家庭屬低社經地位，模式解釋力僅.05。模式4b達到統計顯著水準的變項包括與家人關係（$b = .30$）、與同儕關係（$b = .23$）和與師長關係（$b = .14$），這代表與家人、同儕和師長關係愈好，心理健康愈高，模式解釋力為.37。模式4c達到統計顯著水準為和母親同住（$b = -.20$），這顯示和父母同住者在心理健康明顯高於僅和母親同住者（$p < .05$）。中社經地位（$b = .45$）也達到統計顯著水準（$p < .01$），代表家庭中社經地位者在心理健康明顯高於家庭低社經地位者。而與家人關係（$b = .31$）、與同儕關係（$b = .19$）和與師長關係（$b = .14$）也是達到統計顯著水準（$p < .01$），代表與家人、同儕和師長關係愈好，心理健康愈高，模式解釋力為.39。對心理健康的解釋力，幾乎全部來自人際關係。

三、綜合討論

本章特色在了解離島地區新移民子女的幸福感及人際關係，並運用Baron與Kenny（1986）提出的四個條件來了解人際關係是否為幸福感與背景變項的中介因素。依據結果，討論如下：

就第一個條件來說，表8-4的三個中介變項上，僅有性別與家庭結構有顯著影響，並沒有所有背景變項都有顯著影響。表中看到，女學生與師長互動關係明顯高於男生；此結果與邱志峰（2009）、張樹閔（2007）和張婉瑜（2009）的研究結果相同。可能是國小高年級女生心思較細膩，人格發展也比男生成熟，與師長建立關係能力高於男生。居住區域不同會對家人關係有預測力，居住於馬公市區的新移民子女與家人關係明顯高於居住於離島地區的新移民子女。此結果與邱志峰（2009）和姜臺珠（2008）之結果不同。可能是居住於離島地區的家庭，與馬公市區相較，生活環

境較困苦，文化刺激較不利，家長教養知能較缺乏，對於家人關係的營造較不注重所導致。在家庭結構方面，顯示和父母同住者與家人和與同儕關係明顯高於單親（僅和父親同住），此結果與邱志峰（2009）和張婉瑜（2009）之研究結果相符。推論原因可能是單親父親面臨家庭、子女教養、工作及人際等多重生活壓力，與子女互動難免受到影響，進而影響其子女與同儕的互動。然而家庭社經地位對人際關係沒有顯著影響。此結果與姜臺珠（2008）的研究發現結果相符。可能是澎湖縣新移民子女多屬中下或低社經地位之家庭，在家庭社經地位差異不大所導致。

　　就第二個條件來說，僅有家庭結構對正向情緒及生活滿意達顯著水準，而自我滿意及心理健康則受到家庭結構與社經地位的顯著影響，其他變項則否。第二個條件不完全接受。不同性別在幸福感各面向未達到統計顯著水準的差異，此結果與劉惠琴（2009）和謝亞儒（2009）之研究結果相同。可能是性別平等觀念抬頭，傳統重男輕女觀念逐漸消失，不管男女生都能受到平等的尊重與對待，所以差異不明顯。不同居住區域在幸福感各面向未達到統計顯著水準的差異，此結果與劉惠琴（2009）之研究結果相同。這可能是澎湖縣整體生活步調較緩，生活單純，學生的學習競爭壓力不大有關。家庭結構完整者在情緒感受、生活滿意、心理健康明顯高於僅和父親同住者。此結果與吳月霞（2005）、謝亞儒（2009）與羅華貞（2009）之研究結果相似。可能是家庭結構完整的孩子，在日常生活中能同時感受到來自雙親的疼愛與關懷；而僅與父親同住的孩子，卻無法享受到完整的父母之愛，情緒和心理難免受到影響，在生活上，父親忙於維持生計，生活上缺乏母親幫忙照顧，孩子難免感到孤單與寂寞，幸福感自然受到影響。家庭社經地位較高者，在心理健康和自我滿意明顯高於家庭社經地位較低者。此結果也與劉惠琴（2009）和謝亞儒（2009）之研究結果相同。可能是家庭社經地位較高者，孩子擁有生活環境的優勢，整體文化水平較高，較容易培養出孩子的自信心。

　　就第三個條件來說，人際關係的三個面向都達到顯著水準，符合中介條件的標準，且其解釋力不低。第四個條件把背景變項與人際關係都納入分析，背景變項仍然不顯著者多，人際關係依然達到顯著水準，且模式

的解釋力與僅投入人際關係對幸福感的差異不大。就整體看來,不同背景變項對於幸福感解釋力非常低,大多數解釋力來自人際關係。與家人和同儕關係對幸福感各面向預測力均達到統計顯著水準,與師長關係則在自我滿意、心理健康的預測力達到統計顯著水準,此結果與李家蓉(2009)、林倩瑜(2008)、黃資惠(2002)、謝美香(2007)、謝亞儒(2009)和羅華貞(2009)的研究結果相似。這說明了人際關係對學生幸福感的預測力較大,良好人際關係是幸福感重要來源。換言之,人際關係對幸福感具良好解釋力,人際關係愈好,幸福感愈高。基於上述,它具有部分中介效果。

伍 結論與建議

一、結論

㈠ 新移民子女的人際關係良好也感到幸福,女生與師長互動關係明顯高於男生

本章發現,在人際關係各面向中,以與家人關係和與同儕關係得分較高,與師長關係得分相對較低。在幸福感各面向中,以生活滿意和心理健康得分較高,其次為情緒感受,自我滿意得分最低。整體而言,澎湖縣新移民子女人際關係良好,亦感到幸福。在與師長的人際互動中,女生較願意親近學校師長,比男生更能夠與師長建立良好關係。

㈡ 家庭結構完整的新移民子女在與家人關係、同儕關係、情緒感受、生活滿意、心理健康明顯高於單親

本章發現,新移民子女的家庭結構完整者在家人關係、與同儕關係、情緒感受、生活滿意、心理健康面向顯著高於僅和父親同住者。表示比起單親僅與父親同住的子女,家庭結構完整的子女能夠得到父母親的人際示範與妥善照顧,生活的種種壓力有雙親共同分擔,在與同儕互動時較有自信,較能夠與家人和同儕建立良好關係。家庭結構完整者有較高的情緒感受與心理健康,對生活與自我感到比較滿意。

(三) **不同居住區域的新移民子女幸福感沒有明顯不同；家庭社經地位較高者的心理健康和自我滿意明顯高於社經地位較低者**

　　本章發現，不管是居住在馬公市區、馬公市郊、偏遠或離島地區的子女在幸福感沒有明顯不同，都有良好情緒感受與心理健康，對生活與自我感到滿意。然而新移民子女家庭社經地位較高者在心理健康和自我滿意明顯高於家庭社經地位較低者。表示家庭社經較高的子女父母親教育程度比較高，教養子女的知識較充足，較能傾聽子女的心聲，注意子女的身心發展狀況，所以心理健康較好，對自我感到比較滿意。

(四) **學生性別、居住地區、家庭結構及家庭社經地位對幸福感解釋力非常低；人際關係對幸福感具良好解釋力，人際關係愈好，幸福感愈高，並具有中介效果**

　　本章發現，在不同背景變項（性別、居住地區、家庭結構及家庭社經地位）對幸福感的預測力不高，也就是說，新移民子女的幸福感幾乎都來自於人際關係。然而新移民子女的人際關係各面向對幸福感預測力有明顯提升，代表人際關係對幸福感具良好解釋力，人際關係愈好，幸福感愈高。人際關係對學生幸福的預測力較大，良好人際關係是幸福感重要來源，同時它具有部分中介效果。

二、建議

(一) **學校及教師應留意新移民子女的男性學童在學校與教師互動的關係**

　　本章發現，男性學童的師生互動較女性低，教師應多了解是否男學童較為害羞或有課業問題較不敢與老師互動。同時老師應鼓勵非新移民的學童多與新移民子女的男學生互動。

(二) **教育當局應正視與關懷結構不完整之單親與弱勢家庭的新移民子女**

　　本章發現，單親與弱勢家庭子女的人際關係與幸福感都不佳，政府宜提出扶助方案及經費補助，並與學校單位合作提供新移民子女學習，甚至提供相關親子的成長團體活動，建構資源服務網絡，讓弱勢家庭擁有更多親子互動時間以建立良好親子關係，提升孩子幸福感。

㈢**學校輔導人員與教師應了解低社經地位的新移民子女學習需求及困難**

　　本章發現，新移民子女的家庭結構完整者在家人關係、與同儕關係、情緒感受、生活滿意與心理健康明顯高於僅和父親同住者。背後部分原因是新移民子女多來自教養知能較缺乏的低社經地位家庭。學校及教師應鼓勵或提供誘因，讓教師與新移民子女的家長多方互動，如提供親職教育專題講座，提升親職功能加強親師間的溝通；規劃多元文化課程，引導學生尊重不同文化；建置弱勢家庭學童資料，加強輔導，讓孩子快樂學習與幸福成長。

㈣ **在未來研究建議**

　　本章考量澎湖的生活環境特性及國小學生問卷填寫能力，在背景變項僅以性別、居住區域、家庭結構及家庭社經地位來探討對澎湖縣新移民子女幸福感之預測力。然而與幸福感之變項很多，本章討論有限。建議未來研究可納入其他重要變項分析，例如，國小學童幸福感容易與人格特質、父母管教態度、學業成就、休閒滿意度有關係，未來可以納入分析。同時研究結果僅限於澎湖縣國小四至六年級生，未來研究能將研究對象範圍擴大，納入一至三年級生，或調查青春期之七至九年級國中生或其他縣市，以了解不同年級與不同縣市間是否有差異，研究推論更符合現況與趨於完整。

參考文獻

一、中文部分

王佳禾、侯季宜、張進上（2008）。國小學童幸福感量表之編製。**家庭教育與諮商學刊，4**，57-85。

王筱雲（2005）。**外籍配偶親職效能感課程設計實施與成效評估研究**（未出版之碩士論文）。嘉義大學，嘉義市。

王鐘和譯（1988）。Arkoff, A（1970）原著。**適應與心理衛生**。臺北市：大洋。

朱玉玲（2004）。推展南洋媳婦成長活動之策略與經驗——以澎湖縣為例。**社區發展季刊，105**，258-269。

吳月霞（2005）。**國小高年級單親兒童親子互動、社會支持與其幸福感之研究**（未出版之碩士論文）。嘉義大學，嘉義市。

吳清山（2004）。外籍新娘子女教育問題及其因應策略。**師友，441**，6-12。

吳清基（2003）。大陸及外籍配偶子女學校適應狀況調查報告。臺北市政府教育局新聞稿（發稿日期：2003年10月8日）。

李家蓉（2009）。**宜蘭縣國小高年級學童社團參與動機、人際關係與幸福感之研究**（未出版之碩士論文）。佛光大學，宜蘭縣。

那昇華（2007）。**新移民子女的父母教養方式與學校生活適應相關之研究——以基隆市國民小學中高年級為例**（未出版碩士論文）。臺北教育大學，臺北市。

兒童福利聯盟文教基金會（2008）。**2008年兒童快樂國跨國比較研究報告**。取自：http://www.children.org.tw

林倩瑜（2008）。**國小學童師生關係與學習態度、幸福感之相關研究**（未出版之碩士論文）。新竹教育大學，新竹市。

林進田（1993）。**抽樣調查：理論與運用**。臺北市：華泰。

林生傳（1994）。**教育心理學**。臺北市：五南。

林生傳（2005）。**教育社會學**。臺北市：巨流。

林淑華（2002）。**國小學童情緒管理與人際關係之研究**（未出版之碩士論文）。屏東師範學院，屏東市。

邱志峰（2009）。**澎湖縣新移民子女生活適應之研究——與本國籍子女比較**（未出版之碩士論文）。臺北教育大學，臺北市。

邱馨瑩（2009）。**兒童幸福感量表發展之研究**（未出版之碩士論文）。新竹教育大學，新竹市。

侯季宜（2006）。**國小學童自我概念、人際衝突、休閒態度與幸福感之相關研究**（未出版之碩士論文）。臺南大學，臺南市。

姜臺珠（2008）。**國民小學外籍配偶子女行為困擾與生活適應之研究——以臺中縣為例**（未出版之碩士論文）。臺中教育大學，臺中市。

施建彬（1995）。**幸福感來源與相關因素之探討**（未出版之碩士論文）。高雄醫學大學，高雄市。

洪秀梅（2007）。**臺南縣國小高年級學童父母管教方式、情緒覺察能力、自我概念對人際關係之影響**（未出版之碩士論文）。臺南科技大學，臺南市。

唐淑芬、黃沛文（2007）。新住民子女教育困境與因應策略。**研習資訊**，**24**(6)，139-148。

馬康莊、陳信木譯（1998）。George Ritzer原著。**社會學理論**（上）。臺北市：巨流。

張芳全（2004年，11月7日）。誰來關心外籍配偶與新臺灣之子。中央日報，第9版。

張春興（2000）。**現代心理學**。臺北市：東華。

張婉瑜（2009）。**臺北縣新移民與本國籍國小高年級學生情緒困擾、情緒管理與人際關係之研究**（未出版之碩士論文）。臺北教育大學，臺北市。

張惟中（2005）。**外籍配偶國小高年級兒童父母教養態度、同儕關係及自我效能之研究**（未出版之碩士論文）。文化大學，臺北市。

張樹閔（2007）。**新移民子女的生活適應與同儕關係之調查研究——以彰化**

縣國民小學高年級生為例（未出版之碩士論文）。臺北教育大學，臺北市。

陳皎眉（1995）。美好的人際關係。**學生輔導通訊，36**，18-23。

陸洛（1998）。中國人幸福感之內涵、測量及相關因素探討。**國家科學委員會研究彙刊：人文及社會科學，8(1)**，115-137。

黃資惠（2002）。**國小兒童幸福感之研究**（未出版之碩士論文）。臺南師範學院，臺南市。

黃鈺程（2004）。**中部地區國民小學高年級學生情緒管理與人際關係之研究**（未出版之碩士論文）。臺中教育大學，臺中市。

楊艾俐（2003）。臺灣變貌，新移民潮。天下雜誌，**271**，94-99。

楊志欽（2007）。**基隆市新移民女性之國小高年級子女運動參與與人際關係之相關研究**（未出版之碩士論文）。臺北教育大學，臺北市。

楊淑朱、邢青青、翁慧雯、吳盈慧、張玉巍（2004）。雲林縣外籍女性配偶子女在校狀況之調查。**外籍與大陸配偶子女教育輔導學術研討會會議手冊**（頁149-178）。嘉義縣：嘉義大學。

蘇玲慧（2015）。國小學生學業情緒與幸福感之模式研究──以同儕互動為中介變項。**教育經營與管理研究集刊，11**，111-136。

熊淑君（2004）。**新移民女性子女的自我概念及人際關係之研究**（未出版之碩士論文）。臺北師範學院，臺北市。

劉惠琴（2009）。**南投縣及彰化縣國小高年級新移民子女自我概念與幸福感之相關研究**（未出版之碩士論文）。南華大學，嘉義縣。

澎湖縣政府教育局（2010）。**99學年度就讀澎湖縣各年級學生數（含外籍配偶子女）**，未出版。澎湖縣：作者。

謝亞儒（2009）。**國小學童之母親國籍與其親子互動關係、同儕互動關係及幸福感的相關研究**（未出版之碩士論文）。臺南大學，臺南市。

謝美香（2007）。**國小高年級學童的人格特質、學校生活適應與幸福感之相關研究**（未出版之碩士論文）。嘉義大學，嘉義市。

鍾鳳嬌、趙善如（2009）。教學場域的看見與行動──教師觀點談新臺灣之子的學習。幼兒教保研究期刊，**3**，41-60。

顏秀芳（2007）。兒童樂觀與幸福感關係之研究——以彰化縣高年級學童爲例（未出版之碩士論文）。嘉義大學，嘉義市。

羅華貞（2009）。國小學童人際關係與幸福感關係之研究（未出版之碩士論文）。屛東教育大學，屛東市。

二、外文部分

Andrews, F. M., & Withey, S. B. (1976). *Social indicators of well-being.* New York, NY: Plenum.

Baron, R. M., & Kenny, D. A. (1986). The moderator-mediator variable distinction in social psychological research: Conceptual, strategic, and statistical considerations. *Journal of Personality and Social Psychology, 51*, 1173-1182.

Bar-tur, L., & Levy-Shiff, R. (1998). Well-being in aging: Mental engagement in elderly men as a moderator of losses. *Journal of Aging Studies, 1*(1), 1-17.

Brendam, G., & Bill, R. (2002). Social disadvantage and planning in the Sydney context. *Urban Policy* and *Research, 20*(1), 101-107.

Carruthers, C., & Hood, C. (2004).The power of the positive: Leisure & well-being.*Therapeutic Recreation Journal, 38*(2), 225-245.

Cohen, S., & Syme, S. L. (Eds.). (1985). *Social support and health.* New York, NY: Academic Books.

Dejoy, D. M., & Wilson, M. G. (2003). Organizational health promotion: Broadening the horizon of workplace health promption. *American Journal of Health Promotion, 17*(5), 337-341.

Devito, J. A. (1994). *Human communication: The basic course.* Illinois, US: Harper Collins College.

Diener, E., & Ryan, K. (2009). Subjective well-being: A general overview. *South African Journal of Psychology, 39*(4), 391-406.

Heady, B., & Wearing, A. (1991). Subjective well-being and coping withadversity. *Social Indicators Research, 22,* 327-349.

Maslow, A. H. (1954). *Motivation and personality.* New York, NY: Harper and

Row Publishers.

Ostberg, V. (2003). Children in classrooms: Peer status, status distribution and mental well-being. *Social Science and Medicine, 56*, 17-29.

Otake, K., Shimai, S., Tanaka-Matsumi, J., Otsui, K., & Fredrickson, B. L. (2006). Happy people become happier through kindness: A countingkindnesses intervention. *Journal of Happiness Studies, 7*, 361-375.

Paulas F., & Andrew, J. C. (2007). Family instability and child well-being. *American Sociological Review, 72*, 181-204.

Pomerantz, S. C. (1978). *Adolescent identity, self-esteem, and physical self-satisfaction as a function of age and sex: Do they predict satisfaction with one's social milieu?* (Doctoral dissertation, Temple University, 1978). Dissertation Abstracts International, 39, 961B. (University Microfilms No. 78-12, 191).

Reid, D. W., & Ziegler, M. (1980). Validity and stability of a new desired control measure pertaining to psychological adjustment of the elderly. *Journal of Gerontology, 35*, 395-402.

Schutz, W. C. (1958). *FIRO: A three dimensional theory of interpersonal behavior*. New York, NY: Holt, Rinehart, and Winston.

Scitovsky, T. (1976). *The joyless economy*. New York, NY: Oxford University Press.

Tatarkiewicz, W. (1976). *Analysis of happiness*. The Hague, Netherlands: Martinus Nijhoff.

Van, W. F., Linssen, H., & Abma, M., & Ruud, J. (2000). The parental bondand the well-being of adolescents and young adults. *Journal of Youth and Adolescence, 3*, 307-318.

本文取自：張芳全、夏麗鳳（2012）。新移民子女的人際關係與幸福感之研究。**彰化師大教育學報，20**，73-101。本文略有修正。

第九章

新移民子女的
教育期望與成就動機

壹 緒論

一、分析動機

張芳全、李春杉、蕭伊婷與張嘉茹（2008）針對1998至2008年臺灣在新移民子女教育的博碩士論文分析，在獲得的168篇新移民女性及其子女教育論文以研究對象分為五類：以幼兒園學童、國小學童、國中生、教育實務工作人員及家長為研究對象各有14篇、99篇、4篇、9篇及15篇。換句話說，新移民子女教育的學位論文以國小學童為對象所占比率高達70.21%；其次為家長，所占比率為10.63%。若以年代來看，2002年僅有1篇關於新移民之論文，2003年有8篇；2004年則增至26篇，2005年大幅增加為54篇；2006年暴增至65篇；2007年縮減為12篇，2008年2篇（因為該研究取樣到當年年初統計）。上述說明了，新移民女性及其子女研究，不僅研究數量及研究對象愈來愈多，而且愈來愈重要。

在現有新移民子女研究集中家庭社經地位（socioeconomic status, SES）、學習適應、父母管教、社會支持與教育期望之關係探討。例如，蘇玉慧（2006）分析基隆市新移民子女發現，母親教育程度及參與藝文活動對新移民子女自我適應有正向顯著影響。陳妍華（2008）的研究發現，新移民子女的母親學歷愈高，其子女家庭支持、家庭適應及學習適應愈高。這些研究並沒有分析新移民子女的SES影響對教育期望，進而影響成就動機。成就動機是學習者重要特質，個人有較高成就動機，未來會有較好表現。陳奎熹（1991）指出，家庭SES影響家長對子女教育期望，而家長對子女教育期望也影響成就動機。新移民子女的家庭是否如此呢？

SES在子女學習扮演關鍵因素，然而多數臺灣男性迎娶東南亞國家的女性，居住於鄉間、農漁村或離島地區，其職業多以農工階級，學歷大都國中畢業，職業多集中在工人、司機、攤販與農民，他們大都是中低社經地位（劉秀燕，2003）。吳舒靜（2004）的研究顯示，新移民女性的SES分布鄉村地區比率（71.4%）高於城市地區（28.6%）。新移民所組成的

SES傾向較低，是否偏低的SES也影響子女的教育期望，進而影響子女成就動機呢？王光宗（2004）的研究發現，新移民家庭的母親對子女的教養責任重，她全心照料子女成長，卻有心無力，打罵是最常用的管教技巧，無法充分教導孩子學習。類似這樣情形，是否會影響新移民子女的成就動機呢？

蔡奇璋（2004）指出，工作與家事占據新移民女性大部分時間，且新移民女性及其家人在參與子女學習有心理障礙，加上新移民家庭經濟弱勢，無法為子女安排額外學習活動。新移民女性對臺灣教育了解不多、對學校掌握不足、語言有隔閡、文字不甚了解，無法了解該子弟內心感受，所以子女有問題無法從雙親獲得解決，壓抑在心中，而家長難以對子女有較高的期望，因此無形中就影響子女的成就動機及其表現。柯淑慧（2004）指出，基隆市在2004年外籍父母子女於公立國小及幼兒園在學人數有721人（國小及附幼704人，專設幼兒園17人）發現，國小一年級所占139人，人數為最多，這些學生值得關注。本章以基隆市就讀國民小學的新移民子女為對象，透過問卷調查蒐集資料，來分析新移民的SES、教育期望與成就動機之關係。

二、分析目的

基於上述動機，本章了解基隆市新移民子女的SES、教育期望與成就動機之關係模式。

貳　文獻探討

一、社會階層的意涵、理論及對學習的重要

社會階層理論（theories of social stratification）認為，衡量社會階層高低不僅從家庭的經濟收入及資源面向，還包括個人職業聲望及教育程度。這是衡量SES指標。家庭成員的教育程度與經濟所得愈高，成員職業傾向白領階級，SES較高。SES較高的家庭，擁有較多物質資源與社會資本，

其子女可以接近的教育機會愈高，接受教育類型也就不同。換句話說，SES與子女學習及發展有密切關係。Hamner與Turner（1996）指出，兒童在小學成就表現差，導因於早年家庭成長環境缺乏語言或認知發展刺激。這部分是因為SES較低，物質及環境刺激相對較少。Bourdieu（1973）的階級複製（reproduction of class）觀點指出，經濟地位較低的家庭，父母親必須忙於賺錢養家，其社會資本（social capital）和文化資本（cultural capital）受限，使得子女較欠缺主流社會學習環境所需的各種刺激。張宜君、林宗弘（2015）運用TEPS資料與新韋伯派的階級分類法，檢視高等教育擴充對學生教育機會分配的影響顯示，臺灣的高教擴充導致大學水平分化，優勢階級子女就讀篩選性高且教學資源充裕的公立一般大學，進而增加繼續就讀研究所的機會，而中、下階級家庭子女易進入學費較高與教學資源相對缺乏的私立或技職大學，在背負學貸或打工還債影響學業成績的壓力下，繼續就讀研究所的機率較低，因為SES低，對於子女的教育期望較低，影響了子女的成就動機。

劉秀燕（2003）的研究發現，新移民子女受到SES較低，家長管教態度較放任疏忽，家庭成員溝通較困難，所以家庭衝突頻繁，加上主要照顧者語言能力不好，忙於家務生計不利因素的影響，致使新移民子女在行為表現似乎有負面表現、學業成就較低落與語言程度較差的現象。家庭環境對個體發展的影響極為深遠，它對學生成就動機有正面的影響。林生傳（1976）認為，家庭環境是學童最早接觸的學習環境，孩童各項學習與發展常受到家庭環境影響，即使進入學校就讀之後，家庭教育仍是相當重要。

家庭貧窮、居住環境不良、家庭環境過於擁擠會影響子女的學習意願；物質貧乏與貧窮使得父母難為子女添購學習資源及書籍，可能影響子女的學習動機。陳奎熹（1991）指出，影響學生學習成就主因在於家庭環境，家庭的重要性幾乎是社區和學校因素總和的兩倍，顯示家庭環境好壞對子女成長與發展影響重大。家庭物質條件還可能透過其他因素影響教育成就，使得生活困苦及低收入戶家庭的兒童與青年提早離開學校，影響接受教育的機會，更影響他們的態度價值觀念與成就動機。賴清標（1992）

指出，家庭環境的重要在於提供有益於兒童學習的物質環境、心理環境及其他有益學習的措施。Clarke（2002）認為，社會階層較低的家庭較傾向有暴力、酗酒、藥物濫用、對主流制度風俗的疏離、父母因貧窮對子女疏於照顧，易造成子女人格負向發展、社會技巧不良及學校成就低。

家庭文化資本與父母對子女的教育關懷，對個人學習成就動機有重要的影響；家庭的SES與家庭環境愈好，可以提供的家庭文化資本、學習資源以及可以形成之家庭氣氛愈佳。若父母對子女教育關心愈多，子女所顯現出來成就動機較強，所表現的成就相對愈高，反之，就容易形成較低的學習態度及低成就。家庭環境對子女身心發展與學習相當重要，它不僅提供生理與心理所需，而且是塑造子女的人格、認知發展、價值思想與情緒等。Coleman（1994）認為，財物資本的觀念，家庭能藉由經濟資本的運用提供兒童固定的讀書場所，以改善學童的讀書環境。家庭能提供愈充分的物質資源，對於兒童的學習成效愈有幫助。柯淑慧（2004）認為，家庭教育資源包含精神與物質層面：前者諸如親子互動、參與學校活動、休閒運動、參觀旅遊等可視為教育資源的精神層面，它可以提升子女的學習動機；後者諸如兒童圖書、電腦資訊、學習參考書、文具等可以視為物質層面，藉以輔助子女學習。

上述得知，SES與雙親對子女教育期望有密切關係，SES愈高，能提供的教育資源或精神支持愈多，也是影響成就動機的重要因素。家庭環境滿足學童需求，提供充足的各樣圖書資源給學童，更可以提高他們的學習表現。本章分析新移民子女的SES採用子女的父母親教育程度、家中圖書量、電腦數量、補習時數作為測量變項。

二、父母教育期望與子女成就動機的關係

父母在子女學習歷程扮演重要角色，對子女教育抱持的期望會轉換成外顯行為，並影響子女的表現及教育成就。侯世昌（2002）將父母對子女的教育期望界定為家長希望子女接受何種教育、得到怎樣成效持有的一種心向或態度，包括學業及成就期望與品德及人際期望。Marjoribanks（1985）以社會生態觀點（social ecology perspective）對青少年的期望提

出看法，強調家庭環境對學習結果影響，並探討家庭環境、環境知覺、個別特性與青少年期望之關係，也就是家庭環境與人員影響子女的教育期望。Finn（1972）的期望理論（expectation theory）指出，期望受到來自周遭環境及他人的影響，包括父母、老師、同學及朋友。學童學習表現受到SES的影響，加上個人特質、父母支持、教師鼓勵、同儕期望，進而影響成就動機。如果親子相處與互動時間愈多，親子關係愈緊密，子女會認同家長管教，家長也會支持子女想法，如此父母的教育期望對子女學習表現的影響較大，所以父母教育期望對子女的教育成就動機及學習成就具指標意義。

三、成就動機的意涵及理論

心理學有很多成就動機理論，例如Weiner（1985）的歸因理論（attribution theory），強調個人的成敗歸因為能力、努力、工作難度與運氣，進而影響個體成就。Schunk、Meece與Pintrich（2014）提出的期望價值動機理論（expectancy-value theories of motivation）、歸因理論（attribution theory）及社會認知理論（social cognitive theory），其重點強調動機的目標及目標導向（goals and goal orientations）、興趣與情意（interest and affect）、內在與外在動機（intrinsic and extrinsic motivation）、社會文化對動機的影響（sociocultural influences）、教師的影響（teacher influences）以及班級與學校的影響（classroom and school influences）。本章探討新移民子女的成就動機，焦點不在於個體對成敗歸因、期望價值及社會認知等，而是要了解新移民子女的追求成功、避免失敗及持續恆定成就動機的了解，即掌握新移民子女對於追求成功的渴望及避免失敗的動機，因此以Atkinson（1983）的成就動機理論（achievement motivation theory）來說明。

Atkinson認為，個人對事、對物、對人都有一種追求成功的傾向，此種傾向稱為成就動機，而個人成就動機強弱是從其經驗學習得來；每當個人面臨他所求事、物、人的情境時，會有兩種性質相反的動機同時發生，一個是追求成功動機，一個是避免失敗動機，它是一種躊躇猶豫的矛盾心

理。個人成就動機強弱決定於個人面對情境的認知；而成就動機強弱與個人的性格有關，如果個人較具有不畏困難，勇於挑戰特性，較具有強烈動機。Atkinson與Feather（1966）認為，成就動機取決於追求成功的動機趨向（tendency to achievesuccess），即趨向既定目標的行動；和避免失敗的動機傾向（tendency to avoidfailure），即設法逃避工作情境，害怕因失敗產生的羞愧與焦慮的交互作用，這種動機可以用來說明學生學習表現、成就動機及有關的學習行為。

　　總之，各研究對於成就動機的內涵說明有所差異。本章在新移民子女成就動機以持續恆定特性，也就是個人持續性努力特質，個體較長時間會持續努力；同時個體具有渴望競爭，追求成功與避免失敗的內在動機趨向。換句話說，個人有向困難任務挑戰、努力工作、追求卓越和不畏懼困難。所以將成就動機區分為持續恆定（代表個體對於追求事物的一致性態度及強烈意願）、追求卓越（代表個體期望不斷的挑戰自我、追求更好的表現）、避免失敗（代表個體對於一項事物避免或免於失敗的意志力）的向度。

四、SES、教育期望與成就動機之研究

　　SES、教育期望與成就動機之關係為何呢？周新富、賴鑫城（2004）指出，影響父母教育期望的重要因素包括SES、教育程度、性別、種族、子女的能力和學業表現及父母的理想和過去經驗。尤淑純、蔡玉瑟（1998）研究都市與鄉村兒童的學習成就之影響因素發現，在排除智力之後，不論國語科或數學科的學業成就，都市兒童皆優於鄉村兒童；不論都市或鄉村兒童的社經地位與學習成就均有正相關；都市兒童的學習行為、成就動機、自我概念與學習成就均優於鄉村兒童；都市兒童以成就動機、SES對學習成就為重要預測變項；鄉村兒童則以對外界接納的態度、社會技能為重要的影響力。

　　周裕欽、廖品蘭（1997）的研究發現，學生的家庭背景與教育期望間呈現非直線的相關，並不是線性關係。李鴻章（2006）研究臺東縣的國中生發現，父母對女生的教育期望比男性學童高，而單親家庭與寄親或隔代

家庭的兒童知覺到父母教育期望比完整家庭低，且家庭收入愈高、父母親教育程度愈高，學童知覺到父母對其教育期望也愈高；父母對子女教育期望與教師對學童的教育期望是影響原住民學童教育抱負的最重要因素。張芳全（2006）的研究指出，SES對教育期望沒有顯著影響，然而家庭文化資本對教育期望有正向顯著影響，同時SES、文化資本與教育期望對學業成就有正向關係。周新富（2006）研究結果證實，不同社經地位學生的家庭社會資本有顯著差異，同時家庭背景及家庭結構確實會透過社會資本影響子女學業成就。而家庭社會資本層面中，以父母教育期望、家庭互動及行為監督對學業成就預測力較大。陳俊瑋、黃毅志（2011）運用「臺灣教育長期追蹤資料庫」研究顯示：SES愈高，父母教育期望與子女自我教育期望愈高，進而提高學科補習參與。

魏麗敏（2000）的研究發現，孩童成就動機高低，深受家庭環境的影響，家庭因素與成就動機有高度相關。學生成就動機高低受父母期望影響很大，積極參與子女教育的父母，其子女的成就相對較高，其成就動機愈強。林維彬（2007）的研究發現，新移民子女有較高的父母參與及父母教育期望、較好的子女教育設施，會有較高的教養信念，也有較高的教育期望與較高的成就動機。

上述發現，學生的家庭SES愈高，家長對子女教育期望較高，它會影響子女的成就動機。新移民子女的SES傾向較低，究竟SES與父母對子女教育期望，以及雙親對子女的教育期望與子女成就動機之關聯為何呢？新移民子女的成就動機根源於家庭環境，它會受到雙親的教育期望影響，而教育期望也會影響子女的成就動機。

參 研究設計與實施

一、分析架構與假設

本章分析架構如圖9-1，它在了解新移民子女的SES影響教育期望，而教育期望影響成就動機。

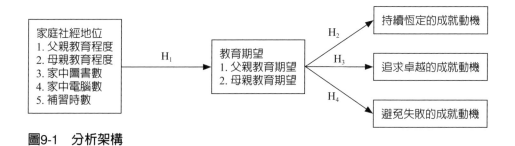

圖9-1　分析架構

　　基於文獻探討，研究假設如下：

H_1：新移民子女的家庭SES正向影響雙親教育期望。

H_2：新移民子女的雙親對子女教育期望會正向影響持續恆定動機。

H_3：新移民子女的雙親對子女教育期望會正向影響追求卓越動機。

H_4：新移民子女的雙親對子女教育期望會正向影響避免失敗動機。

本章在各變項測量如下：

㈠家庭社經地位

　　它是指家庭所擁有的社會地位。本章的SES之測量包括：1.父母教育程度：分為(1)國中（含以下）；(2)高中、高職；(3)專科、大學；(4)碩士、博士，依序轉換1-4。2.家中兒童圖書數量：區分為(1)代表無；(2)代表1-10本；(3)代表11-20本；(4)代表20本以上，在選項依序轉換1-4。3.電腦數量：區分為(1)代表無；(2)代表1臺；(3)代表2臺；(4)代表3臺以上，依序轉換1-4。4.每週參加補習安親班時數：區分為(1)代表無；(2)代表1-5小時；(3)代表6-10小時；(4)代表11小時以上，選項依序轉換1-4。

㈡父母教育期望

　　它是指家長對於子女的教育期望。本章的教育期望是指新移民子女的雙親期待其未來就讀的教育程度。在測量上是：父（母）親希望我的學歷達到：(1)國中；(2)高中、高職；(3)專科、大學；(4)碩士、博士。上述選項依序轉換1-4。

㈢成就動機

它係指個體對於一項任務期待要完成的態度及內在驅力。本章透過自編的基隆市新移民子女成就動機問卷，其中問卷內容分為持續恆定、追求卓越、避免失敗，各向度都有三個問卷題目（如因素分析摘要表）以非常不同意至非常同意為選項，計分方式由1至4轉換，由受試者自陳作答。分數愈高代表成就動機愈強烈。

二、研究對象

本章對象以基隆市新移民子女就讀國小四至六年級生，預試及正式問卷以基隆市七區42所小學新移民子女為範圍，採立意抽樣方式，委請各班級導師協助學生在校填答。考量研究對象的倫理，凡是新移民女性子女不願受訪均不要求填寫。正式問卷發出379份，問卷回收309份，有效樣本為286份，回收率為82%，可用率為75%。在正式樣本特性上，新移民子女的母親國籍以中國大陸最多數占58.4%；男女百分比各為46.2%、53.8%。父親教育程度以高中、高職最多數占43.4%；母親教育程度以國中者最多數占45.1%。家中兒童圖書量有1至10本最多，占40.6%；家中電腦數量有1臺的人數最多，占61.9%；每週參加補習安親班時數以0時最多，占41.3%；父母親希望子女學歷以專科與大學最多，分別占44.1%與43.4%。

三、問卷的形成

本章的成就動機問卷參考余安邦（1990）的社會取向成就動機量表和個我取向成就動機量表、倪小平（2004）的成就動機量表。量表內容包括持續恆定、追求卓越與避免失敗，再依每個向度編製適切的題目。編製過程為問卷大綱、擬定題目、專家審題、預試問卷、進行預試問卷、信效度分析、編製正式問卷。為提高問卷內容效度，邀請12位專家學者針對問卷題目進行審定。

本章以170名的基隆市新移民子女為預試樣本，有效樣本為150名，經過因素分析之後發現，成就動機的問卷在Kaiser-Meyer-Olkin值為大於.72。在九個成分中，特徵值大於1的因素有3個，第一個因素有三題，

與新移民子女表現，好要更好有關，因此命名為「追求卓越」，特徵值
3.06，解釋變異量23.85%。第二個因素有三題，與新移民子女努力做事有
關，命名為「持續恆定」，特徵值為1.71，解釋變異量為22.59%。第三
個因素有三題，與學生不想失敗有關，命名為「避免失敗」，特徵值為
1.31，解釋變異量有21.09%，總共的解釋變異量共有67.53%，將新移民子
女成就動機的因素分析摘要如表9-1。

表9-1　成就動機的因素分析摘要

因素	題目	因素一	因素二	因素三	共同性	特徵值	解釋變異量%
持續	1. 雖然已經很累了，我仍堅持把未做完的事完成	.37	**.77**	.04	.73	1.71	22.59
恆定	2. 做任何事我都會盡力去做	.27	**.80**	.00	.71		
	3. 為了讓考試考好，我會花更多時間去準備	-.07	**.84**	.09	.73		
避免	7. 遇到失敗我會覺得很痛苦	.24	-.06	**.71**	.57	1.31	21.09
失敗	8. 當我考試考不好時，最怕別人瞧不起我	.01	.14	**.81**	.67		
	9. 比賽輸了，我會覺得很難過	.04	.04	**.84**	.71		
追求	4. 獲得成功，我會覺得很快樂	**.83**	.10	.04	.70	3.06	23.85
卓越	5. 每次活動結束後，我都希望看到完美結局	**.74**	.18	.14	.60		
	6. 當我解決一個困難的題目時，我會非常高興	**.80**	.14	.10	.67		

以預試樣本估計成就動機問卷，透過信度分析估計問卷各向度與總量
表的內部一致性。藉由Cronbach's Alpha估計整體問卷的α係數為.73，持續
恆定α係數為.77，避免失敗α係數為.70，追求卓越α係數為.75。

四、建立模式

本章建立的模式如圖9-2，其意義如下：ξ_1代表SES潛在變項，□中的X_1、X_2、X_3、X_4、X_5代表SES的各測量變項、η_1表示雙親教育期望，□中的Y_1與Y_2代表父親及母親教育期望；η_2、η_3、η_4分別代表持續恆定、追求卓越、避免失敗的成就動機潛在依變項；□中的Y_3、Y_4、Y_5、Y_6、Y_7、Y_8、Y_9、Y_{10}、Y_{11}分別代表成就動機題目。λ_{x1}、λ_{x2}、λ_{x3}、λ_{x4}、λ_{x5}、λ_{x6}、λ_{y1}、λ_{y2}、λ_{y3}、λ_{y4}、λ_{y5}、λ_{y6}、λ_{y7}、λ_{y8}、λ_{y9}、λ_{y10}、λ_{y11}代表X_1、X_2、X_3、X_4、X_5、Y_1、Y_2、Y_3、Y_4、Y_5、Y_6、Y_7、Y_8、Y_9、Y_{10}、Y_{11}對ξ_1與η_1、η_2、η_3、η_4的因素負荷量。δ_1至δ_5、ε_1至ε_{11}代表X_1至X_5、Y_1至Y_{11}對ξ_1與η_1、η_2、η_3、η_4的估計誤差。γ_1代表SES對教育期望的影響，γ_2、γ_3、γ_4則代表η_1對η_2、η_3、η_4的影響，ζ_1代表潛在變項η_1的誤差，ζ_2代表潛在變項η_2的誤差，ζ_3代表潛在變項η_3的誤差。

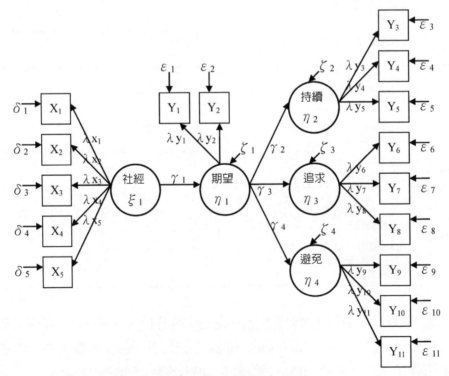

圖9-2　新移民子女的SES、教育期望與成就動機之路徑

五、資料處理與研究限制

　　本章採用SPSS for Windows V18.0對資料分析，以LISREL 8.70版的軟體進行模式適配檢定。資料處理包括敘述統計、因素分析、信度分析與SEM等。SEM的模式檢定標準包括絕對適配度指標、相對適配度指標、簡效適配指標與誤差指標。本章以基隆市國小四至六年級新移民子女為研究對象，不適合推論其他國小學生。在研究變項上，與新移民子女成就動機有關變項很多，本章考量模式精簡，以SES與家長教育期望，無法涵蓋其他因素。此外，關注新移民子女SES、教育期望及成就動機之關係，採用問卷調查法蒐集資料，沒有運用其他方法，無法做不同詮釋。

肆　結果與討論

一、各變項的描述統計

　　新移民子女各變項資料經過皮爾遜積差相關估算，獲得的相關係數矩陣、平均數、標準差及偏態與峰度如表9-2。所納入的變項發現，新移民子女的追求卓越及持續恆定的成就動機在3.0以上，表示新移民子女的成就動機不差。在各變項的態勢絕對值大於3.0視為極端偏態，峰度絕對值大於10.0表示峰度有問題（Kline, 1998），表中看出各變項峰度均符合標準，峰度也在1.0以下。就資料來看，沒有態勢及峰度問題，資料具常態分配。

二、整體適配度檢定

　　經過SEM估計之後，新移民子女的模式適配情形如表9-3，說明如下：

㈠絕對適配指標檢定結果

　　從模式發現，$\chi^2 = 228.61$，df = 100（$p < .01$），表示模式不適合。卡方值極易受樣本數分配，容易達到顯著水準，因此還要參考其他適配指標。模式的RMR = .059，SRMR = .060，低於.08的門檻（Hu & Bentler, 1999），表示殘差量低；模式的GFI = .90、AGFI = .86。RMSEA = .072，表示模式為不錯的適配。

表9-2 各變項的平均數、標準差、偏態、峰度與相關係數　n = 286

變項	父教	母教	圖書	電腦	安親	父期	母期	持續1	持續2	持續3	追求1	追求2	追求3	避免1	避免2	避免3
父教	1															
母教	.49**	1														
圖書	.22**	.24**	1													
電腦	.27**	.17**	.28**	1												
安親	-.02	-.04	.06	.03	1											
父期	.23**	.12*	.32**	.10	.13*	1										
母期	.20**	.16**	.27**	.08	.18**	.89**	1									
持續1	.02	.03	.04	.07	-.03	.13*	.13	1								
持續2	.05	.06	.11	-.04	-.02	.15**	.16**	.61**	1							
持續3	.03	.00	.04	-.02	-.04	.13*	.12	.46**	.49**	1						
追求1	.08	.09	.19**	.07	.06	.09	.07	.33**	.33**	.13*	1					
追求2	.21**	.07	.17**	.08	.02	.16**	.13*	.39**	.33**	.21**	.49**	1				
追求3	.01	.06	.13*	.02	.04	.14*	.15**	.37**	.30**	.15**	.53**	.44**	1			
避免1	-.02	-.04	.02	.07	.07	.02	.02	.13*	.06	.04	.13*	.23**	.28**	1		
避免2	.04	.03	-.01	.09	-.02	-.02	-.02	.09	.08	.12*	.10	.17**	.13*	.38**	1	
避免3	.01	.07	.13*	.05	.04	.04	.01	.10	.06	.13*	.18**	.12*	.21**	.42**	.53**	1
平均數	1.87	1.74	2.56	2.12	1.98	3.12	3.10	3.24	3.26	3.09	3.56	3.56	3.37	2.77	2.71	2.87
標準差	0.78	0.80	1.08	0.75	1.02	0.85	0.84	0.75	0.69	0.77	0.65	0.59	0.79	1.00	1.04	0.96
偏態	0.49	0.79	0.15	0.72	0.68	-.79	-.70	-.78	-.58	-.53	-1.71	-1.28	-1.29	-.42	-.21	-.51
峰度	-.49	-.12	-1.32	0.71	-.71	0.10	-.09	0.35	0.01	-.11	3.85	2.14	1.37	-.86	-1.15	-.67

* $p < .05.$ ** $p < .01.$

表9-3　模式適配指標

整體適配度	指標	數值	是否符合標準
絕對適配度	$\chi^2_{(100)}$	228.61	否
	GFI	.90	是
	AGFI	.86	接近
	SRMR	.060	是
	RMR	.059	不錯的適配
	RMSEA	.072	可
相對適配度	NNFI	.88	否
	NFI	.83	否
	CFI	.90	是
	IFI	.90	是
	RFI	.80	否
簡效適配度	PNFI	.70	是
	PGFI	.66	是
	CN	141.59	否
	χ^2/df	2.2861	是

㈡ **相對適配指標檢定結果**

　　模式的相對適配指標，CFI應大於.90，愈接近1表示模式適配度愈佳（Bentler, 1982）。NFI、NNFI、CFI、IFI、RFI大於.90以上為有良好適合度（Bentler & Bonett, 1980）；本模式NFI = .83、NNFI = .88、CFI = .90、IFI = .90、 RFI = .80，接近.90，模式適配尚屬良好。

㈢ **簡效適配指標檢定結果**

　　PNFI與PGFI各為.70與.66，大於或等於.50 模式會較好（Mulaik, James, Van Altine, Bennett, & Stilwell, 1989），本模式均達到標準。Hoelter（1983）的CN指數大於 200，表示該模式可以適當反應樣本資料，模式為141.59；卡方值除自由度值（χ^2/df）在2以上，表示模式可接受，本模式為2.29代表可接受。

三、各向度之參數估計結果

模式之參數估計得知，X與Y觀測變項的因素負荷量，X與Y各測量變項大多數達到.05以上的統計顯著水準，顯示各測量變項之重要性高。新移民子女的家庭SES對父母教育期望有正向顯著影響（γ_1 = .41，p < .01），雙親的教育期望對子女持續恆定的成就動機有正向顯著影響（γ_2 = .19，p < .01）；雙親的教育期望對子女避免失敗的成就動機為正向顯著影響（γ_3 = .19，p < .05）；雙親的教育期望對子女追求卓越的成就動機沒有顯著影響。如表9-4。

表9-4　模式參數估計值

參數	原始估計值	標準誤	t 值	完全標準化估計值	參數	原始估計值	標準誤	t 值	完全標準化估計值
λx_1	.56	.06	9.68	.71**	δx_1	.31	.05	6.16	.50**
λx_2	.47	.06	8.03	.58**	δx_2	.43	.05	8.47	.55**
λx_3	.55	.08	7.03	.51**	δx_3	.84	.09	9.32	.74**
λx_4	.31	.06	5.49	.41**	δx_4	.48	.05	10.12	.84**
λx_5	.21	.05	3.83	.29**	δx_5	.49	.05	10.64	.92**
λy_1	.85	--	--	.99	εy_1	.02	.05	.36	.03
λy_2	.78	.06	12.67	.90**	εy_2	.13	.05	2.96	.18**
λy_3	.59	--	--	.80	εy_3	.19	.04	5.18	.35**
λy_4	.54	.06	9.02	.78**	εy_4	.19	.03	5.82	.39**
λy_5	.48	.06	8.36	.62**	εy_5	.37	.04	9.24	.62**
λy_6	.54	--	--	.55	εy_6	.69	.07	9.19	.70**
λy_7	.69	.10	6.57	.67**	εy_7	.58	.09	6.83	.55**
λy_8	.76	.12	6.12	.79**	εy_8	.34	.09	3.87	.37**
λy_9	.49	--	--	.75	εy_9	.18	.03	6.09	.44**
λy_{10}	.41	.05	7.96	.68**	εy_{10}	.20	.03	7.80	.54**
λy_{11}	.54	.07	8.02	.71**	εy_{11}	.30	.04	7.18	.50**
γ_1	.41	.07	5.55	.41**	ζ_1	.83	.11	7.56	.83**
γ_2	.19	.07	2.60	.19**	ζ_2	.96	.16	6.16	.96**
γ_3	.06	.08	.86	.06	ζ_3	1.00	.26	3.87	1.00**
γ_4	.19	.08	2.50	.19*	ζ_4	.96	.17	5.54	.96**

註：1.* p < .05。** p < .01。

　　2. -- 表示固定參數。

四、內在結構適配檢定結果

模式測量指標解釋採建構信度，其值需大於.60以上（黃芳銘，2004），表9-5可知，新移民子女的SES之測量變項信度沒有在.60以上。教育期望與成就動機之測量變項信度在.60以上各有4個。以模式解釋度而言，新移民子女的SES為教育期望的解釋力為17%，而新移民子女教育期望對持續恆定及避免失敗的解釋力各僅4%，對追求卓越成就動機的解釋力為0%。

表9-5　模式中各變項的信度

信度	數值	信度	數值
$R^2(X_1)$	.50	$R^2(Y_4)$	.61
$R^2(X_2)$	.34	$R^2(Y_5)$	.38
$R^2(X_3)$	.26	$R^2(Y_6)$	.30
$R^2(X_4)$	.16	$R^2(Y_7)$	.45
$R^2(X_5)$	.08	$R^2(Y_8)$	.63
$R^2(Y_1)$	.97	$R^2(Y_9)$	.56
$R^2(Y^2)$	.82	$R^2(Y_{10})$	.46
$R^2(Y_3)$	.64	$R^2(Y_{11})$	.50

五、誤差與修正指標檢定結果

在模式的最大標準化殘差為-.17，小於1.96，表示模式之中殘差沒有明顯存在。模式的最大修正指標為.36，低於3.84的標準。最後，模式適配與否還應檢視其Q圖殘差分布線，模式的分布線應在45度或高於45度，本模式則否。為讓更清楚掌握結果，將估計數值列於圖9-3。

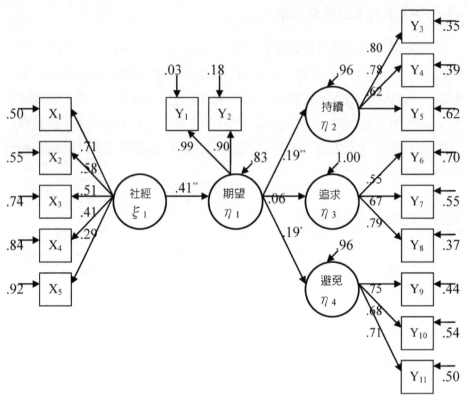

圖9-3　新移民子女的SES、教育期望與成就動機之路徑結果

六、綜合討論

　　過去對於新移民子女研究集中在SES與學習適應、家庭管教、社會支持、教育期望，較少分析新移民子女的SES影響家長的教育期望，進而影響子女的成就動機。本章分析發現，新移民的SES影響家長對子女的教育期望，而家長教育期望也影響子女成就動機。

　　在SEM檢定之後，模式的適配指標大致符合，代表模式適配。就實務意義來說，新移民子女的SES對父母教育期望有正向顯著預測力，與張芳全（2006）的研究發現不同，但是與Coleman（1994）、Finn（1972）、Marjoribanks（1985）的研究結果一致。接受H_1。這說明了若

新移民子女的家庭SES愈高，會給予子女有較高的教育期望。新移民家庭傾向於弱勢者，SES較低，這是學校及老師與家長要留意。不過，周裕欽、廖品蘭（1997）的研究發現，家庭背景與教育期望之間呈現非直線相關，他們認為這種情形是儘管家長的教育程度低落，受到教育機會不公平，但是對子女的教育期望，卻較少受到家庭背景因素的影響。換言之，很有可能新移民出身的背景不佳，家長仍對子女產生高的期望，但這需要後續研究。

此外，新移民子女雙親教育期望對子女持續恆定的成就動機有正向顯著關係，以及雙親教育期望對子女避免失敗的成就動機有正向顯著關係。新移民子女的雙親教育期望影響子女的成就動機的發現，與李鴻章（2006）的研究發現一致，也與陳奎熹（1991）的論點一致。接受H_2及H_4。然而新移民子女雙親的教育期望對子女追求卓越的成就動機沒有顯著關係。與李鴻章（2006）的研究發現不同，而與陳奎熹（1991）的論點不一樣，拒絕H_3。上述發現，新移民子女的雙親教育期望對於子女成就動機的穩定性及避免失敗的動機有正面效用，更說明新移民子女的雙親對子女期待的重要性。然而新移民子女的雙親教育期望，並沒有影響子女在追求卓越，也是令人值得注意，這代表家長教育期待之後，子女獲得了成就，並沒有太多的喜悅與肯定，這也是家長及老師應該留意。

總之，新移民子女的雙親教育期望確實受到SES的影響，而教育期望僅明顯影響了子女避免失敗及持續恆定的動機。

伍 結論與建議

一、結論

新移民子女的SES影響父母對子女的教育期望，父母教育期望對子女持續恆定的成就動機有正向顯著關係；雙親教育期望對子女避免失敗的成就動機有正向顯著關係；雙親教育期望對子女追求卓越的成就動機沒有顯著關係。

二、建議

㈠ 教師應注意新移民子女SES與教育期望的關係

本章發現，新移民子女的SES對家長子女的教育期望有正向顯著影響。新移民家庭的子女SES偏低，家長可能對子女教育期望較低，教師宜關注新移民子女此情形，多給予他們在學習協助支持。本章在SES以雙親的教育程度、圖書數、電腦數及補習時數為替代變項，家長的教育程度不易改變，而家庭經濟收入不高，也不易在圖書數、電腦數、補習時數增加，家庭學習資源不易增加。老師應留意學生學習資源及學習環境問題，尤其在教學應掌握新移民子女在這些學習資源狀況，以協助新移民子女順利學習。

㈡ 家長宜鼓勵新移民子女的學習成就動機的培養

本章發現，新移民子女的家長教育期望對於子女持續恆定的成就動機有正向顯著關係；雙親的教育期望對子女避免失敗的成就動機有正向顯著關係；雙親的教育期望對子女追求卓越的成就動機沒有明顯預測力。這表示，家長的教育期望對於新移民子女成就動機相當重要，尤其新移民子女的家長教育期望對子女的持續要完成學習任務有正向影響，以及對於學習失敗會感到痛苦、努力考試有好成績，避免讓別人看不起，以及對於比賽輸了會感受到難過等。這表示，新移民子女對於自己的表現很在意，他們避免表現不好，而讓自我感受到痛苦。從這些內容來看，新移民子女實有很強烈的成就動機，不希望表現會失敗，並期望自我的好表現可以持續維持。家長對於子女的成就動機應掌握，若給予適當的教育期望，將可以提高子女的成就動機。

㈢ 多樣本分析、複核效度來分析模式的穩定性

本章以新移民子女為樣本，雖然家庭SES對雙親教育期望，以及雙親教育期望對持續恆定及避免失敗的成就動機達到正向顯著影響，這不表示其他新移民子女都是如此。為了讓模式更穩定，未來研究應嘗試以多樣本分析（multi-sample analysis）、複核效度與測量不變性（measurement invariance）分析，研究設計運用複核效度驗證，以不同縣市樣本或本國籍子女在相同模式下檢定。以相同模式及變項檢定模式穩定性，若後來模式檢定的結果與先前一致，此模式可以類推程度也較高。

㈣ 跨年度資料的長期追蹤來分析會讓模式更穩定

本章認為，可以從不同年度追蹤，新移民子女人數愈來愈多，未來研究可以用不同年度的新移民子女重新檢視，以作為模式穩定性檢定。易言之，建立的模式應持續追蹤，在不斷探索才會讓理論模式更能契合實際資料。總之，未來能有更多類似資料處理方法來驗證模式的穩定性。

參考文獻

一、中文部分

尤淑純、蔡玉瑟（1998）。城鄉兒童學習成就及其相關因素之比較研究。**臺中師院學報，12**，55-101。

王光宗（2004）。**臺南縣東南亞新移民女性在子女入學後母職經驗研究**（未出版之碩士論文）。嘉義大學，嘉義縣。

余安邦（1993）。社會取向成就動機與個我取向成就動機不同嗎？從動機與行為的關係加以探討。**民族學研究所集刊，76**，197-224。

吳舒靜（2004）。**臺灣外籍新娘分布及其相關因素之研究**（未出版之碩士論文）。暨南大學，南投縣。

李鴻章（2006）。原住民族群背景、師長教育期望與學童自我教育抱負關聯性之研究。**臺東大學教育學報，17(2)**，33-58。

周新富（2006）。Coleman社會資本理論在臺灣地區的驗證──家庭、社會資本與學業成就之關係。**當代教育研究，14(4)**，1-28。

周新富、賴鑫城（2004）。父母教育期望的理論與影響因素之探討。**正修通識教育學報，1**，301-326。

周裕欽、廖品蘭（1997）。出身背景、教育程度及對子女教育期望之關聯性研究。**教育與心理研究，20**，313-330。

林生傳（1976）。影響學業成就的社會環境因素分析與探討。**高雄師院學報，4**，167-222。

林維彬（2007）。**基隆市新移民與本國籍子女的家長教養信念、教育期望與成就動機之調查研究**（未出版之碩士論文）。臺北教育大學，臺北市。

侯世昌（2002）。**國民小學教育家長期望、參與學校教育與學校效能之研究**（未出版之博士論文）。臺灣師範大學，臺北市。

柯淑慧（2004）。**外籍母親與本籍母親之子女學業成就之比較研究：以基隆**

市國小一年級學生為例（未出版之碩士論文）。臺北教育大學，臺北市。

倪小平（2004）。國小肢體障礙學生自我概念、成就動機與生活適應之研究（未出版之碩士論文）。屏東師範學院，屏東市。

張宜君、林宗弘（2015）。臺灣的高等教育擴張與階級複製：混合效應維繫的不平等。臺灣教育社會學研究，15(2)，85-129。

張芳全（2006）。社經地位、文化資本與教育期望對學業成就影響之結構方程模式檢定。測驗學刊，51(2)，171-195。

張芳全、李春杉、蕭伊婷、張嘉茹（2008）。1998至2008年臺灣地區新移民子女教育研究的學位論文分析。發表於2008年6月10日「人力資源學術研討會」，臺北科技大學。

陳妍樺（2008）。臺北市新移民子女的社會資本與生活適應關係之調查研究（未出版之碩士論文）。臺北教育大學，臺北市。

陳俊瑋、黃毅志（2011）。重探學科補習的階層化與效益：Wisconsin模型的延伸。教育研究集刊，57(1)，101-135。

陳奎熹（1991）。教育社會學研究。臺北市：三民。

黃芳銘（2004）。社會科學統計方法學──結構方程模式。臺北市：五南。

劉秀燕（2003）。跨文化衝擊下外籍新娘家庭環境及其子女行為表現之研究（未出版之碩士論文）。中正大學，嘉義縣。

蔡奇璋（2004）。新移民女性參與國小子女學習的障礙及其解決途徑之研究（未出版之碩士論文）。中正大學，嘉義縣。

賴清標（1992）。如何安排有益兒童學習的家庭環境。幼兒教育年刊，5，71-79。

魏麗敏（2000）。成就動機表的編製及應用。測驗與輔導雙月刊，158，3309-3312。

蘇玉慧（2006）。基隆市新移民女性與本國籍女性子女生活適應的比較研究（未出版之碩士論文）。臺北教育大學，臺北市。

二、外文部分

Atkinson, J. W. (Ed.) (1983). *Personality, motivation, and action*. New York, NY: Praeger Publishers.

Atkinson, J. W., & Feather, N. T. (1966). *A theory of achievement motivation*. New York, NY: Wiley.

Bentler, P. M. (1982). Confirmatory factor analysis via non-iterative estimation: A fast inexpensive method. *Journal of Marketing Research, 19*, 417-424.

Bentler, P. M., & Bonett, D. G. (1980). Significance tests and goodness of fit in the analysis of covariance structures. *Psychological Bulletin, 88*, 588-606.

Bourdieu , P. (1973). Cultural reproduction and social reproduction. In R. Brown (Ed.)(1973), *Knowledge, education and change*. London, UK: Tavistock.

Clarke, A. S. (2002). *Social and emotional distress among American Indian and Alaska students: Research findings*. (ERIC Document Reproduction. ED459988).

Coleman, J. S. (1994). Family, school, and social capital. In T. Husen, & T. N. Postlethwaite (Eds.), *The international encyclopedia of education* (2nd ed.) (pp.2272-2274). Oxford, NY: Pergamon Press.

Finn, J. D. (1972). Expectation and the education environment. *Review of Educational Research, 42*, 387-410.

Hamner, T. L., & Turner, P. H. (1996). *Parenting in contemporary society*. Boston, MA: Allyn and Bacon.

Hoelter, J. W. (1983). The analysis of covariance structures: Goodness-of-fit indices. *Sociological Methods and Research, 11*, 325-344.

Hu, L., & Bentler, P. M. (1999). Cutoff criteria for fit indexes in covariance structure analysis: conventional criteria versus new alternatives. *Structural Equation Modeling, 6*(1), 1-55.

Jöreskog, K. G., & Sörbom, D. (1993). *LISREL VI: User guide* (3 rd). Chicago, IL: Scientific Software International, Inc.

Kline, R. B. (1998). *Principles and practice of structural equation modeling*. New York, NY: The Guilford Press.

Majoribank, K. (1985). Ethnicity, family environment and adolescent' sapirations: Fender-related differences. *Contemporary Educational Psychology,10*, 329-341.

Mulaik, S. A., James, L. R., Van Altine, J., Bennett, N., & Stilwell, C. D. (1989). Evaluation of goodness-of-fit indices for structural equation models. *Psychological Bulletin, 105*, 430-445.

Schunk, D. H., Meece, J. L., & Pintrich, P. R. (2014). *Motivation in education: Theory, research and applications* (4th ed.). Upper Saddle River, NJ: Pearson.

Weiner, B. (1985). An attribution analysis of achievement motivation. *Journal of Personality and Social Psychology, 15*(1), 1-20.

本文取自：張芳全（2008）。**新移民子女的社經地位與成就動機：教育期望為中介的分析**。發表於2008年12月20日「新移民子女教育研討會」，主持人暨評論人為梁雲霞教授，發表地點為臺北市立教育大學。本文再作修改。

第十章

新移民子女生活的
困擾與因應方式

壹 緒論

一、分析動機

　　教育部（2010）資料顯示，98學年度就讀國中小學的新移民子女人數達到129,899人，其中以新北市的26,029人居冠，顯示新北市新移民子女的教育不容忽視。新移民女性大都來自於經濟條件較臺灣落後的中國大陸及東南亞國家，其母國社經條件與生活環境與臺灣迥異，使得新移民子女的教育有極大挑戰（黃德祥，2006）。

　　國中學生正值青春期，其心理成熟度、年齡限制常遭遇到自己無法處理的生活適應困擾問題。若這些困擾一直存在於他們的內心，又無法獲得有效改善，將會影響個人在生活適應，並對於心理與作息會出現異常行為（歐慧敏，1996）。唐淑華、蔡孟寧、林烘煜（2015）研究臺灣青少年自我認同問題發現，青少年非常關心「自己的價值及意義」與「課業與學習」問題，當他們愈關心大問題時，他們對問題冷靜因應程度及希望感愈高；然而愈關心課業與學習問題的青少年，自尊反而愈低，當學生的學習信念採定型心態時，相對於採取成長心態者的閱讀興趣較低，閱讀相關表現較差，愈不會去思考大問題，心理適應較差。本章以問卷調查法蒐集就讀國中的新移民與本國籍子女生活適應困擾的資料，來了解他們在生活適應的困擾及其差異性。

　　國中學生正面臨生理和心理狀態巨大轉變。青少年階段初期的人際關係對人格發展有舉足輕重的影響。青少年重視友誼關係，但是為了在團體中獲得地位或避免被排斥，需不斷調適自己行為，期待自己符合同儕團體的標準（黃德祥，1998）。研究發現，被同儕排斥的學生，通常比較容易出現打架、破壞、發脾氣和罵人的反社會行為，而受到同學們歡迎的人，比較不會有攻擊行為，生活適應情形比較好（戴淑梅，2005）。青少年擁有許多壓力來源，其中人際壓力會造成生活困擾。Sandstrom（2004）指出，青少年被同儕欺侮或排斥的經驗，成為他們日常生活的壓力來源之

一，而被同儕排斥的經驗，更是會造成他們適應的危機，例如，寂寞、焦慮、憂鬱。當個人被同儕團體冷落或排斥時，會對心理造成極大衝擊。因此，壓力因應與青少年情緒有密切相關。

人際壓力是青少年生活適應困擾之一，而每個人的因應壓力方式不盡相同，有的人能夠順利排解壓力，但也有人陷入泥淖。大都新移民家庭在社會地位與經濟能力處於弱勢，家庭資源較為匱乏，其子女可能會遭受到同儕排擠（陳美惠，2002；莫藜藜、賴佩玲，2004）。戴淑梅（2005）認為，人們對壓力的反應因人而異，壓力對人的影響也不盡相同。為避免新移民子女因生活適應不良，而造成種種偏差行為，學校和社會應當共同協助他們積極融入生活。

個人社會化機構之一是學校，在學階段的新移民子女，在校時間甚長，維持良好的人際關係十分重要。正值國中階段的新移民子女，需要被同儕所接納，而積極穩定的友伴關係，更是人格發展的必要條件。在國中階段需要被同儕肯定，人際關係是他們壓力來源，若能順利因應人際壓力，必能更加適應生活。本章探究新移民與本國籍子女生活適應困擾與人際壓力因應。相關內容說明如下。

二、分析目的與問題

本章分析目的如下：㈠了解新移民與本國籍子女（以下稱兩群）生活適應困擾情形。㈡了解兩群子女人際壓力因應情形。㈢分析不同背景變項對新移民子女生活適應困擾的影響。㈣探究不同背景變項對新移民子女人際壓力因應的影響。因此分析問題如下：㈠新北市就讀國中之兩群子女生活適應困擾為何？㈡新北市就讀國中之兩群子女人際壓力因應為何？㈢不同背景變項的新北市國中學生對其生活適應困擾是否有明顯影響？㈣不同背景變項的新北市國中學生對其人際壓力因應是否有明顯影響？

貳 文獻探討

一、生活適應困擾的意涵

個體在生活中發生困難，會產生適應困擾。生活適應若產生困擾，各類行為問題會相繼出現。個體在日常生活的行為與環境交互作用，無法與環境取得和諧關係，就會產生不良適應癥狀，例如，作息變得混亂或生病。個體無法良好適應，對人格發展或行為會產生困擾。適應困擾（maladjustment）和生活適應（adjustment）息息相關。Maslow（1954）認為，適應是個體和環境的和諧關係，也是個人心理健康表現。若是適應欠佳就不能與他人和諧相處，如果適應出現困擾，則較難與環境取得適當的平衡。

其實，生活適應困擾意涵可以歸納為：㈠它是日常生活的壓力累積，強調個體遭遇許多問題進而產生困擾。㈡它是日常生活的無法適應，無法和環境取得平衡關係，在人格發展與行為會產生許多困擾問題（李坤崇，1990；Arkoff, 1968; Coan, 1983; Maslow, 1954）。㈢它是有適應問題之後表現出的行為，當個體無法適應生活，會出現有問題的行為（蕭文，1990）。㈣它是生活目標的無法達成，如果目標無法達到預期時，容易造成個體情緒不穩定的狀態。

綜上所述，適應困擾與生活適應密不可分。生活適應是個體為滿足其心理、生理、社會需求，並因應周遭環境，來調和內在與外在趨於和諧一致的過程。而生活適應困擾是個體在生活適應，感受到外界壓力，致使無法達成個體和環境間的平衡，進而產生內心的緊張情緒，無法完成生活目標，於是衍生諸多心理與生理的問題行為。新移民子女的家庭社經地位傾向較低，其媽媽身分特殊而衍發自我關懷困擾；可能因為剛入學，與同學相處不易造成外在困擾；也可能因為情緒不穩定影響內在心理，所以有身心發展困擾；也有可能因為家庭氣氛不佳、結構問題產生家庭生活困擾；亦有可能因為家庭的經濟弱勢、父母無力教導課業導致課業學習困擾；更

有可能因為個性退縮怯懦，溝通能力薄弱致使人際關係出現困擾。本章在新移民生活適應困擾包括自我關懷、身心發展、家庭氣氛、課業學習與人際關係困擾。

二、人際壓力因應意涵

Lazarus（1991）認為，壓力是個體與環境的特別關係，個體認為環境中的人、事、物讓自己有心理負擔，且無足夠資源能負荷，並危害心理健康及個體綜合福祉，就是壓力。藍采風（2000）認為，壓力是在某種情境下，個體覺得受到某種威脅，致使自己感覺要付出多餘精力，才能保持身心平衡。劉雪貞（2004）提出，適當壓力可以激勵個體成長，但過度壓力卻會耗損身體，對個體造成生理與心理的損傷，甚至產生生活適應困擾。面對壓力，個體會引起生理、心理反應，產生不舒適感受，面對壓力時，個體會做出減緩不適的行為，這種嘗試處理壓力過程為壓力因應。張春興（2006）指出，壓力因應是個體遭逢困難或挫折，採用不同克服困難或化解挫折的心理與行動策略。壓力因應是個體面對內外在壓力事件時，所採取的因應方式，其目的是為了要避免更嚴重的問題產生或減緩壓力。

青春期與同儕互動十分頻繁，長時間相處增加了與同儕衝突的機會（Sroufe & Rutter, 1984）。個體在青春期需要因應與處理的人際衝突明顯提高，更有研究指出如何因應壓力才是影響青少年情緒主因（Inge, 2000）。青少年認知發展從具體運思期進入形式運思期，在心智發展未成熟、經驗不足情況下，常導致有壓力產生（王文科，1991）。人際是指人與人之間的交互作用，包括朋友、家人、師長等之關係，若人際關係愈好，其生活快樂愈高（涂秀文，1999）。擁有良好的同儕關係，能幫助他們有更好的生活適應，但是人際關係不好者，可能導致離群索居、人際疏離，進而引發生活適應不良狀況。黃秀媚、林世華（2008）研究發現，「情緒管理教學」對於七年級學生的壓力因應行為、情緒穩定有正面影響。

綜合上述，人際壓力因應是個體在人際關係遭遇壓力，在心理與生理產生不舒適的感覺，試圖維持身心平衡而採取的因應方法，以化解壓力

對自我造成的威脅。近年來研究人際壓力因應向度很多，例如趙子揚、宋曜廷、王雅鈴（2014）編製「中學生考試壓力因應量表」包括問題焦點因應、情緒焦點因應及逃避因應分量表。但仔細分析這些人際壓力因應內涵，將人際壓力因應歸類為主動解決因應、暫時擱置因應與情緒發洩因應。其中問題解決、社會支持、正向情緒、自我調適等都是積極面對問題，正視壓力，並採取行動，且詢問他人意見，以獲得對問題的解決方法，故合併至「主動解決因應」。至於壓抑退縮、轉移注意、暫時擱置、逃避延宕、順其自然等因應方法，皆未直接處理，也並未有負面暴力等傷害情形出現，故合併至「暫時擱置因應」。此外，負面情緒、菸酒藥物、發洩情緒、自我傷害等面向，表示個體無法接受問題，導使情緒失去控制，做出傷害自我身心的情況居多，故合併至「情緒發洩因應」。

三、生活適應困擾與人際壓力因應之相關研究

整理現有研究發現，臺灣的國中生適應困擾情形不嚴重（王鎮岳，2008）。新移民子女的整體生活沒有嚴重的適應困擾（溫清欽，2006；廖梅芳，2007；嚴梨文，2007）。然而溫清欽（2006）研究指出，新移民子女比本國籍子女有更多生活適應困擾。如上述，國中生生活沒有嚴重的適應困擾，而新移民子女的生活適應困擾為何呢？國中生最感困擾的是課業學習（王鎮岳，2008；林家屏，2002）。嚴梨文（2007）認為，就讀國中的新移民子女最感困擾的是課業學習。因此國中生因有升學壓力，在學校生活中有課業學習困擾。有些研究認為，國中生最感困擾的是自我關懷（李坤崇、歐慧敏，1993，1996；歐慧敏，2002a）。新移民子女認為，自我關懷令人感到困擾（廖梅芳，2007；鄭秀慧，2008）。徐偉培（2008）指出，家庭生活是新移民子女最感困擾的。

歐慧敏（2002a）研究國中生因應策略與行為困擾發現：國中生採用避免逃避策略頻率最高，採用尋求支持策略頻率最低；學校生活困擾最高，而人際關係困擾最低；國中女生在採用解決問題、暫時擱置、改變及尋求支持等策略頻率均顯著高於男生；國中女生在自我關懷及身心發展困擾均顯著高於男生，而在學校生活及人際關係困擾卻顯著低於男生。國一

生因應策略高於二、三年級生，且行為困擾較低。國中生避免逃避策略，能力歸因方式最能有效預測行為困擾。國中生善用因應策略可以減低學校與自我困擾。歐慧敏（2002b）分析1992年與2001年國中小2,216名學生行為困擾之差異，並了解2001年國中小學生的行為困擾及探討性別、年級、歸因方式、因應策略、學習適應與行為困擾發現：1992年學生身心發展與人際關係困擾顯著高於2001年；其自我關懷與學校生活困擾顯著低於2001年的學生；2001年學生行為困擾以學校生活困擾最高，而人際關係困擾最低。國中學生行為困擾大部分均顯著高於國小學生。年級愈高，行為困擾愈高；女生身心發展困擾均顯著高於男生，而在學校生活、人際關係、家庭生活及行為困擾卻顯著低於男生。歐慧敏（2012）研究國中學生情緒智力、因應策略與行為困擾發現，國中學生在四項情緒智力中，以情緒覺察與了解最高；使用因應策略頻率以避免逃避策略最高；在五項行為困擾以學校生活困擾最高；情緒智力與因應策略等九個變項能有效預測六項行為困擾，其中以避免逃避因應策略最重要；而因應策略在情緒智力與行為困擾間扮演完全中介角色。綜合上述，子女的生活適應困擾的相關變項說明如下：

㈠ **性別與生活困擾**

　　新移民子女生活適應困擾之研究發現，女生生活適應困擾多於男生，女生發育較快，故身心外貌與自我關懷困擾較為明顯（鄭秀慧，2008）。然而有些研究發現，男生在身心發展、家庭生活、學校生活困擾高於女生（姜台珠，2008；溫清欽，2006）。就讀國小的新移民子女最常使用的因應是主動解決因應（廖梅芳，2007；鄭秀慧，2008）。鄭秀慧（2008）探究就讀國小的新移民子女人際壓力因應發現，女生在暫時擱置因應使用高於男生。

㈡ **年齡或年級與生活困擾**

　　國中學生隨著年級增長，生活適應困擾愈多（王鎮岳，2008）。臺灣的九年級學生面臨升學壓力，造成困擾極重。李欣瑩（2001）的研究指出，七年級學生在主動解決與正向闡釋因應高於九年級生。九年級學生面

臨升學壓力，壓力因應較為暫時擱置（王蓁蓁，2001；陳筱瑄，2003）。

(三) 家庭結構與生活困擾

家庭結構不健全之新移民子女生活適應困擾較高（廖梅芳，2007）。張婉瑜（2009）研究指出，單親與父親住的新移民子女的自我關懷困擾高於折衷家庭子女。李駱遜（2005）提及，生活在家庭結構不健全者，或是親子關係疏離冷漠，家長管教方式不當等，會造成子女人際關係退縮。

(四) 家庭社經地位與生活困擾

家庭社經地位愈低，子女生活適應困擾愈高（李坤崇、歐慧敏，1993）。低家庭社經地位影響新移民子女生活適應（盧秀芳，2004）。黃立婷（2006）的研究指出，母親教育程度為大學（專科）的新移民子女學習適應顯著高於母親教育程度為國中（含以下）者。林璣萍（2003）的研究發現，家庭社經地位影響新移民子女的學校適應。王蓁蓁（2000）的研究指出，父母教育程度較高者，較常使用尋求社會支持因應。

參 研究設計與實施

一、分析架構

本章架構如圖10-1。圖中背景變項包括國籍、性別、年級、父母親教育程度、父母親職業、家庭經濟狀況。生活適應困擾包括自我關懷、身心發展、家庭氣氛、課業學習與人際關係困擾。人際壓力因應包括主動解決、消極退縮與情緒發洩。A線要分析不同背景變項對生活適應困擾的影響；B線要分析不同背景變項在人際壓力因應的影響；C線要分析生活適應困擾影響人際壓力因應。

變項分述如下：

(一) 個人背景變項

包括：國籍（本國籍、新移民）、性別（男女生）、年級（七年級、八年級、九年級）。

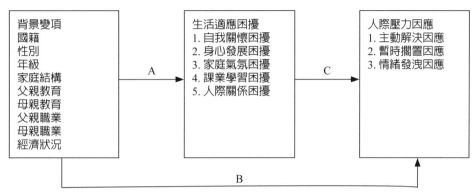

圖10-1　分析架構

(二) 家庭背景變項

　　包括：1.家庭結構：雙親家庭、單親與父親同住、單親與母親同住、隔代教養、折衷家庭、其他。2.父親及母親最高學歷：國中（包含以下）、高中或高職、專科或大學、碩士或博士。3.父親及母親的職業分為：(1)無技術或非技術工人：工廠工人、學徒、小販等十六類；(2)技術性工人：包含技工、水電工、店員等十八類專業人員；(3)半專業人員或一般性公務人員：包括技術員、技佐、委任級公務人員；(4)專業人員或中級行政人員：包括中小學校長、中小學教師、會計師等二十三類；(5)高級專業人員或高級行政人員：包括大學校長、大學教授、醫生等十三類；(6)其他（魏麗敏，1999）。4.家中經濟收入區分為每月20,000元以下、20,001至40,000元、40,001至60,000元、60,001元以上。

(三) 生活適應困擾

　　它包含自我關懷、身心發展、家庭氣氛、課業學習與人際關係困擾。問卷題目的選項為非常不同意、不同意、同意與非常同意，依序是1至4分。得分愈高代表對於該項生活適應愈困擾，各題項沒有反面題目。參照標準為2.5分，當某一題的平均分數高於2.5分，表示學生有較高的生活適應困擾；平均分數小於2.5分，表示學生較沒有生活適應困擾。

㈣ 人際壓力因應

它包含主動解決、暫時擱置與情緒發洩因應。問卷題目選項為非常不同意、不同意、同意與非常同意，依序是1至4分。得分愈高代表受試者常用此方式因應壓力，各題項沒有反面題目。參照標準為2.5分，當某一題的平均分數高於2.5分，表示學生較常使用的人際壓力因應情形；平均分數小於2.5分，表示學生較少使用的人際壓力因應情形。

三、研究對象

本章以98學年度公立國民中學的新移民與本國籍子女為研究對象，母群體共149,593人（新北市教育局，2010），抽取新北市國民中學新移民與本國籍子女800人為受試者，回收問卷736分，有效樣本700分。選擇此階段學生是因為就讀國中的新移民與本國籍子女面臨身心發展的重要階段，生活適應困擾與人際壓力因應對他們影響深遠。本章以分層立意抽樣取得樣本數。

四、研究工具

本章參酌相關文獻後，自編「國中學生生活適應困擾與人際壓力因應調查問卷」。研究工具透過文獻探討歸納向度，兼具理論與實務編製，經過專家審查問卷、預試、資料處理與信效度分析，最後修訂成正式問卷。編製程序說明如下：

㈠ 實施問卷預試

預試問卷編撰完成後，抽取新北市就讀國民中學的新移民子女共250名為預試對象，問卷回收242分，整理回收問卷填答有效情形，合計有效樣本為200分，回收率為96%，可用率為80%。

㈡ 預試問卷分析

預試問卷回收後，篩選與建立問卷資料檔，並以因素分析估計問卷的效度；以信度分析估計問卷的信度。因素分析以主成分抽取因素，直交轉軸，以特徵值大於1為標準，最後看到生活適應各面向題目之意義，將因

表10-1 生活適應困擾的因素分析情形

題號	題目	共同性	特徵質	解釋變異量%	因素一	因素二	因素三	因素四	因素五
	自我關懷困擾		3.10	14.33					
1	我沒有規劃未來生活的目標	.42			.19	.23	.57	.10	.00
2	我覺得沒有人真正了解我	.61			.26	.14	.66	.06	.29
3	我覺得生活十分無聊	.61			.15	.20	.70	.06	.23
4	任何事我不太會積極去做	.57			.04	.21	.71	.08	.08
	身心發展困擾		2.64	11.49					
5	我覺得自己很容易疲倦	.68			.10	.12	.04	.01	.81
6	起床後，我還是很想睡覺	.63			.13	.08	.19	-.03	.76
7	我不能控制自己脾氣	.36			.18	.21	.15	.29	.43
8	我容易因為挫折而心情低落	.52			.17	-.02	.38	.29	.50
	家庭氣氛困擾		2.60	11.32					
9	我的家庭氣氛不好	.42			-.01	.03	.11	.57	.27
10	我不常和家人分享心事	.52			.06	-.01	.16	.68	-.15
11	父母不太關心我在生活上遇到的問題	.57			.17	.17	.04	.71	.02
12	家人不夠尊重我的想法	.54			.12	.23	.16	.66	.11
13	父母很少稱讚我的優點	.47			.11	.17	-.14	.63	.06
	課業學習困擾		2.52	10.94					
14	我聽不懂老師上課內容	.63			.20	.71	.23	.13	.15
15	我覺得作業分量太多	.62			.16	.74	-.05	.18	.12
16	我的成績比不上其他同學	.53			.15	.58	.37	-.01	.18
17	我對課業學習沒有興趣	.56			.02	.68	.29	.12	.00
18	上課時，我不太認真聽課	.54			.16	.62	.27	.24	.00
	人際關係困擾		2.05	8.91					
19	和我談心的朋友很少	.65			.77	.15	.09	.11	.14
20	我和朋友相處時氣氛不好	.80			.86	.12	.15	.12	.10
21	我在團體中覺得不被重視	.77			.83	.13	.18	.11	.14
22	我遭受同學的排斥	.74			.83	.12	.10	.14	.10
23	我不知道怎麼和異性相處	.36			.46	.11	.37	.05	.06

素各命名為自我關懷、身心發展、家庭氣氛、課業學習與人際關係困擾，整體解釋量為57%。而人際壓力因應可以抽取到三個因素，整體解釋量為54.38%，就題目內容來看，各命名為主動解決、暫時擱置與情緒發洩因應。

表10-2　人際壓力因應的因素分析情形

題號	題目	共同性	特徵質	解釋變異量 %	因素一	因素二	因素三
	主動解決因應		3.12	22.31			
1	被同學排擠時，我會想出不同解決方法	.44			-.03	.58	.10
2	同學不理我時，我會尋求他人幫忙	.67			-.01	.77	-.03
3	當同學不喜歡我時，我會主動改變自己的表現	.49			-.12	.80	.10
4	和同學產生誤會後，我會激勵自己勇敢面對	.49			-.06	.74	-.13
5	當我和同學爭吵時，我會解釋事情發生原因	.57			-.11	.74	-.08
	暫時擱置因應		2.75	19.62			
6	當我被同學誤解時，我會任憑事情自然發展	.50			.12	-.10	.69
7	當同學不喜歡我時，我會躲到網路世界以逃避問題	.50			.48	-.16	.50
8	被同學羞辱時，我會當作什麼事都沒發生	.53			.06	.02	.73
9	被同學排擠的時候，我會暫時離開這個環境	.42			.17	.07	.63
	情緒發洩因應		1.74	12.45			
10	沒有同學關心我時，我會傷害自己身體	.48			.67	-.06	.15
11	當同學一直欺負我時，我會出手打他們	.70			.70	-.08	.07
12	我被同學責備時，我會故意惡作劇	.65			.83	-.14	.07
13	我和同學吵架時，我會摔打東西來發洩情緒	.59			.79	-.08	.12
14	被同學討厭時，我會大聲吼叫	.50			.75	.04	.15

接著以Cronbach's α係數估計「國中學生生活適應困擾量表」各面向與總變項的內部一致性，在自我關懷困擾之α = .75，身心發展困擾之α =

.70，家庭氣氛困擾之 α = .71，課業學習困擾 α = .79，人際關係困擾之 α = .85，問卷整體 α = .88。「國中學生人際壓力因應量表」的主動解決因應之 α = .78，暫時擱置因應之 α = .70，情緒發洩因應之 α = .82，總 α = .70。

四、實施程序

(一) 問卷調查及回收

在正式問卷以分層立意抽樣進行問卷調查，以學校為單位，由郵寄或親自送達各校。為提升調查問卷的回收率與慎重，在調查問卷說明研究目的之外，以電話聯絡各校輔導主任或教務主任，冀能得到協助問卷發放與回收。2009年12月底回收，2010年1月篩選出無效問卷。依據有效問卷進行編碼、登錄、輸入電腦等作業，以描述性統計進行資料校正，確定資料無誤後，即進行統計分析。總計發給40所國中，依學校規模分層取樣抽取樣本800分，共回收732分問卷，回收率為92%；無效問卷32分，有效問卷為700分，可用率達88%。

(二) 基本資料分析

有效樣本特徵如表10-3，新移民子女的男女比率各為51.7%與48.3%。七年級占48.3%、八年級占38.3%、九年級占13.4%。新移民子女為雙親家庭與折衷家庭分別占64.3%、16.9%。父親學歷以高中高職畢（肄）與國中畢（肄）業分別占41.4%、32.0%。在母親學歷方面，高中高職畢（肄）業占28.6%。父親職業以無技術或非技術工人占37.4%，技術性工人占33.1%。母親職業方面，無技術或非技術工人占61.1%，技術性工人占25.7%。經濟收入方面，20,001至40,000元占47.1%。本國籍子女的男女比率各為51.7%、48.3%。七年級占44.0%、八年級占36.3%、九年級占19.7%。本國籍子女的雙親家庭與折衷家庭分別占63.4%、16.3%。父親學歷以高中高職畢（肄）、專科或大學畢（肄）業、國中畢（肄）業，分別占40.6%、25.7%、25.4%。母親學歷部分，高中或高職畢（肄）業者占52.9%。父親職業方面，技術性工人占36.0%，無技術或非技術工人占23.4%。經濟收入方面，20,001至40,000者占35.4%。

表10-3 有效樣本資料分析

類別	項目	新移民子女人數	%	本國籍子女人數	%
性別	男	181	51.7	181	51.7
	女	169	48.3	169	48.3
年級	七年級	169	48.3	154	44.0
	八年級	134	38.3	127	36.3
	九年級	47	13.4	69	19.7
家庭結構	雙親家庭	225	64.3	222	63.4
	單親與父親住	18	5.1	13	3.7
	單親與母親住	32	9.1	35	10.0
	隔代教養	12	3.4	21	6.0
	折衷家庭	59	16.9	57	16.3
	其他	4	1.1	2	0.6
父親學歷	國小畢（肄）業	42	12.0	18	5.1
	國中畢（肄）業	112	32.0	89	25.4
	高中或高職畢（肄）業	145	41.4	142	40.6
	專科或大學畢（肄）業	38	10.9	91	25.7
	碩士或博士畢（肄）業	13	3.7	11	3.1
母親學歷	國小畢（肄）業	93	26.6	11	3.1
	國中畢（肄）業	94	26.9	72	20.6
	高中或高職畢（肄）業	100	28.6	185	52.9
	專科或大學畢（肄）業	56	16.0	77	22.0
	碩士或博士畢（肄）業	7	2.0	5	1.4
家庭收入	20,000元以下	42	12.0	40	11.4
	20,001至40,000元	165	47.1	124	35.4
	40,001至60,000元	88	25.1	88	25.1
	60,001元以上	55	15.7	98	28.0
父親職業	無技術工人	130	37.1	82	23.4
	技術性工人	117	33.4	126	36.0
	半專業人員	44	12.6	67	19.1
	專業人員	39	11.1	57	16.3
	高級專業人員	20	5.7	18	5.1
母親職業	無技術工人	214	61.1	180	51.4
	技術性工人	90	25.7	74	21.1
	半專業人員	29	8.3	54	15.4
	專業人員	16	4.6	36	10.9
	高級專業人員	1	0.3	4	1.1

五、資料處理

　　在回收問卷之後，檢視填寫內容，凡填答不全者列為無效問卷予以刪除。接著將有效問卷編碼，輸入資料建檔。資料採用SPSS V17.0 for Windows分析，包括描述統計與迴歸分析。前者之平均數、次數分配與標準差，以了解個人背景變項分布情形。迴歸分析中，性別以女生為參照組，國籍以本國籍為參照組，年級以七年級為參照組，家庭狀況取雙親家庭為參照組，父親學歷取國小畢業為參照組，母親學歷取國小畢業為參照組；父親及母親職業以非技術工為參照組；經濟狀況以20,000元以下為參照組。透過迴歸分析探討性別、國籍、年級、家庭結構、父母教育程度、父母職業、經濟狀況等對生活適應困擾與人際壓力因應影響。

肆　結果與討論

一、新移民與本國籍子女生活適應困擾情形

　　新北市國中階段新移民與本國籍子女生活適應困擾如表10-4，新移民子女自我關懷困擾為2.26、身心發展困擾為2.13、家庭生活困擾為2.13、課業學習困擾為2.20、人際關係困擾為1.66。由數據得知，新移民子女在生活適應良好，無明顯生活適應嚴重困擾。本國籍子女受試者在「自我關懷困擾」為2.42、「身心發展困擾」為2.23、「家庭生活困擾」為2.22、「課業學習困擾」為2.38、「人際關係困擾」為1.79。由數據得知，本國籍子女在生活適應最感困擾的是自我關懷。表10-4發現兩群子女生活適應困擾各層面接近，但本國籍子女在各層面困擾高於新移民子女，代表本國籍子女生活適應困擾略微偏高，新移民子女整體適應良好，並沒有嚴重適應不良情形。

　　新北市國中階段的新移民與本國籍子女在「自我關懷困擾」最多，其次依序是課業學習、身心發展、家庭生活與人際關係困擾。在這五種適應困擾與整體生活適應困擾不嚴重，此研究結果與王鎮岳（2008）、溫清欽（2006）、廖梅芳（2007）、嚴梨文（2007）等研究結果一致。無論是新

移民與本國籍子女最不感到困擾的是人際關係，表示在學校與同儕相處融洽，此研究與增廣森（1983）、嚴梨文（2007）的研究結果一致。這可能是新移民子女已進入國中對於社會環境掌握度比在小學還好，所以在同儕相處比較不會被標籤化。而新移民與本國籍子女最感困擾的是自我關懷，尤其是「我覺得許多事情都比不上別人」、「我對升學感到疑惑」困擾較高，可見國中生自我肯定度低、升學壓力大，必須多給予肯定與協助生涯規劃。

表10-4　新移民與本國籍子女生活適應困擾情形

向度	新移民子女 = 350		本國籍子女 = 350	
	平均數	標準差	平均數	標準差
自我關懷困擾	2.26	.68	2.42	.65
身心發展困擾	2.13	.68	2.23	.66
家庭生活困擾	2.13	.63	2.22	.66
課業學習困擾	2.20	.64	2.38	.66
人際關係困擾	1.66	.60	1.79	.68

二、新移民與本國籍子女人際壓力因應情形

國中階段新移民與本國籍子女人際壓力因應如表10-5可知，新移民子女各層面平均數，主動解決因應為3.01、暫時擱置因應為2.13、情緒發洩因應為1.66。由數據得知，新移民子女在人際壓力因應使用最多是主動解決，其次為暫時擱置，使用最少是情緒發洩，可見新移民子女人際壓力因應良好。而本國籍子女在主動解決因應為3.05、暫時擱置因應為2.14、情緒發洩因應為1.73。本國籍子女在人際壓力因應使用最多的是主動解決，其次為暫時擱置，使用最少的是情緒發洩，可見本國籍子女人際壓力因應良好。

兩群子女人際壓力因應各層面接近，本國籍子女使用各種因應略微高於新移民子女，但差異不大。新移民與本國籍子女皆最常使用「主動

解決因應」，此研究結果與王鎮岳（2008）、王蓁蓁（2000）、李欣瑩（2001）、陳筱瑄（2003）、鄭秀慧（2008）等研究相同。由此可知，新移民與本國籍子女在面臨人際壓力，能以調適自我，並積極面對以解決問題。此外，新移民與本國籍子女都最少使用「情緒發洩因應」，此研究結果與王鎮岳（2008）、廖梅芳（2007）、鄭秀慧（2008）結果相同。由此可知，兩群子女在面臨人際壓力時，能控制自我情緒、不傷害自我與他人身體，較少使用情緒發洩方式來因應人際壓力。

表10-5　新移民與本國籍子女人際壓力因應情形

向度	新移民子女 = 350		本國籍子女 = 350	
	平均數	標準差	平均數	標準差
主動解決因應	3.01	.59	3.05	.58
暫時擱置因應	2.13	.63	2.14	.61
情緒發洩因應	1.66	.67	1.73	.66

二、國中學生生活適應困擾

　　國中生的人口變項對生活適應困擾迴歸分析如表10-6，在自我關懷困擾達到統計顯著水準包括國籍、父親學歷與經濟收入。顯示出本國籍子女自我關懷困擾明顯高於新移民子女（$b = -.20$）（$p < .01$）。父親學歷為國小畢業者自我關懷困擾明顯高於專科或大學（$b = -.28$）（$p < .05$）；父親學歷為國小畢業者自我關懷困擾明顯高於碩士或博士（$b = -.14$）（$p < .01$）；經濟收入為20,000元者自我關懷困擾明顯高於家庭平均收入60,001元者（$b = -.16$）。

表10-6　國中生生活適應困擾之迴歸分析摘要　　n = 700

自變項／依變項	自我關懷困擾		身心發展困擾		家庭生活困擾		課業學習困擾		人際關係困擾		
	b	β	b	β	b	β	b	β	b	β	VIF
常數	2.97**		2.62**		2.34**		2.59**		2.27**		
男生	-.10	-.15	-.24	-.18**	.06	.04	.08	.06	.12	.09*	1.05
新移民	-.20	-.08**	-.09	-.07	-.15	-.12**	-.22	-.17**	-.17	-.13**	1.25
八年級	.02	.01	-.01	-.01	.13	.09	.01	.01	-.03	-.02	1.16
九年級	.08	.04	-.00	-.00	.04	.02	.21	.12**	.08	.05	1.19
單親與父親住	-.12	-.04	.05	.02	.12	.04	-.00	-.00	-.19	-.06	1.04
單親與母親住	.05	.02	-.01	-.00	.13	.06	.11	.05	.00	.00	1.19
隔代教養或其他	.19	.06	.14	.05	.26	.09*	.14	.05	.11	.04	1.09
折衷家庭	-.03	-.02	-.05	-.03	-.02	-.01	.02	.01	-.06	-.04	1.11
國中（父）	-.31	-.21	-.11	-.07	-.08	-.05	-.19	-.13	-.27	-.19**	3.34
高中或高職（父）	-.23	-.17	-.04	-.03	-.08	-.06	-.10	-.08	-.24	-.18*	4.02
專科或大學（父）	-.28	-.16*	.05	.03	-.14	-.08	-.27	-.16*	-.30	-.18**	3.49
碩士或博士（父）	-.52	-.14**	-.06	-.02	-.21	-.06	-.27	-.07	-.48	-.14**	1.99
國中（母）	-.17	-.11	-.07	-.05	-.12	-.08	.01	.08	-.01	-.01	2.16
高中或高職（母）	-.15	-.11	-.03	-.02	-.16	-.12	-.04	-.03	-.03	-.02	2.88
專科或大學（母）	-.09	-.05	.03	.02	-.06	-.03	-.07	-.04	.01	.01	2.61
碩士或博士（母）	.03	.01	-.09	-.02	.36	.07	.17	.03	.58	.12*	1.54
技術性工人（父）	.01	.01	.05	.04	.03	.02	-.02	-.01	.04	.03	1.61
半專業人員（父）	.03	.02	-.04	-.02	.03	.02	.09	.05	.04	.03	1.66
專業人員（父）	-.03	-.02	.03	.01	-.04	-.02	-.02	-.01	.08	.04	1.65
高級專業人員（父）	.06	.02	.05	.02	-.02	-.01	.18	.06	.07	.03	1.50
技術性工人（母）	-.01	-.01	-.04	-.03	.06	.04	.14	.09	.02	.01	1.22
半專業人員（母）	.17	-.08	.02	.01	.23	.12	.21	.10	.17	.09	1.26
專業人員（母）	-.09	-.04	-.04	-.02	-.10	-.04	.02	.01	.06	.03	1.35
高級專業人員（母）	.50	.06	-.01	-.01	-.26	-.03	-.07	-.01	-.29	-.04	1.10
20,001-40,000	-.12	-.09	-.19	-.14*	-.02	-.02	-.15	-.12	-.26	-.20**	2.91
40,001-60,000	-.18	-.11	-.29	-.19**	-.10	-.07	-.22	-.15	-.37	-.25**	2.92
60,001元以上	-.25	-.16*	-.28	-.18*	-.08	-.05	-.29	-.19**	-.57	-.37**	3.38
常數	2.97**		2.62**		2.34**		2.59**		2.27**		
NagelkerkeR^2	.05		.07		.03		.06		.08		

* $p < .05.$ ** $p < .01.$

　　上述發現，國籍不同會造成自我關懷困擾，本國籍子女自我關懷高於新移民子女，此研究結果和溫清欽（2006）的研究結果不同。家庭社經地位影響自我關懷困擾和甘夢龍（1990）、李坤崇、歐慧敏（1993，2002a）、林璣萍（2003）、盧秀芳（2004）的研究結果相同。可能是國中階段新移民子女，若家庭社經地位較低，其自信心較為不足，自我認同感低，父親無法給予未來生活規劃，自我困擾程度較高。而家庭收入較低者可能父母親忙於工作，無暇照應子女生活，管教子女偏於忽視冷漠，故子女自我困擾較高，對於未來有許多徬徨。

　　表10-6可知，對身心發展困擾影響達到統計顯著水準包括性別與家庭經濟平均收入。這顯示出女生身心發展困擾明顯高於男生（$b = -.18$）（$p < .01$）；經濟收入為20,000元者身心發展困擾明顯高於經濟收入20,001至40,000元（$b = -.14$）（$p < .05$）、40,001至60,000元（$b = -.19$）（$p < .01$）、60,001元者（$b = -.18$）（$p < .05$）。

　　由以上發現，不同性別影響身心發展困擾，女生身心發展困擾高於男生，此研究發現和王鎮岳（2008）、鄭秀慧（2008）研究結果相同。而家庭平均收入會影響身心發展困擾，經濟狀況愈差者的身心發展困擾愈高，此研究結果和徐偉培（2008）、盧秀芳（2004）研究結果相同。可能是女生正值發育階段，情緒較男生敏感早熟，不若男生大而化之，且身心發展急遽改變下，容易有較高的身心發展困擾。至於經濟收入較低者，屬於家庭弱勢，可能較有照顧子女不周情形，生理需求無法獲得滿足下，情緒容易不穩定，因此身心發展困擾較高。

　　表10-6可知，對家庭生活困擾影響達到統計顯著水準為國籍與家庭結構。本國籍子女家庭生活困擾明顯高於新移民子女（$b = -.15$）（$p < .01$）；隔代教養或其他者的家庭生活困擾明顯高於雙親家庭（$b = .26$）（$p < .05$）。由上述發現，母親來自的國籍影響新移民子女家庭生活困擾，本國籍子女家庭生活困擾顯著高於新移民，此發現和溫清欽（2006）研究結果不同。家庭結構會影響家庭生活困擾，隔代教養的家庭生活困擾明顯較高，此研究發現和王鎮岳（2008）研究結果相同。可能是國中階段的新移民子女已融入臺灣社會，新移民家庭經歷過磨合，家庭生活趨近穩

定,因此新移民子女和家人能彼此分享生活點滴,家人能適度予以關懷。然而本國籍子女在「我會和家人吵架」、「我覺得父母對我的要求太嚴格」明顯高於本國籍子女,這顯示出本國籍父母對子女要求傾向於嚴格,本國籍子女壓力較大,形成家庭氣氛緊張,不像新移民子女家庭依附感較深。

表10-6可知,對課業學習困擾影響達到統計顯著水準者包括國籍、年級、父親學歷與家庭平均收入。這顯示本國籍子女課業學習困擾明顯高於新移民子女($b = -.22$)($p < .01$);九年級學生課業學習困擾明顯高於七年級($b = .21$)($p < .01$);父親學歷為國小畢(肄)業者的課業學習困擾明顯高於專科或大學畢(肄)業者($b = -.27$)($p < .05$);經濟收入20,000元以下者的課業學習困擾明顯高於60,001元以上者($b = -.29$)($p < .01$)。上述發現,不同國籍影響課業學習困擾,本國籍子女課業學習困擾明顯高於本國籍子女的研究發現和溫清欽(2006)研究結果不同。九年級生課業困擾明顯高於七年級生的研究發現和王鎮岳(2008)的研究結果相同。父親學歷愈高的課業學習困擾愈低,此發現和李坤崇、歐慧敏(1993)、林璣萍(2003)的研究結果相同。

因可能是國中階段的新移民子女已融入學校生活,經歷過國小六年的課業學習過程,對課業有興趣學習,且認真聽講,亦能從容面對作業考試。九年級學生因面臨升學壓力,對接踵而來的考試疲於應付,故課業學習困擾明顯高於七年級學生。父親學歷較高的子女課業學習困擾較低,應該是父親重視子女教育,且能了解子女在學狀況,並予以協助,故課業學習困擾較低。家庭平均收入愈高,課業學習困擾愈低,經濟狀況愈好的家庭能提供足夠教育資源,得以滿足子女學習需要。

由表10-6可知,對人際關係困擾影響達到統計顯著水準包括性別、國籍、父親學歷、母親學歷與家庭平均收入。顯示出男生的人際關係困擾明顯高於女生($b = .12$)($p < .05$);本國籍子女人際關係困擾明顯高於新移民子女($b = -.17$)($p < .05$);父親學歷為國小畢業者人際關係困擾明顯高於國中畢($b = -.27$)($p < .01$)、高中或高職($b = -.24$)($p < .05$)、專科或大學($b = -.30$)($p < .01$)、碩士或博士者($b = -.48$)(p

＜.01）；母親學歷為國小畢業者人際壓力困擾明顯高於碩士或博士者（b ＝.58）（p ＜.05）。經濟收入20,000元以下者的課業學習困擾明顯高於 20,001至40,000元（b ＝-.26）（p ＜.01）、40,001至60,000元（b ＝-.37）（p ＜.01）、60,001元以上者（b ＝-.57）者（p ＜.01）。

　　男生人際關係困擾高於女生的研究發現和林家屏（2002）的研究結 果相同；本國籍子女人際關係困擾高於新移民子女，此研究結果和溫清 欽（2006）的研究結果不同。父親學歷較低的子女人際關係困擾高於較低 者，此研究結果和李坤崇、歐慧敏（1993）、歐慧敏（2002a）的研究結 果相同；經濟收入愈低，其人際關係困擾愈高，此研究發現和李坤崇、歐 慧敏（1993）的研究結果相同。可能是男生處理人際關係，不如女生心思 細膩能與人應對自如，且個性較為心直口快，容易得罪同學，故人際關 係困擾明顯高於女生。新移民子女並沒有如一般想像有較高的人際關係困 擾，他們已然融入同儕團體，相處和諧。父親學歷較低的子女人際關係困 擾較高，應是父親學歷高，給予子女較高的人際期望，教導子女如何和 朋友融洽共處。經濟收入較低者，因父母忙於生計，忽略子女在校人際關 係，因而有較高的人際關係困擾。

三、新移民與本國籍子女人際壓力因應差異

　　人際壓力因應差異之結果如表10-7可知，在主動解決因應達到統計顯 著水準的背景變項包括年級、父親學歷與母親學歷。顯示出九年級學生在 面臨人際壓力較七年級生明顯使用主動解決因應（b ＝-.23）（p ＜.01）； 父親學歷為碩士或博士畢業者較國小畢業者明顯使用主動積極因應（b ＝ .40）（p ＜.05）；母親學歷為高中高職畢業者較國小畢業者明顯使用主動 解決因應（b ＝.07）（p ＜.01）。

　　七年級學生較九年級學生常使用主動解決因應的研究發現和丁明潔 （2003）、李欣瑩（2001）、陳筱瑄（2003）的研究結果相同。父母親學 歷較高者，較常使用主動積極因應，此研究發現和王蓁蓁（2000）的研究 結果相同。可能是九年級學生面對龐大升學壓力，面臨人際壓力時，無暇 也無力以積極主動方式解決人際問題。而父母學歷愈高，讓子女見多識

廣，深受同儕歡迎，也能以較多社會支持因應人際壓力。

表10-7　影響人際壓力因應之迴歸分析（模式一）　　$n = 700$

自變項／依變項	積極主動因應		暫時擱置因應		情緒發洩因應		
常數	b	β	b	β	b	β	VIF
男生	.04	.03	.02	.02	.19	.14**	1.05
新移民	.01	.00	-.00	-.00	-.11	-.08	1.25
八年級	-.05	-.04	.11	.08*	.19	.14**	1.16
九年級	-.23	-.15**	-.06	-.04	.16	.09*	1.19
單親與父親住	-.17	-.17	-.25	-.08 *	-.06	-.02	1.04
單親與母親住	-.02	-.02	.14	.07	.14	.06	1.19
隔代教養或其他	-.04	-.05	-.02	-.01	.21	.07	1.09
折衷家庭	.02	.02	-.11	-.07	-.01	-.01	1.11
國中（父）	.06	.04	-.01	-.01	.02	.01	3.34
高中或高職（父）	.13	.11	.09	.06	.01	.01	4.02
專科或大學（父）	.16	.10	.12	.08	-.07	-.04	3.49
碩士或博士（父）	.40	.12*	-.03	-.01	-.19	-.05	1.99
國中（母）	-.00	-.00	.12	.08	-.09	-.06	2.16
高中或高職（母）	.07	.06*	.05	.04	-.14	-.11	2.88
專科或大學（母）	-.06	-.04	.14	.09	-.13	-.08	2.61
碩士或博士（母）	-.34	-.08	.09	.02	.13	.025	1.54
技術性工人（父）	.00	.00	.05	.04	.10	.07	1.61
半專業人員（父）	.10	.06	.17	.10	.01	.01	1.66
專業人員（父）	.05	.03	-.05	-.03	.13	.07	1.65
高級專業人員（父）	-.08	-.03	.10	.04	.19	.06	1.50
技術性工人（母）	-.10	-.07	-.00	-.00	.04	.03	1.22
半專業人員（母）	-.04	-.02	.01	.01	.18	.09	1.26
專業人員（母）	.07	.03	-.03	-.01	-.08	-.03	1.35
高級專業人員（母）	.15	.02	-.21	-.03	.33	.04	1.10
20,001-40,000	-.10	-.09	-.16	-.12	-.10	-.07	2.91
40,001-60,000	-.15	-.11	-.31	-.21**	-.20	-.13*	2.92
60,001元以上	-.02	-.01	-.34	-.23**	-.17	-.11	3.38
常數	3.04		2.17		1.69		
NagelkerkeR^2	.02		.04		.05		

*$p < .05.$ **$p < .01.$

　　表10-7可知，對暫時擱置因應影響達到統計顯著水準包括年級、家庭結構與家庭平均收入。顯示出八年級較七年級學生明顯使用暫時擱置因應（$b = .11$）（$p < .05$）；單親（僅與父親住）較雙親家庭子女明顯使用暫時擱置因應（$b = -.25$）（$p < .05$）；經濟收入為20,000元以下者較40,001至60,000元者（$b = -.31$）使用暫時擱置因應（$p < .01$）；經濟收入60,001元以上者較經濟收入為20,000元以下者明顯使用暫時擱置因應（$b = -.34$）（$p < .01$）。

　　八年級學生較七年級學生常使用暫時擱置因應的研究發現與陳筱瑄（2003）的研究結果不同。單親（與父親住）明顯使用暫時擱置因應的研究發現和李駱遜（2005）的研究結果相同。可能是七年級學生初上國中，對學校事物感到新奇，重新建立同儕關係，因此富有積極感因應人際壓力，然而八年級學生對同儕相處已感疲乏，故而較常使用暫時擱置因應。單親與父親同住的學生，因家庭支持較為薄弱，個性較為退縮，當面臨人際問題時，無母親可共同商討因應對策，故而較常使用暫時擱置因應。經濟收入在20,000元以下者，比收入高者常使用暫時擱置因應。可能是在經濟困頓與資源匱乏下成長，子女自信心不足，個性趨於退縮，因而面對人際問題時，易使用暫時擱置因應。

　　表10-7可知，對情緒發洩因應影響達到統計顯著水準包括性別、年級與家庭平均收入。這顯示出男生較女生明顯使用情緒發洩因應（$b = .19$）（$p < .01$）；八年級學生較七年級生明顯使用情緒發洩因應（$b = .14$）；九年級生較七年級生明顯使用情緒發洩因應（$b = .09$）；經濟收入為40,001至60,000元者較經濟收入為20,000元以下者，明顯使用情緒發洩因應（$b = -.20$）。

　　男生較女生常使用情緒發洩因應的研究發現與彭佳涵（2007）的研究結果不同。可能是男生個性較女生直截了當，若有與同儕相處有不滿或衝突，易衝動行事，故而使用攻擊行為來解決人際壓力。家境較為困頓者常使用情緒發洩因應，可能是家庭氣氛不良，欠缺良善溝通方式，進而影響子女面臨人際壓力時，使用破壞物體、傷害自我或他人等激動方式解決。

四、新移民與本國籍子女生活適應困擾與人際壓力因應關係

背景變項與生活適應困擾對人際壓力因應的影響如表10-8可知，人際關係困擾愈高，面臨人際壓力，愈少使用積極主動因應（$b = -.26$）；家庭生活困擾愈高，面臨人際壓力愈常使用暫時擱置因應（$b = .12$）、課業學習困擾愈高，面臨人際壓力愈常使用暫時擱置因應（$b = .14$）、人際關係困擾愈高，面臨人際壓力愈常使用暫時擱置因應（$b = .23$）；自我關懷困擾愈高，面臨人際壓力愈少使用情緒發洩因應（$b = -.09$）、身心發展困擾愈高，面臨人際壓力愈常使用情緒發洩因應（$b = .14$）、家庭生活困擾愈高，面臨人際壓力愈常使用情緒發洩因應（$b = .12$）、課業學習困擾愈高，面臨人際壓力愈常使用情緒發洩因應（$b = .31$）、人際關係困擾愈高愈常使用情緒發洩因應（$b = .19$）。

國中生的人際關係困擾愈少者，愈常使用積極因應的研究發現和王鎮岳（2008）、戴淑梅（2005）的研究結果相同；家庭生活、課業學習與人際關係困擾愈高者，愈趨向使用暫時擱置因應，此研究發現和彭佳涵（2007）、戴淑梅（2005）的研究結果相同；整體生活適應困擾感受愈高，面對人際壓力問題時，愈傾向使用情緒發洩因應，此研究發現和王鎮岳（2008）、戴淑梅（2005）的結果相同。推究原因是人際關係困擾愈少，在同儕相處間氣氛融洽且被重視，故能在面臨人際壓力問題時，充分使用積極主動的方式來解決。至於生活各面向困擾較高者在生活中感到無所適從，當遇到人際壓力問題時，內心茫然且自信心不足，情緒起伏不定且心情低落，和家人溝通不良無法適時給予意見，課業學習倦怠無力，在同儕團體中遭受排擠而無計可施，因而面臨人際壓力問題時，孤立無援不知所措，導使退縮逃避使用暫時擱置因應，甚至殘害自我或他人使用情緒發洩因應。

表10-8　影響人際壓力因應之迴歸分析（模式二）　　*n* = 700

自變項／依變項	積極主動因應		暫時擱置因應		情緒發洩因應		
常數	*b*	β	*b*	β	*b*	β	VIF
男生	.06	.06	.00	.00	.16	.12**	1.15
新移民	-.05	-.04	.10	.08	.01	.00	1.29
八年級	-.06	-.05	.10	.08*	.18	.13**	1.17
九年級	-.20	-.13**	-.11	-.07	.09	.05	1.20
單親與父親住	-.22	-.08*	-.22	-.07*	-.05	-.02	1.05
單親與母親住	-.01	-.01	.11	.05	.09	.04	1.20
隔代教養或其他	-.01	-.01	-.11	-.04	.11	.04	1.10
折衷家庭	.01	.01	-.09	-.06	.00	.00	1.12
國中（父）	-.02	-.02	.11	.08	.13	.09	3.41
高中或高職（父）	.06	.05	.17	.13**	.08	.06	4.08
專科或大學（父）	.07	.05	.25	.15*	.05	.03	3.57
碩士或博士（父）	.27	.08	.17	.05	-.03	-.01	2.03
國中（母）	-.00	-.00	.15	.10*	-.08	-.05	2.19
高中或高職（母）	.06	.05	.09	.07	-.11	-.08	2.91
專科或大學（母）	-.05	-.04	.16	.10	-.12	-.07	2.62
碩士或博士（母）	-.19	-.04	-.11	-.02	-.07	-.01	1.57
技術性工人（父）	.01	.01	.03	.03	.09	.06	1.62
半專業人員（父）	.11	.07	.15	.09*	-.02	-.01	1.67
專業人員（父）	.07	.04	-.07	-.04	.12	.06	1.66
高級專業人員（父）	-.05	-.02	.06	.02	.12	.04	1.51
技術性工人（母）	-.08	-.06	-.03	-.02	-.01	-.00	1.24
半專業人員（母）	.01	.00	-.09	-.05	.06	.03	1.29
專業人員（母）	.08	.04	-.03	-.01	-.09	-.04	1.36
高級專業人員（母）	.07	.01	-.12	-.02	.49	.06	1.11
20,001-40,000	-.18*	-.15*	-.06	-.04	.02	.01	2.96
40,001-60,000	-.26**	-.19**	-.15	-.11	-.02	-.02	3.01
60,001元以上	-.18	-.13	-.13	-.09	.06	.03	3.55
自我關懷困擾	.02	.02	.04	.04	-.09*	-.09*	1.80
身心發展困擾	-.03	-.03	.07	.08**	.14**	.14**	1.57
家庭生活困擾	.02	.02	.12**	.12**	.12**	.12**	1.31
課業學習困擾	-.06	-.07	.13**	.14**	.31**	.30**	1.75
人際關係困擾	-.26**	-.28**	.23**	.24**	.19**	.19**	1.57
常數	3.77**		.72**		.06		
NagelkerkeR^2	.11		.22		.28		

* *p* < .05. ** *p* < .01.

伍 結論與建議

一、結論

㈠兩群子女共同現象

1. 兩群子女生活適應良好，自我關懷困擾最多，其次依序為課業學習、身心發展、家庭生活與人際關係困擾

本章發現，兩群子女在生活適應良好，沒有明顯生活適應嚴重困擾。新移民與本國籍子女在自我關懷最困擾，其次依序是課業學習、身心發展、家庭生活與人際關係困擾。整體而言，新移民子女感受的生活適應困擾較本國籍子女低。新移民與本國籍子女最感到困擾為自我關懷。

2. 兩群子女人際壓力因應良好，遇到困擾最常使用主動解決，其次是暫時擱置，最少使用為情緒發洩

本章發現，兩群子女最常使用主動解決，其次是暫時擱置，最少使用情緒發洩。兩群子女人際壓力因應程度接近，本國籍子女使用各種因應行為些微高於新移民子女，但差異不大。兩群子女在面臨人際壓力時，能以調適自我，並積極面對以解決問題，控制自我情緒，鮮少消極逃避，亦不傷害自我與他人身體。大致而言，國中階段新移民與本國籍子女人際壓力因應良好。

3. 女生身心發展困擾高於男生；男生人際關係困擾與使用情緒發洩因應明顯高於女生

本章發現，女生身心發展困擾顯著高於男生，男生較無身心發展困擾。男生人際關係困擾顯著高於女生，可見女生人際關係適應較佳。男生面臨人際壓力時，較女生顯著使用情緒發洩因應，表示男生易以衝動方法因應人際問題。

4. 九年級生課業學習困擾較高；七年級生人際壓力因應較佳；八、九年級生人際壓力因應較差

本章發現，九年級生課業學習困擾明顯高於七年級生，由於九年級生

面臨升學壓力，課業學習困擾較高。七年級生明顯高於九年級生使用主動解決來因應。七年級生剛上國中，對一切事物感到新奇，重新建立同儕關係，積極地因應人際壓力，八年級生較七年級明顯使用暫時擱置，代表八年級生面對同儕相處問題，較常使用暫時擱置來因應。面對人際壓力時，八、九年級生較七年級生明顯使用情緒發洩，代表八、九年級生面臨人際壓力，較以衝動易怒方式發洩。

5. 隔代教養家庭子女的生活困擾高於雙親家庭；單親者較雙親家庭子女使用暫時擱置因應

本章發現，家庭結構為隔代教養者的家庭生活困擾顯著高於雙親家庭者。家庭結構為單親（與父親住）較雙親家庭子女顯著使用暫時擱置因應，而雙親家庭者較不常使用暫時擱置因應。

6. 父親學歷較低的子女在自我關懷困擾、課業學習困擾較高；父親學歷較高的子女較少使用主動積極因應

本章發現，父親學歷為國小畢業的國中學生，自我困擾明顯高於專科或大學、碩士或博士者。父親學歷為國小畢業者的課業學習困擾明顯高於專科或大學畢業者，代表父親學歷愈高者子女課業學習適應較好。父親學歷為碩士或博士畢業者較國小畢業者明顯使用主動積極因應，代表父親學歷愈高的子女，面對人際壓力問題的因應較佳。

7. 母親學歷較高的子女較少使用主動解決因應

本章發現，母親學歷為高中職畢業者較國小畢業者明顯使用主動解決因應，代表母親學歷愈高者的子女遇到人際壓力，其因應較母親學歷低的好。

8. 經濟收入較低的子女自我關懷、身心發展與課業學習困擾較高；經濟收入較低的子女使用暫時擱置因應、情緒發洩因應較高

本章發現，經濟收入較低者的自我關懷困擾明顯高於收入較高者。經濟收入較高，較沒有自我關懷困擾。經濟收入低的子女身心發展困擾明顯高於收入較高者。經濟收入低的子女課業學習困擾明顯高於較高收入者。經濟收入較高的子女比經濟收入低者明顯使用暫時擱置因應。經濟收入低者較明顯使用情緒發洩因應。

9. 新移民子女生活適應困擾與人際壓力因應有明顯預測力；本國籍
子女生活適應困擾與人際壓力因應有明顯預測力

本章發現，新移民子女自我關懷、身心發展、家庭生活、課業學習
與人際關係困擾對人際壓力因應具有預測作用；本國籍子女自我關懷、身
心發展、家庭生活、課業學習與人際關係困擾對人際壓力因應具有預測作
用。

㈡ 兩群子女差異現象

1. 本國籍子女自我關懷、家庭生活與課業學習困擾高於新移民子女

本章發現，本國籍子女在自我關懷、家庭生活與課業學習困擾皆明顯
高於新移民子女。代表本國籍子女有較高的自我關懷、家庭生活與課業學
習困擾。

2. 新移民子女的男生較常使用情緒發洩因應

本章顯示，新移民子女為男生，其面臨人際壓力會明顯使用情緒發洩
因應，這表示男生新移民子女面臨人際問題時，明顯使用人際壓力因應，
而以衝動傷害的方式來宣洩壓力。

3. 八、九年級的本國籍子女家庭生活困擾較七年級生高

本章顯示，八、九年級的本國籍子女的家庭生活困擾顯著較高於七年
級生，可知隨著年級增加，八、九年級的本國籍子女比七年級生有較高的
家庭生活困擾和家人相處較不融洽。

4. 隔代教養、父母親學歷愈低的本國籍子女，其自我關懷困擾愈高

本章顯示，家庭狀況為隔代教養者比起雙親家庭子女的自我關懷困擾
多；父母親學歷愈低的本國籍子女自我關懷困擾較多。

二、未來研究建議

本章僅就國籍、性別、年級、家庭結構、家庭社經地位與家庭經濟
狀況探討兩群子女的生活適應困擾與人際壓力因應。雖然分析模式可以接
受，但仍有其他重要變項未被提及，例如，學業成績會影響學生生活困
擾、學校地區（都會區是否會比鄉下地區學校學生更有生活困擾？）、學

校規模、家長教養態度、家長的教育期望（是否對子女的教育期望愈高，愈會給子女學習壓力與困擾）等，建議未來研究考慮相關變項，獲得更完整的解釋力。

參考文獻

一、中文部分

丁明潔（2003）。國中生樂觀／悲觀傾向、課業壓力評估、課業壓力因應方式與學校生活適應之相關研究（未出版之碩士論文）。政治大學，臺北市。

王文科（1991）。認知發展理論與教育。臺北市：五南。

王蓁蓁（2000）。臺北縣國中學生之壓力源因應方式與生活適應之相關研究（未出版之碩士論文）。臺灣師範大學，臺北市。

王鎮岳（2008）。臺北地區國中學生行為困擾與因應策略之研究（未出版之碩士論文）。臺灣師範大學，臺北市。

甘夢龍（1990）。我國國小學生行為困擾相因素之研究。臺南市：供學出版社。

李坤崇（1990）。國小學生學習適應及其相關因素之研究。臺南師院學報，**23**，133-159。

李坤崇、歐慧敏（1993）。生活適應困擾量表編製報告。測驗年刊，**40**，117-134。

李坤崇、歐慧敏（1996）。青少年因應策略量表編製報告。測驗年刊，**43**，241-262。

李欣瑩（2001）。桃園市國中生主觀生活壓力、社會支持、因應行為與身心健康之相關研究（未出版之碩士論文）。臺灣師範大學，臺北市。

李駱遜（2005）。兒童的同儕關係：老師怎麼說。刊於林錦英編。道德與健康：國民小學課程與教學（69-79頁）。臺北市：師大書苑。

林家屏（2002）。青少年自我概念與行為困擾之相關研究（未出版之碩士論文）。成功大學，臺南市。

林璣萍（2003）。臺灣新興的弱勢學生——外籍配偶子女學校適應現況之研

究（未出版之碩士論文）。臺東大學，臺東市。

唐淑華、蔡孟寧、林烘煜（2015）。臺灣青少年對大問題關心程度、學習信念、閱讀習慣與其心理適應之關聯。**課程與教學**，**18**(2)，1-29。

徐偉培（2008）。**新住民子女生活適應困擾與生活適應之研究——以新竹市國民小學為例**（未出版之碩士論文）。玄奘大學，新竹市。

涂秀文（1999）。**國民中學學生人格特質、人際關係與快樂之相關研究**（未出版之碩士論文）。臺北師範學院，臺北市。

張春興（2006）。**張氏心理學辭典**。臺北市：東華。

教育部（2010）。**外籍配偶子女就讀國中小學生人數——按縣市別及性別分**。取自http://www.edu.tw/files/site_content/b0013/fomas.xls

陳美惠（2002）。**彰化縣東南亞外籍新娘教養子女經驗之研究**（未出版之碩士論文）。嘉義大學，嘉義縣。

陳筱瑄（2003）。**臺中縣某國中學生內外控人格特質、主觀生活壓力、因應行為與自覺身心健康之相關研究**（未出版之碩士論文）。臺灣師範大學，臺北市。

彭佳涵（2007）。**隔代教養國中學生生活壓力與壓力因應策略之關係研究——以彰化縣為例**（未出版之碩士論文）。彰化師範大學，彰化市。

黃秀媚、林世華（2008）。情緒管理教學對七年級學生壓力因應行為與情緒穩定性影響之研究。**學校衛生護理**，**20**，22-46。

黃德祥（1998）。**青少年發展與輔導**。臺北市：五南。

黃德祥（2006）。臺灣新住民子女的教育與輔導新課題。**教育研究月刊**，**141**，18-24。

新北市教育局（2010）。**新北市教育統計年報**。新北市：作者。

溫清欽（2006）。**國民小學外籍配偶學童與本籍配偶家庭學童行為困擾與生活適應之比較研究——以新竹縣為例**（未出版之碩士論文）。新竹教育大學，新竹市。

廖梅芳（2007）。**臺中市國小新住民子女行為困擾與因應策略之研究**（未出版之碩士論文）。靜宜大學，臺中市。

趙子揚、宋曜廷、王雅鈴（2014）。「中學生考試壓力因應量表」之編製與

應用。**測驗學刊**，**61**(2)，283-310。

劉雪貞（2004）。**國民中學校長工作壓力與其因應策略**（未出版之碩士論文）。中正大學，嘉義縣。

歐慧敏（1996）。**國小學生因應策略與生活適應困擾之相關研究**（未出版之碩士論文）。臺南師範學院，臺南市。

歐慧敏（2002a）。國中生因應策略與行為困擾之調查與訪談研究。**初等教育學報**，**15**，295-340。

歐慧敏（2002b）。國中小學生行為困擾相關因素之賡續調查研究。**屏東師院學報**，**17**，215-254。

歐慧敏（2012）。國中學生情緒智力、因應策略與行為困擾間之關聯研究。**中華輔導與諮商學報**，**33**，25-51。

鄭秀慧（2008）。**新住民女性子女生活適應困擾與因應策略之研究——以基隆市為例**（未出版之碩士論文）。臺東大學，臺東市。

盧秀芳（2004）。**在臺外籍新娘子女家庭環境與學校生活適應之研究**（未出版之碩士論文）。政治大學，臺北市。

蕭文（1990）。行為困擾學生的認識與處理。**輔導月刊**，**26**（9、10），13-15。

戴淑梅（2005）。**國中生的性別、同儕關係、人際壓力因應策略與生活適應之關係**（未出版之碩士論文）。臺灣師範大學，臺北市。

采風（2000）。**壓 與適應**。臺 市：幼獅。

嚴梨文（2007）。**城鄉差距下婚姻移民之子女自我概念與行為困擾之比較研究——以臺中市及嘉義縣為例**（未出版之碩士論文）。中正大學，嘉義縣。

二、外文部分

Arkoff, A. (1968) . *Adjustment and mental health*. New York, NY: McGraw-Hill.

Coan, R.W. (1983). *Psychology of adjustment: personal experience and development*. New York, NY: John Wiley and Sons, Inc.

Inge, S. K. (2000). Causal links between stressful events, coping style, and adolescent symptomatology. *Journal of Adolescence, 23*(6), 675-691.

Lazarus, R. S. (1991). *Emotion and adaptation.* New York, NY: Oxford University Press.

Maslow, A. H. (1954). *Motivation and personality.* New York, NY: Harper and Row Publishers.

Sandstrom, M. J. (2004). Pitfalls of the peer world: How children cope with common rejection experiences. *Journal of Abnormal Child Psychology, 32*, 67-81.

Sroufe, L. A., & Rutter, M. (1984). *The domain of developmental psychopathology. Child Development, 55*, 1184-1199.

本文取自：陳星孜（2009）。**臺北縣新住民與本國籍國中學生生活適應困擾與人際壓力因應之研究**（未出版之碩士論文），臺北教育大學。文中的調查資料為陳星孜老師所做，統計分析由作者指導，文獻整理及討論則由筆者重新整理。

第十一章

兩群子女的母親管教與親子關係

壹 緒論

一、分析動機

本章分析動機如下：

㈠ 對新移民子女的管教以臺灣居多，以澎湖的研究缺乏

近年來新移民或本國籍子女家庭親子關係之研究以臺灣樣本居多（李玉珍，2006），沒有以澎湖樣本為分析者。新移民女性嫁入臺灣之後，受限於語言能力，在管教子女會有溝通困難，教導孩子學習常感有心無力。王明輝、蔡明惠（2004）研究澎湖縣新移民女性生活適應指出，她們來臺生活適應還好，但是在子女管教有較大問題。新移民女性受限語言溝通障礙，無法明確表達對於子女的教養方式感到困擾，導致在教育子女過程，錯過解決問題的關鍵時刻，使得親子關係緊張，這種情形，孩子易有負面行為表現。本章以澎湖縣新移民子女為樣本係考量當地居民以漁業為生較多，孩童父親海外捕魚，管教子女責任落在母親身上；同時社會階層較臺灣本島居民低，過去研究指出，高低社會階層的家庭在管教子女方式會有不同（Kohn, 1959, 1963）。高社會階層對子女較為尊重、開明與民主，對於子女的教育期望高與關懷較多，相對的，較低社會階層家庭對子女的管教較為放任。究竟澎湖縣新移民與本國籍子女的母親管教對親子關係影響為何呢？

㈡ 新移民子女的母親受語言文化限制，其管教方式與親子關係值得探究

親子關係是原始的人際關係，它是一種雙親與子女的溝通與信任程度的表徵，維繫著父母與子女情感互動的最重要支柱，也是個體成長所探索的人際課題，更是奠定日後與他人互動的基礎。新移民家庭多屬經濟弱勢，家庭收入不穩定，子女文化資本投資不足，因而新移民子女較易缺乏文化刺激，在主流文化環境學習，阻礙其學習與發展。張芳全等人（2007）的分析發現，新移民女性子女同儕關係發展不良原因來自於家庭

社經地位，教養態度與信念和家庭文化不利等因素。兒童出生後，家庭是重心，家庭影響其身心發展、價值觀，行為模式之建立。家庭是孩子社會化場所，對兒童影響透過親子互動關係來達成。Berlin與Cassidy（2001）認為，提升早期兒童親子關係的品質是兒童發展的關鍵。親子關係良窳關係著兒童未來的人格發展，父母親更是兒童一生中的重要他人，親子關係是兒童最早經驗到的人際關係。家庭為兒童最初的生長環境，對兒童影響深遠，新移民女性來臺所構築的跨國婚姻家庭，大都為較弱勢族群，她們與本國籍家庭一樣需要經營婚姻，並擔負生兒育女的重要責任。

(三) 本國籍與新移民子女母親管教對親子關係的比較研究缺乏

　　父母親的婚姻狀況，對子女的身心發展產生重大影響。新移民女性嫁到臺灣之後，面臨不同的生活環境，在生活條件與本國籍家庭有著極大差異，適應問題逐一浮現。在語言上，甚至家暴、婆媳關係都考驗著新移民家庭的穩定性，母的管教方式，影響親子關係。親子關係是否受管教方式影響呢？Kohn（1959, 1963）的理論指出，父親職業會透過管教子女所強調的價值，對管教方式產生影響，例如，中產階級對子女管教比較重視獨立與負責，當子女做錯事比較少採用體罰；即使要處罰子女，也要視他們犯錯的意圖，當子女表現特別好，傾向採用口頭稱讚。相反的，勞動工人比較重視服從，處罰子女視犯錯的結果而定，傾向採用體罰，當子女表現特別好，較少口頭稱讚。新移民家庭傾向於勞工階級，不是中產階級。新移民家庭傾向是低社經地位，因此，本章要了解新移民子女的母親管教方式對親子關係的影響。國內現有針對新移民親子問題研究多在新移民女性的生活適應、婚姻問題及自我成長、子女生活及學習適應、同儕關係、親子溝通，較少針對新移民女性的親子關係研究。近年來親子關係採用質性研究較多，較少實證研究，本章以問卷調查法蒐集資料分析。

二、研究目的與問題

　　本章在了解新移民與本國籍子女的母親之管教方式對親子關係的影響。分析問題包括：(一)新移民子女的母親在回應與要求的管教方式對於

情感聯結、互信友誼、溝通了解、權威順從親子關係的影響為何呢？(二)
本國籍子女的母親在回應與要求的管教方式對於情感聯結、互信友誼、溝
通了解、權威順從親子關係的影響為何呢？

貳 文獻探討

一、親子關係的意涵及其相關理論

(一) 親子關係的意涵

　　親子關係是父母與子女透過雙方互動歷程所構成的人際關係。羅國
英（1997）指出，親子關係是親子互動所建立的人際關係，特別強調互動
過程中彼此所給予的感覺。李鴻瑛（2005）指出，親子關係是在家庭生活
的情境中，父母與子女彼此的互動關係，包括親子間之相互對待、照顧
依賴、親密信任、情感交流、友誼交流和教養方式等。李玉珍（2006）指
出，親子關係是家庭生活中，父母與子女彼此的互動關係，包括親子間之
相互對待、照顧依賴、親密信任、情感交流情況。潘玉鳳（2002）認為，
親子關係是指父母與子女在生活的脈絡下，經由口語與非口語的方式，情
感交流的狀態。親子關係的好壞影響著子女的人格發展及其未來發展。

　　總之，親子關係是一種親代與子代之間雙向的人際關係，在互動過程
中，其元素包含情感之交流、溝通、依賴、信任、權威性與對待方式等。
這種人際關係會隨著子女的成長而改變，是一種持續過程，子女從依附親
代到成熟發展，親子之間也會產生複雜的變化。

(二) 親子關係的相關研究

　　國內外有許多有關親子關係的研究。Rodgers（1999）針對青少年性
冒險行為研究顯示，良好的親子關係可以降低青少年從事危險的性行為。
Allen與Hawkins（1999）認為，孩子與母親關係密切，可能會阻礙父子關
係發展。Rueter與Conger（1995）指出，溫暖與支持性的家庭氣氛能成功
地解決親子之間爭論，使得親子間的衝突維持在低層次或適度層次，然而
在高壓及敵意的氣氛下，父母嚴格教養下的孩子易有越軌的行為產生，增

加了親子爭論與衝突的機會，會有不良的親子關係。家庭是兒童最早接觸的社會化環境，透過親子互動，家庭對孩子產生深遠的影響力。Sobolewski與Amato（2007）指出，成長在低衝突婚姻的家庭中，並且與雙親親近的子女有高度幸福感。雙親是帶給子女幸福的重要關鍵，和諧的家庭氣氛，良好親子關係，影響兒童的未來人格發展。

　　基於上述，親子關係是子女很早接觸到的人際關係，影響著人格發展。良好的親子關係在正常家庭與正當管教方面顯現，父母對子女採用溫情的引導對於良好親子關係的建立有所助益。

㈢ 親子關係的向度與內涵

　　親子關係的內涵及區分相當分歧。有些研究以單層面劃分，吳武典、林繼盛（1985）將父母的教養方式區分為嚴厲、縱溺、分歧及誘導。Baumrind（1966, 1974）以父母的權威傾向指標劃分為溺愛（permissiveness）、專制權威（authoritarian）及開明權威（authoritative）。溺愛型的家長沒有很多控制行為，很少運用體罰；家長不會建立規則來規範子女的行為。專制權威則是高度的限制及拒絕子女的行為，這種家長傾向於「我就是對的，小孩一定都得聽我」。開明權威的特色是高度涉入子女活動、對子女活動敏感、對子女理性、鼓勵子女自主及具有教養性；家長直接引導子女做決定。Lamborn等人（1991）將教養方式區分為民主權威、專斷權威、縱容及忽視。單層面分類過於簡略，例如，將親子關係分成關愛、情感與溝通過於簡單，有些父母管教方式有重疊之處無法完全歸類，例如放任、權威及民主就無法區分在上述的內容中。

　　Mussen、Conger與Kagan（1974）以溫和與冷淡、允許與限制之兩個軸交叉成四種管教方式：溫和─允許、溫和─限制、冷淡─允許、冷淡─限制。鄭秋紅（1993）針對國中生單親家庭的親子互動關係研究指出，親子互動關係是受試子女所感受到親子間，是否有產生心理互動及個體接觸與活動，所謂互動是指，父母需要參與其中、親子間有產生交流、接觸與活動；所謂心理是指父母在子女心中存在性、地位或心理的親密性之主觀感受，其親子互動關係量表組合兩構念成為獨立向度，區分為聚頻心繫、

聚疏心繫、聚頻心離、聚疏心離等四種互動關係。Berk（2000）以回應與要求將父母管教分為四個類型：權威民主（高回應高要求）、寬鬆放任（高回應低要求）、權威專制（低回應高要求）、忽視冷漠（低回應低要求）。

除了上述兩個向度區分之外，也有多個面向區分方式。吳永裕（1996）對單親兒童的親子關係、行為困擾與學習適應研究，將關懷和權威交錯成高關懷高權威、高關懷低權威、低關懷高權威、低關懷低權威類型，並分別命名為關懷支配、關懷寬容、忽視專制、冷漠放任等親子關係型態。羅國英（1997）運用深度訪談，以人際親密關係觀點所編製完成量表，來測量子女對於父、母親的親子關係，經因素分析分（factor analysis）為九個向度：知心感、負向情感、敬佩感、依附感、缺乏自主感、回報壓力、被重視感、一體感、工具功能。陳春秀（2000）自編「親子關係量表」將親子關係分為相互信任、友誼性交往、情感交流與獨立。鄭碧招（2003）自編「親子關係量表」將親子關係分為親近感、欣賞、溝通。李玉珍（2006）以國小高年級學生為對象編製之「親子關係量表」將親子關係分為親近感、欣賞信任與情感交流。

Ganglia與Thompson（1987）指出，良好的親子關係在於身心情感的雙重交流，依據家庭成員間的身心互動程度，將親子關係分為聚頻—心繫、聚疏—心繫、聚頻—心離、聚疏—心離層面。Baldwin與Baranoski（1990）指出，在良好溝通品質的親子關係基礎，父母不但可以提供心理及情緒支持，更能適時將正確性知識、性態度傳授給子女，有助於家庭性教育實施。Rice與Reicher（1993）的研究發現，親子溝通影響親子關係品質。White（2000）的研究發現，正向親子溝通使孩子容易接受父母的意見，父母會影響孩子決定，避免孩子產生偏差行為，而造成親子關係緊張。

表11-1歸納親子關係向度發現，親子關係依循親子互動而來，在互動過程中，親子雙方在情感表達依強弱程度和交流方向，分為從子女對父母親的情感聯結，到如朋友間的互信友誼，傳達訊息的溝通了解和親對子的楷模與行為示範。本章將子女對父母親情感之互動分為四個向度，其內涵如下：

表11-1　親子關係向度的歸納

編號	研究者	林妙娟 1989	鄭秋紅 1993	李月櫻 1994	吳佳玲 1995	吳永裕 1996	陳春秀 2000	鄭碧招 2003	李玉珍 2006	歸類
1	情感	○								
2	順從與關心									
3	情感交流				○		○		○	
4	親近感							○	○	
5	相處的感覺									
6	獨立						○			情感聯結
7	心理互動		○							
8	個體接觸		○							
9	關愛	○								
10	關懷					○				
11	依附與表達									
12	信任			○			○		○	
13	信任與依賴									
14	支持			○						互信友誼
15	友誼						○			
16	欣賞							○		
17	分享與了解									
18	溝通	○		○	○		○			溝通了解
19	溝通與了解									
20	對子女觀感									
21	權威					○				
22	管教			○						權威典範
23	為子女典範									
24	適切的教養				○					

資料來源：作者整理。

1. 情感聯結

親子的情感、順從與關心、情感交流、親近感、相處的感覺、獨立、心理互動、個體接觸、關愛、關懷、依附與表達等性質較高，屬於親子之間的情感表達或互動，它可以歸類為情感聯結。情感聯結是一種心理感覺，希望受到對方的眷顧，想要靠近對方，是兒童與父母親或主要照顧者所形成的一種互惠、持久、情緒與生理的聯結關係，是兒童發展的重要心理依靠，是親子關係的基礎。兒童對父母親有較深之依附關係，反之則否。

2. 互信友誼

人際之間的互動較為平等包括對於信任、信任與依賴、支持、友誼、欣賞多屬朋友間互動的情感元素，而父母親隨著子女的成熟發展，這些特性在親子之間是融入的，也是母親與子女的相處方式，故稱為互信友誼。它是指父母能以朋友般的方式了解子女的想法，信任子女在外的一切行為表現，與子女共同討論問題，能接納子女的意見。相對而言，子女也能信任父母，遇到問題時會主動告知父母，並能與父母商量解決問題的方法等，親子關係以平等方式互動。兒童充分受到父母親平等對待，彼此有如朋友般信賴，反之則表示親子關係適應不良，親子衝突較多。

3. 溝通了解

在親子間平等互動的訊息傳達，例如，分享與了解、溝通、溝通與了解。父母親與子女之間需要藉由良好的溝通作為情感傳輸橋梁，因此合併為溝通了解。溝通理解是人與人之間透過溝通來傳遞情感、想法、價值觀。溝通是人與人之間的心靈橋梁，透過溝通能增進親子之間了解。溝通也是與家人的互動模式，良好的親子溝通能增進家庭和諧，而溝通不良容易導致親子關係的緊張，甚至親子衝突。在親子互動歷程中，如何與子女溝通互動值得探究。親子間訊息交換通暢，親子互動良好，反之則表示親子間溝通不良，在思想、意見、情感分享有障礙。

4. 權威典範

在父母親對子女有較多的情感表達和楷模學習，他們給子女的觀感是權威、管教、為子女典範、適切的教養，也就是父母親提供行為典範，因

此稱為權威典範。權威是指父母對於孩子的一種管教方式或態度；典範是指父母身體力行提供子女行為的觀察、模仿與示範，以產生正向行為。子女為人處世係參考父母，敬佩父母並從父母的言行學到重要的人生理念。親子之間情感表達常透過言教與身教來傳達。父母是子女的楷模，能樹立長者風範；反之，父母無法提供子女言行示範。

二、父母管教方式意涵與相關研究

㈠ 父母管教方式的涵義

　　父母管教包含雙親管教的內在層面，如態度、情感、信念、價值與興趣，以及外在行為與反應特徵。吳美玲（2000）指出，父母是兒童心目中的重要他人，成為兒童認同的對象，在親子之間自然且長期的接觸互動中，最能發揮潛移默化的功能，父母對子女的管教方式，是指父母教導子女生活作息及行為表現，所採取的態度與策略。也就是說，父母管教方式係指子女所感受到父母對其行為表現所反應出的態度和作法。

　　基於上述，父母管教方式是指父母親在與其子女互動，將其價值認知、情感、態度、信念及興趣，於管教子女時所顯現的態度與行為組型，而為子女所感受的態度與策略。本章為新移民女性與本國籍在學子女之管教方式對親子關係之影響，範圍僅限於母親管教方式。

㈡ 父母管教方式的向度

　　許多研究區分父母管教方式之類型不一，大都根據單一分類標準來劃分，不同類型間產生交互作用或彼此互斥。單一向度的劃分標準不能解釋實務現況，多向度分類則過於繁瑣，實用性較低，主張者不多。雙向度父母管教類型，每個類型都包含兩個向度，對父母管教類型的涵蓋層面較為廣泛，是目前較多採用分類，如表11-2。Baumrind（1991）及Maccoby與Martin（1983）以父母的回應及要求作為區分父母管教方式，並以這兩個向度的高低組成四種父母管教類型，分別是專制威權型（低回應高要求），父母很少回應子女需求，卻高度的要求與規範子女；寬鬆放任型（高回應低要求），父母對於子女的需求都能回應，甚至沒有需求也回

應，卻少有規範與要求子女；開明權威型（高回應高要求），父母對子女的需求都回應，甚至會主動關心需求，卻也有高度的規範與要求子女；忽視冷漠型（低回應低要求），父母少有回應子女需求，甚至放任子女發展，也沒有對子女規範與要求。本章將母親管教方式分為回應取向與要求取向，這兩個面向再分為四種類型。

表11-2　Maccoby與Martin的管教方式

要求／回應取向	低回應	高回應
高要求	專制威權	開明權威
低要求	忽視冷漠	寬鬆放任

三、父母管教類型影響親子關係

許多研究父母管教方式與父母親的態度有關。張高賓（2004）研究國小高年級學童發現，家庭心理環境中關懷溝通、較少衝突、秩序、休閒活動與情緒經驗的相關係數皆達顯著水準；在親子關係方面關愛督導、權威限制、忽略、敵意與情緒經驗的相關係數皆達顯著水準。蔡玉瑟（1996）研究發現，高成就資優兒童以「高關懷、低權威」的父母教養方式為最多；低成就資優兒童則以「低關懷、低權威」的父母教養方式為最多；高成就與低成就資優兒童的父母教養方式，皆以「愛護」層面最具影響力。尤淑純、蔡玉瑟（1998）研究都市與鄉村兒童的學習成就之影響因素發現：都市兒童以「高關懷、低權威」的父母教養方式為最多；鄉村兒童以「低關懷、低權威」的父母教養方式為最多；都市與鄉村兒童的父母教養方式，皆以愛護對其學習行為、生活適應、成就動機、自我概念最具影響力。李鴻瑛（2005）的研究指出，新移民女性子女與父母的親子關係會因父母親管教方式而有差異。在親子關係中，父母的管教態度是權威與放任式高於民主式。楊賀凱（2009）研究發現，父母教育程度愈高，管教子女時愈強調獨立、負責價值；與勞動工人相較，白領職業者較強調獨立、負責價值，原因仍是教育程度較高；同時父母教育程度愈高，管教子女時愈

強調獨立、負責價值，進而愈傾向採用說理與口頭稱讚管教方式，也愈傾向採用買獎品管教方式。李容蓉、陳富美（2014）研究親子雙方對於溺愛教養的歸因發現，母親的未盡職責歸因與親子關係呈顯著負相關；教養不力歸因與親子關係同樣呈現顯著負相關。

　　基於上述，兒童行為表現與父母管教方式息息相關，親子關係是否融洽，家庭氣氛是否和諧，父母管教方式是重要的影響因素。建立親密親子關係有賴於父母對子女有適切的教養態度，親子之間有充分情愛交流與良好溝通是重要方式。新移民與本國籍女性子女的親子關係是否如此？

參　研究設計與實施

一、分析架構

　　本章架構如圖11-1，它在了解母親管教方式對不同親子關係之影響。其中直線的箭頭在了解新移民（本國籍）女性的回應及要求對親子關係之影響。

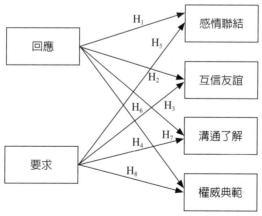

圖11-1　分析架構

　　基於文獻探討，研究假設如下：

H_1：新移民子女的母親回應正向影響子女的感情聯結。

H_2：新移民子女的母親回應正向影響子女的互信友誼。

H_3：新移民子女的母親回應正向影響子女的溝通了解。

H_4：新移民子女的母親回應正向影響子女的權威典範。

H_5：新移民子女的母親要求正向影響子女的感情聯結。

H_6：新移民子女的母親要求正向影響子女的互信友誼。

H_7：新移民子女的母親要求正向影響子女的溝通了解。

H_8：新移民子女的母親要求正向影響子女的權威典範。

各變項測量如下：

㈠ 母親管教方式：係指母親教導子女日常生活作息及行為表現採取的策略與態度。本章所稱母親管教方式，以母親的「回應」及「要求」區分母親管教方式，本章自編母親管教方式問卷以兩個向度，在問卷題目的平均得分高低分為四種母親管教類型，分別是開明權威型、寬鬆放任型、專制威權型與忽視冷漠型。

㈡ 親子關係：係指母親與子女的互動關係。本章分為情感聯結、互信友誼、溝通了解與權威典範。本章自編親子關係的問卷，各面向都有幾個題目構成，各面向的填答分數愈高，代表親子關係愈好。

二、研究對象

本章分析的對象以澎湖縣97學年度就讀於國小四、五、六年級之新移民女性與本國籍子女。本章的新移民女性係指經由法定程序，和臺灣男子辦理結婚登記後，移民進入臺灣，組成家庭並育有子女之東南亞國家女性，包括越南、印尼、泰國、菲律賓、柬埔寨及中國大陸籍。據澎湖縣政府教育局公布之97學年度所有就讀澎湖縣四、五、六年級之新移民女性與本國籍在學子女為正式研究對象共652名。

三、研究工具

㈠問卷編製依據及內容

本章在母親管教方式係參酌Baumrind（1974）及Maccoby與Martin（1983）的理論，以母親的回應及要求作為區分母親管教方式，透過兩個

向度在問卷平均得分高低區分四種母親的管教類型，即開明權威型（高回應高要求）、寬鬆放任型（高回應低要求）、專制威權型（低回應高要求）、與忽視冷漠型（低回應低要求）（陳建勳，2003）。本問卷第1至第11題為回應，第12至第22題為要求。受試者依自己的實際情況來作答。每一題各有四個選項，其給分依序是非常不同意得1分，不同意得2分，同意得3分，非常同意得4分，分數愈高表示兒童感受母親管教方式的回應或要求愈高。在「親子關係調查問卷」係參考龔惠文（2005）、李玉珍（2006）、陳昭蓉（2006），問卷作部分修改與設計。「親子關係問卷」包括情感依附、互信友誼、溝通了解與權威典範，共計24題。

㈡ 信效度

　　預試問卷選取澎湖縣國小四、五、六年級之新移民與本國籍子女各96名，192名施測，183份於2009年1月4日完成回收，有效樣本為159份，回收率為95%，可用率為83%。效度採因素分析法之主成分法，以最大變異法（Vairmax Method）進行直交轉軸，獲得各題項的因素負荷量，以特徵值大於1為選入因素參考標準。因素分析後，原本母親管教方式有22題，部分題目因素負荷量太低，刪除6題，剩16題，其Kaiser-Meyer-Olkin（KMO）取樣適切量數為.89。親子關係原本24題，刪除4題，剩20題，KMO為.93。如表11-3及表11-4。

　　在工具信度以*Cronbach*'s α係數，管教方式問卷的回應之$\alpha = .89$，要求之$\alpha = .81$。家庭親子關係問卷的情感聯結之$\alpha = .87$，互信友誼之$\alpha = .78$，溝通了解之$\alpha = .80$，權威典範之$\alpha = .82$。

四、實施程序、資料處理與樣本屬性

　　針對澎湖縣國小學生問卷調查，於2009年1月初發送問卷至各國小，2009年1月下旬完成回收。正式樣本發放對象為澎湖縣就讀四、五、六年級之新移民與本國籍子女650名學生。正式施測回收後，將問卷資料進行檢核與編碼，以LISREL8.5軟體分析，檢定建立的模式，其模式適配標準以絕對適配、相對適配、簡效適配及模式的殘差指標來評估。

表11-3　母親管教方式問卷的因素分析直交轉軸摘要

因素	內容	因素一負荷量	因素二負荷量	共同性	特徵值	總變異解釋量%
回應	1. 當我遇到困難時，媽媽會想辦法幫我解決。	.68	.15	.49	4.70	29.39
	2. 當我心情不好時，媽媽會安慰我。	.73	.28	.61		
	3. 當我說到學校中所發生的趣事時，媽媽會喜歡聽。	.68	.23	.52		
	4. 當我有煩惱時，會找媽媽商量。	.67	.29	.54		
	5. 我如果做錯事時，媽媽會給我機會反省。	.64	.27	.48		
	6. 當我功課有進步時，媽媽會獎勵我。	.69	.05	.48		
	7. 媽媽知道我平常喜歡哪些休閒娛樂。	.73	.14	.55		
	8. 媽媽會和我一起做我喜歡做的活動。	.78	.10	.61		
	9. 當我對人有禮貌時，媽媽會稱讚我。	.73	.22	.58		
要求	1. 媽媽不准我在學校和同學吵架。	.23	.64	.46	3.50	21.86
	2. 媽媽不准我亂花零用錢。	.05	.68	.47		
	3. 媽媽要我放學後立刻回家。	.22	.61	.43		
	4. 媽媽不准我功課沒寫完就先看電視。	.12	.71	.52		
	5. 媽媽要求我上課專心聽講。	.15	.70	.51		
	6. 媽媽在責備我時，要我不能頂嘴。	.27	.68	.53		
	7. 媽媽要求我用功讀書，以獲得較好的成績。	.19	.64	.45		

　　新移民女性的男女子女百分比各為45.5%與54.5%；小家庭占46.2%，父母親教育程度皆以國中、高中（職）畢業或肄業為最多數各占61.3%與45.5%；經濟狀況以父母每月收入在20,000元以下占最多數，為48.7%；家中兄弟姐妹排行以長子女為最多數占54.1%。本國籍子女的男女比率分別為40.1%與59.9%；家庭型態以小家庭居多占47.6%；父母親教育程度皆以國中、高中（職）畢業或肄業為最多數各占67.3%與69.9%；家庭經濟狀況以父母每月收入在20,000至40,000元占最多數，為35.7%；家中兄弟姐妹排行以長子女和么子女為最多數都占36.8%。

表11-4　親子關係問卷的因素分析直交轉軸摘要

因素	內容	因素一負荷量	因素二負荷量	因素三負荷量	因素四負荷量	共同性	特徵值	變解量總異釋%
權威典範	1. 我會順從媽媽的意見。	.32	.32	.56	.23	.57	3.38	16.89
	2. 我在寫回家作業時，會向媽媽請教。	.72	.06	.40	-.01	.68		
	3. 我遇到困難時，會主動向媽媽求助。	.65	.45	.10	.13	.66		
	4. 我會向媽媽學習做人處事的道理。	.54	.47	.34	.12	.63		
	5. 媽媽會規定我考試應得到的成績。	.58	.16	.08	.18	.41		
	6. 媽媽指正我的缺點時，我會誠心改過。	.09	.36	.72	.27	.73		
情感連結	1. 我決定做某件事之前，會先和媽媽商量。	.22	.60	.52	.19	.71	3.30	16.49
	2. 我心情不好時，媽媽會安慰我。	.48	.48	.20	.33	.60		
	3. 我能坦然接受媽媽的責備。	.20	.81	.28	.00	.77		
	4. 我都和媽媽一起度過假日。	.25	.58	.13	.28	.49		
	5. 我需要媽媽時，她會給我最大的幫助。	.49	.46	.23	.35	.63		
	6. 媽媽努力照顧我，使我感到溫暖。	.49	.48	.08	.47	.69		
溝通了解	1. 我會和媽媽討論我的交友情形。	.28	.12	.79	.14	.73	3.10	15.49
	2. 媽媽常和我一起聊天，彼此分享心中的事情。	.54	.10	.49	.29	.62		
	3. 媽媽會常和我溝通彼此的意見。	.47	.34	.35	.31	.56		
	4. 媽媽會很有耐心的與我討論事情。	.13	.45	.48	.22	.49		
互信友誼	1. 我相信媽媽不同意我去做某件事時，是有理由的。	.08	.44	.18	.68	.69	2.83	14.15
	2. 我相信媽媽很關心我。	.22	-.02	.16	.84	.78		
	3. 我和媽媽相處時就像朋友一樣，感到輕鬆。	.15	.24	.30	.70	.66		
	4. 媽媽看到我的優點，會馬上稱讚我。	.40	.11	.41	.41	.51		

肆 結果與討論

一、整體適配度檢定情形

(一)新移民模式

　　新移民模式的卡方值為1320.82（$p < .05$），卡方值易受樣本數影響，仍須參考其他適配指標。GFI = .89與AGFI = .88，皆低於.90。RMR = .040，低於.05理想數值。RMSEA = .067，在.05到.08可視為不錯的適配。模式的相對適配指標，在NFI = .95、NNFI = .97、CFI = .97、IFI = .97、RFI = .95等都大於.90以上，表示母親管教方式對親子關係之模式具有良好的適配度。PNFI = .88、PGFI = .70、CN = 146.03、χ^2/df = 2.26。PNFI與PGFI指標值均大於檢定標準值.50，表示具有適配度，但CN指數小於200之標準，χ^2/df值大於2，未達卡方值除以自由度應在2以下標準。

(二)本國籍模式檢定

　　本國籍模式的卡方值為1,351.31（$p < .05$），而GFI = .88與AGFI = .85。RMR = .041，低於.05理想數值。RMSEA = .070，在.05到.08可視為不錯的適配。在NFI = .94、NNFI = .96、CFI = .97、IFI = .97、RFI = .94，上述指標數值大於.90以上。模式的PNFI = .88、PGFI = .69、CN = 131.12、χ^2/df = 2.31。PNFI與PGFI值均大於檢定標準值.50，但CN指數小於200之標準，且χ^2/df值大於2，未達卡方值除以自由度應在2以下的標準。

二、新移民女性與本國籍在學子女的各向度之參數估計結果

　　新移民子女母親管教方式及親子關係各變項之因素負荷量大多數達.01顯著水準。本模式的回應對情感聯結γ_{11} = .95、回應對互信友誼γ_{12} = .85、回應對溝通了解γ_{13} = .91、回應對權威典範γ_{14} = .87皆為顯著關係（$p < .01$）。要求對情感聯結γ_{21} = .03、要求對互信友誼γ_{22} = .10、要求對溝通了解γ_{23} = -.06、要求對權威典範γ_{24} = .10皆沒有達到統計的顯著水準。如圖11-2。

表11-5　母親管教方式與親子關係之模式適配指標

指標	新移民	適配否	本國籍	適配否
絕對適配指標				
χ^2	1,320.82(p = .00)	否	1,351.31(p = .00)	否
Df	585		585	
GFI	.89	否（接近）	.88	否（接近）
AGFI	.86	否（接近）	.85	否（接近）
RMR	.040	是	.041	是
SRMR	.055	是	.060	否
RMSEA	.067	否	.070	否
相對適配指標				
NFI	.95	是	.94	是
NNFI	.97	是	.96	是
CFI	.97	是	.97	是
IFI	.97	是	.97	是
RFI	.95	是	.94	是
簡效適配指標				
PNFI	.88	是	.88	是
PGFI	.70	是	.69	是
CN	146.03	否	131.12	否
χ^2/df	2.26	是	2.31	是

　　本國籍子女母親管教方式及親子關係的各變項之因素負荷量大多數達.01顯著水準。本模式的回應對情感聯結γ_{11} = .91、回應對互信友誼γ_{12} = .82、回應對溝通了解γ_{13} = .89、回應對權威典範γ_{14} = .71、要求對權威典範γ_{24} = .28皆為顯著關係（p < .01）。要求對情感聯結γ_{21} = -.03、要求對互信友誼γ_{22} = .10、要求對溝通了解γ_{23} = .05都沒有達到統計的顯著水準。如圖11-3。

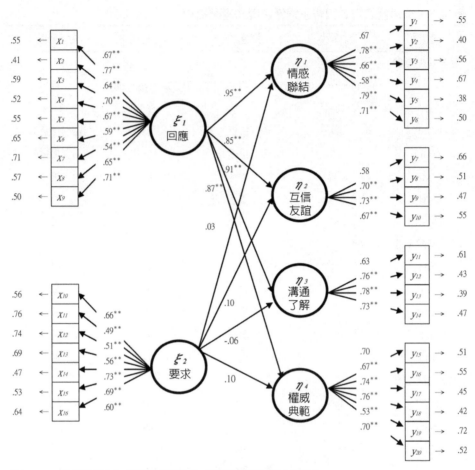

圖11-2　新移民子女的母親管教方式對親子關係之路徑

**p < .01.

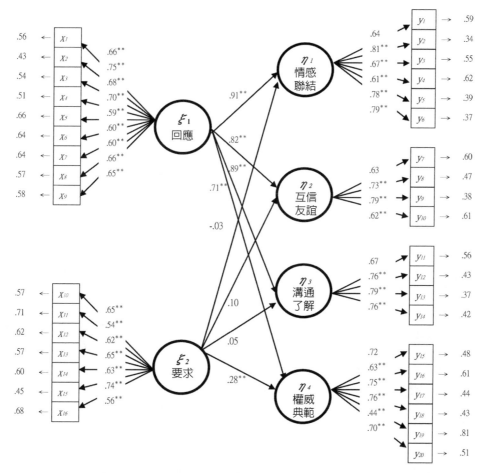

圖11-3　本國籍子女的母親管教方式對親子關係之路徑

**p < .01.

三、內在結構適配檢定結果

表11-6可知，新移民女性的回應與要求面向之測量變項信度在.05以上者有3個。情感聯結、互信友誼、溝通了解、權威典範之測量變項信度在.05以上者有9個。在模式解釋度上，陳正昌與程炳琳（1998）認為，個別項目的信度理想值在.50以上，潛在變項的成分信度的理想值在.60以上，影響新移民子女潛在變項的整體解釋度，以情感聯結最高達.93，權

表11-6 母親管教方式對親子關係各題目之信度與解釋度

參數	新移民		本國籍	
	信度	整體解釋度	信度	整體解釋度
$R^2(x_1)$	.45		.44	
$R^2(x_2)$	.59		.57	
$R^2(x_3)$	.41		.46	
$R^2(x_4)$	.48		.49	
$R^2(x_5)$	.45		.34	
$R^2(x_6)$	.35		.36	
$R^2(x_7)$	.29		.36	
$R^2(x_8)$	.43		.43	
$R^2(x_9)$	.50		.42	
$R^2(x_{10})$	.44		.43	
$R^2(x_{11})$	.24		.29	
$R^2(x_{12})$	.26		.38	
$R^2(x_{13})$	.31		.43	
$R^2(x_{14})$	.53		.40	
$R^2(x_{15})$	.47		.55	
$R^2(x_{16})$	.36		.32	
$R^2(y_1)$	.45	.93	.41	.81
$R^2(y_2)$	.60		.66	

參數	新移民		本國籍	
	信度	整體解釋度	信度	整體解釋度
$R^2(y_3)$	.44		.45	
$R^2(y_4)$	.33		.38	
$R^2(y_5)$	.62		.61	
$R^2(y_6)$	.50		.63	
$R^2(y_7)$	.34	.83	.40	.77
$R^2(y_8)$	.49		.53	
$R^2(y_9)$	.53		.62	
$R^2(y_{10})$	.45	.77	.39	.85
$R^2(y_{11})$	.39		.44	
$R^2(y_{12})$	.57		.57	
$R^2(y_{13})$	.61		.63	
$R^2(y_{14})$	.53		.58	
$R^2(y_{15})$	.49	.86	.52	.81
$R^2(y_{16})$	.45		.39	
$R^2(y_{17})$	.55		.56	
$R^2(y_{18})$	.58		.57	
$R^2(y_{19})$	.28		.19	
$R^2(y_{20})$	.48		.49	

威典範.86次之，而互信友誼和溝通了解分別為.83和.77。本國籍的回應
與要求之測量變項信度在.5以上者有2個。情感聯結、互信友誼、溝通了
解、權威典範面向之測量變項信度在.5以上者有10個。本國籍子女潛在
變項的整體解釋度上，以溝通了解最高達.85，情感聯結、權威典範分別
為.81次之，互信友誼為.77。

　　在新移民子女模式的最小標準化殘差值為-4.59，最大標準化殘差值
為5.96，最大標準化殘差值大於檢定標準值1.96，模式最大修正指標為
43.62，超過標準值3.84。模式適配與否尚須檢視其Q圖殘差分布線，線分
布符合標準。本國籍子模式最小標準化殘差值為-4.04，最大標準化殘差值
為6.18，其中最大標準化殘差值大於檢定標準值1.96，模式最大修正指標
為32.34，超過標準值3.84，修正模式的穩定性可能會受到影響，模式Q圖
殘差分布線符合沿著45度或高於45度對角線分布標準。

四、綜合討論

　　親子關係會隨著子女身心發展，有不同互動模式，父母應依子女成
長階段，調整與改變互動模式，從言行的權威典範，到如朋友般的互信，
透過良好互動建立親子關係。學童成長的行為控制由外塑到自律，若能有
更多回應，子女更能感受父母親的情感傳達，如此才能建立良好的親子關
係，型塑子女的健全人格，有幸福的家庭生活。本章根據家庭親子關係相
關理論及研究，透過問卷調查兩群子女的母親管教方式與親子關係，其特
色包括：㈠以本國籍與新移民子女為樣本分析，來了解兩群樣本對母親
的管教方式與親子關係，與現有研究以本國籍學生不同。㈡以子女對母
親在管教方式及親子關係之關係，與傳統以雙親的管教方式不同。㈢以
SEM來檢定兩群子女對母親的管教方式與親子關係，與過去以迴歸分析
檢定的方法不同。㈣以澎湖縣樣本，與現有研究以臺灣本島樣本不同。
將分析發現討論如下：

㈠ 建構的新移民子女的母親管教方式對親子關係模式存在，若母親多回應子女，親子關係愈好

本章發現，模式在絕對適配指標、相對適配指標、簡效適配指標多數顯示符合標準，各測量信度指標良好。新移民子女的母親在子女回應對於情感聯結、互信友誼、溝通了解、權威典範的親子關係有正向顯著影響。因此接受H_1、H_2、H_3與H_4。其中新移民母親回應子女對親子關係的影響力依序為情感聯結、溝通理解、權威典範及互信友誼，可見新移民子女的母親若能回應子女需求及相關問題，在親子關係會愈好。換言之，新移民女性對子女回應愈高，在這四方面親子關係愈好。然而新移民子女的母親要求對於情感聯結、互信友誼、溝通了解、權威典範沒有達到統計顯著水準，這與Kohn（1959, 1963）的理論指出，勞動工人對子女的管教比較重視服從的觀點不同。因此拒絕H_5、H_6、H_7與H_8。這表示新移民子女的母親對於子女愈要求，並無法提高親子關係。這與Rice與Reicher（1993）的研究發現，親子溝通影響親子關係品質，以及White（2000）的研究發現，正向親子溝通使孩子容易接受父母意見是接近的。

㈡ 建構的本國籍母親在子女管教對親子關係模式存在，母親回應子女愈多，親子關係愈好，對子女要求愈多，子女愈順從

本章發現，模式的絕對適配指標、相對適配指標、簡效適配指標均顯示模式可以接受，各測量信度指標良好。本國籍子女的母親在回應管教方式對於情感聯結、互信友誼、溝通了解、權威典範有顯著正向影響力，因此接受H_1、H_2、H_3與H_4。其中母親回應子女對親子關係的影響力依序為情感聯結、溝通理解、權威典範及互信友誼，可見母親對於子女的回應（就測量題目為：當我遇到困難時，媽媽會想辦法幫我解決；當我心情不好時，媽媽會安慰我；當我說到學校中所發生的趣事時，媽媽會喜歡聽；當我有煩惱時，會找媽媽商量等）在親子關係最好。而本國籍母親在要求管教方式對權威典範達到顯著正向影響，接受H_8；而母親要求對於情感聯結、溝通理解及互信友誼沒有顯著影響，拒絕H_5、H_6與H_7。上述代表本國籍母親對子女回應愈高，其親子關係愈佳；同時對子女要求愈高，權威典

範愈高，即媽媽能提供更多的示範及指示，子女愈會順從媽媽的意見；然而在要求的管教方式對情感聯結、互信友誼、溝通了解就沒有顯著影響。

　　總之，兩群子女之母親管教方式與親子關係的模式獲得支持。這顯示，兩群子女的母親對子女回應愈多，親子關係愈好。兩群子女的母親在要求與權威典範之影響不同。這是新移民女性在管教知能與教育程度較本國籍母親來得弱勢，楷模學習效果較不明顯所致。

伍　結論與建議

一、結論

(一) **兩群子女的母親對子女回應愈多，在情感聯結、互信友誼、溝通了解及權威典範的親子關係愈佳，尤其是情感聯結的親子關係最重要**

　　本章發現，兩群子女之回應管教方式對於情感聯結、互信友誼、溝通了解及權威典範的親子關係有正向顯著影響。新移民母親回應子女對親子關係的影響力依序為情感聯結、溝通理解、權威典範及互信友誼。從這發現來看，新移民女性對子女回應愈多，其親子關係愈佳，尤其在情感聯結的親子關係最重要；本國籍的母親在回應子女管教方式對於親子關係也是如此。換言之，兩群子女的母親對子女回應愈多，在這四面向的親子關係愈好。

(二) **新移民子女的母親要求管教方式對情感聯結、互信友誼、溝通了解及權威典範的親子關係均沒有顯著影響，本國籍則對權威典範親子關係有正向顯著影響**

　　本章發現，新移民子女的母親的要求對親子關係都沒有明顯影響；而本國籍母親的要求則對於權威典範有正向顯著影響，但對於情感聯結、互信友誼與溝通了解則沒有明顯影響。

二、建議

㈠對於母親的建議

　　本章發現，兩群子女的母親對子女回應愈多，在情感聯結、互信友誼、溝通了解及權威典範的親子關係愈佳，尤其是情感聯結的親子關係最重要。建議新移民或本國籍子女的母親應關懷尊重子女的管教態度，主動學習溝通與管教技巧，做良好的身教示範，才能營造良好的親子關係。

㈡對本國籍子女母親的建議

　　本章發現，新移民子女的母親在要求的管教方式對情感聯結、互信友誼、溝通了解及權威典範的親子關係均沒有顯著影響。本國籍母親則對權威典範有正向顯著影響，這代表本國籍子女的母親對於子女較為要求，親子關係較傾向於權威取向。建議本國籍子女母親可以適度要求，讓子女感受到可以親近性。

㈢未來研究建議

　　雖然在所建立的模式整體解釋度不低，但是模式沒有考量家庭社經地位，黃毅志（1997）研究指出，不同職業者由於教育不同，才會造成管教方式不同。未來研究應將家庭社經地位納入分析。楊妙芬（1995）研究發現，單親兒童比非單親兒童具較多非理性信念、父母管教態度嚴厲、自我概念低、人際關係差與家庭社經地位低。因此，親子溝通、家庭結構、父母婚姻關係、家庭氣氛、自我概念等也是重要因素，未來應納入分析。此外管教類型可以區分為開明權威、寬鬆放任、專制威權、忽視冷漠類型，未來可以運用這四種類型，透過多群組樣本進行檢定，了解兩群樣本或不同類型的管教方式對親子關係的影響。

參考文獻

一、中文部分

王明輝、蔡明惠（2004，12月）。舊社區‧新住民：外籍配偶漁村社區生活
　　適應之探討。**90年代性別與多元文化**。臺灣社會學會年會暨研討會，清
　　華大學。

尤淑純、蔡玉瑟（1998）。城鄉兒童學習成就及其相關因素之比較研究。**臺
　　中師院學報，12**，55-101。

吳永裕（1996）。**單親兒童之親子關係、行為困擾與學習適應之研究**（未出
　　版之碩士論文）。臺北師範學院，臺北市。

吳美玲（2000）。**國小學童父母管教方式、教師期望與習得無助感相關之研
　　究**（未出版之碩士論文）。高雄師範大學，高雄市。

吳武典、林繼盛（1985）。加強家庭聯繫對兒童學習效果與家庭氣氛的影
　　響。**教育心理學報，18**，37-52。

李玉珍（2006）。**國小高年級學生子職角色知覺與親子關係之研究**（未出版
　　之碩士論文）。高雄師範大學，高雄市。

李容蓉、陳富美（2014）。溺愛教養之親子歸因探究。**中華輔導與諮商學
　　報，40**，157-178。

李鴻瑛（2005）。**外籍配偶國小子女親子溝通與親子關係之研究**（未出版之
　　碩士論文）。高雄師範大學，高雄市。

張高賓（2004）。家庭心理環境、親子關係與兒童情緒經驗之關係探究。**中
　　華輔導學報，16**，119-148。

張芳全等人（2007）。**新移民子女的教育**。臺北市：心理。

陳正昌、程炳林（1998）。**SPSS、SAS、BMDP統計套裝軟體在多變量統計
　　上的應用**。臺北市：五南。

陳春秀（2000）。**國小中高年級學童親子溝通、家庭氣氛與親子關係之研究**

（未出版之碩士論文）。嘉義大學，嘉義市。

陳昭蓉（2006）。**嘉義縣國中生升學壓力預測其親子關係及其調節變項之探討**（未出版之碩士論文）。嘉義大學，嘉義市。

黃毅志（1997）。職業、教育階層論與子女管教：論Kohn的理論在臺灣的適用性。**臺東師院學報，8**，1-26。

潘玉鳳（2002）。**親子關係團體之父母教養與互動歷程研究**（未出版之碩士論文）。成功大學，臺南市。

蔡玉瑟（1996）。國小高成就與低成就資優兒童的父母教養方式與學習行為、生活適應、成就動機。**臺中師院學報，10**，525-567。

楊妙芬（1995）。單親兒童非理性信念、父母管教態度、自我概念與人際關係之研究。**屏東師院學報，8**，71-110。

楊賀凱（2009）。父母社經地位對父母管教價值與方式的影響——檢證Kohn的理論在臺東國中生父母之適用性。**臺北市立教育大學學報：教育類，40**(2)，145-180。

鄭秋紅（1993）。**單親家庭國中生親子互動關係、自我尊重、社會支持與寂寞感之研究**（未出版之碩士論文）。文化大學，臺北市。

鄭碧招（2003）。**親子共讀對親子關係影響之研究：以臺南縣國小高年級學生與家長為例**（未出版之碩士論文）。嘉義大學，嘉義市。

羅國英（1997）。青少年至成人前期之親子關係的測量。行政院國家科學委員會專題研究成果報告（編號：NSC-86-2413-H-031-004-G11）。

龔惠文（2005）。**國小六年級家庭休閒參與、家庭休閒阻礙與知覺親子關係之研究**（未出版之碩士論文）。嘉義大學，嘉義縣。

二、外文部分

Allen, S. M., & Hawkins, A. J. (1999). Maternal gatekeeping: Mothers' beliefs and behaviors that inhibit greater father involvement in family work. *Journal of Marriage and the Family, 61*(1), 199-212.

Baldwin, S. E., & Baranoski, M. V. (1990). Family interactions and sex education in the home. *Adolescence, 99*(25), 573-582.

Baumrind, D. (1966). Effects of authoritative parental control on child behavior. *Child Development, 37*(4), 887-907.

Baumrind, D. (1974). Current patterns of parental authority. *Developmental Psychology Monograph, part 2*, 1-13.

Baumrind, D. (1991). The influence of parenting style on adolescent competence and substance use. *Journal of Early Adolescence, 11*(1), 56-95.

Berk, L. E. (2000). *Child development*(5th Ed.). London, UK: Allyn & Bacon.

Berlin, L., & Cassidy, J. (2001). Enhancing early child-parent relationships: Implications of adult attachment research. *Infants and Young Children, 14*(2), 64-76.

Gongla, P. A., & Thompson, E. H.(1987). Single-parent family. In M. B. Sussman & S. K. Steinmetz (Eds.). *Handbook of marriage and the family* (pp. 397-418). New York, NY: Plenum.

Kohn, M. L. (1959). Social class and parental values. *The American Journal of Sociology, 64*(4), 337-351.

Kohn, M. L. (1963). Social class and parent-child relationships: An Interpretation. *The American Journal of Sociology, 68*(4), 471-480.

Lamborn, S. D., Mounts, M. S., Steinberg, L., & Dornbush, S. M. (1991). Patterns of competence and adjustment among adolescent from authoritative, authoritarian, indulgent, and neglectful families. *Child Development, 62*, 1049-1065.

Maccoby, E. E., & Martin, J. A. (1983). Socialization in the context of family: Parent-child interaction. In E. M. Hetherington (Ed.), *Handbook of child psychology: Socialization, personality and social development.*(Vol. 4) (pp. 1-122). New York, NY: Wiley.

Mussen, P. H., Conger, J. J., & Kagan, J. (1974). *Child development and personality* (4th ed.), New York, NY: Harper & Row.

Rice, J., & Reicher, R. (1993). Parent-child agreement regarding nuclear issues. *Australian Psychologist, 28*, 74-79.

Rodgers, K. B. (1999). Parenting process related to sexual risk-taking behavior of adolescent males and females. *Journal of Marriage and the Family, 61,* 99-109.

Rueter, M., & Conger, R. D. (1995). Antecedent of parent-adolescent disagreement. *Journal of Marriage & the Family, 57*(2), 435-448.

Sobolewski, J. M., & Amato, P. R. (2007). Parents' discord and divorce, parent-child relationships and subjective well-being in early adulthood: Is feeling close to two parents always better than feeling close to one? *Social Forces, 85,* 1105-1125.

White, F. A. (2000). Relationship of family socialization processes to adolescent moral thought. *Journal of Social Psychology, 140*(1), 75-91.

本文取自：張芳全、陳光安（2010）。**以SEM檢定新移民與本國籍子女的母親管教方式與親子關係之研究**。發表於「2010年臺灣教育學術研討會」。會議地點：國立臺中教育大學。本文在文獻探討及討論略再修改。

第十二章

多群組分析新移民子女的閱讀行為

壹 緒論

一、分析動機

隨著新移民子女人數激增，研究面向相當多元，然而少有著墨於新移民子女閱讀研究。爰此，針對新移民子女與非新移民子女的家庭文化資本、閱讀動機與閱讀行為深入分析。

澎湖縣政府教育局（2011）的資料顯示，99學年度澎湖縣國小學童總數為5,355人，新移民子女之國小在學學生數為897人，新移民子女占澎湖縣國小學童的16.75%，僅低於桃園市的55.02%、臺中縣的28.82%、連江縣的25.34%、金門縣的19.74%、雲林縣的19.57%。澎湖縣新移民子女人數占該縣國小學童人數之比率不低，而研究新移民子女閱讀卻僅有徐秀碧（2009）一篇，以問卷調查法探討國小高年級新移民子女的閱讀能力與家庭學習環境的關係。本章以澎湖縣新移民與非新移民子女的家庭文化資本、閱讀動機與行為探究，與徐秀碧不同的是，在變項上增加閱讀動機，納入變項的主因在於澎湖縣學生閱讀動機對閱讀行為是關鍵因素，家庭文化資本更與閱讀行為關係密切。

美國前總統Bush將「閱讀優先」作為教育施政主軸，在《不讓任何一個孩子落後》（No Child Left Behind）法案，強調把每個孩子都帶起來；英國教育部長Blunkett藉由推動閱讀年（1998年9月至1999年8月）、送書到學校、增加小學閱讀課程，並且和媒體、企業、民間組織形成夥伴關係的閱讀推廣計畫，積極改變英國人對於閱讀的態度，重拾閱讀的樂趣，「打造一個舉國皆是讀書人的國度」（Build a Nation of Readers）（齊若蘭，2002）。各國為了使國家永續發展與提升競爭力，莫不對兒童閱讀大力推動（范熾文、黃榮隆，2008）。

盧秀芳（2004）的研究發現，新移民子女不論是在學習適應、人際適應與常規適應比起非新移民子女都不好，而家庭文化資本嚴重缺乏，使得新移民子女無法獲得良好的學習環境，影響學習表現。De Graff、De Graff

與Kraaykamp（2000）認為，家庭文化資本之利用，能提升低家庭社經地位學生的學習興趣及學業成就。換言之，學生愈積極參與閱讀活動，則家庭文化資本愈能對學習效果發揮正面預測力。究竟澎湖縣的非新移民與新移民（以下稱兩群）子女的家庭文化資本、閱讀動機與行為之關係為何？非新移民子女的家庭文化資本較新移民子女好，兩群子女的家庭文化資本對閱讀動機與行為的影響又為何呢？

二、分析目的

基於上述，分析目的如下：

㈠ 分析澎湖縣兩群子女的家庭文化資本與閱讀動機對閱讀行為之關聯。

㈡ 建構澎湖縣兩群子女的文化資本、閱讀動機與閱讀行為模式，檢定兩群學生的家庭文化資本與閱讀動機對閱讀行為的影響。

貳　文獻探討

一、新移民子女的教育問題

新移民子女被社會視為需要特別照顧或社會弱勢的一群（邱汝娜、林維言，2004）。蔡榮貴、周立勳和楊淑朱（2004）調查發現，高達六成的新移民女性有子女教養困擾，尤其是語文溝通障礙使得課業教導產生困難。新移民女性來臺並無完整的語言學習管道，導致語言發音不標準、語意不正確，不利子女國語的學習。許多研究發現，新移民子女在語言會出現發展遲緩，例如，說話很快且有口音（鍾德馨，2005）、語言發展較為遲緩（劉秀燕，2003）、腔調怪異咬字不清（江坤鋕，2006）、發音聲調不良（吳錦惠，2006）、語法文法語意錯誤（鐘重發，2003）等。語文障礙使得新移民女性無力教導孩子課業，產生親師溝通的困難或影響親子互動，致使新移民子女學習發展出現困境。

張芳全（2006）指出，新移民子女無法適應學校刻板、無趣、課業繁

多,以及同儕間的互動差距,於是形成學校文化的另一個同儕團體,甚至成為校園內的學校邊緣人。盧秀芳(2004)研究顯示,新移民子女的人際適應與常規適應比起非新移民子女差。蔡瑞全(2006)調查發現,新移民子女在學校適應明顯落後於非新移民子女。上述情形,部分是因為新移民女性受到跨國婚姻,面臨與原生國不同的國情民俗、差異文化、複雜語言,產生極大調適壓力,致使新移民子女在身心發展、生活適應與人際關係有負面的影響。

內政部戶政司(2004)的《外籍與大陸配偶生活狀況調查報告》指出,新移民女性的配偶有19.7%為榮民、身心障礙者、原住民、低收入戶等弱勢族群。鐘重發(2003)認為,新移民子女的父母大都屬於經濟、文化的弱勢,社會地位不高,教育程度較低,遇到問題時也不會尋求社會支援,以致無法有效給予孩子良好發展和學習環境。家庭社經地位與學生的學業表現具有密切關係,家庭社經地位高的子女,父母在教育設備、師資等教育資源比較高,造就出較好的教育成就。而新移民子女普遍處於經濟與文化弱勢,在教育是一個困境。

綜上所述,新移民子女因父母在語文隔閡、文化差異、教養困擾、社經地位與家庭資源低落的多重弱勢下,致使語言發展、學習成就、身心狀況、學校及家庭生活適應困境。語文發展障礙是造成學習困境,而家庭文化資源不足讓學習失去助力。因此,新移民子女的家庭文化資本與閱讀表現值得分析。

二、家庭文化資本的意涵與向度

家庭文化資本為社會學概念,由Bourdieu首先提出。Bourdieu將文化視為一種資本,提出文化資本(cultural capital)理論,從資本的角度對文化分析,為社會學研究和文化研究開闢新的蹊徑,既拓寬了研究視野,擴充資本型態,又賦予了文化新的屬性,提升文化的主體性。在全球化趨勢下,文化資本對政治、經濟、文化、教育及個體發展的影響愈來愈大。

Bourdieu(1977, 1984)認為,文化資本是人們在高社會階層的精緻文化所能掌握程度,它包括非物質與物質層面,前者如談吐、儀態舉止、藝

術品味與知識，後者如藝術品、餐飲、服飾與家具所展現的品味；Bourdieu（1986）進一步指出，家庭文化資本包括形體化（embodied）文化資本、客觀化（objectified）文化資本，以及制度化（institutionalized form）文化資本。而Bourdieu的文化資本則是指高社會階層的精緻文化，是較為狹隘的文化資本概念。

De Graaf（1986）認為，對於子女教育成就的影響，除了物質文化、形式文化之外，更應有家庭讀書風氣、閱讀習慣、到圖書館的頻率等文化資源。而不同於Bourdieu的想法，Teachman（1987）指出，家庭教育資源的概念，即父母用來改善家庭讀書環境，促進子女學業成就表現的物質資源或環境布置，例如閱讀圖書量、電腦數、個人書桌或書房等，這些家庭物質可以反映文化資本的特性。許多研究發現，當子女的雙親教育程度愈高、父親職業地位愈高、賺取所得愈多，家庭文化資本愈豐富，亦即家庭文化資本愈多，其子女學業成就或教育成就愈好（黃毅志，1996，2002；Luyten, Peschar, & Coe, 2008; Sirin, 2005）。

簡言之，家庭文化資本內涵除應包含Bourdieu（1977）的形式文化資本內涵，宜加入De Graaf（1986）的文化資源及Teachman（1987）的家庭教育資源。因此，家庭文化資本內涵由Bourdieu著重於高層次文化資本，逐漸擴充至一般的文化活動，以及家庭所能提供的教育資源等個體得到的文化刺激，其所涉及之範圍不再侷限於高階層的文化，而是兒童透過平日生活或活動參與就可以獲得的廣義的文化資本。

隨著家庭文化資本概念之擴充，許多不同構念融入家庭文化資本範疇，儘管家庭文化資本測量向度相當分歧，但實質內涵仍不脫離Bourdieu所定義的文化資本。本章歸納出以下四個層面，分述如下：

㈠精緻文化活動

Bourdieu（1973）認為，家庭文化資本係指參與上層階級經常參與的文化活動，例如參觀博物館、美術展覽、歷史建築、欣賞歌劇、古典音樂、閱讀文學作品等。吳素援（2004）則以為，高級文化活動包括利用圖書館，或參觀科博館、天文館、博物館等各項活動、展覽，或參加社教場

所舉辦的科學活動等。巫有鎰（1999）指稱，精緻文化，包括參觀各種展覽、參觀美術館或博物館、逛書店、聽古典音樂、音樂會或看兒童劇等。本章認為，精緻文化活動層面，包括幾種文化活動：1.參觀各種展覽，例如美術展、書展、畫展、書法展等；2.參觀美術館或博物館等；3.聆賞兒童劇、舞臺劇、音樂會等表演活動。

㈡ 一般文化活動

De Graaf、De Graaf與Kraaykamp（2000）認為，家庭文化資本應包含一般性文化活動，例如逛書店和上圖書館等。李威伸（2003）、陳青達（2006）指出，內化形式文化資本包括文化培育、文化接近程度、文化自我教化等。蔡毓智（2002）、巫有鎰（1999）考量國內特殊的學科補習文化認為，家庭文化資本應加入補習變項。本章認為，一般文化活動包括：1.參加校外的藝文活動，例如繪畫、音樂、作文、演說等；2.參加校外補習課程，例如音樂、美術、作文、英文、數學等；3.喜歡逛書店、圖書館、去文化中心等文化場所。

㈢ 家庭閱讀習慣

De Graaf、De Graaf與Kraaykamp（2000）認為，文化資本應包含家庭讀書氣氛，例如讀書時間等；蔡毓智（2002）指出，家庭文化資本應包括學生課外閱讀習慣，例如，家長幫子女購買課外讀物、關心及鼓勵子女閱讀課外讀物、父母在家有良好的閱讀習慣等行為。本章認為，家庭閱讀習慣包括：父母會參與回家作業、父母會親子陪讀、父母喜歡買書或到圖書館借書、每星期都有閱讀課外書的習慣。

㈣ 家庭教育設施

Bourdieu（1986）所謂的客體化形式的文化資本包括文化財及文化媒介、家中教育設備等；亦即Teachman（1987）所指之家中教育資源概念。李威伸（2003）認為，客體化形式文化資本包括家庭教育設備及文化媒介工具，例如電腦、網際網路設備、百科全書。本章認為，家庭教育設施包括：家中擁有課外讀物；家中擁有電腦設備、網際網路；家中擁有專用的

書桌、房間可供讀書。

　　上述四個向度作為家庭文化資本，在參酌其他研究後，編製新移民與非新移民子女的家庭文化資本問卷。

三、閱讀動機的意涵與向度

　　動機是個體對於所要完成的任務，所持有朝向任務目標的內在動力。Graham與Weiner（1996）認為，動機可以用來檢視個體為什麼選擇該行為、行為潛勢（latency of behavior）、行為強度（intensity of behavior）、行為的堅持度（persistency of behavior），以及從事該行為時個體的認知和情緒反應。動機是一種內在心理歷程，可以激勵與導引個體的行為。張春興（1989）認為，動機是指引起個體活動，維持已引起的活動，並促使該活動朝向某依目標進行的內在歷程。張春興（1994）認為，學習動機之形成有內在和外在因素，前者起因於個體的內在需求，後者則是由外在因素所引起，受外在誘因影響而學習的學生，無法產生自發性學習，一旦誘因降低或消失，學習動機便會跟著減弱或消失；而內在動機是個體因應內在動力與需求，從事各項感興趣的活動，即使在沒有誘因及酬賞情況下，仍然會自主性地投入學習活動。

　　教育生產理論（Theory of Educational Productivity）認為，個體動機高低從個人對於任務預期的影響而來，如果個體對任務的動力愈高，其完成任務的動機愈強（Walberg, 1986）。Pintrich與Schunk（2002）認為，學習動機是引導個體有效完成任務的重要指標。楊曉雯（1996）亦指出，動機的產生受到需求與刺激的影響，其中需求是指個體會因為生理或心理的某種不足或過剩，而產生不均衡感，為了消除這種不快與緊張的感覺，個體會產生追求安定以恢復平衡的驅力，也就是動機，以促使個體朝向既定的目標活動；而刺激是指當個體尚未意識到潛在的需求時，若受到外在事物刺激，引發行為的動機。由此可知，動機是引發個體行動、保持的一種心理狀態，主導一切行為的發動機，它使學習者變得主動積極，是學習的重要條件之一。

　　閱讀過程中，閱讀動機是影響閱讀行為的重要因素（陸怡琮、賴素

玲，2008；Brophy, 1988; Guthrie, Hoa, Wigfield, Tonks, Humenick, & Littles, 2007）。林建平（1995）認為，閱讀動機是引起個體閱讀活動，維持已引起的閱讀學習活動，並促使該閱讀活動朝向閱讀理解的目標進行的內在歷程。蔡育妮（2003）指出，閱讀動機是個體有閱讀的需要，而引起閱讀活動的內在心理原因，是激勵與導引閱讀行為的內在心理力量。至於閱讀動機的形成，除了可能是讀者本身生理或心理需求引起的，也有可能是因為受到外界事物的影響或刺激而產生（楊曉雯，1996）。閱讀動機是兒童對於閱讀活動所持的理由及目的（Sweet & Guthrie, 1996），它是激勵與導引閱讀行為力量，也是個體外顯閱讀行為的內在歷程。

Wigfield（1997）整合相關文獻後，提出閱讀動機包含三個閱讀層面：㈠能力及效能信念（competence and efficacy beliefs），包含自我效能（self-efficacy）、挑戰（challenge）及工作逃避（work avoidance）；㈡成就價值及目標（achievement values and goals），包含好奇（curiosity）、涉入（involvement）、重要性（importance）、認可（recognition）、成績（grades）與競爭（competition）；㈢社會因素（social aspects of reading），包含社交（social purposes）和順從（compliance）。綜觀國內外研究（劉佩雲、簡馨瑩、宋曜廷，2003；Wigfield & Guthrie, 1997），皆將閱讀動機區分為內在動機與外在動機。

綜上所述，閱讀動機係指個體對於閱讀活動所持的理由及目的，是一種能夠引起並維持個體的閱讀活動，並朝向個體閱讀目標進行的內在歷程，也是激勵與導引閱讀行為的內在心理力量。引起學生閱讀動機，持續維持閱讀習慣，讓學生樂於閱讀是教育工作者的重點。本章歸納文獻與參照李素足（1999）、劉佩雲等人（2003）、Wigfield與Guthrie（1997）在閱讀動機之分類，將閱讀動機區分為內在動機與外在動機。如果學生認為，閱讀書籍是好奇的活動、因為閱讀喜好而投入、閱讀具有挑戰、閱讀有其重要性或因為內心不願意而逃避閱讀等，這些因素與學生內在動力有關者，稱為內在動機。至於學生是受到外在因素的誘因或引導而閱讀者，例如，為了某些認可（如要獲得獎勵或取得一定資格）而閱讀、為成績而讀、為課業競爭而閱讀，以及因順從（家長、教師或其他學生）而閱讀

等，都是因為與外在因素有關，而被歸類為外在閱讀動機。其實，內在動機與外在動機也有關，內在動機由個體內在動力及慾望而追求所要的目標，而外在動機由外在因素及誘因，引導個體投入任務來完成目標。換言之，個體由內在動機影響閱讀投入，亦可能外在因素使得閱讀投入，因而增加內在動機更為強烈。

四、閱讀行為的意涵與向度

閱讀行為一直被視為人類達到社會化的一項重要行為表徵，唯有透過閱讀，過往的歷史紀錄方能為後人所解讀閱讀行為的進行與能力增進，更是在教育與學習過程中重要的工作，成為學問與知識的表徵（楊曉雯，1996）。行為是指個體表現於外，而且能被直接觀察記錄或測量的活動（張春興，1994）。閱讀行為是個體從事與閱讀相關的外顯活動，亦即讀者實際從事與閱讀相關的一切活動。李素足（1999）研究指出，閱讀行為是閱讀者實際從事閱讀活動的頻率、花在閱讀的時間及閱讀書本的數量等。劉佩雲等人（2003）認為，閱讀行為是學習者閱讀書籍的次數、頻率、數量與廣度等行為。黃家瑩（2006）研究指出，閱讀行為係指閱讀者實際從事的閱讀活動狀況及其對閱讀的喜愛程度，包含閱讀地點、時間、數量、方式、類別、喜好程度。

閱讀行為範圍甚廣，依其目的與內容分為三個層面：一是注重閱讀歷程的理解，希望藉由研究了解閱讀發展相關的認知能力；二是偏重透過分析閱讀理解的歷程和類型，發展各種實驗教學方案，以期能增進學生的閱讀理解表現；三是研究影響讀者的閱讀習慣、態度、動機、頻率、興趣、偏好等因素，希望能增進讀者在圖書館利用或圖書消費行為（方麗芬，2000）。

綜上所述，閱讀行為係指個體從事與閱讀相關的外顯活動，例如，學生從事於閱讀書籍的時間、數量及閱讀書籍頻率。本章探討新移民與非新移民子女的家庭文化資本、閱讀動機與閱讀行為之關聯。閱讀行為是因應個體需求或受到外界事物的影響所產生。因此，有許多因素間接或直接促使閱讀行為發生。本章歸納多數研究（古秀梅，2005；高蓮雲，1994；黃

家瑩，2006；劉佩雲等，2003）的看法，將新移民與非新移民子女的閱讀行為以閱讀書籍的時間多寡、數量與頻率等作為閱讀行為。

五、家庭文化資本、閱讀動機與閱讀行為之研究

㈠家庭文化資本與閱讀動機

據黃金茂（1999）、楊惠真（2008）以及Deteemers、Trautwein和Ludtke（2009）的研究顯示，學生的家庭文化資本與閱讀動機或學習表現有顯著正相關，家庭文化資本對閱讀動機具有顯著預測力，亦即文化資本愈豐富，學生閱讀動機愈積極。

㈡家庭文化資本與閱讀行為表現

許多研究指出，家庭文化資本與閱讀行為呈顯著正相關。黃家瑩（2006）、應冬梅（2008）的研究顯示，文化資本與閱讀行為有顯著正相關，家庭文化資本愈豐富，閱讀行為各方面表現愈佳。Ko與Chan（2009）運用「促進國際閱讀素養研究」（Progress in International Reading Literacy Study, PIRLS）的資料庫分析香港、臺灣、新加坡、加拿大亞伯他省、英屬格倫比亞省、安大略省及魁北克省，以及俄羅斯聯邦的學生家庭因素與學生閱讀素養發現，孩童早期閱讀技巧及家中擁有藏書量對閱讀成就有11至27%的解釋力，在華人社群國家，兩項因素比這些還高，臺灣學生家中藏書可以解釋為9%。

㈢閱讀動機與閱讀行為表現

有不少研究發現，閱讀動機與閱讀行為呈顯著相關；閱讀動機與閱讀行為關係密切，閱讀動機各因素與閱讀時間、閱讀數量、閱讀頻率為皆呈顯著正相關（古秀梅，2005；郭春玉，2005；郭翠秀，2007；陳怡陵，2010；劉佩雲等，2003；Wigfield & Guthrie, 1995）。閱讀內在動機更與閱讀行為呈高度相關，顯示閱讀內在動機最能提升學生的閱讀行為（古秀梅，2005；劉佩雲等，2003；Guthrie et al., 2007）。王瓊滿（2010）研究指出，如以故事體融入教學，大部分低閱讀能力學生的閱讀態度轉為主動積極，並體認到自身閱讀能力的成長，提升自我效能。陳柏霖、余民寧

（2014）研究發現：非新移民子女在家庭閱讀活動、閱讀策略及閱讀行為表現均高於新移民子女；非新移民子女的家庭閱讀活動對閱讀行為以及閱讀策略對閱讀行為影響之直接效果均達到顯著水準；新移民子女的家庭閱讀活動對閱讀行為影響之直接效果未達到顯著水準，而間接效果則僅透過閱讀策略產生影響，且效果良好。

㈣ 文化資本與閱讀動機、閱讀行為表現

　　許多研究認為，文化資本閱讀動機與閱讀行為之間呈顯著相關，例如黃家瑩（2006）、蔡育妮（2004）研究顯示，家庭文化資本、閱讀動機與閱讀行為有顯著正相關，家庭文化資本愈豐富、閱讀動機愈佳，閱讀行為愈好。

　　總之，家庭文化資本、閱讀動機與閱讀行為具有正向顯著相關。然而這些研究沒有以新移民子女為研究對象，究竟新移民子女在上述研究變項之關係如何？

參　研究設計與實施

一、研究架構與假設

　　為了解兩群子女的家庭文化資本、閱讀動機與閱讀行為之關聯，架構如圖12-1。家庭文化資本、閱讀動機及閱讀行為之關係，即以a、b、c線條來表示。

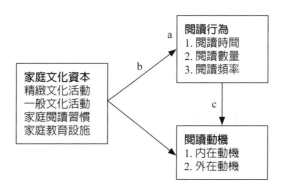

圖12-1　分析架構

基於文獻探討，提出以下假設：

H_1：新移民（非新移民及整體樣本）子女的家庭文化資本對閱讀動機有正向影響。

H_2：新移民（非新移民及整體樣本）子女的閱讀動機對閱讀行為有正向影響。

H_3：新移民（非新移民及整體樣本）子女文化資本對閱讀行為有正向影響。

H_4：新移民（非新移民及整體樣本）子女家庭文化資本透過閱讀動機對閱讀行為有正向影響。

H_5：非新移民子女在家庭文化資本、閱讀動機與閱讀行為明顯高於新移民子女。

針對各變項測量如下：

㈠ 家庭文化資本

它係指學生在家庭中擁有的文化、學習及教育設施等，可以提供學生學習的資源。家庭文化資本包括學生在家庭中所擁有的精緻文化、一般文化、閱讀習慣及家庭教育設施，足以提供學生學習。自編家庭文化資本工具（如附表12-1），其各面向得分愈高者，代表文化資本愈多。

㈡ 閱讀動機

它是指個體對於閱讀活動所持的理由及目的，是一種能夠引起並維持個體的閱讀活動，並朝向個體閱讀目標進行的內在歷程，也是激勵與導引閱讀行為的內在心理力量。本章的閱讀動機以學生的內在動機與外在動機為衡量，這兩項動機都是學生願意投入閱讀態度的程度，自編學生閱讀動機工具（如附表12-2），如果這兩面向題目得分愈高，閱讀動機愈強。

㈢ 閱讀行為

它係指個體從事與閱讀相關的外顯活動，例如，學生從事於閱讀書籍的時間、數量及閱讀書籍頻率。本章以閱讀書籍的時間多寡、數量與頻率等作為閱讀行為向度。自編學生閱讀行為的工具（如附表12-3），如果這三面向題目得分愈高，閱讀行為愈高。

二、研究工具的形成

　　本章資料是自行編製問卷所蒐集，其中預試問卷請專家學者修改意見，就題目的適合情形審定，加以增刪修正完成。接著進行預試，選取澎湖縣馬公市區、馬公市郊區、偏遠及離島學校就讀國小四至六年級之新移民子女50名，搭配同校之非新移民子女218名，預試對象共268名，總回收問卷262份，回收率為98%，可用問卷258份。問卷回收後，先剔除答題不完整者，再登錄資料進行效度與信度分析。

　　在問卷效度採用因素分析，以主成分分析法中的最大變異法之直交轉軸進行估計，以獲得各題目的因素負荷量；以各因素的特徵值大於1者為選取標準。家庭文化資本第一次因素分析抽取六個因素，與建構向度不符，對偏離原建構向度及內涵不適當題目予以刪除，進行第二次因素分析。家庭文化資本有四個因素，即精緻文化活動有五題，解釋變異量18.03%；一般文化活動有四題，解釋變異量14.21%；家庭閱讀習慣有四題，解釋變異量12.96%；家庭教育設施有四題，解釋變異量11.55%，總解釋變異量為56.75%。文化資本問卷如附表12-1。閱讀動機與閱讀行為問卷之因素分析如附表12-2及附表12-3。閱讀動機因素有兩個，亦即內在閱讀動機（六題）、外在閱讀動機（四題），解釋變異量各為34.14%與25.02%，總解釋變異量為59.16%。閱讀行為之因素有三個，閱讀時間、閱讀數量與閱讀頻率各3、4、4題，解釋變異量各為26.53%、17.99%及21.28%，總解釋變異量為65.8%。

　　藉由Cronbach's α估算家庭文化資本問卷，其總係數為.86，精緻文化活動α = .80、一般文化活動α = .79。家庭閱讀習慣α = .71、家庭教育設施α = .62。內在閱讀動機α = .86、外在閱讀動機α = .76。閱讀時間α = .85、閱讀數量α = .78、閱讀頻率α = .74。

三、研究對象與屬性

㈠研究對象

　　本章以澎湖縣政府教育局（2010）公布之99學年度就讀澎湖縣國小四

至六年級之新移民與非新移民子女為正式研究對象母群體，其中，新移民子女在國小四至六年級的母群體人數共有395人，非新移民子女的母群體共有2,330人。依林進田（1993）指出樣本決定公式：$n_0 = \dfrac{z^2_{(\alpha/2)}}{4d^2}$；抽樣人數 $n = \dfrac{n_0}{\left(1 + \dfrac{n_0}{N}\right)}$，$z^2_{(\alpha/2)} = 9$，$d = .05$。

因此，以母群體新移民子女395人及非新移民子女2,330人代入公式，得知抽樣人數如下：

$$樣本決定公式：n_0 = \frac{9}{4 \times (.05)^2} = 900$$

$$新移民子女抽樣人數 = \frac{900}{\left(1 + \dfrac{900}{395}\right)} = 274.5$$

$$非新移民子女抽樣人數 = \frac{900}{\left(1 + \dfrac{900}{2330}\right)} = 649.23$$

澎湖縣41所國小，有三所國小四至六年級沒有新移民子女，居住區域區分為離島、偏遠、市郊與市區。故正式研究對象包含38所國小，人數共計988名，其中新移民子女280人、非新移民子女708人。背景變項包含性別、年級、居住區域、雙親的教育程度與職業、母親原生國籍。母親原屬國籍區分為中華民國籍、大陸（含香港、澳門）、東南亞（含越南、印尼、柬埔寨、菲律賓等），後兩者在本章稱為新移民。

㈡ **樣本資料分析**

在正式問卷回收為960份，有效問卷為953份，其中新移民子女280份、非新移民673份。新移民子女的男女比率各為51.4%與48.6%（母群體比率各為52.4%及47.6%）；國小四至六年級各占43.6%、28.9%與27.5%（母群體比率各為42.4%、27.6%與30%）；居住市區占26.8%、市郊占25.4%、偏遠占35.0%、澎湖的離島占12.9%。高、中上、中、中下與低社

經地位各占0%、0.4%、3.6%、28.9%與67.1%。非新移民子女的男女比率各為51.4%與48.6%（母群體比率各為50.8%及49.2%）；國小四至六年級各占30.9%、35.4%與33.7%（母群體比率各為29.4%、34.6%與26%）；居住市區占49.5%、市郊占21.4%、偏遠占22.0%、離島占7.1%。高、中上、中、中下、低社經地位各占0.4%、6.5%、18.4%、45.2%與29.4%。除了社經地位及居住區域的母群體人數無法獲得各類人數比率之外，其餘變項在抽樣人數分配與母群接近。

四、資料處理

本章資料處理包括描述統計、積差相關與結構方程模式（Structural Equation Modelings, SEM）。依據文獻建立路徑模式，以SEM檢定兩群子女的模式及兩群組在文化資本、閱讀動機及閱讀行為的平均數差異。圖12-2各符號說明如下：〇中的ξ_1符號表示無法觀察到的文化資本稱為外因變項（exogenous variables）；η_1與η_2分別代表無法觀察到的閱讀動機及閱讀行為稱為內因變項（endogenous variables）；X_1至X_4的□中分別代表可觀察的家庭文化資本，包含精緻文化活動、一般文化活動、家庭閱讀習慣與家庭教育設施；Y_5與Y_6的□分別代表可觀察的閱讀動機包含內在閱讀動機與外在閱讀動機；Y_7至Y_{10}的□分別代表可觀察的閱讀行為包含閱讀時間、閱讀數量、閱讀頻率及閱讀廣度；λ_1至λ_{10}分別代表對X_1至X_4與Y_1至Y_6對ξ_1、η_1與η_2的估計值；δ_1至δ_4與ε_1至ε_6分別代表對X_1至X_4與Y_1至Y_6對ξ_1、η_1與η_2的估計殘差；Y_1、Y_2代表家庭文化資本（ξ_1）對於閱讀動機（η_1）與閱讀動機（η_1）對於閱讀行為（η_2）的影響；ζ_1與ζ_2代表閱讀動機（η_1）與閱讀行為（η_2）潛在變項的誤差。

在模式檢定語法以Jöreskog和Sörbom（1993）的《潛在變項第八版：結構方程模式語法》（*LISREL 8: Structural Equation Modeling with the SIMPLIS Ccommand Language*）進行單一模式及多群組模式之平均數的假設檢定。多群組平均數檢定過程可參見余民寧（2006）之《潛在變項模式：SIMPLIS的應用》第16章。模式適配標準以絕對適配指標、相對適配指標、簡效適配指標以及模式的殘差指標。

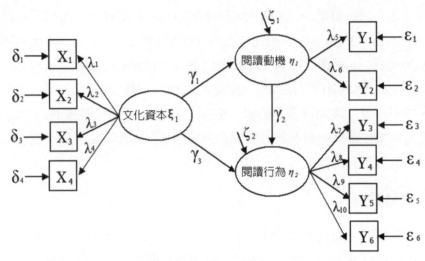

圖12-2　家庭文化資本、閱讀動機與閱讀行為關係路徑

五、研究限制

　　本章採取問卷調查法來蒐集資料，運用此法是考量澎湖縣有不少離島小學，若以質性訪談或觀察研究，不僅耗時，而且訪談及觀察的研究對象不多，研究推論受限。而問卷調查法有其經濟性、便利性與客觀性，若要掌握澎湖縣各離島小學生閱讀情形有其助益，因此採用問卷調查法研究。

肆　結果與討論

一、資料的描述統計

　　以積差相關對各變項估算獲得如表12-1。本章以變異數矩陣作為估計模式適合度資料。根據兩群子女各變項的平均數、標準差、峰度與態勢發現，變項的態勢絕對值沒有大於3.0，峰度絕對值沒有大於10.0（Kline, 1998）。整體來看，澎湖縣兩群子女的家庭文化資本、閱讀動機與閱讀行為資料具常態分配，沒有偏態及高低闊峰的問題，所以，以最大概似估計法估計。整體樣本、兩群子女各個面向之相關係數都達到統計顯著水準。

表12-1　學生家庭文化資本、閱讀動機與閱讀行為之相關係數矩陣

整體樣本	n = 953								
變項	精緻資本	一般資本	閱讀資本	設施資本	內在動機	外在動機	閱讀時間	閱讀數量	閱讀頻率
精緻資本	1.00								
一般資本	.56**	1.00							
閱讀資本	.48**	.42**	1.00						
設施資本	.42**	.38**	.34**	1.00					
內在動機	.39**	.34**	.36**	.31**	1.00				
外在動機	.30**	.27**	.31**	.26**	.69**	1.00			
閱讀時間	.32**	.31**	.28**	.34**	.58**	.48**	1.00		
閱讀數量	.26**	.26**	.26**	.33**	.55**	.46**	.57**	1.00	
閱讀頻率	.26**	.28**	.20**	.24**	.42**	.34**	.41**	.46**	1.00

非新移民子女	n = 673								
變項	精緻資本	一般資本	閱讀資本	設施資本	內在動機	外在動機	閱讀時間	閱讀數量	閱讀頻率
精緻資本	1.00								
一般資本	.55**	1.00							
閱讀資本	.47**	.40**	1.00						
設施資本	.38**	.36**	.32**	1.00					
內在動機	.41**	.34**	.38**	.32**	1.00				
外在動機	.32**	.30**	.35**	.27**	.69**	1.00			
閱讀時間	.33**	.31**	.26**	.35**	.56**	.48**	1.00		
閱讀數量	.26**	.26**	.26**	.34**	.55**	.46**	.56**	1.00	
閱讀頻率	.29**	.29**	.24**	.27**	.37**	.29**	.40**	.45**	1.00

新移民子女	n = 280								
變項	精緻資本	一般資本	閱讀資本	設施資本	內在動機	外在動機	閱讀時間	閱讀數量	閱讀頻率
精緻資本	1.00								
一般資本	.53**	1.00							
閱讀資本	.40**	.35**	1.00						
設施資本	.41**	.34**	.24**	1.00					
內在動機	.32**	.32**	.27**	.24**	1.00				
外在動機	.25**	.18**	.22**	.21**	.71**	1.00			
閱讀時間	.25**	.28**	.28**	.26**	.63**	.49**	1.00		
閱讀數量	.23**	.25**	.23**	.30**	.56**	.46**	.58**	1.00	
閱讀頻率	.19**	.30**	.13**	.18**	.56**	.46**	.46**	.50**	1.00

** $p < .01.$

二、模式檢定結果

㈠ 整體適配度指標檢定

模式指標估計如表12-2。新移民子女模式的$\chi^2 = 86.90$、$p < .01$；非新移民子女的$\chi^2 = 67.75$、$p < .01$，這表示兩模式不適配。但卡方值受樣本數影響，需要檢視其他適配指標。

在新移民子女方面，SRMR = .04，低於標準值（.05）、GFI = .97與AGFI = .95，在理想數值.90以上；RMSEA = .06，接近標準值（.05）。相

表12-2 學生的家庭文化資本、閱讀動機與閱讀行為的模式適配度指標

統計檢定量	適配標準	新移民子女	適配判斷	非新移民子女	適配判斷	整體樣本	適配判斷
絕對適配指標							
$\chi^2_{(24)}$	$p > .05$	86.90 ($p < .00$)		67.75 ($p < .00$)		64.09 ($p < .00$)	
GFI	> .90	.97	是	.98	是	.99	是
AGFI	> .90	.95	是	.96	是	.97	是
RMR	< .05	.02	是	.02	是	.02	是
SRMR	< .05	.04	是	.04	是	.03	是
RMSEA	< .08 (<.05為優)	.06	是	.05	是	.04	是
相對適配指標							
NFI	> .90	.97	是	.98	是	.99	是
NNFI	> .90	.97	是	.98	是	.99	是
CFI	> .90	.98	是	.99	是	.99	是
IFI	> .90	.98	是	.99	是	.99	是
RFI	> .90	.96	是	.97	是	.98	是
簡效適配指標							
PNFI	> .50	.65	是	.65	是	.66	是
PGFI	> .50	.52	是	.52	是	.53	是
CN	> 200	325.67	是	427.60	是	650.79	是
χ^2/df	< 2.00	3.62	否	2.82	否	2.67	否

對適配指標中，NNFI ＝ .97、NFI ＝ .97、CFI ＝ .98、IFI ＝ .98、RFI ＝ .96，高於.90以上，非常接近1，表示模式適合。簡效適配指標中，PNFI ＝ .65、PGFI ＝ .52，其值均大於.5，CN＝325.67，大於200，表示模式適合，χ^2 / df ＝ 3.62，大於2。在非新移民子女方面，SRMR ＝ .04；GFI ＝ .98與 AGFI ＝ .96；RMSEA ＝ .05。NNFI ＝ .98、NFI ＝ .98、CFI ＝ .99、IFI ＝ .99、RFI ＝ .97，高於.90以上。PNFI ＝ .65與PGFI ＝ .52，CN ＝ 427.60，表示模式適合；χ^2 / df ＝ 2.82，大於2。整體樣本方面，SRMR ＝ .03；GFI ＝ .99與 AGFI ＝ .97；RMSEA ＝ .04。NNFI ＝ .99、NFI ＝ .99、CFI ＝ .99、IFI ＝ .99、RFI ＝ .98，高於.90以上。PNFI ＝ .66與PGFI ＝ .53，大於.5，CN ＝ 650.79，大於200；χ^2 / df ＝ 2.67，大於2。

㈡ 各參數估計值

在觀察參數估計結果如表12-3。兩群子女與整體樣本的文化資本、閱讀動機對閱讀行為估計參數的因素負荷量（λ值）皆達顯著水準。新移民子女的家庭文化資本對閱讀動機正向顯著影響（γ_1 ＝ .48，$p < .01$）；閱讀動機對於閱讀行為正向顯著影響（γ_2 ＝ .79，$p < .01$）；文化資本對於閱讀行為也達到顯著影響（γ_3 ＝ .13，$p < .01$）。非新移民子女的家庭文化資本對閱讀動機正向顯著影響（γ_1 ＝ .60，$p < .01$）；閱讀動機對於閱讀行為正向顯著影響（γ_2 ＝ .71，$p < .01$）；家庭文化資本對於閱讀行為達到正向顯著影響（γ_3 ＝ .17，$p < .01$）。在整體樣本上，家庭文化資本對閱讀動機正向顯著影響（γ_1 ＝ .57，$p < .01$）；閱讀動機對閱讀行為達統計顯著水準（γ_2 ＝ .72，$p < .01$）；文化資本對閱讀行為達到顯著影響（γ_3 ＝ .17，$p < .01$）。而在新移民、非新移民及整體樣本，潛在自變項與潛在依變項的殘差值均達到顯著水準。測量殘差（即δ、ε值）與潛在結構模型的殘差（ζ），則未出現較高的測量誤差。這顯示，新移民、非新移民子女與整體樣本各觀測變項的因素負荷量均佳。

上述檢定結果與Bagozzi與Yi（1988）提出的「基本適配」標準相符包括：1.模式不能有負的誤差變異誤，本模式沒有。2.殘差變異應達到顯著水準，本模式都達到.01顯著水準，代表沒有模式辨認及資料輸入錯

表12-3　學生的家庭文化資本、閱讀動機與閱讀行為各向度之參數估計

新移民子女							
參數	標準化估計值	估計標準誤	t值	參數	標準化估計值	估計標準誤	t值
λ_1	.76	.03	19.21**	δ_1	.43	.02	10.45**
λ_2	.69	.03	17.35**	δ_2	.52	.02	12.86**
λ_3	.52	.03	12.67**	δ_3	.73	.02	16.20**
λ_4	.52	.02	12.74**	δ_4	.73	.01	16.16**
λ_5	.95	--	--	ε_1	.11	.02	3.52**
λ_6	.75	.03	20.77**	ε_2	.44	.02	14.45**
λ_7	.77	--	--	ε_3	.41	.02	13.18**
λ_8	.73	.03	17.84**	ε_4	.47	.02	14.27**
λ_9	.66	.03	16.22**	ε_5	.56	.02	15.58**
γ_1	.48	.04	10.80**	ζ_1	.77	.06	12.65**
γ_2	.79	.05	14.85**	ζ_2	.26	.04	6.04**
γ_3	.13	.04	3.05**				

非新移民子女							
參數	標準化估計值	估計標準誤	t值	參數	標準化估計值	估計標準誤	t值
λ_1	.76**	.03	20.02	δ_1	.43**	.02	11.57
λ_2	.68**	.03	17.68	δ_2	.54**	.03	13.90
λ_3	.61**	.03	15.62	δ_3	.63**	.02	15.28
λ_4	.54**	.02	13.40	δ_4	.71**	.02	16.29
λ_5	.91	--	--	ε_1	.17**	.02	5.14
λ_6	.75**	.03	19.61	ε_2	.43**	.02	13.65
λ_7	.75	--	--	ε_3	.44**	.03	12.83
λ_8	.76**	.04	17.18	ε_4	.42**	.03	12.44
λ_9	.55**	.03	12.81	ε_5	.70**	.02	16.58
γ_1	.60**	.04	13.84	ζ_1	.64**	.06	10.65
γ_2	.71**	.06	11.26	ζ_2	.32**	.05	6.61
γ_3	.17**	.05	3.17				

整體樣本							
參數	標準化估計值	估計標準誤	t值	參數	標準化估計值	估計標準誤	t值
λ_1	.77**	.02	24.51	δ_1	.41**	.02	13.54
λ_2	.70**	.03	21.99	δ_2	.51**	.02	16.15
λ_3	.62**	.02	18.82	δ_3	.62**	.02	18.32
λ_4	.56**	.02	16.89	δ_4	.68**	.01	19.19
λ_5	.92	--	--	ε_1	.15**	.02	5.56
λ_6	.75**	.03	23.61	ε_2	.43**	.02	16.32
λ_7	.77	--	--	ε_3	.41**	.02	14.80
λ_8	.75**	.03	20.68	ε_4	.44**	.02	15.67
λ_9	.57**	.03	16.21	ε_5	.67**	.02	19.54
γ_1	.57**	.04	15.58	ζ_1	.68**	.05	13.43
γ_2	.72**	.05	14.54	ζ_2	.32**	.04	7.90
γ_3	.17**	.04	3.97				

註：--表示該參數限制估計。

**$p < .01$.

誤，模式沒有細列誤差。3.估計參數之間相關係數的絕對值不能太接近
1.0，本模式沒有。4.因素負荷量不能低於.50或高於.95以上，本模式沒
有。5.模式中不能有很大標準誤，本模式沒有殘差值過高的現象。

(三) 測量變項的組合信度

　　除了整體模式適配度外，在個別題目信度（大於.50）、潛在變項的
組合信度（大於.60）及平均變異抽取量（大於.50）、估計參數的顯著性
檢定（大於1.96）評估理論模式的內在品質。表12-3顯示，在兩群子女與
整體樣本之模式估計的所有參數之t值均大於2.54，達到顯著水準，符合模
式的適配標準。

　　表12-4顯示，新移民子女的個別信度有四個低於.50標準，這些觀察變
項尚隱含測量誤差；但是潛在變項的組合信度均達.60以上的評鑑標準，
顯示這些潛在變項具有良好的內部一致性組合信度；在平均變異抽取量方

面均達.50以上之標準，顯示潛在變項均能抽取滿意的變異量。非新移民子女有四個變項信度低於.50；潛在變項的組合信度均達.60以上的評鑑標準，顯示這些潛在變項具有良好的內部不一致性組合信度；在平均變異抽取量均達.50以上之標準，顯示潛在變項均能抽取滿意的變異量。整體樣本有四個變項別信度低於.50；但是，潛在變項組合信度均達.60以上，顯示這些潛在變項具有良好的內部不一致性組合信度；在平均變異抽取量均達.50以上，顯示潛在變項均能抽取滿意的變異量。

綜上所述，在兩群子女與整體樣本的模式，大部分皆符合模式內在品質適配標準。

表12-4　觀察變項之個別指標信度及組合信度與平均變異抽取量

項目		新移民			非新移民			整體樣本	
	個別變項信度	潛在變項的組合信度	平均變異抽取量	個別變項信度	潛在變項的組合信度	平均變異抽取量	個別變項信度	潛在變項的組合信度	平均變異抽取量
文化資本		.98	.94		.98	.94		.99	.95
X_1	.57			.57			.59		
X_2	.48			.46			.49		
X_3	.27			.38			.38		
X_4	.27			.29			.32		
閱讀動機		.99	.98		.99	.98		.99	.98
Y_1	.89			.83			.85		
Y_2	.56			.57			.57		
閱讀行為		.99	.96		.98	.95		.99	.96
Y_3	.59			.56			.59		
Y_4	.53			.58			.56		
Y_5	.44			.30			.33		

（外衍觀察變項：文化資本；內衍觀察變項：閱讀動機、閱讀行為）

註：X_1-X_4表示文化資本各面向；Y_1-Y_2表示閱讀動機各面向；Y_3-Y_5表示閱讀行為各面向。

㈣ 誤差與修正指標檢定指標

　　就新移民子女模式而言，最大修正指標（maximum modification index, MDI）發現自變項間之殘差項（THETA-delta for element）（2, 5）關係為 15.03，較Jöreskog和Sörbom（1984）認定之標準3.84還大，模式最大標準化殘差（largest standardized residual）為3.62，比標準值1.96大，可能影響模式穩定。本模式Q圖之標準化殘差（standardized residual）分布線斜度低於45度，表示模式適合度在中等。結果繪製如圖12-3。

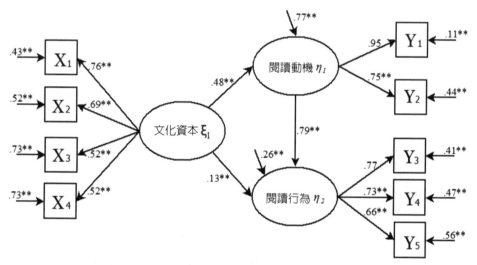

圖12-3　新移民子女文化資本、閱讀動機與閱讀行為關係路徑結果

　　非新移民子女模式的最大修正指標發現，自變項之間殘差項（2, 1）關係為10.49，較Jöreskog和Sörbom（1993）認定之標準3.84還大，最大標準化殘差為3.80，比標準值1.96大。模式Q圖之標準化殘差分布線斜度低於45度，表示模式適合度在中等。結果如圖12-4。

　　整體樣本模式的最大修正指標發現自變項之間殘差項（4, 4）關係為 12.25，較標準3.84還大，最大標準化殘差為3.80比標準值1.96大。模式Q圖之標準化殘差分布線斜度低於45度，表示模式適合度在中等。結果如圖 12-5。

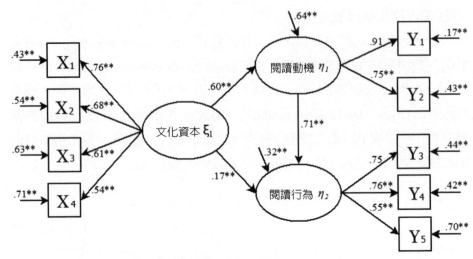

圖12-4　非新移民子女文化資本、閱讀動機與閱讀行為之路徑

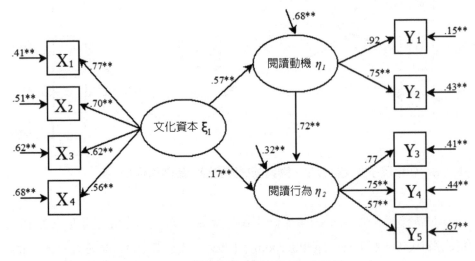

圖12-5　整體樣本的文化資本、閱讀動機與閱讀行為之路徑

三、兩群子女的潛在變項平均數檢定結果

　　本章以SEM進行兩群子女在家庭文化資本、閱讀動機與閱讀行為檢定發現，在分組的群組適配度統計指標：新移民子女對卡方值的貢獻為

55.24，貢獻比率為41.15，RMR ＝ .023，RMR的標準化值為.044，GFI ＝
.97；非新移民子女的對卡方值的貢獻為79.01，貢獻比率為58.85，RMR ＝
.021，其RMR的標準化值為.036，GFI ＝ .98。由整體適配度統計指標考驗
可知，本模式與資料之間適配良好，如表12-5。

表12-5　兩群子女的潛在變項平均數檢定結果

絕對適配指標	數值	相對適配指標	數值	簡效適配指標	數值
χ^2	133.31(p = .00)	NFI	.95	PNFI	.80
df	60	NNFI	.97	CN	627.05
GFI	.98	CFI	.97	χ^2/df	2.22
RMR	.021	IFI	.97		
SRMR	.036	RFI	.95		
RMSEA	.051				

　　從統計結果得知，當新移民的三個潛在變項都預設量化為0時，非
新移民組的三個潛在變項平均數分別為.38、.15和.12，表示非新移民子
女在文化資本（ξ_1）、閱讀動機（η_1）和閱讀行為（η_2）分別比新移民子
女高出.38（t = 9.0，p < .01）、.15（t = 2.8，p < .01）和.12（t = 2.25，p <
.05）。換句話說，新移民子女在文化資本、閱讀動機和閱讀行為比非新
移民子女還要低。

四、綜合討論

　　針對SEM各項統計檢定結果，討論如下：
　　㈠ 兩群子女與整體樣本（以下稱三個模式）的模式之絕對適配、相
對適配與簡效適配指標皆達到標準，表示提出的理論模式與觀察資料適
配，即理論模式能解釋實際觀察所得的資料，所以模式具有整體的建構效
度。
　　㈡ 三個模式在家庭文化資本、閱讀動機與閱讀行為間均具有正向顯
著關係。

㈢ 三個模式在個別信度觀察變項尚隱含測量誤差，但潛在變項皆具有良好內部一致性組合信度。

㈣ 三個模式在家庭文化資本、閱讀動機與閱讀行為模式未出現高的測量誤差，顯示在部分各觀測變項因素負荷量還不錯。

㈤ 三個模式在家庭文化資本、閱讀動機與閱讀行為模式，模式最大標準化殘差有高於標準者，可能影響模式穩定。

㈥ 三個模式在家庭文化資本、閱讀動機與閱讀行為模式，Q圖之標準化殘差分布線斜度低於45度，顯示模式可被接受。

㈦ 整體而言，三個模式經過SEM檢定發現，子女的家庭文化資本、閱讀動機對閱讀行為之模式獲得支持。因此接受H_1、H_2、H_3。

最後，針對兩群組的潛在平均數檢定發現，模式適配，即非新移民子女在文化資本、閱讀動機和閱讀行為分別比新移民子女高出.38、.15和.12，即新移民子女在文化資本、閱讀動機和閱讀行為比非新移民子女還要低。因此接受H_5。

對主要效果來說，家庭文化資本對閱讀動機、閱讀動機對閱讀行為、家庭文化資本對閱讀行為的影響值都達到顯著水準。圖12-3、圖12-4、圖12-5看出各路徑之直接影響，而各潛在變項之影響效果如表12-6。在新移民、非新移民與整體樣本上，家庭文化資本對閱讀動機、閱讀動機對閱讀行為、家庭文化資本對閱讀行為，以及家庭文化資本透過閱讀動機對閱讀行為都具有正向顯著影響力。因此接受H_4。

針對上述，本章特色與貢獻如下：㈠以澎湖縣國小中、高年級的兩群子女為研究對象，是現有研究沒有著墨之處。㈡以SEM進行分析，與先前研究以多元迴歸分析或以積差相關來分析（古秀梅，2005）有明顯不同。㈢三個模式在家庭文化資本對閱讀動機有正向影響力、閱讀動機對閱讀行為有正向影響力、家庭文化資本可以提高閱讀行為、家庭文化資本透過閱讀動機可以提升學生的閱讀行為。這顯示兩群子女的家庭文化資本對閱讀動機及閱讀行為都很重要，這更可以肯定新移民子女的家庭需要重視文化資本的涵養。上述模式討論如下：

㈠ 本章證實兩群子女的家庭文化資本對閱讀動機產生正向影響力。

換言之，兩群子女的家庭文化資本愈豐富，其閱讀動機愈積極，此發現與許多研究發現一致（吳宜貞，2002；楊惠真，2008；Marjoribanks, 2004）。

㈡ 閱讀動機對閱讀行為為顯著正向影響。這代表兩群子女的閱讀動機愈強，其閱讀行為表現愈佳，此發現與許多研究結果相同（古秀梅，2005；Guthrie et al., 2007; Wigfield, 1997）。

㈢ 家庭文化資本對閱讀行為產生正向影響。易言之，兩群子女的家庭文化資本愈豐富，其閱讀行為表現愈佳，此發現與許多研究結果一致（黃家瑩，2006；應冬梅，2008；Unrau & Schlackman, 2006）。

㈣ 家庭文化資本透過閱讀動機對閱讀行為產生正向顯著影響。這代表兩群子女的家庭文化資本愈豐富，閱讀動機愈佳，閱讀行為愈好，此發現支持黃家瑩（2006）、蔡育妮（2004）的研究結果。非新移民子女在文化資本、閱讀動機和閱讀行為分別比新移民子女還高。

從上述來看，家庭文化資本透過閱讀動機對閱讀行為產生的影響力，高於家庭文化資本對閱讀行為的影響力；閱讀動機對閱讀行為產生正面助益，高於家庭文化資本透過閱讀動機對閱讀行為產生的效果。這代表子女

表12-6　各潛在變項彼此間影響關係之標準化效果量

自變項		新移民依變項 (內衍潛在變項)		非新移民依變項 (內衍潛在變項)		整體樣本 依變項 (內衍潛在變項)	
		η_1 閱讀動機	η_2 閱讀行為	η_1 閱讀動機	η_2 閱讀行為	η_1 閱讀動機	η_2 閱讀行為
外衍變項	ξ_1 文化資本						
	直接效果	.48**	.13**	.60**	.17**	.57**	.17**
	間接效果		.38**		.43**		.41**
	總效果	.48**	.51**	.60**	.60**	.57**	.58**
內衍變項	η_1 閱讀動機						
	直接效果		.79**		.71**		.72**
	間接效果						
	總效果		.79**		.71**		.72**

* $p < .05$. ** $p < .01$.

閱讀行為可透過閱讀動機所產生的效果最佳。此外，兩群子女的家庭文化資本對閱讀動機都具有提升效果，家長及教育單位對於兩群子女的家庭文化資本予以重視。如從閱讀動機對閱讀行為的影響力來看，兩群子女均具有正向顯著影響，代表兩群子女在這路徑影響力都是重要變數，更代表閱讀動機可以提高閱讀行為。

伍 結論與建議

一、結論

㈠ 兩群子女的家庭文化資本對閱讀動機、閱讀動機對閱讀行為、家庭文化資本對閱讀行為均有正向效果

從直接效果來說，三個模式中，兩群子女的家庭文化資本對閱讀動機、閱讀動機對閱讀行為、家庭文化資本對閱讀行為具有提升效果。而他們的閱讀動機對閱讀行為提升情形，高於家庭文化資本透過閱讀動機對閱讀行為的影響力。因此，提升新移民子女、非新移民子女及所有學生的閱讀行為可透過閱讀動機，其所產生的影響效果最佳。

㈡ 兩群子女的閱讀動機是提升閱讀行為重要機制

本章結果發現，家庭文化資本透過閱讀動機對閱讀行為產生明顯提升。換言之，兩群子女透過提升文化資本與閱讀動機會促進學生閱讀行為表現，它代表閱讀動機是兩群子女閱讀行為與文化資本的重要中介機制。

㈢ 非新移民子女家庭文化資本、閱讀動機與閱讀行為高於新移民子女

本章多群組的SEM分析發現，雖然兩群子女的家庭文化資本對於閱讀動機有正面助益，閱讀動機可以提高閱讀行為表現，以及家庭文化資本可以提升閱讀行為，但是非新移民子女在家庭文化資本、閱讀動機與閱讀行為明顯都高於新移民子女。

二、建議

㈠家長及教育單位應對家庭文化資本對閱讀動機及行為重視

本章發現，家庭文化資本提高閱讀動機與閱讀行為，也就是家庭文化資本無形中會影響學生閱讀動機與行為，這是不可以忽視。家長為提升子女閱讀行為及動機，家庭文化資本不可少，故家長在家庭中多充實課外書籍、百科全書，或多安排與子女參訪社教機構，聆賞藝術展演，是提升子女閱讀行為良方。雖然兩群子女家庭文化資本都可以提升閱讀動機，但非新移民子女的家庭文化資本、閱讀動機與閱讀行為都高於新移民子女，這更突顯出家長及教育單位應對新移民子女家庭在文化資本、閱讀動機與閱讀行為予以重視，尤其是新移民子女。

㈡提升學生的內在與外在閱讀動機以影響學生閱讀行為

本章發現，兩群子女的閱讀動機直接且正向地影響閱讀行為，而且透過家庭文化資本影響閱讀動機，再影響閱讀行為。學校、教師與家長應鼓勵學生多方面閱讀，從課堂及學校生活中培養學生閱讀習慣，以提高學生閱讀動機。

㈢鼓勵新移民子女閱讀誘使他們閱讀動機，培養更好閱讀行為

本章發現，兩群子女的閱讀動機對於閱讀行為都有正面助益，但是在多群組分析發現，新移民子女在閱讀動機與閱讀行為表現均低於非新移民子女，顯示更應給予新移民子女誘因，提高他們的閱讀動機。易言之，新移民子女閱讀動機極為重要，教師及家長在學生學習應誘使他們閱讀，同時教師在課堂及學校應鼓勵新移民子女閱讀，讓他們的閱讀更為積極。

㈣未來研究建議

本章對象以澎湖縣兩群子女就讀國小四至六年級生為研究對象，建議未來可以澎湖縣國中生為研究對象，將背景變項納入分析，作為閱讀動機及文化資本的中介變項，或許可以有更好的研究發現。新移民子女包含中國大陸與東南亞國家，未來可以將中國大陸與東南亞國家加以區分再研究，獲得更詳細資料。未來可以跨縣市或全國性樣本分析比較研究，探究

區域所存在的各種差異。在研究變項上,影響閱讀動機與閱讀行為因素很多,本章以家庭文化資本為投入變項,以閱讀動機為中介變項,分析它們對閱讀行為影響,未來可加入社會資本與財務資本為中介變項,使研究結果更完整。

　　總之,本章以多群組樣本的SEM檢定閱讀行為發現,兩群子女的家庭文化資本對閱讀動機、閱讀動機對閱讀行為有正面助益,而新移民子女在家庭文化資本、閱讀動機、閱讀行為較非新移民低,僅是澎湖縣小學生現象,未來仍須進一步分析才能完整說明兩群子女之差異。

參考文獻

一、中文部分

方麗芬（2000）。**國小學童與家長對科學類兒童讀物觀點之調查研究**（未出版之碩士論文）。臺北師範學院，臺北市。

王瓊滿（2010）。**故事結構教學對國小二年級低閱讀能力學生閱讀理解與閱讀動機之影響**（未出版之碩士論文）。臺中教育大學，臺北市。

內政部戶政司（2004）。**外籍與大陸配偶生活狀況調查摘要報告**。臺北市：作者。

古秀梅（2005）。**國小學童閱讀動機、閱讀態度、閱讀行為與國語科學業成就之相關研究**（未出版之碩士論文）。中山大學，高雄市。

江坤鋕（2006）。新臺灣之子面對的教育問題與學校輔導策略。**研習資訊，23**(3)，101-105。

余民寧（2006）。**潛在變項模式：SIMPLIS的應用**。臺北市：高等教育。

吳宜貞（2002）。家庭環境因素對兒童閱讀能力影響之探討。**教育心理學報，34**(1)，1-20。

吳素援（2004）。**家庭教育關聯資本對國小學生數理成就影響模式之研究**（未出版之碩士論文）。嘉義大學，嘉義市。

吳錦惠（2006）。新臺灣之子的課程改革之研究。**課程與教學，9**(2)，117-133。

巫有鎰（1999）。影響國小學生學業成就的因果機制──以臺北市和臺東縣作比較。**教育研究集刊，43**，213-242。

李威伸（2003）。**文化資本與學業成就關係之研究──以臺中市國中學生為例**（未出版之碩士論文）。東海大學，臺中市。

李素足（1999）。**臺中縣市國小中、高年級學童閱讀動機的探討**（未出版之碩士論文）。臺中師範學院，臺中市。

林秀娟（2001）。**閱讀討論教學對國小學童閱讀動機、閱讀態度和閱讀行為之影響**（未出版之碩士論文）。臺南師範學院，臺南市。

林建平（1995）。國小學童的閱讀動機、理解策略與閱讀成就之相關研究。**臺北市立師範學院學報，26**，267-294。

林進田（1993）。**抽樣調查：理論與運用**。臺北市：華泰。

邱汝娜、林維言（2004）。邁向多元與包容的社會——談現階段外籍與大陸配偶的照顧輔導措施。**社區發展季刊，105**，6-19。

范熾文、黃榮隆（2008）。從政策執行觀點談兒童閱讀之落實。**師說，204**，8-33。

徐秀碧（2009）。**新移民子女閱讀能力與家庭學習環境相關因素之研究——以澎湖縣國小高年級學生為例**（未出版之碩士論文）。臺南大學，臺南市。

高蓮雲（1994）。國小學童運用圖書館及課外閱讀實況之研究。**臺北市立師範學院學報，23**，189-234。

張芳全（2006）。**教育政策規劃**。臺北市：心理。

張春興（1989）。**教育心理學**。臺北市：東華。

張春興（1994）。**教育心理學——三化取向的理論與實踐**。臺北市：東華。

郭春玉（2005）。**後設認知閱讀策略教學對國小三年級學童閱讀動機及閱讀理解影響之研究**（未出版之碩士論文）。高雄師範大學，高雄市。

郭翠秀（2007）。**閱讀教學與國民小學學童閱讀動機及行為的關係——以2005年PIRLS資料為例**（未出版之碩士論文）。中央大學，中壢市。

陳柏霖、余民寧（2014）。新移民與非新移民子女家庭閱讀活動、閱讀策略及閱讀行為之比較研究。**高雄師大學報：教育與社會科學類，36**，23-42。

陳怡陵（2010）。**不同讀書會型態和性別對國小四年級學童閱讀動機、閱讀態度與閱讀行為之影響**（未出版之碩士論文）。臺南教育大學，臺南市。

陳青達（2006）。**文化資本與學業成效關係之研究——以雲林縣國民小學六年級學生為例**（未出版之碩士論文）。中正大學，嘉義縣。

陸怡琮、賴素玲（2008）。提升閱讀動機的閱讀方案之設計與實施：以一個國小二年級班級為例。**屏東教育大學學報**，**31**，39-72。

黃金茂（1999）。開啓國小兒童的閱讀習慣。**師友月刊**，**390**，60-63。

黃家瑩（2006）。**國小高年級學生家庭閱讀環境、閱讀動機與閱讀行為之研究**（未出版之碩士論文）。高雄師範大學，高雄市。

黃毅志（1996）。臺灣地區民眾地位取得之因果機制——共變結構分析。**東吳社會學報**，**5**，213-248。

黃毅志（2002）。**社會階層、社會網絡與主觀意識——臺灣地區不公平的社會階層體系之延續**（二版）。臺北市：巨流。

楊惠眞（2008）。**國小學童親子共讀、班級閱讀環境與閱讀動機之相關研究**（未出版之碩士論文）。嘉義大學，嘉義市。

楊曉雯（1996）。**高中生閱讀行為研究：以臺北市立建國高級中學學生為例**（未出版之碩士論文）。淡江大學，新北市。

齊若蘭（2002）。閱讀：新一代知識革命。天下雜誌，**362**，42-45。

劉佩雲、簡馨瑩、宋曜廷（2003）。閱讀動機量表的修訂及相關因素研究。**測驗年刊**，**50(1)**，1-27。

劉秀燕（2003）。**跨文化衝擊下外籍新娘家庭環境及其子女行為表現之研究**（未出版之碩士論文）。中正大學，嘉義縣。

澎湖縣政府教育局（2010）。**99學年度就讀澎湖縣各年級學生數（含外籍配偶子女）**。未出版。

蔡育妮（2003）。**繪本教學對國小一年級學童閱讀動機與閱讀行為之影響**（未出版之碩士論文）。屏東師範學院，屏東縣。

蔡毓智（2002）。**學習資產對學業成績之影響——以臺北市國三學生基本學力測驗成績為例**（未出版之碩士論文）。政治大學，臺北市。

蔡瑞全（2006）。**臺灣、外籍與大陸配偶子女學校適應之比較研究**（未出版之碩士論文）。花蓮教育大學，花蓮市。

蔡榮貴、周立勳、楊淑朱（2004）。**外籍與大陸配偶子女教育輔導**。教育部專案委託之研究報告，未出版。

盧秀芳（2004）。**在臺外籍新娘子女家庭環境與學校生活適應之研究**（未出

版之碩士論文）。政治大學，臺北市。

應冬梅（2008）。國小高年級學生家庭閱讀環境、閱讀行為與學業成就關係之研究（未出版之碩士論文）。高雄師範大學，高雄市。

鍾德馨（2005）。我國外籍配偶子女教育問題及因應策略之探討。學校行政雙月刊，**40**，213-225。

鐘重發（2003）。家庭教育介入外籍新娘子女學前發展的模式與策略。臺中師院幼兒教育年刊，**15**，190-205。

二、外文部分

Bagozzi, R. P., & Yi, Y. (1988). On the evaluation of structural equation models. *Academic of Marketing Science, 16*, 76-94.

Bourdieu, P. (1973). Culture reproduction and social reproduction. In R. Brown (Ed.), *Knowledge, education, and culture change* (pp. 71-112). London, UK: Tavistock.

Bourdieu, P. (1977). Cultural reproduction and social reproduction. In J. Karabel & A. H. Halsey(Eds.). *Power and ideology in education* (pp. 487-511). New York, NY: Oxford University.

Bourdieu, P. (1984). *Distinction:A social critique of the judgement of taste*. Cambridge, MA: Harvard University Press.

Bourdieu, P. (1986). The form of capital. In J. G. Richardson(Ed.), *Handbook of theory and research for the sociology of education* (pp. 241-258). New York, NY: Greenwood.

Brophy, J. (1988). *Motivating students to learn*. New York, NY: McGrawHill.

De Graaf, P. M. (1986). The impact of financial and cultural resources on educational attainment in the netherlands. *Sociology of Education, 59*, 237-246.

De Graff, N. D., De Graff, P. M., & Kraaykamp, G. (2000). Parental cultural capitaland educational attainment in the Netherlands: A refinement of the cultural-capital perspective. *Sociology of Education, 73*, 92-111.

Deteemers, S., Trautwein, U., & Ludtke, O. (2009). The relationship between homework time and achievement is not universal: Evidence from multilevel analyses in 40 countries. *School Effectiveness and School Improvement, 20*(4), 375-405.

Graham, S., & Weiner, B. (1996). Theories and principles of motivation. In D. C. Berliner & R. C. Calfee (Eds.), *Handbook of educational psychology* (pp. 63-84). New York, NY: Simon & Schuster Macmillan.

Guthrie, J. T., Hoa, A. L. W., Wigfield, A., Tonks, S. M., Humenick, N. M., & Littles, E. (2007). Reading motivation and reading comprehension growth in the later elementary years. *Contemporary Educa-tional Psychology, 32*(3), 282-313.

Jöreskog, K. G., & Sörbom, D. (1993). *LISREL 8: Structural equation modeling with the SIMPLIS command language.* Hillsdale, NJ: Lawrence Erlbaum Associates.

Kline, R. B. (1998). *Principles and practice of structural equation modeling.* New York, NY: The Guilford Press.

Ko, H. W., & Chan, Y. L. (2009). Family factors and primary students' reading attainment: A Chinese community perspective. *Chinese Education and Society, 42*(3), 33-48.

Luyten, H., Peschar, J., & Coe, R. (2008). Effect of schooling on reading performance, reading engagement, and reading activities of 15-year-olds in England. *American Educational Research Journal, 45*(2), 319-342.

Marjoribanks, K. (2004). Families, schools, individual characteristics, and young adults' outcomes: Social and cultural group differences. *International Journal of Educational Research, 41*, 10-23.

Pintrich, P. R., & Schunk, D. H. (2002). *Motivation in education: Theory, research, and applications* (2nd ed.). New Jersey, NJ: Prentice Hall.

Sirin, S. R. (2005). Socioeconomic status and academic achievement: A meta-analysis review of research. *Review of Educational Research, 75*(3), 417-453.

Sweet, A. P., & Guthrie, J. T. (1996). How children's motivations relate to literacy development and instruction. *The Reading Teacher, 49*(8), 660-662.

Teachman, J. D. (1987). Family background, educational resources, and educational attainment. *American Sociological Review, 52*(4), 548-557.

Unrau, N., & Schlackman, J. (2006). Motivation and its relationship with reading achievement in an urban middle school. *The Journal of Educational Research, 100*(2), 81-101.

Walberg, H. J. (1986). Synthesis of research on teaching. In M. C. Wittrock (Ed.), *Handbook of research on teaching* (3rd ed.) (pp. 214-229). New York, NY: MacMillan.

Wigfield, A. (1997). Reading motivation: A domain-specific approach to motivation. *Educational Psychologist, 32*, 59-68.

Wigfield, A., & Guthrie, J. T. (1995). *Dimensions of children's motivations for reading: An initial study.* Athens, GA: National Reading Research Center.

Wigfield, A., & Guthrie, J. T. (1997). Relations of children's motivation for reading to the amount and breadth of their reading. *Journal of Educational Psychology, 89*, 420-432.

附表12-1　文化資本問卷因素分析摘要

預試題號	正式題號	題號內容	因素一負荷量	因素二負荷量	因素三負荷量	因素四負荷量	共同性	特徵值	解釋變異量 %
精緻文化活動								3.07	18.03
1	1	家人會帶我去文化場所參觀各種展覽，如美術展、書展、畫展、書法展等。	**.81**	.23	.10	.08	.73		
2	2	家人會帶我去參訪社教機構，如生活博物館、水族館、地質館等。	**.66**	.20	.21	.16	.55		
3	3	家人會帶我去參訪古蹟或歷史建築，如天后宮、西臺古堡、二崁古厝等。	**.67**	.30	.18	.14	.59		
4	4	家人會帶我去觀賞各種表演，如兒童劇、舞臺劇、音樂會等。	**.66**	.09	.07	-.18	.47		
5	5	家人會帶我去旅遊以增廣見聞。	**.63**	.08	.27	.19	.51		
一般文化活動								2.42	14.21
6	6	父母親會陪我寫作業。	.03	**.85**	.06	.07	.74		
7	7	父母親會陪我閱讀（課外書或書報雜誌等）。	.25	**.80**	.16	.10	.74		
8	8	家人會買書或到圖書館借書給我閱讀。	.37	**.60**	.19	.15	.56		
9	9	父母親會教我使用電腦，如上網、文書處理、繪圖等。	.37	**.57**	.08	.17	.50		
家庭閱讀習慣								2.20	12.96
11	10	家人會鼓勵我參加校內各種藝文活動或比賽（如繪畫、演說、作文、音樂等）。	.22	.11	**.78**	.09	.67		
12	11	家人會鼓勵我參加校外各種藝文活動或比賽（如繪畫、演說、作文、音樂等）。	.28	.11	**.76**	-.02	.66		
13	12	我現在有參加校外學科（國、數、英）補習。	.01	-.02	**.67**	.18	.48		
14	13	我現在有參加校外才藝班。	.14	.23	**.55**	.04	.37		
家庭教育設施								1.96	11.55
16	14	我在家中擁有的課外書籍的情形？	.38	.17	.06	**.57**	.50		
17	15	你在家中擁有書房的情形？	.23	.20	-.01	**.70**	.59		
18	16	你在家中擁有書桌的情形？	.01	-.05	.18	**.74**	.58		
19	17	家中有沒有屬於自己擁有或可共用的電腦	-.11	.12	.07	**.60**	.39		

附表12-2　閱讀動機問卷因素分析摘要

預試題號	正式題號	題號內容	因素一負荷量	因素二負荷量	共同性	特徵值	解釋變異量%
內在閱讀動機						3.41	34.14
1	1	我是個愛閱讀的人。	**.80**	.22	.69		
2	2	老師講到有趣的內容，我會去讀更多相關的書籍及資料。	**.59**	.31	.45		
3	3	看書時，我會覺得自己好像進入書中的世界。	**.83**	.21	.73		
4	4	我會去閱讀困難、具有挑戰性的書。	**.72**	.24	.57		
5	5	對我來說，閱讀是一件很快樂的事。	**.73**	.30	.63		
7	6	我會把覺得好看的書介紹給同學。	**.59**	.39	.49		
外在閱讀動機						2.50	25.02
8	7	我喜歡別人稱讚我看了很多書。	.20	**.81**	.70		
9	8	為了得到老師的獎勵，我會閱讀更多課外書籍。	.22	**.81**	.71		
10	9	我希望我看的書比同學多。	.39	**.72**	.66		
11	10	老師交代的閱讀作業，我會在時間內完成。	.34	**.43**	.30		

附表12-3　閱讀行為問卷因素分析摘要

預試題號	正式題號	題號內容	因素一負荷量	因素二負荷量	因素三負荷量	共同性	特徵值	解釋變異量%
閱讀時間							2.92	26.53
1	1	在星期一至星期五期間，你每天大約花多少時間看課外書籍（含報紙、雜誌）？	**.80**	.11	.20	.70		
2	2	在星期六和星期日時，你每天大約花多少時間看課外書籍（含報紙、雜誌）？	**.85**	.15	.12	.77		
3	3	在暑假期間，你每天大約花多少時間看課外書籍（含報紙、雜誌）？	**.81**	.19	.11	.70		
閱讀數量							2.34	21.28
5	4	在不是考試週期間，你一星期大約閱讀幾本課外的書籍？	.49	.27	**.62**	.70		
6	5	在考試週期間，你一星期大約閱讀幾本課外的書籍？	.11	.14	**.87**	.78		
7	6	在上學期中，你大約閱讀了幾本課外書籍？	.59	.13	**.42**	.55		
8	7	在今年暑假中，你大約閱讀了幾本課外書籍？	.36	.10	**.71**	.64		
閱讀頻率							1.98	17.99
9	8	你去學校圖書館借書次數，大約是每週幾次？	.02	**.77**	.09	.59		
10	9	你每週去鄉市圖書館看書的次數？	.08	**.78**	.20	.66		
11	10	你多久看一次課外書籍？	.34	**.60**	-.03	.47		
12	11	對於你喜歡的課外書籍，你會重複閱讀？	.21	**.78**	.20	.69		

誌謝：感謝行政院科技部2010年專題補助計畫（計畫編號NSC99-2511-S-152-008-NY3）的補助；也感謝兩位審查者寶貴建議，讓文章可讀性高，文中若有任何疏漏，實為作者責任。

本文取自：張芳全、王平坤（2012）。新移民與非新移民子女的文化資本、閱讀動機與閱讀行為之研究。**臺中教育大學學報：教育類，26**(1)，55-89。

第十三章

新移民與非新移民
子女的縱貫分析

壹、緒論

貳、文獻探討

參、研究設計與實施

肆、結果與討論

伍、結論與建議

壹 緒論

一、分析動機

　　本章探討新移民與非新移民子女的家庭社經地位、家庭文化資本與家庭氣氛之縱貫分析。新移民子女教育是一個值得重視的研究議題。教育部（2013）統計，94至102學年之8年來國中小學生數，由278萬3千人降為221萬9千人，然而新移民子女學生數卻由11萬4千人增加為20萬3千人，增加8萬9千人；101學年新移民子女就讀國民中小學的總人數為20.3萬人，較100學年度成長約5.3%。新移民子女人數快速增加，臺灣以這些研究對象為研究議題及數量逐年增加（張芳全、王平坤，2012；張芳全、夏麗鳳，2012；張芳全、李靜芬，2013）。臺灣面臨少子化，在國中小學生人數減少，新移民子女卻逐年遞增，學齡人口結構產生變化，影響臺灣的教育發展（王世英，2007；王貞云、何淑菁、黃欣蕙，2012；吳清山，2004）。因此，新移民子女的教育愈來愈受重視，本章以國中生為範圍，區分為新移民與非新移民子女，來了解這兩群學生的家庭社經地位對家庭文化資本與家庭氣氛之成長情形。

　　國際上已有不少大型資料庫，就如國際數學與科學教育成就趨勢調查（Trends in International Mathematics and Science Study, TIMSS）、國際閱讀素養評比（Progress of International Reading Literacy Study, PIRLS）、國際學生能力評量計畫（the Programme for International Student Assessment, PISA），更有不少以大型資料庫的研究出現（張芳全，2012）。然而檢視國外資料庫多為橫斷面調查（cross-sectional survey），缺乏縱貫性追蹤。橫斷面資料僅以一個時間點分析，無法透過記錄受試者成長時序，了解事件之長期發生行為。若以追蹤資料研究稱為縱貫性研究（longitudinal survey）、貫時性研究（panel research）。縱貫性研究在長期追蹤受試者行為表現，不僅了解受試者的行為成長（growth）與變化（change）幅度，而且也能了解受試者長時間的行為表現軌跡。

　　由於國內外對於國中生的家庭文化資本、家庭氣氛之縱貫性研究相當少。本章以張芳全（2013）對基隆市99學年就讀國中一年級學生，追蹤這些學生五個學期學習表現（共有五波）資料庫。本章透過這資料庫分析，來了解基隆市國民中學生的家庭社經地位對家庭文化資本與家庭氣氛之成長關係。臺灣的新移民子女的家庭社經地位與文化資本較非新移民子女低（張芳全、王平坤，2012），家庭氣氛應有所不同。在此資料庫中，調查對象包括新移民子女與非新移民子女，因而本章要了解，在長期追蹤資料下，究竟新移民子女的家庭社經地位、文化資本與家庭氣氛成長變化關係為何？也就是說，國一下學期新移民與非新移民子女的家庭社經地位對於國一的家庭文化資本與家庭氣氛（第一波的表現稱為起始點或截距項）的影響情形為何？國一下學期的家庭社經地位對於國一至國三（五波）的家庭文化資本與家庭氣氛成長（五波之間的成長情形稱為成長幅度或斜率）的影響情形為何？以及家庭文化資本起始點與其成長幅度、家庭氣氛起始點與其成長幅度的關聯性為何？都是本章探討重點。該資料庫鎖定基隆市國民中學學生追蹤主因在於，這地區的新移民及非新移民子女僅在十五所公立國民中學就學，容易長時間追蹤他們的學習表現。本章透過此分析來了解這兩群學生在上述變項的成長變化。

二、分析目的

　　基於上述，本章目的如下：

　　㈠ 了解新移民與非新移民之國民中學生的家庭社經地位對家庭文化資本與家庭氣氛之成長情形。

　　㈡ 分析比較新移民與非新移民之國民中學生的家庭文化資本起始點與家庭文化資本成長幅度；家庭氣氛起始點與家庭氣氛成長幅度；家庭文化資本起始點與家庭氣氛成長幅度；家庭氣氛起始點與家庭文化資本成長幅度；家庭氣氛成長幅度與家庭文化資本成長幅度；家庭氣氛起始點與家庭文化資本成長幅度；家庭氣氛成長幅度與家庭文化資本成長幅度的關係。

貳 文獻探討

為了解臺灣的新移民與非新移民子女的家庭社經地位、家庭文化資本與家庭氣氛之成長，以下探討社經地位意涵與向度、文化資本意涵與向度、家庭氣氛意涵與向度，以及這三個面向的相關研究。說明如下：

一、社經地位之意義與內涵

社會經濟地位簡稱為社經地位，它是一個家庭擁有物質與精神的總稱（如：權勢、財富、聲望），透過所包括職業、教育程度與經濟收入。這些面向不但有高低，而且是關係到每個人的主觀地位或聲望，它會依不同的社會階層分配於各家庭，透過社經地位高低，來代表個人或家庭之階層（王雅玲、李瓊雯、張恬瑜、曾妙音，2009；李佩嬛、黃毅志，2012；黃毅志，2008；黃建皓，2012；蕭佳純，2009）。簡言之，家庭社經地位是一個資源與聲望的整合性指標，在資源方面，測量物質資源、社會資源及資產（包括收入、財富與教育程度）；在聲望方面，測量個人在社會階級中的地位，評估個人的職業聲望等。

衡量家庭社經地位的測量指標有不同見解。馬信行（1985）以父母的教育程度與職業類別為社經背景指標；Teachman（1987）則認為，家庭社經地位包括父母的教育程度與家庭收入；黃毅志（2003）認為，職業、教育與收入是測量社經地位的重要指標。經濟、社會與文化資本（Econnmic, Social, Cutural Capital, ESCS）為國際學生成就評鑑（the Programme for International Student Assessment, PISA）採用的家庭社經地位指標。張貴琳（2011）指出，以往研究大都採用社經地位（Social-Economic status，簡稱SES）指標，包括教育程度與職業水準，在職業水準除了以父親的職業水準之外，亦有以父母親職業水準較高一方或兩者之平均表示。在教育程度方面，社經地位象徵個人擁有可取得實質的社會、心理及經濟資源的必要技能，亦可視為收入與職業之取得的前置因素。其最大優點在於易測量，其缺點在於其不隨時間而有所變動，不盡然能反映個人在日後經濟面

的提升。而在社經地位中，又以教育程度作為重要的測量指標之一。而家庭社經地位測量的指標之一是職業，職業反應職業聲望與工作責任，如果個人從事的職業聲望愈高，代表個人在家庭社經地位愈高。

二、家庭文化資本之內涵與向度

文化資本（culture capital）為法國社會學家P. Bourdieu（1930-2002）在《文化再製與社會再製》（Cultural Reproduction and Social Reproduction）提出，文化資本包括內化形式（the embodied state）、具體化形式（the objectified state）、制度化形式（the institutionalized state）的資本（Bourdieu, 1986; Bourdieu & Passeron, 1977）。Bourdieu（1984）認為，文化資本是人們在高社會階層的精緻文化能掌握的程度，如來自高社會階層的學生，不僅能擁有較多的經濟資源，也具備較為豐富的文化資本，他們可能從幼兒起，在家庭中繼承家長的行為型態、大人思維模式與氣質。這種文化資本在無意識狀況下，進行世代間傳遞。某種程度上，家庭文化資本反應了階級性，高社會階層者透過學校教育接受了社會較接近優勢階層的文化，處於較為有利的社會地位。

由於文化資本範疇不斷地擴大，使得Bourdieu的文化資本理論原本著重的高層次文化，Teachman（1987）將家庭教育資源包括在其中。個體得到的文化刺激，可以透過日常生活或活動獲得廣義的文化資本，不再侷限於高社經地位者才能夠擁有的文化活動。由於影響學童學習的關鍵因素多元，張芳全、王平坤（2012）將一般性文化活動也列入文化資本，這些資本如家庭閱讀的環境、習慣、購書頻率、至圖書館次數、從事文化參訪及相關的藝文活動。

本章將家庭文化資本內涵分為教育資源、閱讀習慣、一般（補習）與精緻型文化活動（藝文活動）。在教育資源方面，它是學生家庭中擁有的教育設備，包括字典、參考書、課外讀物、專用書桌等各種學習資源。在閱讀習慣方面，它是指學生個人對於學習及閱讀行為，學生會運用時間到圖書館找尋閱讀材料，增加文化刺激。在一般型文化活動方面，臺灣國中普遍性的課後活動為補習是主要活動之一。這些校外活動也是家庭文

資本的一環，而取名一般型文化是因為國中生在此階段較常面對的補習課程，因此取名為一般型文化活動。國中生補習對於學習表現有其影響，因而在一般型文化活動加入補習項目，包括家教或安親班課程、國文、英語、數學等各類補習課程。在精緻型文化活動方面，它是指個體參加較為高階的文化活動，包含參加音樂會、藝術表演活動與文學閱覽活動。本章的精緻型文化活動包括：聽音樂會、文藝、科學展覽、參觀美術展。

三、家庭氣氛的意涵與向度

家庭環境影響子女的自我影像（self-image），即使到了青春期，家庭對於青少年的自我概念、身心發展與行為表現仍具有決定性的影響。家庭環境及其成員從日常生活中會塑造家庭氣氛，而什麼是家庭氣氛呢？Moos與Moos（1986）以三大向度與十個指標衡量家庭氣氛：㈠關係向度：家庭成員之間的凝聚力、家人公開相互表達程度與衝突情形；㈡個人成長向度：家庭成員發展過程中展現出的獨立性、成就取向、智能文化取向（家庭對政治、文化活動的注意情形）、主動休閒導向、倫理宗教強調性；㈢系統維護向度：強調家庭的組織性與控制性（如家規的設定）。吳武典、林繼盛（1985）將家庭氣氛分為父母期望水準、教育態度、家庭學習環境、家庭互動語言及人際關係。可見，家庭氣氛的內涵相當分歧。

Denton與Kamofe（1994）認為，測量家庭氣氛應包含：㈠家庭組成：指單親家庭與雙親家庭的差異性所產生的情境；㈡家庭互動：包括家庭參與、溝通、紀律與家庭決策；㈢家庭成員間的觀念差異：家庭之中不同的聲音及意見表達的流暢性。Shulman與Mosak（1988）以三個層面描述家庭氣氛：㈠情緒：指家庭中大部分時間呈現的心理狀態，如快樂與友善氣氛等；㈡秩序：指家庭的階層關係與所發生的事件而言；㈢關係：指家庭成員的互動形式，如親近、有距離等。家庭氣氛由父母建立，因而父母之相關因素影響氣氛，包括父母的人格特質、價值觀、生活風格、教育態度、管教方式、對家庭的價值觀、原生家庭的氣氛、夫妻婚姻狀況等，都會影響家庭氣氛。由於家庭系統複雜，使得測量工具難以具

體化。雖然在概念上試圖反映家庭系統的基本精神，但是在實際操作卻未能確切捕捉及描繪真正內涵（Anderson & Sabatelli, 1990; Camasso & Geismar, 1992; Halvorsen, 1991）。因此，家庭氣氛複雜性，絕非單一向度可以測量，在衡量家庭氣氛需要審慎，避免偏失。

　　雖然家庭氣氛內涵相當分歧，但是它是家庭成員在平時生活互動所建立的情感聯結。在家庭氣氛分為家庭情感及家庭互動。在家庭情感方面，強調家庭內親密或親子關係，家人彼此有部分時間生活在一起，擁有著規範與承諾，具歸屬及認同感，形成與維護家庭的重要基礎，家人能建立起歸屬感，使得每個人都有安全感，並相互產生感情。在家庭互動方面，強調家人彼此聯繫的關係與相互關懷，它不僅增進互動對象的勝任感，也增進家庭成員的愉悅感，從互動關係中感受到的彼此情感的聯結性。

四、家庭社經地位、家庭文化資本與家庭氣氛之相關研究

　　新移民與非新移民子女很大的差異在於家庭社經地位明顯不同。然而家庭社經地位對於家庭文化資本有正面影響（張芳全，2011），社會階層理論指出，社會社經地位愈高，文化資本愈高（Gillian & Pong, 2005）。而社經地位愈高的家庭，家庭成員的知識水準高，因而對於家庭氣氛的經營愈能掌握，兩者之間是正面的。而文化資本愈多的家庭，代表在家庭經營較為重視，對於家庭氣氛的影響也有其正面效果。這也是本章為何要將上述三個變項納入研究的重點之一。過去在這些面向的研究，說明如下：

　　首先，社經地位與文化資本存在關聯性。家庭社經地位愈高，所能提供的家庭資源較佳。父母的教育程度可以有效預測，父母所供給子女家庭學習資源多寡；而教育程度較佳的家長，能提供的文化資本較多，兩者之間具有正向關係（張芳全，2011；Davis-Kean & Sexton, 2009; Gillian & Pong, 2005）。新移民子女與非新移民的文化資本，確實有差異存在，新移民子女在家庭社經地位及文化資本，明顯落後於非新移民子女（張芳全，2006）。其次，家庭社經地位與家庭氣氛。雙親的社經地位可能影響其對子女的教養風格與家庭環境氣氛，父母的教育程度與職業聲望愈高，則家庭氣氛愈佳，但是對於中低等及家庭社經地位來說，家庭氣氛反而較

好或沒有差異（王雅玲等，2009）。第三，家庭文化資本對於家庭氣氛有正面助益。關於探討與家庭氣氛之變項相當繁雜，家庭氣氛與親子關係（吳就君、潘蓓蓓、叢肇祥，1987）、管教態度、人際關係、教育成就、期望、年數及學習成效（李敦仁、余民寧，2005；Sewell, Haller, & Ohlendorn, 1970），然而針對家庭文化資本影響家庭氣氛之成長研究缺乏。本章認為，家庭文化資本愈多，可以豐富子女學習，也有可能提高家庭氣氛。

綜合上述，家庭社經地位對於家庭文化資本與家庭氣氛具有正面影響，父母教育程度愈高、職業愈好，子女可獲得家庭文化資本愈多，同時會讓家庭氣氛愈好。而基隆市國民中學生（新移民與非新移民）的家庭社經地位對家庭文化資本與家庭氣氛的關係有待檢定。

參 研究設計與實施

一、分析架構

基於研究目的及文獻探討，建立的架構如圖13-1與圖13-2。圖中X_1、X_2、X_3、X_4分別代表父、母親教育程度、父、母親的職業。圖13-1（圖13-2）代表探討新移民（非新移民）子女的家庭社經地位對家庭文化資本起始點與成長幅度之影響；家庭社經地位對家庭氣氛起始點與成長幅度之影響（單箭號稱為影響，以下同）；家庭文化資本起始點與家庭氣氛起始點的關聯（雙箭號稱為關聯，以下同）；家庭文化資本起始點與成長幅度之關聯；家庭氣氛起始點與成長幅度之關聯；分析家庭文化資本起始點對家庭氣氛成長幅度之關聯；家庭氣氛起始點對家庭文化資本成長幅度之關聯；家庭文化資本成長幅度對家庭氣氛成長幅度之關聯。

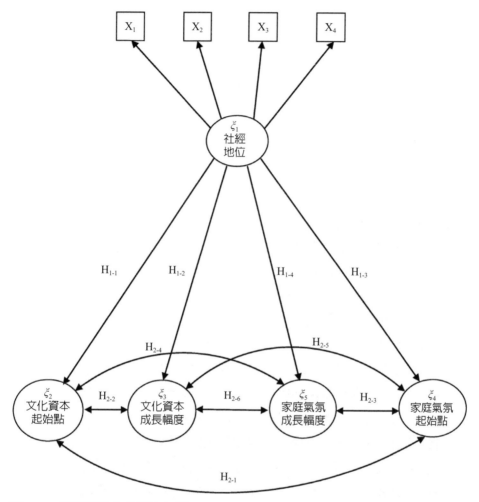

圖13-1　新移民子女的研究架構

二、研究假設

㈠ 新移民子女模式之假設

1. 新移民子女的家庭社經地位對家庭文化資本與家庭氣氛之關聯

H_{1-1}：家庭社經地位對家庭文化資本起始點有正向影響。

H_{1-2}：家庭社經地位對家庭文化資本的成長幅度有正向影響。

H_{1-3}：家庭社經地位家庭氣氛的起始點有正向影響。

H_{1-4}：家庭社經地位對家庭氣氛的成長幅度有正向影響。

2. 新移民子女的家庭文化資本與家庭氣氛之關聯

H_{2-1}：家庭文化資本起始點與家庭氣氛起始點有正向關聯。

H_{2-2}：家庭文化資本起始點與成長幅度有正向關聯。

H_{2-3}：家庭氣氛起始點與成長幅度有正向關聯。

H_{2-4}：家庭文化資本起始點對家庭氣氛成長幅度有正向關聯。

H_{2-5}：家庭氣氛起始點對家庭文化資本成長幅度有正向關聯。

H_{2-6}：家庭文化資本成長幅度與家庭氣氛成長幅度有正向關聯。

㈡ 非新移民子女模式之假設

1. 非新移民子女的家庭社經地位對家庭文化資本與家庭氣氛之關聯

H_{3-1}：家庭社經地位對家庭文化資本起始點有正向影響。

H_{3-2}：家庭社經地位對家庭文化資本的成長幅度有正向影響。

H_{3-3}：家庭社經地位家庭氣氛的起始點有正向影響。

H_{3-4}：家庭社經地位對家庭氣氛的成長幅度有正向影響。

2. 非新移民子女的家庭文化資本與家庭氣氛之關聯

H_{4-1}：家庭文化資本起始點與家庭氣氛起始點有正向關聯。

H_{4-2}：家庭文化資本起始點與成長幅度有正向關聯。

H_{4-3}：家庭氣氛起始點與成長幅度有正向關聯。

H_{4-4}：家庭文化資本起始點對家庭氣氛成長幅度有正向關聯。

H_{4-5}：家庭氣氛起始點對家庭文化資本成長幅度有正向關聯。

H_{4-6}：家庭文化資本成長幅度與家庭氣氛成長幅度有正向關聯。

三、變項測量

本章使用的各個變項之測量，說明如下：

㈠新移民子女。本章所指的新移民子女是99學年度就讀基隆市國民中學的國一學生，這些學生從國一至國中三都在基隆市公立國民中學就讀，同時這些學生的母親來自於越南、印尼、泰國、馬來西亞、中國大陸等，她們與中華民國之男性為婚配關係移民進入臺灣。

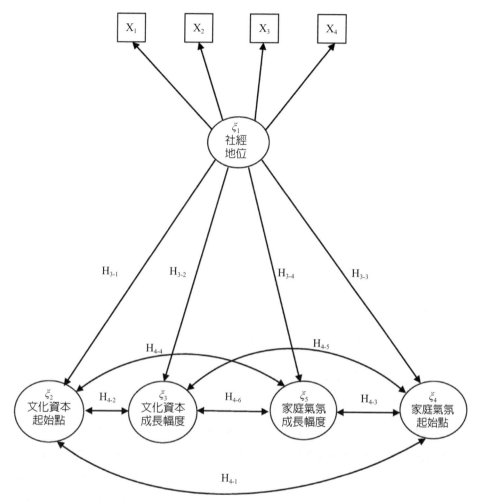

圖13-2　非新移民子女的研究架構

　　㈡家庭社經地位。家庭社經地位係指一個家庭在社會中的相對地位。本章的家庭社經地位係指新移民與非新移民子女的父、母親職業與其教育程度構成的變項。本章資料是以「國民中學學習狀況之追蹤調查問卷」的題目調查的。本章在職業類別參考黃毅志（2008）建構的「改良版新職業聲望與社經地位量表」，將資料庫中的十三種職業歸類為五種，作為測定社經地位。在父、母親接受之最高學歷，各選項代碼如下：1.小學

沒畢業或沒有上過學；2.國小畢業；3.國中畢業；4.高中／職畢業；5.專科畢業；6.大學畢業；7.碩士以上學位；8.我不知道。為求計分的準確度，依照臺灣的學制，這些教育階段的畢業年數為依據，分別以0年、6年、9年、12年、14年、16年、18年接受教育作計算，其中若受測者填答我不知道的選項，該筆就予以刪除，不列入分析。

（三）家庭文化資本。它是指家庭中擁有的一切有形與無形資本，可以提供子女學習的資源。本章在家庭文化資本區分為教育資源、閱讀習慣、一般與精緻型文化活動，它以資料庫的「國民中學學習狀況之追蹤調查問卷」，在上述各面向中的題目作為測量。以教育資源來說，在各題問卷選項為沒有、有，依序給予1分與2分；個人閱讀之選項為從不如此、偶爾如此、經常如此、總是如此，依序給予1-4分；一般型文化活動的測量分成沒有、一週1次、一週2次、一週3次（含以上），依序給予1-4分；精緻型文化活動為沒有、一個月1次、一個月2次、一個月3次，依序給予1-4分。最後再將上述面向及各面向分數加總，假若分數愈高，代表家庭文化資本愈豐富。

（四）家庭氣氛。它是一個家庭成員在平時生活互動下所建立的情感聯結。本章家庭氣氛分為家庭情感與家庭互動。本章以「國民中學學習狀況之追蹤調查問卷」中在上述各面向的題目作為測量，由受試者選出符合自己的情形。以家庭情感來說，在各題的選項區分為非常不同意、不同意、同意、非常同意，依序給予1-4分。而家庭互動則分成從不如此、偶爾如此、經常如此、總是如此，依序給予1-4分。家庭氣氛由上述兩個變項構成，得分愈高者，代表家庭氣氛愈佳。

四、資料來源與研究對象

本章採用張芳全（2013）建置「國民中學學習狀況之追蹤調查」資料庫之樣本，它以99學年基隆市國民中學就讀七年級學生為追蹤調查樣本。在第一波樣本共有4,261位學生，第二至五波追蹤樣本逐年減少。本章透過整列剔除法，進行剔除後，在五波都有完整資料者（有效樣本）為1,587名，其中包含新移民子女98名與非新移民子女有1,489名。本章為國

民中學學生社經地位、文化資本與家庭氣氛之縱貫性研究，採用樣本為固
定受試者在不同時間的追蹤。本章在父母親教育程度與職業運用資料庫中
的第一波背景資料資料，而家庭文化資本及家庭氣氛則以第一至第五波問
卷的日常生活之長期追蹤樣本資料，藉此分析國民中學學生家庭社經地
位、文化資本與家庭氣氛之長期變化情形。

五、研究工具的信效度

　　為了解本章篩選變項所獲得的工具信度與效度，以「國民中學學習狀
況之追蹤調查第一波」資料的家庭文化資本及家庭氣氛的信效度分析。第
一波資料先剔除答題不完整問卷，獲得有效樣本，透過SPSS V.18 for Win-
dows進行因素及信度分析。說明如下：

㈠ 家庭文化資本的效度

　　本章在家庭文化資本分為教育資源、閱讀習慣、一般型文化活動及
精緻型文化活動。估計其信度是運用因素分析的主成分分析萃取法，採
取最大變異法進行直交轉軸，以特徵值大於1.0為參考標準。分析之後
各題如表13-1，直交轉軸特徵值大於1之因素有4個，分析後的各個題目
如表13-1。第一個因素為教育資源，共有8題，特徵值3.98，解釋變異量
18.07%；第二個因素為閱讀習慣，共有6題，特徵值2.45，解釋變異量
11.15%；第三個因素為一般型文化活動，共有4題，特徵值2.33解釋變異
量10.60%；第四個因素為精緻型文化活動，共有4題，特徵值2.33，解釋
變異量10.59%，四個因素的總累積變異量為50.40%。

㈡ 家庭氣氛的效度

　　以因素分析了解家庭氣氛之效度，其直交轉軸特徵值大於1之因素共
有2個，測量題項分為家庭情感及家庭互動，各題項如表13-2。第一個因
素為家庭情感，共有6題，特徵值3.03，解釋變異量30.28%；第二個因素
為家庭互動，共有4題，特徵值2.23，解釋變異量22.26%，二個因素的總
累積變異量為52.54%。

表13-1 家庭文化資本之效度

向度	題目	因素一負荷量	因素二負荷量	因素三負荷量	因素四負荷量	共同性	特徵值	變異數解釋量%
教育資源	字典或辭典（包含中英文）	-.05	.08	-.01	**.51**	.27		
	電子辭典（包含中英文）	.02	-.13	-.06	**.59**	.37		
	和學習相關的光碟、軟體	-.12	-.11	.02	**.61**	.40		
	數學與自然的參考書（如：講義）	-.16	-.03	-.16	**.54**	.34		
	數學和自然相關的雜誌（如：小牛頓、牛頓）	-.12	-.17	.01	**.53**	.32	3.98	18.07
	課外讀物（如：小說、故事書、百科全書）	-.20	.02	-.05	**.43**	.22		
	個人專用的書桌	-.04	-.04	-.07	**.35**	.13		
	和數學或自然科學相關的玩具（例如積木、魔術方塊、機器人等）	-.09	-.08	.01	**.52**	.28		
閱讀習慣	我每天會安排一段時間看課外讀物	**.86**	.05	-.03	-.12	.75		
	我每天會在同一個地點看課外讀物	**.76**	.04	-.01	-.12	.60		
	放假時，我常會看課外讀物	**.86**	.07	-.02	-.17	.78	2.45	11.15
	我常從圖書館或班上借書回去看	**.73**	.12	-.01	-.10	.56		
	我會閱讀不同題材的課外讀物	**.81**	.13	-.01	-.17	.70		
	我會去書店找尋想看的課外讀物	**.71**	.17	.05	-.16	.56		
一般型文化活動	家教或安親班課程	-.04	.03	**.82**	-.04	.67		
	補英文（例如，文法、會話、作文等）課程	.01	-.02	**.77**	-.09	.61	2.33	10.60
	補數學	-.01	-.04	**.84**	-.07	.71		
	補自然（生物、理化、地科）	.01	.08	**.57**	-.06	.33		
精緻型文化活動	逛圖書館、書店、看書展	.30	**.52**	.02	-.22	.41		
	聽音樂會、觀賞表演	.10	**.81**	.03	-.07	.67	2.33	10.59
	參觀美術展、文藝展覽	.09	**.85**	.02	-.08	.74		
	參觀博物館、天文館、科學展覽	.08	**.81**	.01	-.08	.67		

表13-2　家庭氣氛之效度

向度	題目	因素一負荷量	因素二負荷量	共同性	特徵值	變異數解釋量%
家庭情感	我會和家人談論學校發生的事	**.73**	.21	.57		
	我可以感受到家人對我的關心	**.78**	.11	.62		
	我需要幫忙時會找家人協助	**.79**	.16	.64	3.03	30.28
	家人會看我的考卷，了解學習情況	**.52**	.40	.52		
	家人會看我的家庭聯絡簿	**.52**	.07	.43		
	家人會鼓勵或指導我閱讀課外讀物	**.52**	.42	.51		
家庭互動	家人會陪我唸書或指導功課	.49	**.53**	.63		
	家人會參與我的學校活動	.31	**.64**	.28	2.23	22.26
	家人會到學校擔任志工或義工	-.14	**.78**	.61		
	家人會陪我閱讀課外讀物	.33	**.71**	.45		

㈢ 家庭文化資本與家庭氣氛的信度

　　本章以Cronbach's α係數估計研究工具的信度，它對同一向度的題目進行內部一致性分析，藉此了解研究工具的信度。本章在家庭文化資本的信度係數，除了家庭資源為.62之外，閱讀習慣、一般型文化活動及精緻型文化活動各為.89、.74、.72等都在.70以上，有不錯穩定與精確性，整體文化資本的係數為.73，顯示出內部的一致性具有不錯的信度。在家庭氣氛問卷的Cronbach's α係數，其中家庭情感的α係數為.78；家庭互動則為.70，顯示內部一致性頗佳，整體家庭氣氛的α係數為.75。

六、樣本基本資料分析

　　本章對基本資料描述整理如表13-3。表中看出，母親為中華民國者最多，占93.8%，而為新移民者占6%；父親教育程度，以高中／職畢業

表13-3 樣本基本資料分析（*N* = 1,587）

類別	項目	總人數	總百分比 (%)	新移民子女		非新移民子女	
				人數	百分比 (%)	人數	百分比 (%)
母親國籍	中華民國	1,489	93.8	0	0	1,489	100
	中國大陸	63	4.0	63	64.3	0	0
	香港、澳門	5	0.3	5	5.1	0	0
	越南	11	0.7	11	11.2	0	0
	印尼	2	0.1	2	2	0	
	泰國	4	0.3	4	4.1	0	0
	菲律賓	5	0.3	5	5.1	0	0
	馬來西亞	1	0.1	1	1	0	0
	緬甸	4	0.3	4	4.1	0	0
	其他	3	0.2	3	3.1	0	0
父親教育程度	小學沒畢業或沒有上過學	8	0.5	1	1.0	7	0.4
	國小畢業	51	3.2	6	6.1	45	2.8
	國中畢業	280	17.6	19	19,4	261	16.4
	高中／職畢業	573	36.1	42	42.9	531	33.5
	專科畢業	185	11.7	5	5.1	180	11.3
	大學畢業	165	10.4	5	5.1	160	10.1
	碩士以上學位	50	3.2	1	1.0	49	3.1
	我不知道	275	17.3	19	19.4	354	22.3
母親教育程度	小學沒畢業或沒有上過學	13	0.8	7	7.1	6	0.4
	國小畢業	46	2.9	8	8.2	38	2.4
	國中畢業	196	12.4	14	14.3	182	11.5
	高中／職畢業	719	45.3	34	34.7	685	43.2
	專科畢業	171	10.8	0	0	171	10.8
	大學畢業	168	10.6	9	9.2	159	10
	碩士以上學位	21	1.3	1	1.0	20	1.3
	我不知道	253	15.9	25	25.5	326	20.5
父親職業	非技術工	85	5.4	5	5.1	80	5.0
	技術工作者	422	26.6	39	39.8	383	24.1
	半專業人員	388	24.5	19	19.4	369	23.3
	專業人員	447	28.2	22	22.4	425	26.8
	高級專業人員	143	9	3	3.1	140	8.8
	其他	102	6.4	10	10.2	190	12.0
母親職業	非技術工	65	4.1	8	8.2	57	3.6
	技術工作者	630	39.6	34	34.7	596	37.6
	半專業人員	389	24.5	34	34.7	355	22.4
	專業人員	218	13.8	11	11.2	207	13.0
	高級專業人員	182	11.5	3	3.1	179	11.3
	其他	103	6.5	8	8.2	193	12.2

最多，占36.1%，其次為國中畢業，占17.6%，專科畢業占11.7%，大學畢業占10.4%，碩士以上學位占3.2%，國小畢業占3.2%，小學沒畢業或沒有上過學占0.5%；母親教育程度也以高中職畢業最多，占45.3%，其次為國中畢業占12.4%；專科畢業占10.8%，大學畢業占10.6%，國小畢業占2.9%，碩士以上學位占1.3%，小學沒畢業或沒有上過學占0.8%。父親職業以專業人員最多，占28.2%，技術工作者次之，占26.6%，半專業人員占24.5%，高級專業人員占9%，非技術工則占5.4%；母親職業則以技術工作者最多，比率為39.6%，半專業人員次居占24.5%，專業人員占13.8%，高級專業人員占11.5%，非技術工則占4.1%。

七、資料處理與統計方法

㈠有效樣本的資料處理

本章使用張芳全（2013）建置之「國民中學學習狀況之追蹤調查」第一至第五波資料庫。在樣本篩選與資料整理上，若該生在某一波的家庭社經地位、家庭文化資本與家庭氣氛有一筆遺漏者，就採取整列剔除法配對刪除法（pairwise deletion）刪除。最後在五波資料都有資料的有效樣本為1,587名。有效樣本占第一波問卷樣本數（4,261名）的37.24%。接著透過從資料庫所篩選出之題目，測量五波的家庭文化資本與家庭氣氛變項，計算共變數矩陣作為估計模式的依據。由於家庭社經地位之中，父母親教育程度若填寫「我不知道」，父母親的職業填寫「其他」，則將此份問卷視為填寫資料不完整，予以刪除。本章檢定的學生家庭文化資本與家庭氣氛之潛在成長模式樣本數，是刪去缺失資料所計算而得。所以表中計算各變項的有效人數，未必等於新移民與非新移民子女總人數（新移民$n_1 = 98$；非新移民$n_2 = 1,489$）。要說明的是，99學年基隆市新移民子女就讀國中一年級的學生人數僅有174名（教育部，2014），因此，本章在新移民子女為98名，代表該資料庫追蹤五波資料仍有56%的留存率，算是很高的，因而其新移民子女的樣本數有一定的代表性。

㈡資料分析方法

針對研究目的，本章採行資料處理方法如下：

首先，使用描述統計，計算變項的平均數、標準差、偏態與峰度分析，進行變項的描述性統計，以了解研究樣本分布情況，並繪製第一至第五波之家庭文化資本與家庭氣氛之成長線條圖。其次，運用積差相關係數來估計各變項之變異數共變數矩陣，作為檢定模式的依據。

第三，運用潛在變項成長模式估計建構的模式。本章採用Aber與McArdle（1991）、Meredith與Tisak（1990）提出的「完整潛在軌跡模式」（completely latent trajectory model），它將斜率項因素的第一個時間點設定為0，最後一個時間點設定為1.0，其餘時間點則採完全開放估計，以自然反映出原始資料隨著時間發展，來呈現資料成長的趨勢。本章資料分析透過估計新移民與非移民子女的家庭社經地位、家庭文化資本與家庭氣氛的變異數共變數矩陣，接著進行LGM的各個參數設定，再做各個參數估計。由於本章在新移民子女數有限（$n = 98$），在檢定時，因素結構的關係圖將會有所簡化。本章建立的新移民（非新移民）子女的家庭社經地位、家庭文化資本與家庭氣氛的因素結構關係，如圖13-3所示。

圖中各符號說明如下：○中的ξ_1、ξ_2、ξ_3、ξ_4、ξ_5符號，表示無法觀察到的潛在變項；□符號X_1、X_2、X_3、X_4代表家庭社經地位ξ_1的測量指標；□中Y_1、Y_2、Y_3、Y_4、Y_5代表家庭文化資本ξ_2、ξ_3的測量指標；□中Y_6、Y_7、Y_8、Y_9、Y_{10}代表家庭氣氛ξ_4、ξ_5的測量指標；β_1、β_2代表家庭社經地位ξ_1對家庭文化資本起始點及成長幅度的影響；β_3、β_4代表家庭社經地位ξ_1對家庭氣氛起始點及成長幅度的影響。三角形（在圖內有一個1）代表常數項，也就是，α_1、α_2代表家庭文化資本起始點與成長幅度ξ_2、ξ_3的平均截距項及斜率項參數；α_3、α_4代表家庭氣氛起始點與成長幅度ξ_4、ξ_5的平均截距項及斜率項參數；ψ_1、ψ_2代表對家庭文化資本起始點與成長幅度ξ_2、ξ_3的截距及斜率項變異數；ψ_3、ψ_4代表對家庭氣氛起始點與成長幅度ξ_4、ξ_5的截距及斜率項變異數；r_1代表家庭文化資本起始點ξ_2與家庭氣氛起始點ξ_4的關係；r_2代表家庭文化資本起始點ξ_2與家庭文化資本成長幅度ξ_3的關係；r_3代表家庭氣氛起始點ξ_4與家庭氣氛成長幅度ξ_5的關係；r_4代表家庭文化資本起始點ξ_2與家庭氣氛成長幅度ξ_5的關係；r_5代表家庭氣氛起始點ξ_4與家庭文化資本成長幅度ξ_3的關係；r_6家庭文化資本成長幅度ξ_3與家庭氣氛成長幅度ξ_5的關係；λ_1、λ_2、λ_3、λ_4代表對X_1、X_2、X_3、X_4的因素負荷量；

λ_5至λ_{14}代表對ξ_2、ξ_3的因素負荷量；λ_{15}至λ_{24}代表對ξ_4、ξ_5的因素負荷量；δ_1、δ_2、δ_3、δ_4代表對X_1、X_2、X_3、X_4的估計誤差；ε_1、ε_2、ε_3、ε_4、ε_5代表對Y_1、Y_2、Y_3、Y_4、Y_5的估計誤差；ε_6、ε_7、ε_8、ε_9、ε_{10}代表對Y_6、Y_7、Y_8、Y_9、Y_{10}的估計誤差；ζ_1與ζ_2分別是家庭文化資本成長起始點與成長幅度之估計誤差；ζ_3與ζ_4為家庭氣氛起始點與成長幅度之估計誤差。

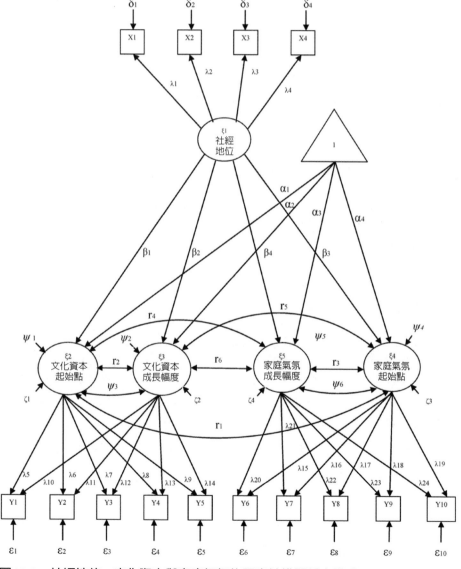

圖13-3　社經地位、文化資本與家庭氣氛的因素結構關係之模式

肆 結果與討論

一、各波家庭文化資本與家庭氣氛之情形與討論

(一)家庭文化資本與家庭氣氛之描述性統計

　　本章各觀察變項之平均數、標準差、偏態與峰度如表13-4與表13-5。表中可知，第一至第五波新移民子女在各波的家庭文化資本偏態依序分別為1.213、.599、.483、.285、.510，峰度為2.611、.241、.265、-.323、-.011；非新移民子女的各波偏態為.786、.366、.396、.399、.512，峰度各為.851、-.140、.058、-.055、.188。而新移民子女與非新移民子女的觀測變項平均數之離散程度最大者皆在第二波。

表13-4　新移民與非新移民子女各波的家庭文化資本的描述統計（$N_1 = 98, N_2 = 1,489$）

新移民子女波次	一	二	三	四	五
平均數	1.5295	1.6789	1.6846	1.6282	1.5938
標準差	.29215	.35304	.32121	.33798	.31425
變異數	.085	.125	.103	.114	.099
偏態	1.213	.599	.483	.285	.510
峰度	2.611	.241	.265	-3.23	-.011
非新移民子女波次	一	二	三	四	五
平均數	1.5765	1.7041	1.6969	1.6404	1.6453
標準差	.31814	.35320	.34848	.33775	.34311
變異數	.101	.125	.121	.114	.118
偏態	.786	.366	.396	.399	.512
峰度	.851	-.140	.058	-.055	.188

表13-5　新移民與非新移民子女各波的家庭氣氛的描述統計（$N_1 = 98, N_2 = 1,489$）

新移民波次	一	二	三	四	五
平均數	2.1611	2.1052	2.0490	2.0464	2.0262
標準差	.54892	.53261	.51328	.59286	.55828
變異數	.301	.284	.263	.351	.312
偏態	.472	.735	.703	.800	.485
峰度	.147	1.479	.707	.986	.320
非新移民波次	一	二	三	四	五
平均數	2.3099	2.2575	2.2292	2.1942	2.2198
標準差	.56592	.56900	.55976	.58503	.59644
變異數	.320	.324	.313	.342	.356
偏態	.342	.436	.549	.606	.529
峰度	-.155	.206	.249	.520	.227

　　至於新移民子女的家庭氣氛偏態依序為：.472、.735、.703、.8、.485；峰度各為.147、1.479、.707、.986、.32；非新移民子女的偏態各為.342、.436、.549、.606、.529，峰度為-.155、.206、.249、.52、.227。而新移民子女的觀測變項平均數之離散程度最大為第四波；非新移民則為第五波。上述的偏態與峰度均符合Kline（2005）提出，判斷變項資料是否為常態分配之條件：「偏態係數小於3及峰度小於10」之標準，顯示出本章分析之各波資料為常態分配，在LISREL以最大概似估計法（maximum likelihood estimation, MLE）進行參數估計。

㈡ 文化資本之成長變化

　　本章將有效的樣本分析，繪製了基隆市國民中學學生的家庭文化資本成長曲線，從圖13-4可知，新移民子女在精緻型文化資本第一至第五波，呈現上升－下降－下降－下降；而非新移民子女則呈現上升－下降－下降－下降。在兩群的國民中學生，第一至第五波都反應出非新移民子女較新移民子女的家庭文化資本高，但是兩者差異不大，且兩者在線條成長幅

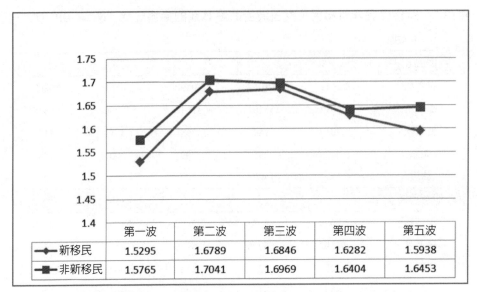

	第一波	第二波	第三波	第四波	第五波
◆ 新移民	1.5295	1.6789	1.6846	1.6282	1.5938
■ 非新移民	1.5765	1.7041	1.6969	1.6404	1.6453

圖13-4　新移民與非新移民子女在第一至第五波文化資本之成長軌跡

度相似（因為刻度放大的關係，其實這些線條都接近直線），其中第一至第二波的家庭文化資本都有劇增現象，但是隨著時間推移，至第三、四、五波又逐漸下滑，僅有非新移民子女在第四至第五波，呈現些許回升狀態。第一至第二波家庭文化資本速率急遽上升的原因可能是，學生從國民小學進入國民中學之後，學習內容及材料不同，需要更多及不同類型的學習資源，因而教育資源有明顯增加。同時在升至國二後，即將面對升學考，家長自然而然對家庭文化資本更加重視（包括教育資源、閱讀習慣、一般與精緻型文化活動），接著隨後逐漸下滑原因在於，國三升學參加基本學力測驗，課業壓力日益繁重，使得閱讀習慣與精緻型文化受到壓縮，整體家庭文化資本開始降低，但仍然較第一波高。

⑶ **家庭氣氛之成長變化**

本章繪製基隆市國民中學學生的家庭氣氛成長情形，從圖13-5可知，新移民子女在第一至第五波的家庭氣氛，呈現下降－下降－下降－下降；非新移民子女則是下降、下降、下降、上升的狀態。雖然新移民子女在家

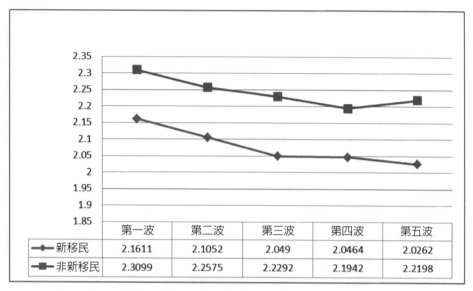

圖13-5　新移民與非新移民子女在第一至第五波家庭氣氛之成長軌跡

庭氣氛起始點（國一下學期）較非新移民子女的家庭氣氛高，但是在第三波時，非新移民子女的家庭氣氛開始高於新移民子女，第四波又回復新移民子女略高的情形，到了第五波，非新移民子女的家庭氣氛再次高於新移民子女。從各波表現來看，除了非新移民子女在第四至第五波有上升現象之外，其餘皆呈現隨時間逐漸下滑，此與家庭互動的線條發展非常相似。推測原因是：學生隨著年級增加，升學及課業壓力也漸漸增加，使得家人之間的互動與關懷可能相對減少，直至國三下學期才又逐漸地恢復。

二、新移民子女的成長模式與討論

㈠ 結果

　　本章建構之新移民子女的成長模式，經過SEM檢定發現模式不適配，其中在家庭社經地位中的父、母親職業之參數估計過高，使得模式的RMSEA偏高。本章將父、母親職業刪除，重新估計模式。表13-6可知，新移民子女模式的 $\chi^2 = 82.45$（$p > .01$），RMSEA $= .077$，NNFI $= .93$，SRMR $= .076$，在這四項適配指標均符合適配標準，因此模式適配。

表13-6可知，新移民子女從國一至國三的家庭文化資本的平均起始值為1.53，並且以每波平均以0.012的速度在成長，其各波成長速率分別為0.0、0.80、0.93、1.29、1.00，各波測量誤差不同，且有逐波擴大、縮小、擴大、再縮小的變動趨勢。同時，新移民子女在國一的家庭氣氛平均起始值為1.58，並以每波平均0.014速度成長，其各波成長速率分別為0.0、0.55、0.63、1.34、1.00，各波測量誤差變異數不同，且有逐波擴大、縮小、擴大、再縮小的趨勢。此外，新移民子女的家庭文化資本與家庭氣氛起始點（截距項）之相關係數（r_1）為0.70（$p < .05$），顯示出國一的家庭文化資本較高的學生，其家庭氣氛傾向較好。然而新移民子女的家庭文化資本的斜率項與截距項（r_2）共變數為-0.04（相關係數為-0.39）；家庭氣氛的斜率項與截距項（r_3）共變數為-0.06（相關係數為-0.32）；家庭文化資本與家庭氣氛成長幅度斜率項之相關係數（r_6）為0.26；家庭文化資本起始點與家庭氣氛斜率項之相關係數（r_4）為-0.37以及家庭氣氛起始點與家庭文化資本斜率項之相關係數（r_5）為-0.24等都沒有達到統計的顯著水準。

(二) 討論

基於上述研究結果來看，新移民子女的家庭社經地位愈高，他們在國一的家庭文化資本愈豐富，與張芳全（2011）、Davis與Sexton（2009）、Gillian與Pong（2005）的研究發現家庭社經地位愈高，文化資本愈多是一樣的，接受H_{1-1}；而新移民子女的社經地位愈高，他們在國一時的家庭氣氛愈好，這與預期一樣，因此本章接受H_{1-3}。同時新移民子女在國一時的家庭文化資本愈多，其家庭氣氛愈好，這與預期結果一樣，代表如果新移民子女的家庭中有豐富的文化資本，可以帶給他們有較好的家庭氣氛，因此接受H_{2-1}。

然而新移民子女的家長社經地位較非新移民略低，家長長期忙於工作、照顧家庭，因而較沒有閒暇帶子女參觀博物館、音樂會與科學展覽（張芳全，2006；張芳全、王平坤，2012）；同時新移民的夫妻間因文化與國情的不同，對於教養的觀念會有些差異，以及新移民子女的家長教育

表13-6　新移民子女之成長模式參數估計值摘要（$n = 68$）

待估計參數	估計值	估計標準誤	t值
背景變項			
父教（X_1）	0.91*	.36	2.50
母教（X_2）	0.83*	.33	2.49
文化資本			
平均截距項（α_1）	1.53***	.27	3.41
平均斜率項（α_2）	0.012*	.23	2.38
截距項變異數（ψ_1）	0.01	.04	0.39
斜率項變異數（ψ_2）	0.02	.04	0.40
斜率項／截距項共變數（ψ_3）	-0.04	.04	-1.15
家庭氣氛			
平均截距項（α_3）	2.16**	.40	3.50
平均斜率項（α_4）	-0.026	.12	-1.76
截距項變異數（ψ_3）	0.14*	.05	2.55
斜率項變異數（ψ_4）	0.09*	.04	2.41
斜率項／截距項共變數（ψ_6）	-0.06	.05	-1.19
社經地位對截距與斜率項效果			
社經地位對文化起始（β_1）	0.28***	.07	3.92
社經地位對文化成長（β_2）	-0.22*	.10	-2.16
社經地位對家庭起始（β_3）	0.30***	.09	3.32
社經地位對家庭成長（β_4）	0.04	.14	0.26
曲線相關係數			
文化起始對家庭起始（r_1）	0.70*	.02	2.37
文化起始對文化成長（r_2）	-0.39	.04	-1.15
家庭起始對家庭成長（r_3）	-0.32	.05	-1.19
文化起始對家庭成長（r_4）	-0.37	.04	-1.00
家庭起始對文化成長（r_5）	-0.24	.04	1.77
文化成長對家庭成長（r_6）	0.26	.03	0.72
λ_{10}	--	--	--
λ_{11}	0.80***	.18	4.30
λ_{12}	0.93***	.20	4.76
λ_{13}	1.29***	.24	5.45
λ_{14}	1.00	--	--
λ_{20}	--	--	--
λ_{21}	0.55***	.16	3.90
λ_{22}	0.63***	.16	3.90
λ_{23}	1.34***	.22	6.06
λ_{24}	1.00	--	--
χ^2		82.45	
Df		59	
p-value		.02359	
RMSEA		.077	
NNFI		.93	
SRMR		.076	

註：--代表固定參數；*$p < .05$. **$p < .01$. ***$p < .001$.

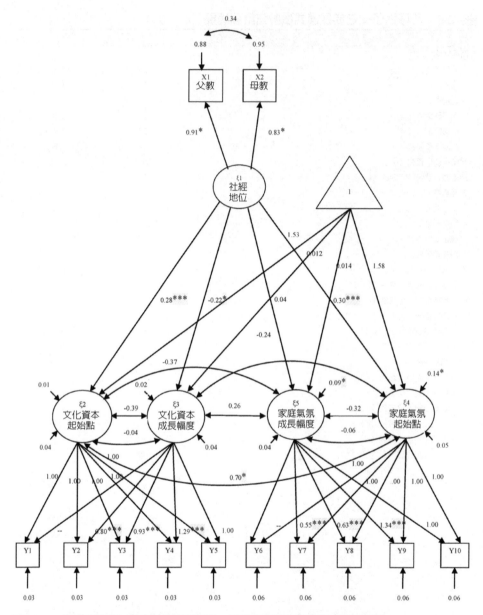

圖13-6　新移民子女的家庭社經地位、文化資本與家庭氣氛之路徑

$*p < .05.$ $**p < .01.$ $***p < .001.$ $(n = 68)$

程度偏低，家長能與就讀國中子女陪讀時間及其能力有限，因而使得新移民子女會隨著年級增加，其家庭氣氛逐漸不好是可能原因之一，因而無法支持H_{1-2}。在此情形下，新移民子女與家人相處及互動的時間自然縮減，就如吳就君等（1987）指出，親子互動不好，家庭氣氛一定不佳，所以本章無法支持H_{1-4}。由於新移民子女的家庭文化資本較少，加上可以參加補習機會有限，一般型（補習）文化活動（包括家教、安親班、補習國文、英文與數學）就很少（張芳全、王平坤，2012）；他們的家庭文化資本在國中三年累積少，所以無法支持H_{2-2}。新移民子女在國中三年的家庭文化資本成長少，無法影響家庭氣氛提升，因而無法接受H_{2-4}與H_{2-6}。新移民子女的家庭文化資本少，加以雙親對於子女的教育較難以關注，同時他們從國一至國三有學習壓力，國三學生面臨升學壓力，自然專心準備考試，而雙親難以提供專業知識，尤其是新移民女性普遍上中文不佳，在學業上較難指導孩子，以及難以與子女良好互動，尤其是新移民女性與家人（包括先生）相處的適應問題，影響她們的情緒（較常不被了解、孤立無援感），這也會影響到與親子關係（王貞云等，2012），這也可能是新移民子女的家庭氣氛較低的原因，因此無法接受H_{2-3}、H_{2-5}。

三、非新移民子女的潛在成長模式與討論

㈠ 結果

　　本章建構之非新移民子女的潛在成長模式，經過SEM檢定發現模式不適配，其中社經地位的父母親職業之參數估計過高，使得模式的RMSEA過高，其原因在於雙親職業估計係數太高，影響了模式的穩定性。本章將父母親職業刪除，重新估計。估計結果如表13-7可知，非新移民子女模式的整體適配度指標：$\chi^2 = 494.08$（$p < .001$）、RMSEA = .079、NNFI = .95與SRMR = .029，從這資料來看，雖然模式達到統計顯著水準，然而它受到樣本數影響，需要參考其他適配指標，而在後三項適配指標均符合標準，因此模式適配。

　　表13-7發現，非新移民子女從國一至國三的家庭文化資本與家庭氣氛的成長，亦即非新移民子女在國一的家庭文化資本平均起始值為1.58，

表13-7　非新移民子女之成長模式參數估計值摘要（n = 1,179）

待估計參數	估計值	估計標準誤	t值
背景變項			
父教（X_1）	0.78***	.08	9.97
母教（X_2）	0.78***	.08	9.97
文化資本			
平均截距項（α_1）	1.58***	.07	12.05
平均斜率項（α_2）	0.014*	.05	2.25
截距項變異數（ψ_1）	0.01	.01	0.98
斜率項變異數（ψ_2）	0.01***	.00	5.90
斜率項／截距項共變數（ψ_3）	0.00	.00	0.71
家庭氣氛			
平均截距項（α_3）	2.31***	.13	10.56
平均斜率項（α_4）	-0.018	.11	-0.42
截距項變異數（ψ_3）	0.11***	.02	6.99
斜率項變異數（ψ_4）	0.08***	.01	6.79
斜率項／截距項共變數（ψ_6）	-0.02	.01	-1.20
社經地位對截距與斜率項效果			
社經地位對文化起始（β_1）	0.24***	.02	14.74
社經地位對文化成長（β_2）	-0.01	.02	-0.51
社經地位對家庭起始（β_3）	0.34***	.02	13.63
社經地位對家庭成長（β_4）	-0.02	.04	-0.53
曲線相關係數			
文化起始對家庭起始（r_1）	0.67***	.01	12.84
文化起始對文化成長（r_2）	0.03	.00	0.71
家庭起始對家庭成長（r_3）	-0.19	.01	-1.20
文化起始對家庭成長（r_4）	-0.20	.01	-1.02
家庭起始對文化成長（r_5）	-0.25	.01	-1.83
文化成長對家庭成長（r_6）	0.42***	.00	4.36
λ_{10}	--	--	--
λ_{11}	1.24***	.07	17.55
λ_{12}	1.30***	.07	17.79
λ_{13}	0.98***	.06	15.97
λ_{14}	1.00	--	--
λ_{20}	--	--	--
λ_{21}	0.41***	.06	7.30
λ_{22}	0.61***	.06	10.88
λ_{23}	0.90***	.06	14.81
λ_{24}	1.00	--	--
χ^2	494.08		
df	59		
p-value	.00000		
RMSEA	.079		
NNFI	.95		
SRMR	.029		

註：--代表固定參數；*$p < .05.$ **$p < .01.$ ***$p < .001.$

並且以每波平均增加0.014速度成長，其各波成長速率分別為0.0、1.24、1.30、0.98、1.00，各波的測量誤差不同，並有逐波擴大、縮小、擴大、再縮小的變動趨勢。此外，非新移民子女在國一時的家庭氣氛平均起始值為2.31，並且以每波平均以0.018（未達到統計顯著水準）速度在減少，其各波減緩速率分別為0.0、0.55、0.63、1.34、1.00，各波的測量誤差變異數有所不同，有逐波擴大、縮小、擴大、再縮小趨勢。家庭文化資本的斜率項與截距項（r_2）共變數為0.00（相關係數為0.03，$p > .05$），未達到統計顯著水準；而家庭氣氛斜率項與截距項（r_3）共變數為-0.02（相關係數為-0.19，$p > .05$），未達到統計顯著水準。

此外，非新移民子女的家庭文化資本與家庭氣氛起始點（截距項）之相關係數（r_1）為0.67，顯示出非新移民子女在國一時的家庭文化資本較高者，其家庭氣氛較好；且家庭文化資本與家庭氣氛成長幅度斜率項之相關係數（r_6）為0.42，顯示出非新移民子女在國一時的家庭文化資本成長速率較快者，其家庭氣氛成長速率也較快。至於家庭文化資本起始點與家庭氣氛斜率項之相關係數（r_4）為-0.20，$p > .05$，未達到統計顯著水準，這顯示，非新移民子女在國一的家庭文化資本與家庭氣氛成長速率沒有關聯。家庭氣氛起始點與文化資本斜率項之相關係數（r_5）為-0.25，$p > .05$，未達到統計顯著水準，代表非新移民子女在國一的家庭氣氛與家庭文化資本成長速率沒有關聯。

㈡討論

經由上述檢定，在非新移民子女模式接受的假設包括H_{3-1}、H_{3-3}、H_{4-1}、H_{4-6}；然而不支持的研究假設包括H_{3-2}、H_{3-4}、H_{4-2}、H_{4-3}、H_{4-4}、H_{4-5}。上述接受的研究假設說明了，非新移民子女的家庭社經地位愈高，國一時的家庭文化資本及家庭氣氛愈好；國一的家庭文化資本愈好，國一家庭氣氛愈好；以及學生的家庭文化資本從國一至國三的正向成長，家庭氣氛有正向成長。這證實了社會階層理論的說法，家庭社經地位對於家庭文化資本具有累積效果（黃毅志，2008；Teachman, 1987），這代表了非新移民子女的國中生在家庭文化資本逐年增加，會提高家庭氣氛。因此接受

H_{3-1}、H_{3-3}、H_{4-1}、H_{4-6}。而在非新移民子女的家庭社經地位對家庭文化資本及家庭氣氛，並沒有隨著年級增加而提高，代表非新移民子女的家庭社經地位僅有在國中一年級具有起始效果，無法在持續就讀的年級中，對家庭文化資本及家庭氣氛具有累增效果。換句話說，非新移民子女的家庭社經地位對於文化資本及家庭氣氛的影響有其侷限性。因此本章拒絕H_{3-2}、H_{3-4}。

至於非新移民子女在國一的家庭文化資本，以及與後來家庭文化資本的成長幅度沒有關聯；他們在國一的家庭氣氛，以及後來家庭氣氛成長幅度沒有關聯，探究原因，非新移民子女從國民小學進入國中之後，學習環境改變，學習科目變得多，課程變得更困難，學生學習需求增加，家庭文化資本有所提高。然而從國一至國三各學期都有學習壓力，國三學生更有升學考試壓力，自然而然會努力準備考試，較沒有時間從事藝文活動，與家人互動時間自然減少；再加上，學生校外補習，在國三上學期大都告一段落，學生自行唸書，家教、安親班、補國文、英文與數學頻率減低，因而家庭文化資本沒有增加，所以沒有支持H_{4-2}。加以非新移民子女的課業及升學壓力增加，影響了親子互動，也影響了家庭氣氛，尤其隨著年級愈高，升學壓力增加，更無法提高家庭氣氛，因此本章的H_{4-3}、H_{4-4}無法接受。

最後，非新移民子女在國一的家庭文化資本對國一至國三的家庭氣氛成長幅度沒有關聯、以及國一的家庭氣氛對國一至國三的家庭文化資本成長幅度沒有關係，代表了家庭文化資本與家庭氣氛不一定有必然關係，也就是說，國中生一開始有豐富的家庭文化資本，不必然在後續年度有良好家庭氣氛，而國一生一開始有良好的家庭氣氛，不必然在後續的年度有豐富的家庭文化資本。家庭文化資本是促進家庭氣氛提升的原因之一，但是它更需要有成員良好互動、良好親子關係（吳就君等，1987）、沒有壓力溝通等，因此本章拒絕H_{4-5}。

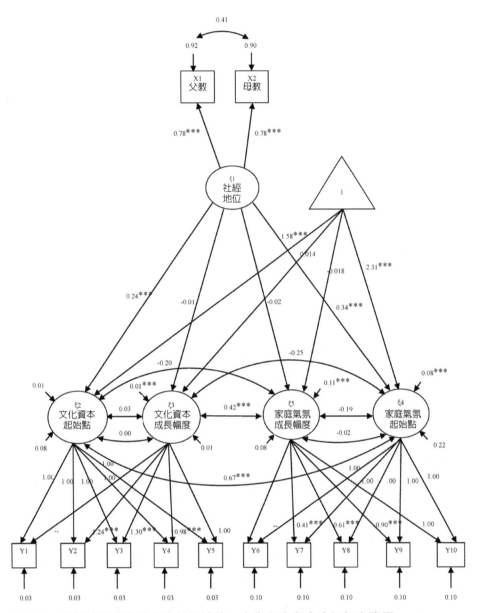

圖13-7　非新移民子女的家庭社經地位、文化資本與家庭氣氛之路徑

*p < .05. **p < .01. ***p < .001.（n = 1,179）

伍 結論與建議

一、結論

(一) 新移民與非新移民子女的共同點

1. 國一時的雙親教育程度愈高對於國一的家庭文化資本與家庭氣氛為正向助益。本章發現，不論新移民或非新移民子女在國一時的雙親教育程度愈高，對於國一時的家庭文化資本與家庭氣氛有正向助益。也就是說，國一時父母親的教育程度愈高，他們在國一時的家庭文化資本與家庭氣氛比較好。

2. 國一的家庭文化資本與家庭氣氛有正向關聯。本章發現，不論新移民或非新移民子女在國一時的家庭文化資本與家庭氣氛有正向關聯。它代表了，國一時的家庭文化資本愈高，國一時的家庭氣氛愈好。

3. 國一的家庭氣氛與國一至國三的家庭氣氛成長幅度為負向關聯。本章發現，不論為新移民或非新移民子女在國一時的家庭氣氛，與其後來年度的成長幅度為負向關聯。也就是說，國一時的家庭氣氛好，但隨著年級增加，至國三時的家庭氣氛比國一時還差。

(二) 新移民與非新移民子女的差異

1. 新移民子女父母親教育程度對家庭氣氛成長幅度為負向影響，而非新移民子女為正向影響。本章發現，新移民子女的父母親教育程度對於家庭文化資本成長為負向影響。亦即在國一至國三的雙親教育程度愈高，他們在三年的家庭氣氛卻逐漸變得較不好；非新移民子女的父母親教育程度對於家庭文化資本則為正向成長影響，它代表在國一至國三的雙親教育程度愈高，他們在國中三年的家庭氣氛成長也隨著年級逐漸變好。

2. 非新移民子女在國一至國三的家庭文化資本與家庭氣氛成長幅度為正向關聯。本章發現，非新移民子女從國一至國三的家庭文化資本與家庭氣氛的成長幅度為正向關係。亦即國一至國三時的家庭文化資本成長愈快，他們在三年的家庭氣氛成長愈快；反之，家庭文化資本成長愈慢，家

庭氣氛成長愈慢。新移民子女在這方面則沒有這樣的結果。

二、建議

本章有以下的建議：

㈠ 增加國中學生家庭文化資本的多元性，透過豐富的文化資本，來提高家庭氣氛

本章發現，新移民與非新移民子女在國一時雙親的教育程度對國一的家庭文化資本與家庭氣氛具有正向提升效果，而國一時的家庭文化資本與家庭氣氛為正向關聯。這代表家長教育程度及家庭文化資本豐富是可以提高家庭氣氛。建議家長對於家中的文化資本，在數量及類型應不斷地增加，尤其本章的家庭文化資本是多樣性，包括教育資源、閱讀習慣、一般型文化活動及精緻型文化活動。本章不是僅有建議家長需要購買的教育資源與較高級精緻型文化活動，本章仍建議可以透過雙親對於子女閱讀習慣養成。例如，家長應多與子女陪讀共學，讓子女養成閱讀習慣。此外，家長應運用時間與子女一同參觀美術館、博物館，欣賞展覽等，這些活動對成本較低，但又具有教育意義，尤其新移民子女家長在閒暇，多與子女參與此類活動對子女有助益。

本章發現，兩群學生在國一的家庭氣氛與國一至國三的家庭氣氛成長幅度為負向關聯，代表國中生的家庭氣氛在三年求學時逐年往下滑。因此提升學生的家庭氣氛對學習有其重要性。由於家庭環境對孩子人格發展影響很大，它會逐漸形成無形資本，影響子女學習態度及學習表現。因此，透過家庭文化資本的建立及增加文化資本的活動及增置，逐漸形成良好的家庭氣氛，培養親子學習樂趣及對話氣氛是重要的。所以，父母若能參加社區大學、讀書會、補習學校進修或是民間的新移民團體的自我成長課程，藉由接觸不同形式文化來提升自己的文化品味，尤其是新移民子女的家長，更能改善家庭氣氛，同時家長的身教，運用工作餘閒與子女參觀美術館、博物館，欣賞展覽及音樂會，建立良好的家庭文化資本，進而帶動家庭氣氛。

㈡ **關注新移民子女的家庭狀況，提供新移民親職教育課程，營造良好家庭氣氛**

　　本章發現，新移民子女的父母親教育程度愈高，其家庭氣氛隨時間，略有下滑的情形，且新移民子女的家庭氣氛較非新移民子女低；同時非新移民子女的父母親教育程度對家庭氣氛成長幅度為正向影響。新移民子女的家庭雙親的教育程度較佳，不代表他們在國中三年的家庭氣氛會隨著時間而不斷提升，而非新移民子女在國一的家長教育程度愈高，其國一至國三的家庭氣氛愈好。這突顯出兩群子女的差異性，這代表了新移民家庭有不同的文化呈現模式，不一定文化資本較不足，而是家庭氣氛不同所致。因此，學校及學校導師應持續了解新移民子女的家庭狀況，給予較差的家庭氣氛之新移民子女更多協助。而主管機關應透過學校、社區與家庭的合作與資源整合，積極推展新移民親職教育，提供新移民家庭的親職教育與增加父母的教養效能。國民中學更應加強新移民子女的輔導，加強子職教育，健全家庭的支持網絡，讓新移民子女的學習融入家庭生活之中。

㈢ **對後續研究之建議**

　　首先，持續追蹤新移民與非新移民子女的學習發展情形。本章以張芳全（2013）建置的國民中學生之長期追蹤調查資料庫，分析基隆市國民中學99學年度入學之七年級學生，不包含私立國民中學與國民小學、公私立高級中學以上層級學生。由於新移民樣本數僅有98筆，導致在進行前在成長模式分析，適配度較非新移民子女為差。未來研究可考慮擴展至其他縣市或新移民子女之資料庫建置，增加新移民子女樣本數，利於後續分析、比較與資料運用，獲致更多的研究成果。

　　其次，運用此資料庫，從多面向探討新移民與非新移民子女學習表現異同。本章分析國中生的家庭社經地位對家庭文化資本與家庭氣氛之成長研究，受限於資料庫建構之樣本數，以及縱貫性研究無法運用更複雜模式之影響，無法納入更多變項對於家庭文化資本及家庭氣氛之分析。未來研究可以該資料庫擁有的師生關係、人際關係、家庭或學校環境變項納入分析。此外，本章的家庭背景，受限於新移民子女樣本數，僅有父母親的教

育程度在模式適配，未包含父母親職業，資料庫中沒有家庭的收入調查，因而沒有納入分析。未來針對新移民與非新移民子女之研究，若有上述的變項，可考慮納入分析，以求其模式準確度，並了解兩群子女的學習差異。

參考文獻

一、中文部分

王世英（2007）。**外籍配偶子女納入學校教育體系之課程與教學研究：建構國民中學補救教學模式**。臺北市：國立教育資料館。

王貞云、何淑菁、黃欣蕙（2012）。新移民家庭父母教養子女的問題與因應策略之探討。**家庭教育雙月刊，37**，28-40。

王雅玲、李瓊雯、張恬瑜、曾妙音（2009）。父母親社經地位與國中生學習動機、學業成就之相關性研究。**家庭教育雙月刊，32**，6-27。

李佩嬛、黃毅志（2012）。國際新職業社經地位量表在臺灣社會科學研究中的適用性：以面訪成年民眾職業調查為例。**臺灣社會學刊，49**，207-239。

李敦仁、余民寧（2005）。社經地位、手足數目、家庭教育資源與成就結構關係模式之驗證：以TEPS資料庫為例。**臺灣教育社會學研究，5**(2)，1-48。

吳就君、潘蓓蓓、叢肇祥（1987）。犯罪少年與正常少年之家庭氣氛、親子關係之研究。**中等教育，8**，107-113。

吳清山（2004）。外籍新娘子女教育問題及因應策略。**師友，441**，6-12。

吳武典、林繼盛（1985）。加強家庭聯繫對兒童學習效果及家庭氣氛的影響。**教育心理學報，18**，97-116。

教育部（2013）。**新移民子女就讀國中小人數分布概況**。取自：http://www.edu.tw/pages/detail.aspx?Node=4075&Page=20046&Index=5&WID=31d75a44-efff-4c44-a075-15a9eb7aecdf

馬信行（1985）。家庭文化背景與學業成就的關係。**國立政治大學學報，51**，139-165。

張芳全（2006）。社經地位、文化資本與教育期望對學業成就影響之結構方

程式模式檢定。**測驗學刊**，**53**(2)，261-296。

張芳全（2011）。家長教育程度、文化資本、自我抱負、學習興趣與數學成就之關係研究。**臺中教育大學學報**，**25**，29-56。

張芳全（2012）。**邁向科學化的國際比較教育**。臺北市：心理。

張芳全（2013）。**新移民族群學生科學與數學學習的教育長期追蹤資料庫之建置：國民中學階段新移民族群學生科學與數學學習的長期追蹤調查**（行政院科技部研究計畫成果報告編號：NSC99-2511-S-152-008-MY3）。臺北市：國立臺北教育大學教育經營與管理學系。

張芳全、王平坤（2012）。新移民與非新移民子女的文化資本、閱讀動機與閱讀行為之研究。**臺中教育大學學報：教育類**，**26**(1)，55-89。

張芳全、夏麗鳳（2012）。新移民子女的人際關係與幸福感之研究。**彰化師大教育學報**，**20**，73-101。

張芳全、李靜芬（2013）。學齡前教育的弱勢族群——桃園新住民子女問題與對策。**國民教育**，**53**(3)，29-35。

張貴琳（2011）。影響學生學科素養表現的社經地位因素探究——OECD與北歐地區PISA研究觀點。**中等教育**，**62**(1)，110-121。

黃建皓（2012）。家庭社經地位與班級經營效能對學生自我效能感之影響：階層線性模式分析。**教育經營與管理研究集刊**，**8**，107-130。

黃毅志（2003）。「臺灣地區新職業聲望與社經地位量表」之建構與評估：社會科學與教育社會學研究本土化。**師大教育研究集刊**，**49**(4)，1-31。

黃毅志（2008）。如何精確測量職業地位？「改良版臺灣地區新職業聲望與社經地位量表」之建構。**臺東大學教育學報**，**19**(1)，151-160。

教育部（2013）。新移民子女就讀國中小人數統計（**94-102學年度**）取自 http://www.edu.tw/pages/detail.aspx?Node=4075&Page=20046&Index=5&WID=31d75a44-efff-4c44-a075-15a9eb7aecdf

蕭佳純（2009）。家庭社經地位、自我概念、學業表現對大學畢業生就業情形之探討。**當代教育研究**，**17**(3)，1-40。

二、外文部分

Aber, M. S., & McArdle, J. J. (1991). Latent growth curve approaches to modeling the development of competence. *Criteria for competence: Contrversies in the conceptualization and assessment of children's abilities*. Hillsdale, NJ: Lawrence Erlbaum Associates.

Anderson, S. A., & Sabatelli, R. M. (1990). Differentiating differ-intiation and individuation: Conceptual and operation challenges. Special Issue: Marital and family measurements. *American Journal of Family Therapy, 18*(1), 32-50.

Bourdieu, P., & Passeron, J. (1977). *Reproduction in education, society and culture.* London, UK: Sage Press.

Bourdieu, P. (1984). *Power and ideology in education.* New York, NY: Oxford University Press.

Bourdieu, P. (1986). *Outline of a theory of practice.* Cambridge, MA: Canbridge University Press.

Camasso, M. J., & Geismar, L. L. (1992). A multivariate approach to construct reliability and validity asssessment: The case of family functioning. *Social Work Research and Abstracts, 28* (4), 16-26.

Davis-Kean, P. E., & Sexton, H. R. (2009). Race differences in parental influences on child achievement multiple pathways to success. *Merril-Palmer Quarterly, 55*(3), 285-318.

Denton, R. E., & Kampfe, C. M. (1994). The relationship between family variables and adolescent substance abuse: A literature review. *Adolescent, 29*(6), 475-495.

Gillian, H. T., & Pong, S. L. (2005). Does family policy environment moderate the effect of single-parenthood on children's academic achievement? A study of 14 European countries. *Journal of Comparative Family Studies, 36*(2), 227-248.

Halvorsen, J. G. (1991). Self-report family assessment instrumants: An evaluative review. *Family Practice Research Journal, 12*(4), 343-367.

Kline, R. B. (2005). *Principles and practice of structural equation modeling,* New York, NY: Guilford.

Meredith, W., & Tisak, J. (1990). Latent curve analysis. *Psychometrika, 55,* 107-122.

Moos, R.H., & Moos, B. S. (1986). *Family envirorment scale manual.* Palo Alto, CA: Consulting Psychologists Press.

Shulman, B. H., & Mosak, H. H. (1988). *Manual for life style assessment.* Muncie, IN: Accelerated Development Press.

Sewell, W. H., Haller, A. O., & Ohlendorf, G. W. (1970). The educational and early occupational attainment process: Replication and revision. *American Sociological Review, 35,* 1014-1027.

Teachman, J. D. (1987). Family background, educational resource, and educational attainment. *American Sociological Review, 52,* 548-557.

誌謝：本章感謝兩位匿名專家學者審查提供的寶貴意見，讓本章修改，使得研究更豐富準確，並感謝行政院科技部研究計畫專案補助（編號：NSC99-2511-S- 152-008-MY3）使得本章得以完成。

本文取自：張芳全、王瀚（2014）。新移民與非新移民子女的家庭社經地位、家庭文化資本與家庭氣氛之縱貫性研究。**教育研究與發展期刊**，**10**(3)，57-94。

第十四章

新移民教育的
結論、省思與展望

壹 新移民子女實證的結論

本書各章探討主題經過深入分析之後，提出結論。本節針對各章結論說明。

一、國內新移民子女教育的實證研究不多

第一章說明了跨國婚姻發展、理論與本書寫作取向。國內現有新移民子女教育實證研究不多，本書以科學化實證取向探討新移民子女教育。雖然這方面實證研究不多，但有許多研究可參考。例如鍾鳳嬌、王國川（2004）分析新移民子女的語文、心智能力發展與學習狀況。廖月瑛（2007）比較臺南市新移民幼兒與本國籍配偶幼兒之智力與語言能力。謝智玲（2007）調查分析異國婚姻家庭的父母管教、參與學校教育與子女行為適應。邱冠斌（2008）研究新竹縣外籍配偶子女國小一年級國語文學習成就。趙善如、鍾鳳嬌、江玉娟（2007）分析影響外籍暨中國大陸配偶學童子女學業成績關鍵因素。陳毓文（2010）研究新移民家庭青少年子女生活適應狀況。吳毓瑩、蔡振州（2014）分析東南亞裔新移民女性之子女學業成就，與本地對照組比較之三年追蹤。以下再列舉幾篇新移民子女教育實證論文。說明如下：

吳瓊洳、蔡明昌（2009）採問卷調查法，自編「新移民子女文化認同」及「新移民子女學校適應」問卷，選取雲林縣就讀國中階段之181位新移民子女為研究對象分析顯示：新移民子女對母親原生國文化之認同良好；新移民子女對母親原生國及臺灣社會的文化統合調適良好；新移民子女在學校的教師、同儕與課業適應良好，文化認同與學校適應有正相關。謝智玲（2012）研究新移民子女的社會支持、自尊與行為適應採用問卷調查法，以國小四至六年級352位新移民子女分析顯示：不同性別、年級的新移民子女行為適應有顯著差異，尤其在學校與人際適應有顯著差異；不同國籍的新移民子女在行為適應沒有顯著差異；父母支持正向預測行為適應，學校與老師支持正向預測學校適應；同學與父母則支持預測人際適

應；正向自尊正向預測行為適應；新移民子女的社會支持與行為適應之關係受到自尊的中介影響。

謝佩蓉、曾建銘、王如哲與郭工賓（2015）比較新移民與非新移民子女國語文學習成就表現，以100學年度在學之四、六年級新移民子女，並以非新移民子女為對照；四年級新移民子女數為4,001人、非新移民數7,835人；六年級新移民子女數為4,017人、非新移民人數為9,772人。研究發現，就讀四、六年級新移民子女之國語文學習表現明顯低於非新移民子女；四年級差距效果量大、六年級差異效果量較小；母親教養風格傾向為低度獨裁、中度寬容或高度開明權威，子女學習表現較高；學生正向自我概念與成功期望對學習表現有助益，然而不論四、六年級生的興趣價值和國語文學習表現都沒有關聯性。

二、規劃與延續落實新移民教育政策為當務之急

政府對於新移民及其子女的教育政策，雖然投入不少資源，但是在政策的統整及延續與績效上仍有不足。2010年6月教育部第八次全國教育會議中心議題「陸：多元文化、弱勢關懷與特殊教育」之子議題二的「擘劃新移民的新教育」就提出了未來新移民及其子女的教育政策規劃重點。它雖然是政策工具之一，但在會議之後，各界重視新移民及其子女教育，因而政府陸續提出許多政策，因應新移民及其子女教育需求。例如，內政部（2012）提出《全國新住民火炬計畫》、《新住民及其子女培力與獎助學金計畫》、2014年的《新住民及其子女築夢計畫》、2016年的《新住民子女海外培力計畫》。

值得說明的是，教育部（2016）提出《新住民子女教育發展五年中程計畫第一期五年計畫（2016至2020年）》，其內容更為完整，包括：㈠推動《全國新住民火炬計畫》於全國304所新移民重點學校，推動親職教育、多元文化或國際日活動、教育方式研討會、華語補救課程，並辦理母語傳承課程；㈡建構全方位移民輔導服務；㈢推動外籍與中國大陸配偶關懷網絡及行動服務列車，深入偏鄉離島，提供定點定時行動服務。此計畫的執行策略包括：策略一：建置新移民子女教育行政支持體系，成立專

責服務系統，其中要執行檢討及修訂新移民子女教育相關法規及經費補助原則、建立專責服務系統、建立成效評鑑機制。策略二：規劃新移民子女教育師資培訓，深入多元文化課程，其中要執行強化多元文化教育、培育新移民師資及專業人力、規劃課程設計與實施方式。策略三：落實新移民子女多元學習資源，接軌國際移動力，其中要執行推動多元文化教育及國際交流活動、資源整合國際技職體驗新亮點、推動新移民語文課程輔助學習機制。策略四：營造友善家庭支持環境，落實優化家庭教育目標，其中要執行強化親師溝通及家長職能研習活動、鼓勵新移民家長參與學校各類社區學習及公益活動。上述的政策都值得期待。

三、新移民語文教育政策宜審慎執行與評估

108學年的《十二年國民教育課綱》實施在即，新移民語文教育勢在必行。第三章透過資料分析來了解學生在家常用語言類型對學習表現及幸福感的影響發現，學生在家常說國語比起說新移民語的學生在英語、數學、藝術與人文的學習成就明顯較高，而對幸福感則沒有明顯差異效果。這某種程度說明，新移民語文教育未來在中小學實施宜審慎。雖然多國語言學習具有多元文化價值，然而東南亞七國語文屬於弱勢語言，學生及家長不一定接受，同時未來在新移民語文的師資缺乏，學生學習之後，更沒有應用的環境，就如同英語、原住民語或客家語在中小學已實施多年，但仍有相當多的問題，成效有待評估，因此對於新移民語的實施應審慎。

政府實施新移民語文教育會受多元因素的影響，這些因素很值得正視：㈠政策因素：它包括政策目標（教育機會均等、關懷、尊重、多元、公義）、教育經費、師資需求、教材研發輔助、地方政府配合等。㈡家庭因素：它包括語言競合（在家庭的語言使用與國語、閩南語或其他語的競合）、家庭社經地位（家長教育程度、家庭收入、雙親職業）、家庭結構、家庭教育資源、子女數、家庭支持環境、權力關係等。㈢學校因素：它包括課程理念、課程目標、授課時數、師資招聘（究竟是臺灣本土培育，還是引進他國，需不需要教育專業學分）、教材編選、課程實施、教學設備、輔助資源、學校文化、學校規模、新移民子女在學校人

數、學校所在地、學校政策配合、學校與家庭的配合等。㈣社會因素：它包括社會文化、非營利團體（如許多移民團體，南洋姐妹會）、傳播媒體、仲介團體、社區意識、社區環境、社區資源、新移民在地區中的人數多寡等。㈤國際因素：它包括人權（語言學習權）、國際形像、跨國文教合作交流、跨國經貿、母語學習的國際趨勢等。㈥個人因素：它包括性別、年齡、學習態度、成熟度（年齡、年級）、自尊、認知狀態、學習動機、學習成就、學習風格（場地獨立或場地依賴）、時間分配、語言學習興趣、語言學習經驗、語言表達能力等都會影響學生學習。㈦語言本身定位的因素：政府期待學生學習第二外語還要考量該語言本身在生活及學校使用的定位。它可以區分為該語言是一個科目（把語言視為一個科目在學習，而不在於它是否可以完全在生活的應用）、教學的媒介語（它在讓學生習得該語言，成為後續學習基礎，當學生習得這語言之後，老師可以運用該語言作為教學的媒介語），或是要培養學生的語言素養（例如，不僅可以在生活上成為溝通或閱讀的媒介，而且還可以撰寫相關的論文等）。上述的語言本身定位影響了語文教育的政策方向、學校老師教學、學生學習意願與家長可能支持程度。上述都是值得思考的問題。

四、積極改善新移民親子共讀提升學習表現

　　新移民親子共讀是值得關注議題，尤其是學前及國小階段的新移民子女，更需要家長與他們共學。孩童最早社會化的單位是家庭，而雙親是他們最早社會化的教育者。新移民家庭傾向弱勢居多，子女的父親多忙於工作，無法抽出時間與孩子共讀，因而無法了解子女學習困難所在。Mol、Bus、de Jong與Smeets（2008）後設分析共讀介入成效發現：親子共讀對幼兒口語能力，特別是詞彙能力，相較於閱讀親子共讀能力較為明顯；對幼兒閱讀能力提升幫助有限；親子共讀成效隨幼兒年齡增長而減弱。張鑑如、劉惠美（2011）的研究指出，親子共讀可以促進兒童語文能力發展的重要家庭活動，他們文獻回顧2000至2011年國內期刊論文十八篇發現：㈠兒童閱讀態度與家長閱讀習慣、教育程度和職業等因素有關；㈡親子共讀互動方式多以家長為主導，但有個別差異且因幼兒年齡而不同；㈢

適切親子共讀活動可以增進兒童語言能力、專注力、情緒理解等能力。這是對本土兒童的研究發現，未來可以針對新移民子女實證研究。第四章指出，新移民家庭子女在親子共讀遭遇困境包括家庭環境、共讀陪伴者、時間問題、共讀技巧、子女的態度及家長態度等。其實，新移民親子共讀範圍廣泛，包括戶外及戶內共讀，也就是包括親子互動行為、親子共讀時間、技巧、回家作業指導、以及戶外的親子參觀共讀等，其中對子女陪讀、說故事與作業指導是重要方式之一。第四章分析發現，新移民親子共讀對於學習成就與幸福感有正向效益，並提出親子共讀策略。

五、學習者因素是影響新移民子女數學成就的關鍵

新移民與本國籍子女的學習成就差異及其影響因素一直是重要議題。第五章以臺灣國二生參加TIMSS 2007資料分析影響兩群子女數學成就之因素，以性別、在家說國語情形、家長教育程度、家庭文化資本、自我教育期望、學習動機、學習自信、數學價值、回家作業、校園安全對數學成就進行多元迴歸分析，獲得結論是：影響本國籍國二生數學成就因素上，女生數學成就明顯高於男生；而父親教育程度、家庭文化資本、自我教育期望、學習動機、數學價值及校園安全正向影響數學成就，其中自我教育期望與學習信心對於數學成就的影響最大。在影響新移民子女就讀國二生的因素中，常說國語、自我教育程度為正向顯著因素，其中自我教育期望預測力最大。可見新移民子女常說國語會提高數學成就，同時自我教育期望是提高數學成就的重要因素。至於兩群學生的數學成就沒有明顯差異。

六、新移民子女國語表現對英語成就影響力是SES的四倍

新移民子女的英語學習成就究竟受到哪些因素影響呢？基於社會階層理論、家庭文化資本理論及學習動機理論，第六章探討影響國中階段新移民子女（來自東南亞國家及中國大陸女性婚配來臺灣所生子女）英語學習成就因素，使用基隆市國民中學學習狀況調查資料庫，以多元迴歸分析探討194名七年級生的英語學習成就獲得以下結論：新移民子女的家庭社經地位對英語學習成就有正向顯著影響，男生的英語學習成就明顯低於女

生；母親來自中國大陸籍與來自東南亞國家之子女英語學習成就沒有明顯
不同。新移民子女的英語學習動機與國語學習成就對英語學習成就具有完
全中介的影響效應，國語學習成就的影響力為家庭SES的四倍。國語成績
與英語學習動機削弱了家庭社經地位對英語學習成就的影響力。然而新移
民子女的家庭文化資本與教育期望對於英語學習成就不具有中介效果。可
見，新移民學好國語文對於英語學習成就的影響是勝過於SES。

七、新移民女性子女的學校自我概念可以提升學習適應

　　新移民子女的自我概念影響學習適應情形為值得探討議題。第七章
探討新移民女性子女的自我概念與學習適應之關係，從334位新北市的新
移民子女為對象進行調查蒐集資料，再以SEM檢定自我概念與學習適應
之關係。獲得結論是：新北市的新移民子女的學校自我概念對學習適應有
顯著的正向影響關係，至於個人及家庭自我概念對學習適應沒有明顯的影
響。

八、離島地區的新移民子女人際關係良好又有幸福感

　　澎湖縣的新移民子女人數逐年增加，其人際關係與幸福感受值得重
視。第八章分析新移民子女的人際關係與幸福感，採問卷調查法，調查對
象為澎湖縣國小四至六年級的新移民子女獲得結論：㈠新移民子女的人
際關係良好，也感到幸福；女性學童與師長互動關係明顯高於男生。㈡
新移民子女的家庭結構完整，在與家人關係、同儕關係、情緒感受、生活
滿意、心理健康明顯高於單親（僅和父親同住者）。㈢不同居住區域的
新移民子女在幸福感沒有明顯不同，而SES較高者，在心理健康和自我滿
意明顯高於較低者。㈣不同背景變項（性別、居住地區、家庭結構及家
庭社經地位）對幸福感的解釋力非常低。這代表影響新移民子女幸福感不
一定受到SES及居住所在地影響。

九、新移民家庭SES對教育期望與教育期望對成就動機正面助益

　　家長教育期望對於子女的學習動機有重要的影響。新移民子女的家

長是否也如此呢？第九章分析基隆市新移民子女的SES、教育期望與成就動機之關係模式，旨在了解新移民子女的成就動機是否受到教育期望的影響，而家長教育期望受到新移民子女的SES影響。本章對基隆市286名新移民子女問卷調查，透過SEM檢定發現：新移民子女的SES對父母對子女的教育期望有正向顯著關係，雙親的教育期望對子女持續恆定的成就動機有正向顯著關係；雙親的教育期望對子女避免失敗的成就動機有正向顯著關係；雙親的教育期望對子女追求卓越的成就動機沒有顯著關係。

十、本國籍國中生的自我關懷、家庭生活與課業學習困擾高於新移民子女

國中生的自我關懷、家庭生活與課業學習困擾之關係很重要。第十章探討新北市新移民與本國籍子女生活適應困擾與人際壓力因應之情形，採問卷調查法蒐集資料，以新北市國民中學新移民與本國籍子女之國民中學生800名受試者，結論如下：㈠新北市新移民與本國籍子女生活適應困擾不嚴重、人際壓力因應良好。㈡女生身心發展困擾高於男生；男生的人際關係困擾與常使用情緒發洩因應明顯高於女生。九年級學生課業學習困擾較高；七年級學生人際壓力因應較多。㈢九年級學生人際壓力因應較差；隔代教養者家庭生活困擾高於雙親家庭者；單親與父親住較雙親家庭子女使用暫時擱置因應。父親學歷較低者的自我關懷與課業學習困擾較高；父親學歷較高者人際壓力因應較佳。㈣家庭收入較低者自我關懷、身心發展與課業學習困擾較高；家庭收入較低者人際壓力因應較差。㈤本國籍子女自我關懷、家庭生活與課業學習困擾高於新移民子女；新移民子女為男學生較常使用情緒發洩因應，八、九年級的本國籍子女家庭生活困擾高於七年級生。

十一、新移民與本國籍母親對子女回應愈高，親子關係愈佳

基於親子管教相關理論與相關的研究，第十一章分析新移民與本國籍母親管教方式對親子關係的影響情形。自編工具，以問卷調查法蒐集資料，研究中採立意抽樣方式，針對澎湖縣四至六年級新移民與本國籍女性

子女共548名樣本，以SEM檢定獲得結論如下：不分國籍母親對子女回應程度愈高，在情感聯結、互信友誼、溝通了解及權威典範的親子關係愈佳。新移民子女母親在要求的管教方式對情感聯結、互信友誼、溝通了解及權威典範的親子關係均沒有顯著影響，本國籍母親則對權威典範有正向顯著影響。

十二、新移民子女的家庭文化資本透過閱讀動機提升閱讀行為

澎湖縣的新移民與非新移民子女的閱讀動機及行為有沒有差異呢？第十二章探討這兩群子女的家庭文化資本、閱讀動機對閱讀行為之影響情形，採問卷調查法，調查對象為澎湖縣國民小學四至六年級新移民與非新移民子女，自編問卷進行施測，抽取國民小學新移民與非新移民子女988人為受試。SEM分析獲得結論如下：㈠兩群子女的家庭文化資本對閱讀動機有正向提升效果；閱讀動機對於閱讀行為，以及家庭文化資本對閱讀行為有正向影響。㈡兩群子女的家庭文化資本透過閱讀動機可以提升閱讀行為。㈢非新移民子女的家庭文化資本、閱讀動機與閱讀行為都比新移民子女高。

十三、新移民子女的雙親教育對家庭氣氛成長具有影響力

臺灣的新移民子女縱貫研究相當缺乏，第十三章探討基隆市新移民與非新移民子女就讀國民中學學生的SES對家庭文化資本與家庭氣氛之影響情形。本章以張芳全（2013）建置之「國民中學學習狀況之追蹤調查第一至第五波」資料庫之1,587名追蹤樣本，運用LGM分析，獲得以下結論：㈠兩群子女的共同點：國一時的雙親教育程度對國一時的家庭文化資本與家庭氣氛有正向影響；國一時的家庭文化資本與家庭氣氛為正向關聯；國一時的家庭氣氛與國一至國三的家庭氣氛成長幅度為負向關係。㈡兩群子女的差異：非新移民子女的家庭氣氛與家庭互動明顯高於新移民；新移民子女的父母親教育程度對家庭氣氛成長幅度為負向影響；非新移民為正向影響；非新移民子女在國一至國三的家庭文化資本與家庭氣氛成長幅度為正向關聯。

貳 新移民教育的省思

本書分析新移民子女教育議題獲得許多結論，然而有幾項值得省思的問題。說明如下：

一、省思問題一：臺灣社會對跨國婚姻之新移民女性公平看待嗎？

東南亞跨國婚姻的女性婚配至臺灣，然而臺灣社會有公平思維他們的地位與角色嗎？何青蓉（2005）解構這些問題化敘說的邏輯：從「弱勢和充滿問題的婚姻」開始，「增加社會成本」，最後導致臺灣「人口素質的下降」。她指出：「在充滿問題的婚姻說法中，跨國婚姻移民和其家庭的弱者形象與其在社會中的特殊化地位被逐步建構出來；所謂社會成本之說，即是將他們生活處境問題化的觀點，推論其子女生活適應與表現一定有問題並未受到充分證據的支持；因而，認為其子女造成臺灣人口素質下降的說法，其實是種烙印，反而可能會促成自我實現性預言。」她進一步分析上述問題所蘊含的盲點與迷思指出：「其中包含國人在族群觀點，尤其是對於東南亞國家的無知與扭曲；父權文化下性別歧視觀點對於跨國婚姻婦女的殺傷力；以及臺灣社會階層化問題如何加劇跨國婚姻移民的不利環境。她的分析提醒過度關切或將跨國婚姻移民特殊化，隱含了某種家長式思維不可不察。」

就如顏朱吟（2009）研究指出：「不少東南亞女子以跨國婚姻移入臺灣，藉以脫離原住地的貧困生活。這些女性對此婚姻多充滿想像與期待，但有些國人卻將她們汙名化為作風大膽的壞女人、或想騙夫家錢的外來女子。」她探討臺灣跨國婚姻及這些臺灣移出／移入女性，對照這半世紀前後之臺灣時空背景指出：「臺灣跨國婚姻女性被汙名化之問題乃在於國族、階級地位及父權體制等癥結問題，並呼籲社會大眾不僅不該予以標籤化及汙名，反而應當為這些女性正名，因為她們其實是具有冒險精神，想積極改善生活的勇敢女性。」上述的說明正令我們對於新移民女性不應用有色或貼標籤來看待他們，相對的，應該用公平及正常的觀點來了解他們。

二、省思問題二：新移民子女身心發展真的比本國籍子女差嗎？

　　各界常會認為新移民女性所生育的子女在身心發展比本國籍差。然而依楊靜利、黃奕綺、蔡宏政與王香蘋（2011）透過2007年戶籍登記資料、2003年「外籍與大陸配偶生活狀況調查」與1998年第八期《臺灣地區家庭計畫與生育力調查（KAP VIII）》，來呈現外籍配偶與本籍配偶的「婚齡別」生育率差異，並利用2003至2007年出生通報，比較外籍配偶與本籍配偶的新生兒出生時之健康狀況，包括死產、體重不足、先天缺陷、早產及Apgar評分五項指標的分析結果顯示，外籍配偶生育率不但不高，還低於臺灣有偶婦女的生育水準；至於新生兒健康狀況，不論是從死產、體重不足、先天缺陷、早產或Apgar評分比例來看，她們沒有比較差，其中死產、體重不足與早產三項指標表現甚至更好。他們進一步提出疑問：如果這些較低家庭社經地位的臺灣男性迎娶的對象是臺灣女性，他們的問題會是哪些？工作不穩定、低薪資、子女營養不足、課外學習機會少、然後離婚率較高？如果答案是肯定的，那麼問題的關鍵就不在於新移民女性上，而是「家庭」的社會經濟條件較為弱勢之故，新移民女性是因為走入弱勢家庭才變成弱勢族群。如此關懷重點應該在「弱勢家庭」，而不是新移民女性要特別輔導。此外，黃彥融、盧台華（2015）探討新移民家庭身心障礙子女與非新移民家庭身心障礙子女的家庭狀況、溝通能力與日常生活技巧之現況與其差異情形，資料取自特殊教育長期追蹤資料庫（Special Needs Education Longitudinal Study, SNELS）103學年度小學三年級生的家長問卷發現，新移民家庭身心障礙子女的家庭狀況、溝通能力與日常生活技巧顯著低於非新移民家庭身心障礙子女。這說明了，非新移民家庭子女身心障礙比新移民子女還要嚴重。換言之，社會各界應了解新移民的問題或其子女教育問題根源在於他們大多數生活在弱勢家庭，而不是他們的國籍。上述是很值得省思問題。

三、省思問題三：新移民與本國籍子女的學習表現真有差異嗎？

　　新移民與本國籍子女的學習表現一直為各界關注的問題。究竟兩群

的學習成就表現有明顯不同嗎？本國籍子女學習成就高於新移民子女嗎？不同研究有不一樣發現。第五章分析發現，兩群就讀國中的子女在數學成就沒有明顯差異。鍾鳳嬌、王國川、陳永朗（2006）比較不同國籍與不同家庭背景之本國與新移民子女之語文、心智能力發展與學習行為的探討，樣本來自於屏東縣內埔鄉八所國小，共有80位新移民子女及其班級中對照之本國籍80位兒童顯示，不同家庭月收入的新移民子女，在語文、心智能力及學習行為沒有顯著差異。父親及母親教育程度沒有對新移民子女在語文、心智能力及學習行為表現造成顯著差異。新移民子女較本國子女僅語文有顯著落後情形，在心智能力也有些許落後差異，但是在學習行為則沒有顯著差異。李新鄉、吳裕聖（2012）採問卷調查法，樣本來源以立意抽樣方式取得國中一年級生354人（中國籍和外國籍新移民子女169人，本國籍185人）研究發現：母親來自中國大陸的子女的自然與生活科技學習成績高於本國籍生，也高於外國籍子女；族群與自然與生活科技成績僅有微弱的關聯強度。

蔡瑜馨（2012）使用2007年TASA分析新移民與本國籍小六生的國語、英語、數學、社會與自然科學習成就差異發現，在控制父母親教育與父親職業之後，母親為本國籍的國語、英語、數學科成績優於母親為東南亞籍，但是在社會與自然科則不顯著；而母親為中國大陸者，在國語及社會表現優於母親為本國籍。陶宏麟、銀慶貞、洪嘉瑜（2015）分析TASA的小四與小六生國二國語文、英語文、數學年級與四個年度成績，在控制父母親教育程度之後發現，父親是否為新移民，與子女各類學科成績無系統性關係。在母親方面，中國大陸籍母親的子女成績多與本國籍子女成績無差異；母親若為東南亞國家籍，與子女的成績有系統性的全面負向關係。這項系統性差異在國語文沒有隨年級而擴大，但差異持續保持。英語文與數學成績差異隨年級而擴大，其中以英語文最為嚴重，數學隨年級擴大差異在統計上不顯著。

筆者以臺灣參與TIMSS 2011資料分析國二生的數學及科學成就（包括細部的科目成就），透過獨立樣本平均數t檢定新移民與本國籍就讀國二生學習成績發現，在兩組學生成績的雷文氏（Levene）檢定沒有達到統

計顯著水準。這代表新移民與本國籍的國二生在學習成績具有變異數同質性，因此可以進行獨立樣本平均數t檢定，表14-1看出這數學成就及各項目成績大致有明顯差異，然而科學成就及其各項目成績沒有顯著差異。換句話說，新移民與本國籍子女的學習成就不全然有明顯差異。

表14-1　新移民與本國籍子女的學習成就差異　$n_{新移民}$＝195，$n_{本國籍}$＝4,836

變項	國籍	平均數	標準差	本籍與新移民差異	Levene F值	顯著性
數學	1	613.19	103.79	18.31*	0.54	.46
	2	594.88	108.71			
科學	1	566.43	82.91	4.86	0.48	.49
	2	561.58	87.87			
代數	1	631.44	120.60	29.55**	0.73	.39
	2	601.89	127.54			
資料與機率	1	589.09	95.72	23.65**	3.03	.08
	2	565.45	105.07			
算術	1	600.55	106.13	16.21*	4.85	.03
	2	584.34	117.01			
幾何	1	627.18	112.26	7.09	2.04	.15
	2	620.10	118.68			
化學	1	591.14	98.92	5.93	0.13	.72
	2	585.21	100.18			
地球科學	1	572.03	80.73	12.73*	0.51	.47
	2	559.31	84.32			
生物	1	559.62	88.30	-4.97	0.00	.99
	2	564.59	91.69			
物理	1	556.54	85.96	11.81*	0.41	.52
	2	544.73	84.78			
數學知識	1	615.38	115.66	27.30**	1.62	.20
	2	588.08	124.06			
數學應用	1	617.36	104.43	21.59**	0.94	.33
	2	595.76	111.13			
數學推理	1	611.61	102.03	14.01*	1.34	.25
	2	597.60	110.12			

變項	國籍	平均數	標準差	本籍與新移民差異	Levene *F*值	顯著性
科學知識	1	572.70	81.88	6.28	1.54	.21
	2	566.42	89.26			
科學應用	1	572.61	90.84	8.41	1.76	.18
	2	564.21	98.17			
科學推理	1	553.46	84.57	-0.02	0.57	.45
	2	553.48	89.98			

* *p* < .05. ** *p* < .01.

　　筆者再以張芳全（2013）建置的「國民中學學習狀況之追蹤調查」第一波資料，它是對基隆市15所公立國中普查，2010年七年級生共4,703名，有完整資料者2,750名，有效樣本率為58%。透過獨立樣本平均數*t*檢定兩群就讀國一生的學習領域成績（均以標準化Z分數轉換）發現，在九項成績的雷文氏（Levene）檢定，兩組學生都沒有達到統計顯著水準。這代表兩群國一生在九項學習成績具有變異數同質性，可以進行獨立樣本平均數*t*檢定，表中看出這九項成績都沒有明顯差異，如表14-2。換句話說，以這筆資料來看就讀國中的兩群子女的學習成就沒有差異。

　　從上述看來，中國大陸與本國籍的子女學業成就沒有明顯不同。而許多研究發現，母親為東南亞籍的低年級生國語文一開始雖有些微差異，然而隨著年級提升，兩群學生學習表現沒有拉大現象，英文學習成就差距比較大，數學成就差異沒有很明顯，甚至已經沒有明顯差異。如果控制國籍及背景因素之後，兩群的差異更小，甚至沒有差異。同時在沒有控制背景變項之下分析的新移民與本國籍就讀國一生的學習領域沒有明顯差異。簡言之，新移民子女學習表現比本國籍差的命題，在上述實證發現不一定如此。

表14-2　新移民與本國籍子女的學習成就差異　$n_{新移民}=90$，$n_{本國籍}=1,489$

變項	國籍	平均數	標準差	本籍與新移民差異	Levene F值	顯著性
國文	1	.17	0.90	-0.03	0.01	.92
	2	.20	0.89			
英文	1	.15	0.93	0.01	0.07	.79
	2	.14	0.98			
數學	1	.19	0.93	-0.05	0.30	.59
	2	.24	0.97			
社會	1	.19	0.88	0.00	0.91	.34
	2	.19	0.92			
藝文	1	.17	0.92	0.06	2.94	.09
	2	.11	1.00			
自然	1	.18	0.92	0.00	0.00	.95
	2	.18	0.93			
健體	1	.17	0.89	0.11	0.03	.86
	2	.05	0.86			
綜合	1	.19	0.88	0.05	0.03	.86
	2	.14	0.84			
平均	1	.20	0.90	-0.01	0.52	.47
	2	.21	0.91			

註：1代表本國籍、2代表新移民。

參　新移民教育的展望

　　本書除了各章建議之外，新移民及其子女教育與研究還有以下的展望：

一、延續執行新移子女教育發展計畫及完善政策方案

　　本書期待政府永續對於新移民及其子女有更完善及具體的政策，以

解決他們的問題，尤其在新移民及其子女的教育輔導政策應統整與延續，不宜因政黨、族群立場或意識型態，而沒有延續政策。現階段政府執行許多政策，不僅要對《新住民子女教育發展五年中程計畫第一期五年計畫（105至109年）》持續執行之外，更期待中央及地方政府延續及整合各項有關新移民的計畫及政策，以解決新移民及其子女的教育問題。新移民及其子女的教育問題相當多元。例如，政府於2014年11月28日通過《十二年國民基本教育課程綱要》，未來的新移民語文列為國民小學必修，國中為校訂選修課程，來強化新移民子女語言與文化教育，為重要政策方向之一。若依《十二年國民基本教育課程綱要》規範，108學年度高級中學第二外國語（含東南亞語）納入6學分中之選修課程，教育部採鼓勵教師雙專長方式（例如，英文結合第二外語）取得英文或第二外國語教師證，讓英語及第二外語師資在一定調控數量下滿足教學現場需求。然而政府對於新移民語文專業師資的質量沒有詳實規劃，未來如何落實此政策，成為重要課題。上述僅是一例，未來新移民教育政策應有延續性與統整性，這才能保障他們的學習權益。

二、建立新移民與其子女教育及輔導的大型資料庫

臺灣至今沒有專門針對新移民子女建立的追蹤資料庫。建立新移民與新移民子女教育及輔導的大型資料庫提供後續的研究分析，了解新移民及其子女教育發展，以作為政策制定及未來研究參考是重要課題。在資訊爆炸社會，大數據分析成為社會科學研究的重要趨勢。國內在新移民及其子女教育與輔導或生活適應的資料相當欠缺，所以要能掌握新移民及其子女的教育發展或新移民的生活適應、學習狀況、就業狀況、幸福感、文化認同、人權感受等格外困難，所以要制定周延的新移民教育政策更是困難。張芳全（2007）就呼籲政府應針對新移民及其子女的教育與輔導，建立大型的長期追蹤資料庫，提供研究與政策研擬參考。余民寧（2013）建立「國民小學階段新移民族群學生科學與數學學習的長期追蹤調查」共有五波資料。張芳全（2013）建立「國民中學階段新移民族群學生科學與數學學習的長期追蹤調查」共有五波資料。內政部（2012）建置了「新移

民家庭子女學習表現與因應對策調查」、「外籍與大陸配偶生活需求調查（2008年與2013年）」，前者各界可以申請資料，後者僅提供中央研究院院內研究人員使用（見https://srda.sinica.edu.tw/gov）。這些資料庫仍不足，期待政府在未來應投入教育資源建立資料庫，以利後續的科學化研究與政策制定參考。

三、期待更多以新移民女性之先生及男性移民的研究

　　新移民家庭的生活適應、工作、家庭、文化認同或婚姻問題，不一定在新移民女性身上，而是先生具有很重要的影響力。新移民女性婚嫁來臺，期待有好歸宿，然而來臺之後不如預期，產生生活適應、文化認同或婚姻暴力。新移民女性的先生之社經地位傾向較低，教育程度低、職業多屬勞工或半技術人員，家庭收入較低。低社會家庭的夫妻常因經濟問題爭吵，引發家庭暴力。另一方面跨國婚姻在結婚過程沒有長時間認識、了解雙方個性，在溝通上易產生問題。還有新移民女性的配偶年齡差距太大、身體殘障、屬於低收入戶或雙方對家庭婚姻的認知差異大等，無法讓新移民女性有好的生活環境，所以生活適應困難。加上新移民女性的語言、文化與價值觀差異，重要的是新移民女性配偶的關心照顧不足，這部分原因來自於雙方對於婚姻態度、生活價值觀的差異。尤其臺灣許多男性大男人主義及控制慾強，更有以用錢買來的「婚購新娘」、新移民女性在夫家的長輩溝通，有些未能尊重新移民女性，更把新移民女性視為次等公民，導致生活適應及婚姻問題產生，這很多來自於新移民女性的先生。目前政府及社會提供新移民女性的先生再教育機會及管道少，《家庭教育法》僅規範婚前需要接受家庭教育四小時，似乎僅是形式。現有研究以新移民女性的先生為研究對象相當少，對這方面的資料建置相當缺乏。此外對於移民男性的研究也相當欠缺，未來可以從這方面建立資料，並深入進行科學化的實證研究。

四、期待更多元對新移民女性生活適應的實證研究

新移民女性嫁入臺灣之後，她們的角色變成多樣性；她們成為要學習臺灣文化及適應社會環境者的角色、要做好臺灣婦女角色、要做好親職（母親）角色，也是成為弱勢團體成員角色，更是在臺灣社會中多元文化社會成員角色。她們生活面臨很多問題，例如語文溝通、婆媳相處、夫妻相處、飲食習慣、生活適應與工作權益等。尤其新移民女性組成的家庭弱勢居多，在經濟、教育與文化弱勢之下，若社會支持系統不足，更容易產生問題。而家庭的婚姻暴力、子女管教、子女學習、新移民就業權益與社會歧視等問題由來已久，然而卻很少以科學實證分析，期待更多新移民教育科學化的實證分析。

新移民之實證研究不多。楊文山（2017）針對外籍與中國大陸配偶生活需求調查，自2013年9月底至12月31日共接觸48,099份樣本，成功訪問13,688份有效樣本分析發現：我國外籍與中國大陸配偶以女性為多數，在25至44歲之間，原屬國教育程度以國（初）中、高中（職）居多，九成七健康狀況良好。在臺居住時間滿10年以上達44.4%，婚姻狀態為持續中占94.7%。機車駕駛執照是她們在臺生活持有率相對普及的證照（件），每百人有42人，每百人有90人投保全民健保；她們有45.9%就業（41.6%從事有報酬工作，4.1%從事無酬家屬工作），失業者占0.8%，53.4%均屬於非勞動力人口，最主要原因是「料理家務」42.0%。整體勞參率46.63%，失業率1.64%，而她們從事1個工作，以製造業、住宿及餐飲業為主，在職業別以服務及銷售人員、基層技術工及勞力工為主。多為月薪，主要工作收入在「1萬元至未滿2萬元」、「2萬至未滿3萬元」居多。在就業服務需求以「免費參加職業訓練」、「參加職業訓練期間，提供職業訓練生活津貼」為主，東南亞國家配偶在臺1至4年間為就業服務黃金時期。她們平均每月家庭月收「3萬至未滿4萬元」最多，相較國人家庭平均月收98,073元，新移民家庭經濟較薄弱。此外，此調查也蒐集16,314位新移民子女資料分析顯示，多數子女約在學齡前、國小學習階段，九成五以臺灣為長期居住地，新移民子女約有40.3%不會說新住民母語，居住於新北市與高雄

市的東南亞國家配偶子女母語能力較佳，且新進之東南亞國家配偶子女母語能力相對較佳，在臺時間愈久，其子女不會說原屬國語言比例愈高。新移民女性在臺灣生活感到幸福者占92.9%；在臺生活以「語文訓練、識字教育」、「親職教育、育嬰常識」需求度最高。醫療衛生輔導措施需求以「提供醫療補助」重要度最高，其次為「協助加入全民健康保險」、「提供幼兒健康檢查」、「提供育嬰、育兒知識產前、產後指導」。 在生活照顧輔導需求則以「增加生活適應輔導」重要度最高，其次依序為「設立專櫃服務機構」、「提供生活救助措施」。

五、期待追蹤新移民及其子女教育的創新研究方法

新移民及其子女的教育研究可以有更創新的研究方法，說明如下：

㈠ 增加縱貫性研究

縱貫性研究（longitudinal research或longitudinal study）或稱長期性研究會更適切。它是針對一群研究對象長時間觀察或蒐集資料所獲得的結果。Neuman（2006）指出，縱貫性研究分為時間序列研究（time-series research）、追蹤研究（panel study）、世代研究（cohort study），第一種是以時間為樣本，受試者或觀察對象不一定相同，第二種是不同時間的觀察或受試者都相同，透過時間推移追蹤樣本的變化情形；第三種是在某一特定時間點，只要有相似生命發展或經驗的樣本所進行的長時間分析，因而它不需要相同樣本，只需要有相同經驗或發展體會的樣本就可以納入分析。本書第十三章就是一種縱貫性研究的最好說明。張鑑如、劉惠美（2011）對未來親子共讀研究建議增加實驗介入和縱貫性研究設計，深入探討不同年齡和背景家庭家長親子共讀信念和方式、釐清親子共讀的經驗對幼兒語言和閱讀相關能力之影響、檢驗國內親子共讀介入方案的成效，就期待以不同時間或世代樣本分析。若有新移民子女的追蹤資料可以運用LGM分析，這部分可以參考余民寧（2014）的《縱貫性資料分析：LGM的應用》。

㈡ 運用階層線性模式分析

除了縱貫性分析之外,考量到新移民及其子女研究可以創新,例如,不同縣市及學校或社區的新移民女性及其子女會有群聚效果,未來研究若蒐集這方面群聚資料,可以透過階層線性模式分析(Hierarchical linear modeling, HLM)來探究。HLM會考慮資料結構中的不同層之間的關係,這與傳統沒有考量資料結構而造成型Ⅰ誤差(type I error)過於膨脹有所不同(Kreft, & DeLeeuw, 1998; Raudenbush & Bryk, 2002)。胡蘭沁、董秀珍(2012)比較新移民與本籍子女的多元智能、父母管教方式對自我概念影響就運用HLM實證發現:1.新移民子女與本籍生在多元智能、父母管教方式與自我概念有顯著差異。2.學生的多元智能及父母管教方式,對自我概念的影響力在各學校間有顯著差異。3.學校平均社經地位對學生的自我概念具直接影響效果。就是一個很好的資料處理方式。

㈢ 採用後設分析論證

新移民研究方法可以運用後設分析(meta-analysis)來探究。後設分析為計量分析技巧,整合某一研究領域內之現有研究結果再分析,尋求普遍性結論的統計技術,它包括綜合考驗法計算與解釋、效應量(effect size)計算及解釋、抽樣誤差、測量誤差及全距不一致偏差剔除(Hedges & Olkin, 1985; Kreft & DeLeeuw, 1998)。近年來新移民子女教育研究數量不少,過去至今這方面研究有一定數量。此時透過後設分析來了解新移民及其子女的學習表現,更能掌握他們的發展狀況。例如謝名娟、謝進昌(2013)後設分析本土與新移民子女學習表現差異情況就59篇文獻進行訊息編碼及後設分析顯示,本土子女整體學習表現較新移民子女來得佳,其學習表現差異平均效果量為0.38,屬小至中等程度,由於各研究效果量存在異質性,執行調節變項分析後,部分族群表現差異來自於樣本所屬地理區域,且此差異隨年齡增長有隨之微幅下降趨勢。

㈣ 精細研究設計方式

新移民及其子女教育的研究創新,可以透過區分不同國家或組別進行比較。這需要精細的研究設計及分組,甚至可以運用準實驗研究法或長

期的觀察法來探究。例如，本書第十一及第十二章分為兩群子女；再如王振世、蔡清中（2008）以臺中市國小中高年級東南亞籍配偶子女124人、中國大陸籍配偶子女94人及本國籍配偶子女217人為樣本，以學習適應量表，蒐集學生背景資料和七大領域學期成績分析顯示：1.新移民子女學業成就與臺灣一般學生有明顯不同，在控制SES的影響之後，東南亞組學生在七大領域表現均不如臺灣組學生，而中國大陸組學生僅在自然與生活科技、社會、健康與體育、藝術與人文等四個學習領域較為弱勢。2.以背景變項及學習適應預測學業成就方面，東南亞組學生的預測解釋量最高，最重要的預測變項是學習環境，中國大陸組最具影響力是學習習慣。陳建州（2010）採用臺灣教育長期追蹤資料庫（TEPS）第一波國中學生資料，將學生的父母之婚配模式區分為「父親、母親均為本國籍」、「父親本國籍，母親外國籍」、「父親外國籍，母親本國籍」以及「父親、母親均為外國籍」四種，比較四種婚配模式之子女在七年級的綜合分析能力之差異，以釐清父母親的外籍身分對子女學習的影響，結果顯示，與「父親、母親均為本國籍」者相較，「外籍母親」身分並非影響子女綜合分析能力之因素，但「外籍父親」身分對於子女綜合分析能力卻具有負效果，可能是外國男性在管教方式、教育要求與本國民眾不同。上述研究在對象區分不同組別或國籍別值得參考。

㈤ 研究工具及研究對象選取創新

　　新移民的研究工具及研究對象選取的創新。新移民來自不同國家，若要研究他們的生活適應及相關議題，未來能發展不同東南亞國家語言的量表，以他們熟悉的語言文字，更能測試到他們的特質與問題，這有助於新移民及其子女教育議題研究的信度提高。當然對於非東南亞國家的移民，例如美國、加拿大、英國、法國、德國、日本、韓國、新加坡或其他國家的移民也應該納入分析，而不能僅偏於少數國家。此外，從臺灣有跨國婚姻之後，尤其是與東南亞國家婚配者，其子女不少進入大學或在社會謀職。也就是新移民子女每年有數萬位學童成長為青少年，他們的社會適應、成就動機、成就表現、家庭氣氛、親子關係、生涯規劃與表現、勞動

生產力等都值得追蹤研究。

　　總之，新移民子女的教育研究應多元性，更期待有多學科及多觀點的實證分析，例如透過醫學、生物學、社會學、人口學、心理學、生態學、文化學、行政學、管理學、統計學、物理學、人類學、公共衛生學、倫理學、政治學、哲學、佛學、國際關係學等的科技整合來探究，更能掌握新移民及其子女的全貌。

參考文獻

一、中文部分

王振世、蔡清中（2008）。臺灣外籍配偶子女學習適應與學業成就之間的關係：東南亞、大陸與本國籍配偶子女之比較。**教育政策論壇，11**(2)，75-105。

余民寧（2013）。**新移民族群學生科學與數學學習的教育長期追蹤資料庫之建置──國民小學階段新移民族群學生科學與數學學習的長期追蹤調查**。臺北市，行政院科技部委託之整合型專題研究案（NSC99-2511-S-004-003-MY3）。

何青蓉（2005）。解構跨國婚姻移民問題化思維：性別、族群與階級觀點。**成人及終身教育學刊，5**，54-81。

李新鄉、吳裕聖（2012）。族群、學習風格與STS教學對國中生自然與生活科技學習成效之影響──新住民子女是學習的弱勢者嗎？**臺灣教育社會學研究，12**(2)，1-33。

余民寧（2014）。**縱貫性資料分析：LGM的應用**。臺北市：心理。

吳毓瑩、蔡振州（2014）。東南亞裔新移民女性之子女的學業成就真的比較差嗎？與本地對照組比較之三年追蹤探究。**教育研究集刊，61**(1)，77-113。

吳瓊洳、蔡明昌（2009）。新移民子女文化認同與學校適應關係之研究：以雲林縣就讀國中階段之新移民子女為例。**屏東教育大學學報（教育類），33**，459-488。

邱冠斌（2008）。新竹縣外籍配偶子女國小一年級國語文學習成就之研究──以竹北市為例。**中華行政學報，5**，145-163。

胡蘭沁、董秀珍（2012）。多元智能、父母管教方式對自我概念影響之階層線性模式分析：新移民子女與本籍生之比較。**教育研究學報，46**(1)，

69-96。

張芳全等（2007）。新移民子女的教育。臺北市：心理。

張芳全（2013）。新移民族群學生科學與數學學習的教育長期追蹤資料庫之建置：國民中學階段新移民族群學生科學與數學學習的長期追蹤調查（行政院科技部研究計畫編號：NSC99-2511-S-152-008-MY3）。臺北市：國立臺北教育大學教育經營與管理學系。

張鑑如、劉惠美（2011）。親子共讀研究文獻回顧與展望。教育心理學報，43，315-336。

教育部（2016）。新住民子女教育發展五年中程計畫第一期五年計畫（2016至2020年）。臺北市：作者。

陳建州（2010）。影響跨國婚姻子女學習成就之因素：父母「外籍身分」的效果。臺東大學教育學報，21(2)，61-89。

陳毓文（2010）。新住民家庭青少年子女生活適應狀況模式檢測。教育心理學報，42(1)，29-52。

陶宏麟、銀慶貞、洪嘉瑜（2015）。臺灣新移民與本國籍子女隨年級的學習成果差異。人文及社會科學集刊，27(2)，289-322。

黃彥融、盧台華（2015）。新移民家庭與非新移民家庭身心障礙子女相關因素之比較分析。特殊教育學報，42，59-86。

楊文山（2017）。102年外籍與大陸配偶生活需求調查報告（內政部外籍配偶照顧輔導基金補助）。臺北市：移民署。

楊靜利、黃奕綺、蔡宏政與王香蘋（2011）。臺灣外籍配偶與本籍配偶的生育數量與品質。人文及社會科學集刊，24(1)，83-120。

廖月瑛（2007）。臺南市外籍配偶幼兒與本國籍配偶幼兒之智力與語言能力之比較。華醫社會人文學報，15，23-41。

趙善如、鍾鳳嬌、江玉娟（2007）。影響外籍暨大陸配偶學童子女學業成績關鍵因素：以個人人口特徵、學習行為能力、家庭環境探討之。教育心理學報，39(1)，129-147。

蔡瑜馨（2012）。母親國籍對國小六年級學生學習成就的影響。國立臺灣大學（未出版之碩士論文），臺北市。

謝名娟、謝進昌（2013）。本土與新移民子女學習表現差異之後設分析研究。**教育與心理研究，36**(3)，119-149。

謝佩蓉、曾建銘、王如哲、郭工賓（2015）。新移民子女國小國語文學習成就大型評量調查研究。**教育科學研究期刊，60**(4)，63-127。

謝智玲（2007）。異國婚姻家庭的父母管教、參與學校教育與子女行為適應之調查研究。**人文暨社會科學期刊，3**(2)，81-95。

謝智玲（2012）。新住民子女社會支持、自尊與行為適應之研究。**測驗統計年刊，20**(1)，53-75。

鍾鳳嬌、王國川（2004）。外籍配偶子女的語文、心智能力發展與學習狀況調查研究。**教育學刊，23**，231-257。

鍾鳳嬌、王國川、陳永朗（2006）。屏東地區外籍與本國籍配偶子女在語文、心智能力發展與學習行為之比較研究：探析家庭背景的影響。**教育心理學報，37**(4)，411-429。

顏朱吟（2009）。臺灣社會跨國婚姻女性之歷史映照：「流離尋岸」的另一面鏡子。**高雄師大學報：教育與社會科學類，27**，67-82。

二、外文部分

Hedges, L. V., & Olkin, I. (1985). *Statistical methods for meta-analysis.* Orlando, FL: Academic Press.

Kreft, I., & DeLeeuw, J. (1998). *Introducing multilevel modeling.* London: Sage.

Lipsey, M. W., & Wilson, D. B. (2001). *Practical meta-analysis.* Thousand Oaks, CA: Sage.

Mol, S. E., Bus, A. G., de Jong, M. T., & Smeets, D. J. (2008). Added value of dialogic parent-child book readings: A meta-analysis. *Early Education and Development, 19,* 7-26.

Neuman, W. L. (2006). *Social research methods: Qualitative and quantitative approach* (6th ed.). Boston, MA: Pearson Education.

Raudenbush, S. W., & Bryk, A. S. (2002). *Hierarchical linear models: Applications and data analysis methods* (2nd ed.). Thousand Oaks, CA: Sage.

您，了沒？

趕緊加入我們的粉絲專頁喲！

教育人文 & 影視新聞傳播～五南書香

五南圖書 教育／傳播網
https://www.facebook.com/wunan.t8

等你來挖寶

粉絲專頁提供──

書籍出版資訊（包括五南教科書、知識用書、書泉生活用書等）

不定時小驚喜(如贈書活動或書籍折扣等)

粉絲可詢問書籍事項（訂購書籍或出版寫作均可）、留言分享心情或資訊交流

封面圖不定期會更換

請此處加入按讚

國家圖書館出版品預行編目資料

新移民子女教育的實證／張芳全著. -- 初版.
-- 臺北市：五南, 2017.06
　　面；　　公分.
ISBN 978-957-11-9195-9 (平裝)

1.子女教育 2.特種人教育 3.實證研究

528.2　　　　　　　　　106007922

1I67

新移民子女教育的實證

作　　者 ─ 張芳全(213.1)

發 行 人 ─ 楊榮川

總 經 理 ─ 楊士清

副總編輯 ─ 陳念祖

責任編輯 ─ 李敏華

封面設計 ─ 陳卿瑋

出 版 者 ─ 五南圖書出版股份有限公司

地　　址：106台北市大安區和平東路二段339號4樓

電　　話：(02)2705-5066　　傳　真：(02)2706-6100

網　　址：http://www.wunan.com.tw

電子郵件：wunan@wunan.com.tw

劃撥帳號：01068953

戶　　名：五南圖書出版股份有限公司

法律顧問　林勝安律師事務所　林勝安律師

出版日期　2017年6月初版一刷

定　　價　新臺幣550元

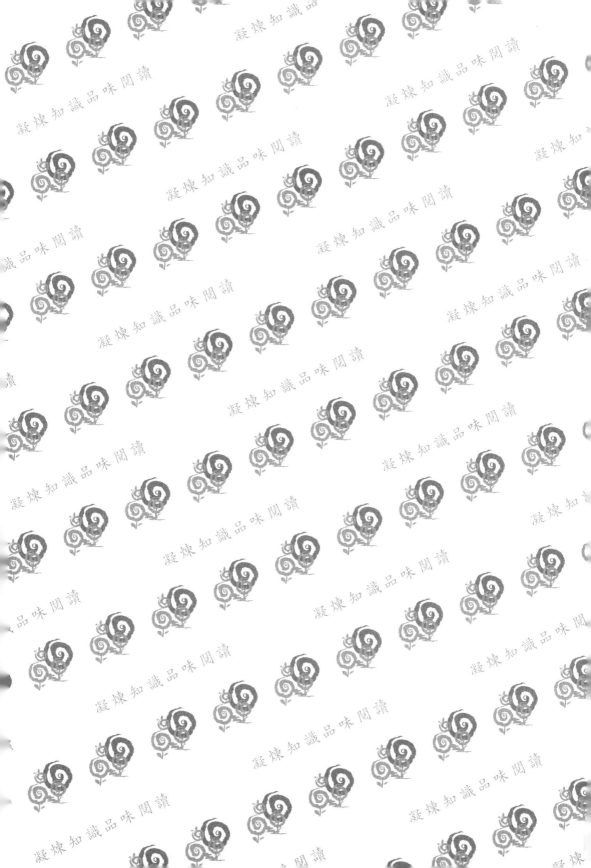